国家出版基金项目
国家重大出版工程项目
"十二五"国家重点图书

中国古建筑丛书

○杨大禹 编著

云南古建筑

（下册）

中国建筑工业出版社

审图号：GS（2015）2780号

图书在版编目（CIP）数据

云南古建筑（下册）／杨大禹编著.—北京：中国建筑工业出版社，2015.12
（中国古建筑丛书）
ISBN 978-7-112-18825-3

Ⅰ.①云… Ⅱ.①杨… Ⅲ.①古建筑-介绍-云南省 Ⅳ.①K928.71

中国版本图书馆CIP数据核字（2015）第297683号

责任编辑：唐　旭　李东禧　杨　晓　吴　绫
书籍设计：康　羽
责任校对：张　颖　刘梦然

中国古建筑丛书

云南古建筑（下册）
杨大禹　编著

*
中国建筑工业出版社出版、发行（北京西郊百万庄）
各地新华书店、建筑书店经销
北京锋尚制版有限公司制版
北京顺诚彩色印刷有限公司印刷
*
开本：880×1230毫米　1/16　印张：25¾　字数：680千字
2015年12月第一版　2015年12月第一次印刷
定价：398.00元
ISBN 978－7－112－18825－3
（25804）

版权所有　翻印必究
如有印装质量问题，可寄本社退换
（邮政编码100037）

《中国古建筑丛书》总编委会

总顾问委员会：

罗哲文　张锦秋　傅熹年　单霁翔　郑时龄

总编辑委员会：

主　　任：吴良镛　周干峙
副 主 任：沈元勤　陆元鼎
总 主 编：陆　琦　戴志坚
委　　员（按姓氏笔画排序）：

　　　　　丁　垚　王　军　王　南　王金平　王海松　左满常　朱永春
　　　　　刘　甦　李　群　李东禧　李晓峰　李乾朗　杨大禹　杨新平
　　　　　吴　昊　张玉坤　张兴国　张鹏举　陆　琦　陈　琦　陈　颖
　　　　　陈　蔚　陈伯超　陈顺祥　范霄鹏　罗德启　柳　肃　胡永旭
　　　　　姚　赯　徐　强　徐宗威　翁　萌　高宜生　唐　旭　黄　浩
　　　　　谢小英　雍振华　蔡　晴　谭刚毅　燕宁娜　戴志坚

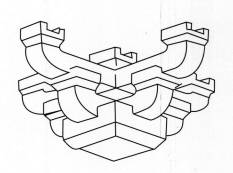

《云南古建筑》

杨大禹　编著
顾　　问：蒋高宸　朱良文　邱宣充　陈海兰　余剑明　仆保怡　李炳楠
参编人员：杨　毅　李莉萍　张　婕　唐黎洲　余穆谛　施　润　孙朋涛　张剑文
审 稿 人：朱良文

总　序

中国历史悠久，地大物博，人口众多，是一个多民族的国家，文化遗产极为丰富。中国古建筑是世界建筑史上的四大体系之一，五千年来，光辉灿烂，独特发展，一脉相传，自成体系。在建筑历史发展过程中，从来都没有中断过，因而，积累了大量的极为丰富的优秀建筑文化遗产。中国古代建筑的实践经验、创作理论、工艺技术和艺术精华值得总结、传承和发扬。

中国古代建筑具有强大的生命力，首先是独特的地理环境。中国位于亚洲东方，北部有长白山、乌苏里江高山河流阻挡，西有天山、喀喇昆仑山脉和沙漠横贯，西南有喜马拉雅山脉，东南则沿海，形成封闭与外界隔绝的地域，加上地处热带、温带和寒带，宽阔的地理和悬殊的气候，促进建筑与环境的巧妙和谐结合。

其次，独特的民族性格。中国是以汉族为主的多民族所组成。以中原文化为主的汉族人民团结、凝聚着居住和生活在各地的少数民族。由于各民族的历史、文化、宗教信仰、生活习俗与审美爱好的不同，以及他们所处地区的自然条件和地理环境的差异，长期的劳动实践，形成了各民族独特的性格和绚丽灿烂的建筑风貌。

其三，文化的独特体系。中国文化是以黄河流域中原文化为中心，周围有燕赵文化、晋文化、齐鲁文化、吴越文化、楚文化、秦文化和巴蜀文化所烘托，具有历史渊源长久、人类智慧集中、思想资源丰富的特点。中国传统文化思想的集中表现是以儒学、道学为代表，其后，佛教的传入与中国传统文化的结合，形成以儒学为主的儒、道、释三者合一的中国传统文化思想。归纳起来，就是天人合一的宇宙观念，以人为本、和为贵的人文思想，整体直觉的思维方式，真善美相结合的美学观念。

封闭而独特的地理环境，团结凝聚而又富于创造的民族性格，以儒学为主的文化独特体系，创造了中华民族的雄伟壮丽的建筑工程。长期的经验积累，独树一帜，虽经战争的炮火，民族之间的斗争与融合，外来文化之传入及本土化，但中华民族建筑始终一脉相传，傲然生存下来，顽强发展，独树一帜而不倒，在世界建筑史发展中是罕见的、独有的。

中国古代建筑发展经历了原始社会、奴隶社会和封建社会三个历史阶段。

旧石器时代，原始人群利用天然崖洞作为居住场所。南方湿热多雨，虫害兽多，出现巢居。1973年，在浙江余姚河姆渡村发现大约建于6000～7000多年前的、长约23米、进深约8米的木构架建筑遗址，推测是一座长方形、体量相当大的干阑式建筑，这是我国最早采用榫卯技术构筑房屋的一个实例。

原始社会晚期，黄河流域有广阔而丰厚的黄土层，土质均匀，含有石灰质。黄河中游的氏族部落，在利用黄土层作为壁体的土穴上，用木架和草泥建造简单的穴居，逐步发展到浅穴居，再到地面上的房屋，形成聚落。

奴隶社会，夯土技术逐步成熟，宫室建于高大的夯土台上，木构建筑逐步成为中国古代建筑的主要结构方式。等级制度出现。工程管理有了专职的"司空"，以后各朝代沿袭发展成为中国特有的工官制度。

封建社会初期，高台建筑盛行，修建了长城、驰道和水利工程。东汉时代，建筑中已大量使用成组的斗栱，木构楼阁增多，城市和建筑类型扩充，中国古代独特的木构建筑体系基本形成。

两晋南北朝是我国历史上充满着民族斗争和民族融合的时期，佛教的传入，宗教建筑大量兴建，高大的寺庙、壮丽的塔幢，石窟中精美的雕塑和壁画，这是我国古建筑吸收外来文化使之本土化的创造时期。

隋、唐统一全国，开凿贯通南北的大运河，促进了我国南北物资和文化的交流和发展。唐代的长安、洛阳成为世界上最大的城市。木构建筑的宫殿、楼阁和石窟、塔、桥，无论布局或造型都具有较高艺术和技术水平，唐代建筑已发展到成熟的阶段。

宋、辽、金时期，南方在经济和文化方面居于先进地位。由于手工业分工更加细致，国内商业和国际贸易活跃，城市逐渐开放，改变了汉以来历代都城采用的封闭式里坊制度，形成沿街设店的方式。建筑的设计和施工达到一定程度的规格化、制度化，公元12世纪初在总结经验的基础上编写了《营造法式》这一部重要文献。

元代大都建立，喇嘛教和伊斯兰教建筑影响到各地。明、清时期官式建筑已经达到完全程式化、定型化阶段。明代后期出现资本主义萌芽，清代在城市规划上、建筑群体布局和建筑艺术形象上有所发展，例如北京城、故宫、天坛等。民居、园林和民族建筑遍布各地，呈现一片繁荣景象。

中国古建筑有明显的特征。在城市规划上，严谨规整、对称宏伟，表现出庄重威武的中华民族性格。单体建筑中，雄伟的飞檐屋宇、大红的排列柱廊、高大的汉白玉台基，呈现出崇高壮丽又稳定的形象。黄河流域盛产的木材资源，形成了中国古建筑木构架体系的特色。室外装饰的富丽堂皇、金碧辉煌，室内陈设装修的华丽多样、细腻雕饰，体现了中国古建筑绚丽多彩的民族风格。

聚居建筑方面，包含民居、祠堂、家庙、书院等遍布全国各地，它们与人民生活息息相关。各地各族人民根据自己的生活习俗、生产需要、经济能力、民族爱好和审美观念，结合本地的自然条件和材料，因地制宜、因材致用地进行设计与营造。他们既是设计者，又是营建者、使用者，可以说设计、施工、使用三位一体，因而，这种建造方式所形成的民宅民间建筑，既实用简朴，又经久美观，并富有民族风格和地方特色。

中国古园林的特征。以自然山水即中国山水画为蓝本，并以景区、景物和建筑、山水、花木为构件，由景生情，产生意境联想，达到艺术感受。皇家园林因其规模大、范围广，其园林布局自秦、汉时期的一池三岛，到唐、宋以山水画为蓝本，明、清仍沿袭池中置岛古制，但采用人工造山置水的方法。

明、清私家园林因属民间，士大夫文人常在宅后设园休闲宴客，吟诗享乐，其特点是以最小的场所造成无限的景色为目的。因其规模小，常以叠石或池水为主，峰峦洞壑、峭壁危径或曲径通幽取胜。在情景中则采用巧于因借、精在体宜的手法。

我国是一个人口众多的多民族国家。相传秦汉以前，中华大地上主要生存着华夏、东夷、苗蛮三大文化集团，经过连年不断的战争，最终华夏集团取得了胜利，上古三大文化集团基本融为一体，历史上称为华夏族。春秋、战国时期，东南地区古老的部族称为"越"，逐渐为华夏族所兼并而融入华夏族之中。秦统一各国后，到汉代都用汉人、汉民这个称呼，直到隋、唐，汉族这个名称才固定下来。

由于各民族的历史文化、宗教信仰、生活生产、习俗性格的不同，又由于各族人民所处地区的自然条件和环境的不同，导致他们各自产生了富有特色的建筑和民宅，如宏伟壮丽的藏族布达拉宫，遍布各族聚居地的寺院庙宇、寨堡围村、楼阁宅居，反映了绮丽多彩的民族风貌。

中国传统文化渗透了中国古建筑，中国古建筑深刻地体现了中国文化。

新中国成立后，作为全国性有领导有组织地编写中国古代建筑史，第一次是1959年，由原建筑科学研究院组织"编写三史"开始。当时集中了全国高等院校、科研部门分工编写，1962年由中国工业出版社出版《中国建筑简史》第一册（古代部分）。随后，又组织有关院校、文化、历史、考古等单位对古代建筑史有研究的人员，经多次修改，由刘敦桢教授执笔主编的《中国古代建筑史》，于1966年完成。由于"文化大革命"，未能出版，1980年才由中国建筑工业出版社正式出版。作为高等院校的中国建筑史教材则由全国高校教师编写，参考了上述专著，由中国建筑工业出版社1982年出版。

作为系统的、全面的、编写中国古建筑丛书是从1984年开始，当时作为《中国美术全集》中的一个门类——建筑艺术，称为《中国美术全集·建筑艺术编》，共6辑，包含宫殿、坛庙、陵墓、宗教建筑、民居、园林，1988年完成出版。

第二次编写从1992年开始，编写的原因是《中国美术全集·建筑艺术编》6辑出版后，各界反映良好，但感到篇幅不够，它与我国极为丰富的建筑文化遗产大国不相适应。于是，再次组织编写《中国建筑艺术全集》丛书30辑，其中古建筑24辑，近现代建筑6辑。古建筑部分仍按类型编写。该丛书中的24辑于1999年5月出版。

由于这两次丛书都是全国性编写，按类型写，又着重在艺术，因此，一些地方特色和民族特色的、中型的优秀古建筑就难于入选。为了弘扬和传承优秀传统建筑文化体系，总结经验和规律，保护我国优秀传统建筑文化遗产，因此，全面地、系统地、按省（区）来编写古建筑丛书是非常必要的、合时宜的。

本丛书编写的主要特点是：其一，强调本省（区）古建筑的民族特色和地方特色；其二，编写不限于建筑艺术，而是对本省（区）古建筑的全面叙述，着重在成就、价值、特色、技术和经验、规律等各个方面，这是我国民族和地区的资料比较全面和丰富的传统建筑文化丛书。

陆元鼎
2015年1月10日

前 言

古建筑，作为历史遗留下来的实物，本身就是各个国家和各个民族文明发展的标志。

建筑是时代的一面镜子，它以其独特的空间艺术语言，反映出一个时代、一个民族的物质需要与审美追求，并在其后的发展演变过程中，不断地显示出各个民族所创造的物质文明与精神文明。中国古代建筑是中国传统文化的物质载体，并以木结构为独立的建筑体系，在中国古代的城市规划建设、建筑组群布局、单体建筑营造以及在建筑材料、结构等方面的技艺处理，都取得了辉煌的历史成就。

作为中华民族传统文化的象征，中国古建筑"数千年来无遽变之迹，掺杂之象，一贯以其独特纯粹之木构系统，随我民族足迹所至，树立文化表态，都会边疆，无论其为一郡之雄，或为一村之僻，其大小建制，或为我国人民居处之所托，或为我政治、宗教、国防、经济之所系，上至文化精神之重，下至服饰、车马、工艺、器用之细，无不与之息息相关"[①]。使之在世界建筑史上独树一帜。

云南古建筑，总体上难以和中原内地一些先进的古建筑建构技艺相比拟，但因其自身所处的环境和发展历史，在对外学习吸收、借鉴融合中创造出的新的建筑技艺，同样放出夺目的光彩。在已申报批准通过的前面七批重点文物保护单位中，有国家级的132处，省级的347处。另外，根据云南省第三次全国文物普查结果，对云南省129个县（市、区）调查登记不可移动文物共15800多处，新发现11800多处，使云南省的各级文物保护单位和挂牌保护文物由2764处增加到3949处，其中古建筑就占了一半以上。

回顾历史，云南古建筑最具地方民族特点的干阑式与井干式建筑，大致形成于青铜器时代，其中的干阑式平台与"长脊短檐"的屋顶造型，是古滇文化显著的建筑特征。从东汉永平十二年（公元69年）在云南建立永昌郡开始，中原地区的汉族文化因素就在云南边疆逐步增加，特别在建筑方面表现非常明显。如云南汉晋时期的墓葬出土陶制房屋模型，单檐硬山的屋顶形式与中原地区的建筑相同。昭通东晋的墓室壁画绘制的望楼、阙门，表现的也是典型的中原汉式建筑。唐承汉制，在长达500多年的云南南诏、大理国期间，其遗存的汉式建筑占据主要地位，如大理崇圣寺三塔、弘圣寺塔、佛图寺塔、昆明慧光寺塔等，均为唐塔样式。虽无木构建筑遗存实例，但从剑川石钟山石窟的石雕建筑形式上看，其建筑中的梁柱、出挑的斗栱等建构都是唐宋时期常见的样式。

云南现存的古建筑，大多属于明清时期的遗构，在众多的木构古建中，寺观祠庙约占了一半，且不同宗教信仰的寺观祠庙，在保持合院式平面布局的基础上，表现出丰富的建筑空间形态与鲜明的地方特色，构成了云南古建筑的主流风格。同时，对于信仰南传佛教的滇西南少数民族，其寺院建筑更多反映出来自云南周边国家和地区等多元建筑文化的影响，呈现不同的建筑空间形态与文化表现。信仰藏传佛教的滇西北少数民族，其寺院建筑规模与风格接近西藏寺院，并体现出藏汉、藏白及纳西族等多种建筑特点的有机融合。

云南现存的道教建筑，形式与中原地区相同，

---

① 梁思成. 中国建筑史[M]. 天津：百花文艺出版社，1998：11.

但有相当一部分与佛教建筑糅合在一起，反映了明清以后儒、道、释三教合流的倾向。

云南伊斯兰教的清真寺，目前现存基本上是清代建筑，且与内地清真寺相比，其建筑的平面布局多数设为四合院式而非纵向布置，明显受到儒教和佛教建筑布局的影响，还有部分清真寺仍然保持有亭阁式门楼。而建造更晚一些的基督教教堂，则是在保持纵向空间格局的前提下，表现出中西合璧式和地方民族化两种建筑特点。

云南的文庙建筑，布局与中原地区基本上是一个模式，但在建筑方位朝向的选择、泮池的设置与建筑单体平面的格局上，呈现出多样化、地方化的明显倾向。

元明以来，在云南边地少数民族地方推行土司制度，或实行土流兼治，土司的衙署建筑既有以本土民族传统建筑形式为主的，如孟连傣族宣府司署、建水彝族纳楼土司署，也有模仿汉族地区官府衙署的，如梁河傣族的南甸宣府司署，体现多民族建筑特色。而会馆作为一种兼顾商贸等多重功能的独特公共建筑，一是服务于云南边疆的贸易往来，如保山、腾冲会馆；二是服务于"滇铜"、"滇锡"的生产与外运经营，如会泽、个旧等地的会馆。

云南属山地高原环境，境内高山峡谷阻碍、江河流域纵横，遗存的古桥梁不仅数量较多，且建筑形式也非常多样，既有较为原始的溜索、藤桥、竹筏桥，也有多种不同形式的铁索桥、风雨廊桥、石拱桥，还有独特的木构悬臂拱桥、楼阁式亭阁式拱桥，对研究古代桥梁建筑史具有重要的意义。

云南的古代园林，大多与寺观庙宇等宗教寺院紧密结合，融自然的山、水和古建筑、园艺为一体，特别与大的山形和水体关系密切，或因山借势，或以水取胜，如昆明西山、宾川鸡足山、巍山巍宝山、剑川石钟山、通海秀山；昆明大观楼、丽江黑龙潭、蒙自南湖等，形成独特的滇派园林风格。而遍布于城乡各地的名人故居、楼阁亭塔、戏台门坊等单体建筑，已构成云南各地方城镇历史文化的景点和标志。

云南古建筑的建构技艺，在积极学习借鉴汉族先进的建筑技术经验和外来建筑文化的同时，紧密结合地方本土的选择思考与各民族民间工艺的灵活运用，创造出了极其丰富的建筑形式，具有浓郁的地方民族建筑特色，成为中国古代建筑与中华民族历史文化遗产的重要组成部分。

"前人留胜迹，吾辈复登临"。系统认真地梳理和重新认识遗存至今的古建筑，已刻不容缓，这将有助于对云南古旧建筑的科学保护、文化挖掘和再生利用。

在组成本书的九个章节里，有以下老师和研究生参与编写，具体为：第二章聚落城镇李莉萍（娜允镇）、张婕（诺邓村、团山村）、唐黎洲（沙溪镇、郑营村、翁丁村）、余穆谛（东莲花村）、孙朋涛（参与省级历史文化名城、光禄镇、河西镇梳理），第三章清真寺部分余穆谛参与梳理，第七章名人故居部分张剑文参与梳理编写，第八章施润参与梳理编写，各章节的古建筑分布位置示意图由孙朋涛完成。

杨大禹
2015年11月30日

目 录

（上册）

总　序

前　言

第一章　环境基质
第一节　云南复杂的自然环境 / 〇〇二
一、自然环境的复杂性 / 〇〇二
二、生态资源的优越性 / 〇〇五
第二节　云南丰厚的人文环境 / 〇〇六
一、民族构成的多样性 / 〇〇六
二、历史发展的特殊性 / 〇〇九
三、文化特质的多元性 / 〇一〇
第三节　云南古建筑的本土化历程 / 〇二〇
一、汉化的传播影响 / 〇二〇
二、原始基底的构筑 / 〇二六
三、多元文化的融合 / 〇三一

第二章　聚落城镇
第一节　云南聚落城镇的发展演变 / 〇三九
一、聚落城镇的生长历程 / 〇三九
二、云南聚落城镇发展概况 / 〇四〇
第二节　云南聚落城镇的分类特征 / 〇四四
一、云南聚落城镇的分类 / 〇四四
二、云南聚落城镇的特征 / 〇四八
第三节　云南聚落城镇的历史遗存 / 〇四九
一、国家级历史文化名城 / 〇五四
二、省级历史文化名城 / 〇八六
三、国家级历史文化名镇名村 / 一〇三

第三章　寺观祠庙
第一节　三宝一体的佛教寺庙 / 一三三
一、云南佛寺的兴建发展 / 一三四
二、云南佛寺的类型特征 / 一四六
三、云南佛寺建筑实例分析 / 一五六
第二节　平步青云的道教宫观 / 二一八
一、云南道观的兴衰历史 / 二一八
二、云南道观的选址布局 / 二二二
三、云南道观的建筑形态特征 / 二三一

第三节　认主独一的清真古寺 / 二六一
一、云南伊斯兰教的传承流布 / 二六二
二、云南清真寺的建筑特征 / 二六七
三、云南清真寺建筑实例分析 / 二七〇
第四节　天赐福音的基督教堂 / 二九五
一、云南基督教堂的发展 / 二九六
二、云南基督教堂的分布 / 二九九
三、云南基督教堂的特征 / 二九九
四、云南基督教堂实例分析 / 三〇三
第五节　传递情感的血缘宗祠 / 三一五
一、云南宗祠的情感纽带 / 三一六
二、云南宗祠的空间格局 / 三一九
三、族性宗祠建筑实例 / 三二六

第四章　文庙书院
第一节　云南儒学的历史流变 / 三四九
一、儒学对云南的浸润教化 / 三四九
二、儒学在云南的推广影响 / 三五三
第二节　道德经纬的儒家圣殿 / 三六〇
一、倡导仁义礼制的文庙 / 三六〇
二、宣扬忠孝节义的武庙 / 四〇八
三、传播知识的地方书院 / 四一二
第三节　云南文庙的建筑特色 / 四二〇
一、布局的多样性 / 四二〇
二、鲜明的地域性 / 四二四
三、灵活的创造性 / 四二七

云南古建筑地点及年代索引 / 四二九

参考文献 / 四四六

后记 / 四四九

作者简介 / 四五二

（下册）

总　序

前　言

第五章　楼阁亭塔
第一节　特色鲜明的楼阁建筑 / 〇〇三
一、云南楼阁的历史追溯 / 〇〇三
二、云南楼阁的类型特点 / 〇〇五
三、云南楼阁的建筑技艺 / 〇三七
第二节　多姿多彩的亭塔经幢 / 〇四一
一、云南塔幢的传承发展 / 〇四二
二、云南塔幢的形式特点 / 〇四三
三、云南塔幢的文化嬗变 / 〇六九

第六章　府驿馆桥
第一节　统治地方的土司府邸 / 〇八五
一、云南土司府兴衰历史 / 〇八五
二、云南土司府布局形制 / 〇八七
三、云南土司府建筑特征 / 〇九二
第二节　功能多样的同乡会馆 / 一一〇
一、云南会馆的历史遗存 / 一一〇
二、云南会馆的形态特征 / 一二〇
第三节　穿越时空的联系桥梁 / 一四一
一、云南古桥的历史发展 / 一四一
二、云南古桥的类型特征 / 一四二

第七章　园林别苑
第一节　依山傍水的滇派园林 / 一七一
一、云南园林的历史钩沉 / 一七一
二、云南园林的类型风格 / 一七二
第二节　隐喻市井的名人故居 / 二二〇
一、云南名人故居的分布 / 二二〇
二、云南名人故居的特点 / 二二三

第八章　其他建筑
第一节　云南戏台建筑　/ 二五三
一、社交怡情的民间舞台 / 二五三
二、不同戏台的建筑特色 / 二五六
第二节　云南门坊建筑　/ 二六四
一、界定内外的标志门坊 / 二六四
二、丰富多彩的门坊形式 / 二六六
第三节　云南关隘石窟　/ 二七四
一、联系内外的古道关隘 / 二七四
二、奇镂巧凿的石窟造像 / 二七九
第四节　云南古井、陵墓　/ 二八六
一、充满生命之源的古井 / 二八六
二、记述历史人物的陵墓 / 二九七

第九章　古建筑技艺
第一节　云南古建筑技艺精华　/ 三〇六
一、平面格局 / 三〇六
二、构架特征 / 三〇九
三、斗栱构造 / 三一四
四、装饰艺术 / 三三一
第二节　云南古建筑的地域特征　/ 三三六
一、地域性特征 / 三三七
二、民族性特征 / 三三七
三、兼容性特征 / 三四一
四、独创性特征 / 三五六

云南古建筑地点及年代索引　/ 三六五

参考文献　/ 三九〇

后记　/ 三九三

作者简介　/ 三九六

云南古建筑

第五章 楼阁亭塔

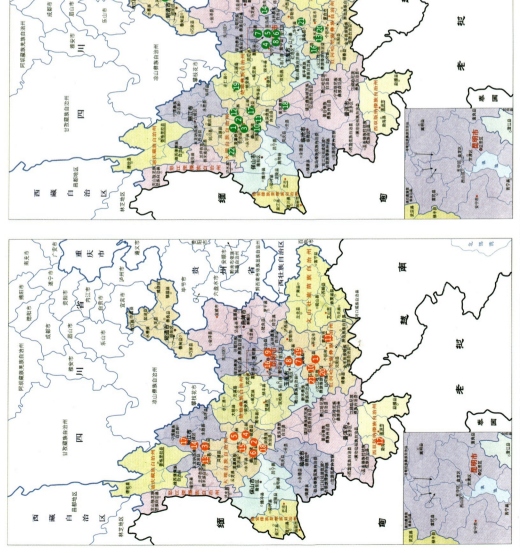

第一节　特色鲜明的楼阁建筑

作为中国古代建筑的重要类型之一，楼阁建筑一直以来都以其结构技术特点和建筑高度优势，处于整个建筑环境的视觉中心，依附着人们的心理与精神的寄托，体现了我国古代传统建筑的独特魅力和高超的建筑技术水平。

有关楼、阁的文献记载很多，如"狭而修曲曰楼"。《淮南子·本经训》云："延楼栈道，鸡栖井干。"高诱注曰："延楼，高楼也。栈道，飞阁复道相通"。《三辅黄图》云："云阁，二世造，起云阁欲与南山齐"。"天禄阁，藏典籍之所"。"高台层榭，接屋连阁"。杜牧的《阿房宫赋》曰"五步一楼，十步一阁。"显然这些记载中的楼、阁，都属于通常指的四周设回廊栏杆、供人游憩凭栏远眺的高层建筑物。楼、阁在随后的发展过程中，其概念及功能也有所变化。依照文献叙述，楼包含了高台之楼和重屋之楼两重含义，阁还被用来指"架空庋藏"搁置食物的橱柜，或是阁道、栈道，即我国古代高楼间架空的通道。而现存被称为阁的古建筑，大多数具有两种功能，一是藏书，二是供佛。

1. 高台之楼：楼在早期是高台建筑的一种形式。宋邢昺疏："此明寝庙楼台之制也。四方而高者名台。修，长也。凡台上有屋，陕长而屈曲者曰楼。"因此，可以看出早期的楼与台有着密切的联系。

2. 重屋之楼：楼谓之"重屋"①，所谓的"重屋曰楼"，"重屋"指的是"屋上建屋"。"楼"基本上可以理解为单层屋的竖向叠加，内部上下层都可以使用，有供人活动的空间。"楼"字从木从娄，木者木构造也，娄者空也。即木结构中空重叠之屋，说明"楼"原本指的是一种空间构造方法，或是结构构造方法。特别是东汉以后，多层的木构楼房大量出现，与当时建筑技术进步、城市人口急剧膨胀和"崇高"的思想观念有着紧密联系。

其实早期的楼与阁有所区别，"室之重层者曰台，其狭而修曲者为楼，由大夫以上则有阁。阁者，置板于寝（搁置），以庋食物者也"。陈明达先生认为："屋上建屋为楼，平坐上建屋为阁"，指出了楼与阁的本质区别。"楼"起源于高台建筑，最早并不一定是多层房屋，后世指屋上直接建屋，为多层房屋。而"阁"则由干阑式建筑发展而来。陈明达先生认为阁"直接应用了栈道桥梁的结构技术"，底层立柱架空，主要使用功能位于架空层上部，故阁指在平坐上建屋。

此后，随着文化变迁与技术的发展，楼与阁在外观形式上逐渐融为一体。且人们为扩大使用层面，将阁的架空底部也围合封闭，使阁的原有结构特征随之消逝。至南北朝时"楼"与"阁"的概念已经混淆，唐宋以后命名为"楼"或"阁"的建筑，在形式和结构方面已无太大区别，带有平坐的阁与重屋的楼都可通称之为楼阁，楼与阁已无严格的界限。

楼阁建筑具有独特的体形特征、变换的空间特质，常成为视觉焦点。纵观我国楼阁建筑发展演化的历史，可谓一直与古代人们的精神、文化追求等相连。楼阁建筑受不同时代的人文背景、社会思潮和木构技术发展的影响，因而形成不同的时代特点。从早期的"高台榭，美宫室"开始，成为楼阁一时的风尚，到魏晋时期受印度佛教建筑思想影响，楼阁式塔盛行，促进了中国古代楼阁建筑的发展，同时楼阁建筑的体量和高度，也达到了前所未有的巅峰。唐、宋时期，随着建筑技术与艺术的定型成熟，楼阁建筑的应用更加广泛，除了之前的宫殿建筑、宗教建筑外，还渗透城市商业建筑与居住建筑中，出现了各种商业性、景观性楼阁，成为中国楼阁建筑发展史上的一个高峰。明、清时，楼阁建筑的功能用途进一步拓展，在用于军事防御、宫廷、宗教祭祀和储藏之外，一些游览性、商业性、娱乐性、纪念性、居住性的楼阁已非常普及。而楼阁建筑所使用的材料，在传统的木竹材料基础上，还出现了大量的砖木混合结构和砖石建造的楼阁建筑。

一、云南楼阁的历史追溯

云南楼阁建筑类型丰富，广泛建造于各个城镇与村落特殊的环境之中。一方面，云南楼阁因深受中原传统建造技艺的影响，保留了中原地区的建筑风格特点。另一方面，地处边疆地区的云南楼阁又结合云南本土的地方民族结构技艺，形成众多具有显著的地域性和民族性的地方建筑特色。

同时，云南楼阁在历史发展过程中，受到不同时期的政治经济、文化思想、自然环境和地方建筑材料等多方面因素的影响制约，云南楼阁选择和融合了不同民族、不同宗教和建筑文化，体现出多种文化交融并存的结果，承载着丰富的历史信息与技术信息，具有重要的历史文化价值。

按照云南建筑历史文化发展演变的特点，云南楼阁建筑可追溯的历史，最早应从与楼阁建筑有渊源的干阑式建筑开始。如晋宁石寨山出土的青铜干阑建筑形象，其"由屋顶、平台及平台以下的大小桩柱组成。平台下的桩柱有粗有细，两侧各有一巨柱穿过平台上撑屋顶，另有许多高与人齐（与同一场面中的人物比较）的细柱支撑平台。屋顶分作上、下两层，上层为"人"字形顶，下层四面出檐，檐下无门窗，亦无墙壁，类似近代的亭阁建筑。平台前后各设一木梯，供人上下"。

东汉至初唐时期，大量内地汉族人口进入云南边疆，受汉文化的影响，使云南许多地区的建筑风格、结构布局建构技艺与中原地区的极为接近。如大理展屯2号墓出土的陶楼模型即为三重檐庑殿顶楼阁，方形底座，通高57厘米，与中原地区出土的"望楼"相似。每层用斗栱承托腰檐或平坐，上置平坐。同时各层屋檐和平坐有节奏地挑出和收进，形成稳定变化的外观。1990年，在大理制药厂出土的另外一件楼阁式建筑模型（图5-1-1）。该陶楼为重檐庑殿顶楼阁，下层平面呈正方形，三开间内设板壁相隔。斗栱为一斗三升，楼上设三面回廊，回廊由两端月牙形雀替承托。模型高106厘米，气势雄伟，秀丽挺拔，直观地展示了东汉时期云南建筑的水平。昭通后海子发现的东晋太元年间（公元376～395年）的壁画墓（图5-1-2）。墓室中也有三座楼阁建筑壁画。有一处为抬梁式双层庑殿顶楼

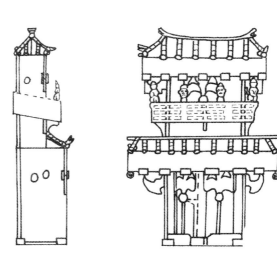

图5-1-1　大理制药厂东汉陶楼模型（图片来源：引自张增祺《云南建筑史》）

图5-1-2　昭通后海子东晋壁画墓建筑图（图片来源：引自张增祺《云南建筑史》）

阁，其上题"龙楼"，此楼底层面阔三间，上层仅为一间，边柱施斗栱，柱前有栏杆。另外两处结构形式与第一处基本相似，均为两层楼阁。

南诏、大理国时期，由于政治统一，经济繁荣，云南对外交往频繁，在建筑及其文化方面都得到了迅速发展，创造了辉煌成就。正如郭松年在《大理行记》中描述："故其宫室、楼观、言语、书教以至冠婚丧葬之礼，干戈战阵之法，虽不尽善尽

美，其规模服色、动作云为，略本于汉，自今观之，犹有故国（唐、宋）之遗风焉。"如唐大中十年（公元856年）南诏劝丰佑建的五华楼，就是南诏时期的一座大型楼阁建筑。《元史·地理志四》载："（大理）城中有五华楼，唐大中十年，南诏王劝丰佑所建，楼方五里，高百尺，上可容万人。世祖征大理时，驻兵楼前。"清胡蔚增订的《南诏野史》也记载："大理府城内滇王利晟、丰佑建，方广五里，上可容万人，下可建五丈旗。蒙古忽必烈征大理，曾驻兵楼前。重修后，遭兵焚，始废"。可见当时五楼规模之大，之后五华楼历经数次破坏，至明洪武十五年（1382年）西平侯沐英攻克大理时，五华楼已成为废墟。

在元、明、清三代留下的众多珍贵建筑遗产中，楼阁建筑同样占据了重要的地位，除了作为地方城镇标志的城门楼、钟鼓楼之外，更多地应用于各类宗教性、商业性和景观性的楼阁等，这些楼阁仍然屹立至今，见证和传承着云南楼阁建筑发展的历程和建筑技艺。

二、云南楼阁的类型特点

云南楼阁建筑类型众多，目前，大量现存于云南城镇、村落之中的古代楼阁，其形态特征多样，地域特色鲜明，文化内涵丰富。既有立于城镇中的城门楼、钟鼓楼，也有散落于村落中的风水楼阁，分布组合在寺观庙宇、风景名胜区的藏经阁、观景楼等。它们所具有的多重价值，都是不可多得的建筑历史文化瑰宝。

楼阁在云南古建筑类型中，极具艺术感染力。楼阁建筑体量高大，一直是建筑环境中的视觉中心，常常成为城镇或村落中的标志性景观。楼阁造型挺拔壮观、结构精巧，展示了古代传统木构建筑技艺的高超成就。以各种造型和构造为内容特征的楼阁建筑，在体现出和谐统一建筑组群总体布局的同时，还在建筑材料、装饰色彩的应用方面灵活多样，反映了不同的地区文化（风俗习惯、宗教信仰）、民族文化以及不同时期人们的审美追求，具有鲜明的民族性和地域性特征。

根据楼阁使用功能的不同，具体可分为防御性、警示性、宗教性、商业性、景观性以及其他用途的多种楼阁。

（一）防御性楼阁

云南现遗存有三座防御性城门楼，分别是建水朝阳楼、巍山拱辰楼、大理南门城楼。其中大理古城南门楼，为1982年重修，城楼高耸，门洞上的"大理"两字，集郭沫若书法而成，与顶层楼檐下悬挂的匾额"文献名邦"相呼应，昭示着古城的悠久历史（图5-1-3）。大理南门城楼重檐歇山顶，三开间二进深有围廊，立面收分，屋脊起翘较大。其类型特征与中原城楼相仿，在细部构造上又有着明显的地方特色（图5-1-4）。

1. 建水朝阳楼

朝阳楼原为临安府东城楼，始建于明洪武二十二年（1389年），后历次重建。城楼雄踞在约8米余高的城垣之上，由48根巨柱支撑，三重檐歇山顶，五架抬梁式木结构，高24.45米，五开间三进间，环廊周通，建筑宏敞。楼阁装饰简洁，无彩绘，雕刻较少，整体风格朴素淡雅（图5-1-5）。登上朝阳楼，远近景色均历历在目，尽收眼底。有联赞曰："栋宇薄云霄，雄踞南疆八百里；气势壮河岳，堪称滇府第一楼。"《建水州志》记载有"东楼凌汉"一景："东城楼，高百尺，千霄插云，下瞰城市，烟火万家，风光无际。旭日初升，晖光远映，遥望层楼，如黄鹤，如岳阳，南中大观。"形象地描绘出朝阳楼的宏伟壮丽。朝阳楼正面三重檐下悬挂"雄震东南"4块木匾，背面三重檐下也悬挂草书的"飞霞流云" 4块木匾，前后呼应（图5-1-6）。

2. 巍山拱辰楼

拱辰楼始建于明洪武二十三年（1390年）的巍山拱辰楼，是明代蒙化府的北门城楼，原为三层，明永历四年（1650年）改建为两层，与建水朝阳楼一样，是云南省年代最早且仅存的两座古城楼。十分可惜的是，这座经历了600年风雨的拱辰楼，也

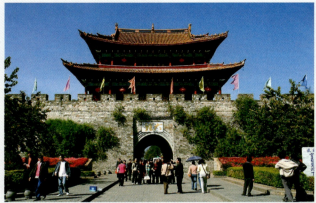

图5-1-3（a） 大理南门城楼正面

图5-1-3（b） 大理南门城楼山面

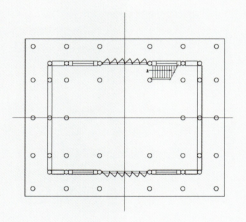

图5-1-4（a） 大理南门城楼一层平面图

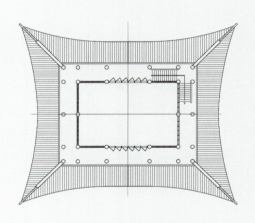

图5-1-4（b） 大理南门城楼二层平面图

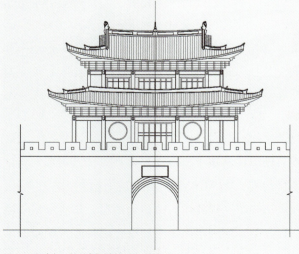

图5-1-4（c） 大理南门城楼正立面图

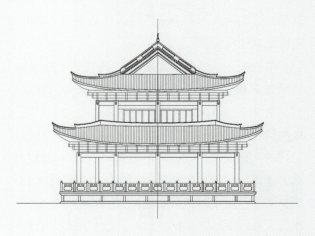

图5-1-4（d） 大理南门城楼侧立面图

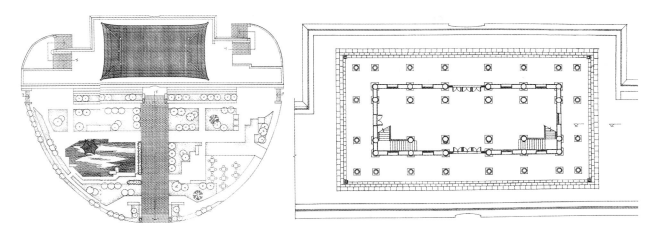

图5-1-5（a） 建水东城门总平面图　　　　图5-1-5（b） 建水东门城楼与层平面图

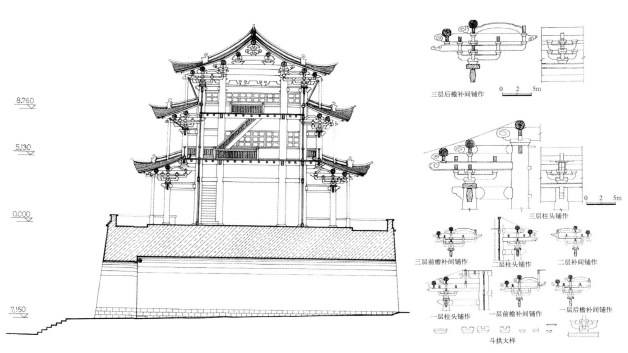

图5-1-5（c） 建水东城门剖面图　　　　图5-1-5（d） 建水东城门斗栱大样

于2015年1月3日晚，不幸被无情的大火烧毁，已难再现往日之魁雄（图5-1-7）。

原拱辰楼坐南朝北，由基座和楼身两大部分组成。楼建于高8.5米的砖砌城墙上，下为城门洞。拱辰楼为重檐歇山式灰瓦屋面建筑，底层四面回廊环绕，面阔五间，面宽41.7米，进深四间，宽24.8米，高23.4米，由28根合抱的大圆柱支撑。楼用料粗大，上层四周设檐柱，悬空立于下层梁架之上，使上层建筑的面宽扩大，加之屋面举架甚小，四翼角出檐长，反翘小，正脊又为一字平脊，整个建筑外形显得气势雄伟，古朴浑厚（图5-1-8）。

（二）警示性楼阁

警示性楼阁主要布置在城市中心，有标志、警示和报时之功用，其中最常见的为报时用的钟楼与

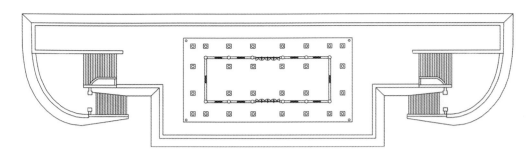

图5-1-6（a） 建水东门城楼平面图

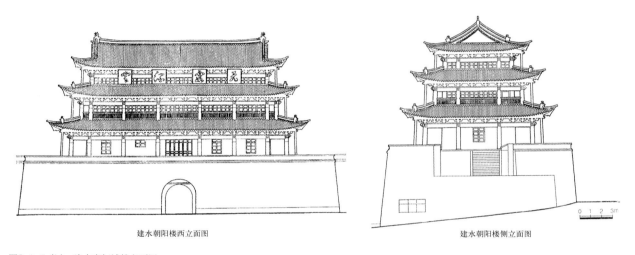

建水朝阳楼西立面图　　　　　　　　建水朝阳楼侧立面图

图5-1-6（b） 建水东门城楼立面图

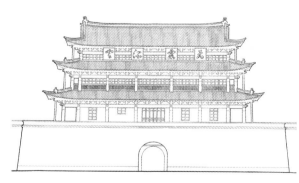

图5-1-6（c） 建水东门城楼西立面图

图5-1-6（d） 建水东门城楼

鼓楼。钟鼓楼设置有钟楼、鼓楼单独设置和单置钟楼或鼓楼两种类型。至于在佛道寺观里成对的钟鼓楼，虽也有报时作用，但仅是配套的附属建筑，不包含在此列。

单置钟楼或鼓楼，多设在城镇十字街中心，是城市的标志性建筑。元代后，云南城市建设多在城镇的十字街中心设钟鼓楼，而钟鼓楼高大的形体，对街景和城镇的景观轮廓线构成起到重要的作用，同时也使其周围形成繁华的商业街区，构成城镇的中心。一般钟鼓楼下层为砖砌墩台，

图5-1-7（a） 巍山拱辰楼南面

图5-1-7（b） 巍山拱辰楼西面

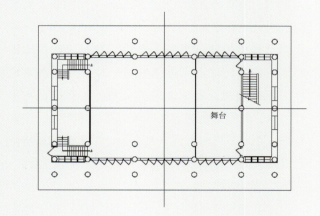
图5-1-8（a） 巍山拱辰楼一层平面图

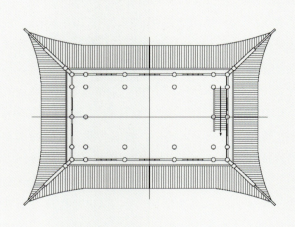
图5-1-8（b） 巍山拱辰楼二层平面图

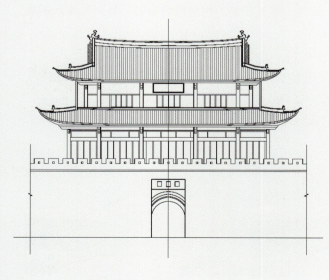
图5-1-8（c） 巍山拱辰楼正立面图

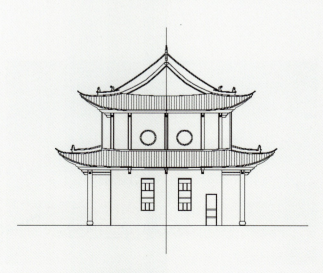
图5-1-8（d） 巍山拱辰楼侧立面图

墩台下开"十字"穿心门洞或单向，形成过街楼的形式。有的还在墩台顶上加筑腰檐，外形上更像是楼阁的底层。上部多为木结构"高台层楼"的楼阁式建筑。楼身屋顶常做攒尖顶或歇山顶，是城市的标志性建筑。

云南各地现遗存钟鼓楼较多，其建筑规模和形态不一，且各具特色，具体如下。

1. 鹤庆云鹤楼

云鹤楼位于鹤庆县云鹤镇中心，古名安丰楼，此名大概出自《周礼·大司徒》中"以俗安民，则民不偷；以度安民，民乃咸丰"之意。后改名为云鹤楼，相传是鹤庆的文人墨客根据"云中白鹤"之意取名。云鹤楼始建于明正德九年（1514年），后毁于兵灾，清康熙五十四年（1715年）由鹤庆州通判佟镇重建，俗称钟鼓楼。其后道光年间毁后，与道光十五年（1835年）重建，光绪二十二年（1901年）又焚于东门街大火，至光绪二十七年（1901年）重建，改名为云鹤楼。楼阁为明三层暗四层木构建筑，通高19.4米，通面宽17.8米，通进深14.2米，用柱32棵（图5-1-9）。楼下正中为南北向通道，墙体为砖木混合结构，中间4根通柱从底至顶承负重力，外面绕以檐柱。屋顶为重檐歇山顶琉璃瓦屋面，上有莲座、宝顶、垂兽等装饰物。建筑外形雄伟挺拔，庄重大方（图5-1-10），1998年被公布为云南省级文物保护单位。

2. 祥云钟鼓楼

位于祥云古城中轴线北端的钟鼓楼，与古城的东城门形成东西对峙局面，周围形成繁华商业区，构成古城的城市中心。祥云钟鼓楼始建于明洪武十六年（1383年），原设有钟鼓及铜壶滴漏，作为击钟报时用。明、清、民国曾几次重修。

祥云钟鼓楼为明三暗四的楼阁建筑，建于基座中心，高约25米，稳重厚实。基座为正方形，用青砖砌筑，中间立四颗合抱木柱，内有楼梯可盘旋而上。底层下开十字穿心门洞，贯通街衢，形成过街楼形式。第二层略有收分，平面仍为正方形，四面为实墙，中间开圆窗，墙面饰彩画，绘假窗，处理似白族民居照壁。三、四层收缩为八边形布置，屋顶为重檐攒尖顶（图5-1-11）。在三、四层的正四面轩窗，侧墙面则绘以假窗，檐柱外另加擎檐柱，支撑起翘。屋顶饰琉璃宝顶，每层檐瓦均用红、绿、黄等彩色琉璃瓦铺就，在总体布局、构架特征、艺术装饰等方面，具有明、清古建的风格特点（图5-1-12）。

3. 宾川钟鼓楼

位于宾川县州城古镇中心的钟鼓楼，建于民国13年（1924年），晚于祥云钟鼓楼，但与祥云钟鼓楼造型颇为相似，同样是底层方形，开十字穿心门洞贯通街衢，钟鼓楼的三、四层收缩为八角重檐攒尖顶。据说在宾川钟鼓楼建造时，是依照祥云钟鼓

图5-1-9（a） 鹤庆云鹤楼正面

图5-1-9（b） 鹤庆云鹤楼侧面

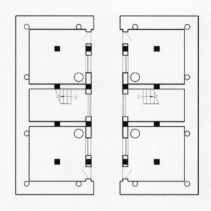

图5-1-10（a） 鹤庆云鹤楼一层平面图

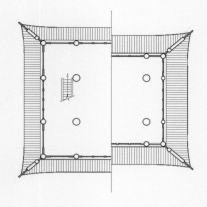

图5-1-10（b） 鹤庆云鹤楼二层平面图

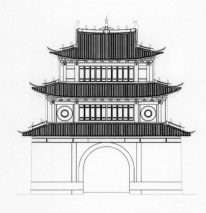

图5-1-10（c） 鹤庆云鹤楼正立面图

图5-1-10（d） 鹤庆云鹤楼侧立面图

图5-1-10（e） 鹤庆云鹤楼剖面图

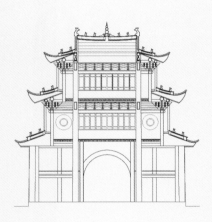

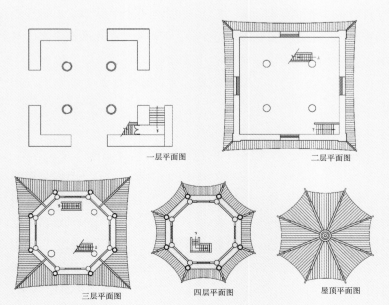

图5-1-11（a） 祥云钟鼓楼平面图

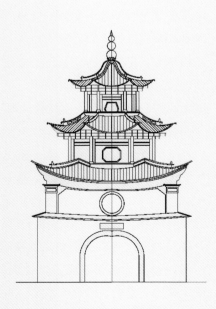

图5-1-11（b） 祥云钟鼓楼立面图

图5-1-12 祥云钟鼓楼手绘

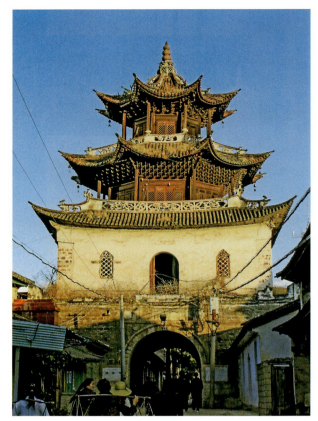
图5-1-13 宾川钟鼓楼

楼的样式修建的。其楼阁建筑年代虽然不算早，但在楼阁三、四层的外檐斗栱及内部装饰雕刻方面，建筑工艺十分精致（图5-1-13）。楼内悬挂着明铸龙泉寺黄铜巨钟一口，重约吨余。整个钟鼓楼建筑结构精密，庄重大方，是历史文化名镇州城的标志性建筑。登临其上，环目四顾，可一览环绕在青山绿水间的古镇全貌，美不胜收（图5-1-14）。

4. 巍山星拱楼

星拱楼又名文笔楼，位于巍山古城正中，为明代蒙化府府城中心过街楼。始建于明代洪武二十三年（1390年），后经历次重修。星拱楼俊秀挺拔，古名凝秀楼。楼高16米，建于8.5米的城墙之上，由楼阁与基座两部分组成。基座石砌，四面贯通，门洞作券顶。楼作亭阁式，比例匀称，现保存完整。原为三重檐，后改为二层。为抬梁与穿斗式相结合结构，重檐歇山屋顶，面阔三间，底层四周环廊，内外均饰斗栱，雕刻装饰精美（图5-1-15）。屋面弧度柔和，四角起翘较大，加以屋面的空花脊和透雕门窗，整个建筑外形显得秀丽飘逸，玲珑剔透。楼上层四周设窗，凭栏可望巍山古城全景。星拱楼与其背面的拱辰楼遥遥相对，一个雄伟，一个秀气，匠心独具，使古城的风韵更为突出（图5-1-16）。

5. 通海聚奎阁

位于滇南通海古城中心的聚奎阁，有"印把"之称，是通海古城的标志性建筑。据《重建聚奎阁记》称："通海为滇南一大都会，县治南面秀山。北忱杞水，方城如斗，四逵八巷，城中央建高阁以统治之。并祀奎星于其上。"可知聚奎阁之于通海非同寻常。聚奎阁建于清光绪八年（1882年），楼阁平面为正方形，面宽与进深均为三开间13.2米，高19.6米，三重檐四角攒尖顶，抬梁穿斗式木结构

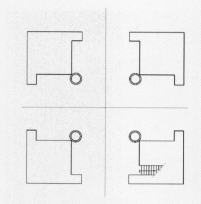

图5-1-14（a） 宾川钟鼓楼一层平面图

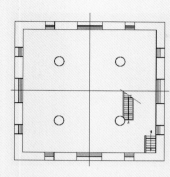

图5-1-14（b） 宾川钟鼓楼二层平面图

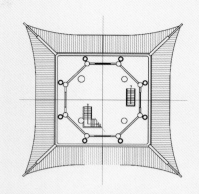

图5-1-14（c） 宾川钟鼓楼三层平面图

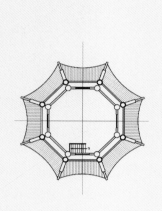

图5-1-14（d） 宾川钟鼓楼四层平面图

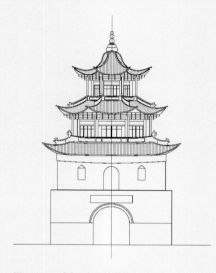

图5-1-14（e） 宾川钟鼓楼立面图

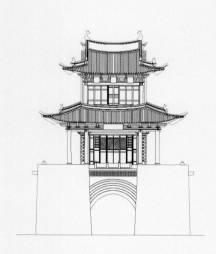

图5-1-15（a） 巍山星拱楼正立面图

图5-1-15（b） 巍山星拱楼侧立面图

图5-1-15（c） 巍山星拱楼剖面图

图5-1-16（a） 巍山星拱楼北立面

图5-1-16（b） 巍山星拱楼东立面

建筑，楼阁四个翼角起翘较高（图5-1-17）。阁分三层，上为琉璃瓦屋面，顶尖立有琉璃宝顶，各层檐下均施雕花斗栱。在三层檐下南面悬挂"聚奎阁"大匾，北面悬挂云贵总督岑毓英题书"冠冕南州"匾，东西两面分别悬挂"四维统纽"、"高拱晨居"二匾。二层四面开设花窗，底层有石砌方形须弥座台基，四周设石砌栏杆（图5-1-18）。聚奎阁设计精巧，共用柱40棵，整座楼阁均采用铁梨木建成，结构严谨，屋身立面收分明显，建筑外观规整端庄，具有极强的抗震性能，曾先后历经了1913年和1970年在通海发生的两次大地震的考验。特别是后一次大地震，通海古城内的建筑大多数遭毁，唯其巍然屹立，安然无恙。

6. 江川文星阁

位于江川县江城镇中心的文星阁，其为了倡导儒学教化而建，是全镇的标志性建筑。文星阁建于清道光十九年（1839年），共分三层，阁基四周筑有正方形台基，底层四方开门，穿阁而过可通东西南北街道。一层以砖结构为主，二、三层木结构。屋顶为四角攒尖顶。翼角起翘，葫芦结顶。二楼据说原有铜钟一口，古为打更报时所用，数里之外，可闻钟声，现已不存。三楼，有泥塑魁星雕像位于其中，据说旧时逢七月初七，附近私塾先生和学生都要到此祭拜魁神，以求文星高照（图5-1-19）。

（三）景观性楼阁

《尔雅·释诂》曰："楼：聚也。"楼阁建筑有着"景观"和"观景"的双重功能。一方面，楼阁高大俊美的形象往往能够形成风景景观的中心，或是构成地方城镇的标志性建筑。另一方面，楼阁又可以成为登高远眺之所，可登临远眺，观赏风景。

景观性楼阁体量一般较为高大，常建三、四层以上，所处位置也很突出，有的建在高处，借助地势，更利于远望，如苏东坡所言"赖有高楼能聚远"。有的建在水边，宽阔的水面或波光粼粼、或水面如镜，衬托出楼阁俊秀的建筑外形。景观性楼阁的平面设置一般有正方形、长方形、多边形等多种形式，甚至在此基础上，将每面向前凸出，形成相对复杂的平面轮廓或是多种平面组合。景观性楼阁常设置回廊，四周开窗，以便于登临观望。屋顶多用歇山顶、攒尖顶、十字脊、丁字脊，或是由若干个大小不同的屋顶相互组合的形式，高低错落、互相穿插，远远望去、此起彼伏，具有外形丰富多变的艺术效果。著名的江南三大名楼——岳阳楼、滕王阁、黄鹤阁，以及北京颐和园的佛香阁等，都属于这一类型的楼阁。

云南的景观性楼阁除了上述的楼阁特征之外，

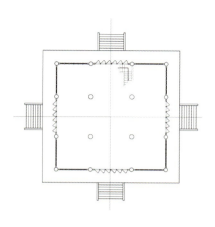
图5-1-17（a） 通海聚奎阁一层平面图

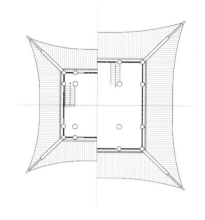
图5-1-17（b） 通海聚奎阁二、三层平面图

图5-1-17（c） 通海聚奎楼立面图

图5-1-18 通海聚奎阁南面

还兼具有独特的地域环境风貌特点。

1. 昆明大观楼

大观楼位于昆明市大观公园内，南临滇池，远望西山，与太华山隔水相望，明代称为近华浦。清朝康熙二十一年（1682年），湖北僧人乾印到此讲经说法，建观音寺，游人渐多，始成游览区。康熙三十五年（1696年），巡抚王继文扩建涌月、澄碧宫、华严阁、催耕馆等胜迹，并建楼二层，因面临滇池，登楼而视野大开，景致壮观，故名"大观楼"。道光八年（1828年）增建为三层，咸丰七年（1857年）毁于兵燹，现存楼阁为光绪九年（1883年）重建。大观楼呈方形平面，通面阔通进深均为10.37米。三重檐四角攒尖顶（图5-1-20）。光绪十四年（1888年），云贵总督岑毓英托请赵潘将乾隆间名士孙髯翁所撰写的180字长联，以工笔楷书重新刊刻于木联上，挂与底层门两侧，闻名于世。

大观楼的平面布局简洁，主要入口在南北向，四周设有月台，南面临水，东西方向月台通过七级台阶下到地面。立面依次收分，具有西安大雁塔之建筑韵味，使大观楼的正面显得庄重大方，蔚为壮观（图5-1-21）。登临四顾，即产生"五百里滇池奔来眼底"之感觉。楼二层正面有清咸丰帝御书颁赐大观楼的"拔浪于层"匾额。底层有联赞曰："千秋怀抱三杯酒，万里云山一水楼。"1961年郭沫若先生游览时，写诗赞叹："果然一大观，山水唤凭栏。睡佛云中逸，滇池海样宽。长联尤在壁，巨笔信如椽。我亦披襟久，雄心溢两间。"1983年大观楼被公布为省级文物保护单位，2013被公布为国家级文物保护单位。

2. 石屏来鹤亭

来鹤亭位于石屏县异龙湖西岸小瑞城末束岛顶，原名海山亭。始建于明崇祯六年（1633年），另有文昌阁和魁星阁共同组成古建筑群。来鹤亭为不等边六角形亭阁，高8米，紧接亭子而建的是文昌阁，亭阁相连，浑然一体。阁通面宽16米，通进深5.13米，抬梁式木构架重檐歇山屋顶。亭前设有月台勾栏，立有清光绪十五年（1889年）武进士罗长华书"天下第一亭"石碑（图5-1-22）。文昌阁后为魁星阁，亦为崇祯六年（1633年）所建，坐东向西，通面宽13.2米，通进深11米，抬梁式木构架重檐歇山屋顶，魁星阁二层两面开窗。整个来鹤亭建筑群，错落有致，大小和谐，布局合理。所有檐角都飞翘而起，插向云霄，并垂挂风铃，给人一种古朴、典雅的感觉。

来鹤亭雄踞小瑞城末束岛顶，远望异龙湖水面渔舟点点，海鸥沉浮。清代石屏翰林张汉游览来鹤亭赞曰："一海共三山，风光聚一亭。鹅群秋水白，雁字远青天。"袁嘉谷游来鹤亭曾拟楹联一对："忆三岛旧游愿与飞鹭轻鸥订南山北山之约，让一步西湖试问荻芦春柳比苏堤白堤如何。"1998年被公布为省级文物保护单位，2013被公布为国家级文物保护单位。

3. 南湖瀛洲亭

位于蒙自市南湖公园内的瀛洲亭，建于清康熙二十九年（1690年），阿迷（今开远市）知州王来宾署理蒙自县事，重浚法果泉，引水入湖筑北堤。民众捐资建两层重檐亭子于湖东，以志其德，取名瀛仙亭。清光绪十五年（1889年）重修，更名为瀛

图5-1-19（a） 江川文星阁

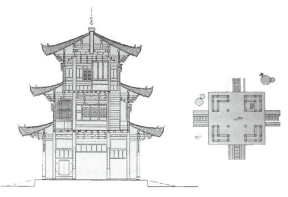
图5-1-19（b） 江川文星阁剖面、平面图

图5-1-19（c） 江川文星阁立面图

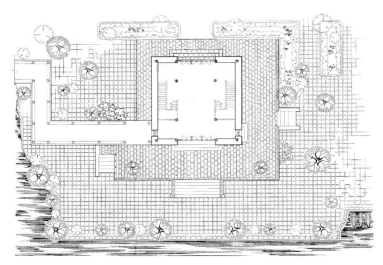
图5-1-20（a） 昆明大观楼一层平面图

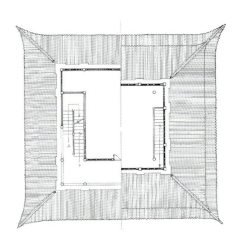
图5-1-20（b） 昆明大观楼二、三层平面图

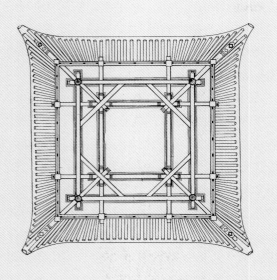

图5-1-20（c） 昆明大观楼三层仰视平面图

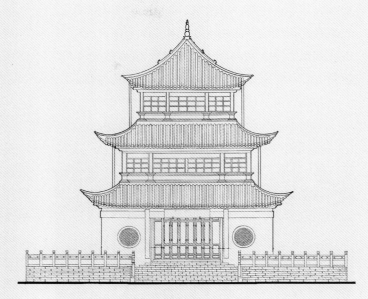

图5-1-20（d） 昆明大观楼正立面图

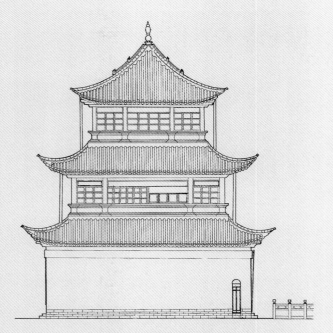

图5-1-20（e） 昆明大观楼侧立面图

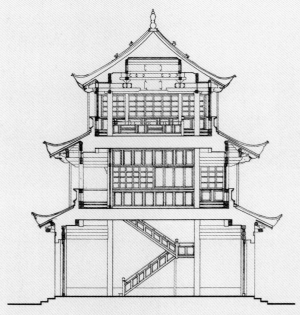

图5-1-20（f） 昆明大观楼侧剖面图

洲亭。亭坐北向南，六角形平面布置，下有高1.17米的石砌须弥座，每边长6.6米，座上建木构架三重檐六角形攒尖顶楼阁，上铺黄、绿两色琉璃瓦，顶置宝瓶，脊饰吻兽，三层的屋檐下均施斗栱。坐斗呈菱形，散斗为莲花形。瀛洲亭通高21.4米，在24棵柱子中有6棵通柱直通3层，构成穿斗式梁架，形成气势雄伟的建筑外观（图5-1-23）。1987年被公布为省级文物保护单位。

4. 景真八角亭

位于西双版纳勐海县的景真八角亭②，由基座、亭身和八角十层的亭阁组成。亭身开四门，墙身内外抹浅红色泥皮，镶嵌各种彩色玻璃并用金粉、银粉印出各种花卉动物和人物图案，光彩夺目。相互叠合的悬山式屋面向上渐次收小，呈锥形，最后集中收于一块金属圆盘下，重叠的坡屋面屋脊上装有小金塔、禽兽、火焰状玻璃脊饰。檐口系铜铃，高16米，装有花卉图案银片（图5-1-24）。八角亭阁为砖木结构，高约20余米，由亭座、亭室、亭顶和风铃杆几部分组成。亭座为亚字形须弥座，由32个

图5-1-21　具有大雁塔建筑韵味的昆明大观楼

图5-1-22（a）　石屏来鹤亭

图5-1-22（b）　石屏来鹤亭室内底层

图5-1-22（c）　石屏来鹤亭室内顶棚

图5-1-22（d）　石屏来鹤亭

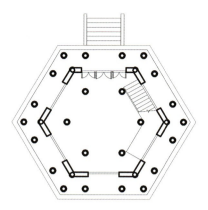 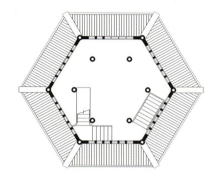 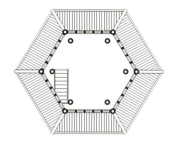

图5-1-23（a） 蒙自南湖瀛洲亭平面图

图5-1-23（b） 蒙自南湖瀛洲亭

图5-1-23（c） 蒙自南湖瀛洲亭局部

图5-1-23（d） 蒙自南湖瀛洲亭室内三层顶棚构架

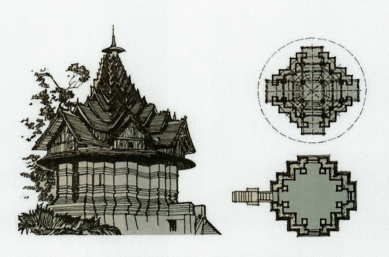

图5-1-24（a） 勐海景真八角亭平面、立面图（图片来源：引自《云南民居》）

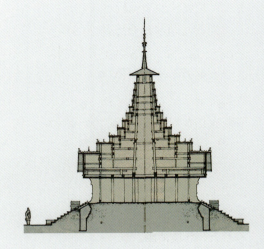

图5-1-24（b） 勐海景真八角亭剖面图（图片来源：引自《云南民居》）

图5-1-24（c） 勐海景真八角亭1

图5-1-24（d） 勐海景真八角亭2

角构成31面；亭室高2.5米，呈八棱形，南面开拱门，门头设佛龛，门外立麒麟雕像，室内分24壁，绘制精美的"金水画"图案；亭顶为八角形重檐结构，每个角上装有逐渐向上收缩的十层悬山式双坡人字形屋宇，覆琉璃瓦，顶部有吉祥鸟、风铃等饰物，传说这8个角代表释迦佛祖身边的8位高僧。亭顶中央是一柄铝制华盖（佛伞），刹杆、相轮高约4米，上面挂有铜制风铃。整个建筑玲珑华丽，造型美观，是傣族地区佛教建筑艺术中的杰出作品。

景真八角亭是由厅蚌叫的僧侣主持建造，他曾经派人赴缅甸、泰国各地寻访经验并取来图纸，又从普洱请来一个汉族匠师做指导，所以八角亭的建筑超群，工艺精湛。建成后的亭阁几经损毁，数度修葺，1978年修复后重现昔日风采。

5. 剑川景风阁

景风阁位于剑川县金华镇西门外金华山麓，是由文庙、财神殿、来熏楼、关圣宫、龙神祠、灵宝塔和景风阁等共同构成的古建筑群，其地苍松绿荫，古木参天，环境清幽。景风阁建于清康熙十二年（1673年），原为喇嘛寺转经楼，后改为魁星阁，再后由赵潘倡议于其内供奉乡贤牌位，改名景风阁。阁坐南向北，八边形平面，穿斗式木架结构，三重檐八角形攒尖顶。每层檐下施斗栱，底层设回廊。北面开设透雕隔扇，个内壁间绘有山水花卉图案（图5-1-25）。

6. 丽江得月楼

位于丽江古城北黑龙潭公园内的得月楼，始建于清光绪二年（1876年），1963年重建。得月楼建于黑龙潭中小岛上，四面临水，坐西向东。平面呈方形，边长8.7米，基台八角形，周设栏杆，三重檐四角攒尖顶，抬梁式木结构，面阔和进深皆为三开间。楼的二、三层施如意斗栱，底层四角加擎檐柱支撑角梁，翘角翼然，彩绘缤纷，缕雕传神（图5-1-26）。

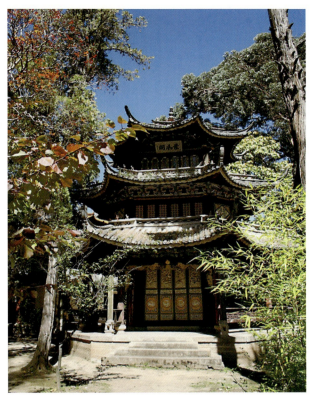

图5-1-25 剑川景风阁

7. 小普陀观音阁

小普陀观音阁，位于大理洱海挖色乡海印村离海岸50余米的小岛礁石上，始建于明崇祯年间，清咸丰十年（1860年）重建。观音阁平面为正方形，面阔三间，重檐歇山顶，带有前柱廊，两山及后檐封闭，底层西南角有木梯上楼，山尖及重檐下均绘

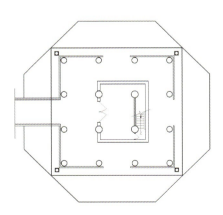

图5-1-26（a） 得月楼一层平面图

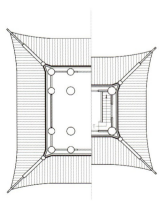

图5-1-26（b） 丽江得月楼二层平面图

图5-1-26（c） 丽江得月楼立面图

图5-1-27（a） 大理海印小普陀观音阁

图5-1-27（b） 丽江得月楼

图5-1-27（c） 丽江得月楼近景

有淡墨花卉图画，在西北角有登临岛上的曲折通道。观音阁建筑体量小巧玲珑，简洁朴实，色彩素雅，结构严谨，又处于独特的水面环境之中，地方民族建筑特色十分鲜明（图5-1-27）。

　　修建观音阁的小岛石崖错落，四面临水，因有观音置镇海大印于洱海中的转说，故名"海印"，又据佛教传说观音阁在南海普陀得到，故取名为"小普陀"。登临岛上，环顾四周，水天一色，苍山洱海景观尽收眼底，清风拂面，心旷神怡。小岛石穴缝中有个大青树高达4米，树干苍劲多姿，与古阁、小岛相互辉映，结合成有机整体，远处眺望小岛，好似天然盆景漂于海中，美不胜收。

8．一碧万顷楼

　　位于昆明西山太华寺东南角的"一碧万顷"楼，俗称"望海楼"，是观滇池日出和晚霞的胜地。极目远望，湖水与长空一色；近瞰滇池，碧波万顷，扁舟一叶，在眼前变幻无穷云影水光，自然给人以"一幅湖山来眼底，山色湖光共一楼"的美感。明代张佳胤在《游太华山记》中言：一碧万顷楼可"凭栏眺视，树杪可手，毅毅涛声，疾续相续，而湖水空旷，四际烟渚。"[③]楼平面形式为"凸字形"。楼内壁有康熙帝御书："世济其美"。碑铭："登楼远眺，东浦彩虹，西山苍翠。朝观日出，浪花红艳；夕视归帆，百舟似箭。千艘蚁聚于云津，万舶蜂屯于城根"（图5-1-28）。

　　"一碧万顷"楼于清康熙二十七年（1688年），由云南总督范承勋拆毁吴三桂的王府，将木、石运到太华寺中修建此楼，便于游人从寺内长廊迂回登上这座富有诗情画意的楼阁（图5-1-29）。因此楼处于太华寺东南角山岩高出，是观看日出奇景和欣赏皓月当空、月印湖面的绝好地方。"观好日，红轮一线，与白波争激宕。日光皆作浮屠形，下有金莲花捧之以出。""日暮，澄波如镜，余霞错绮"[④]，蔚为奇观。不过今日之"一碧万顷"楼，已非旧观。

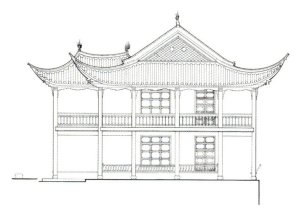

图5-1-28（a） 一碧万倾楼侧立面图

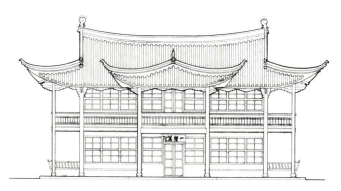

图5-1-28（b） 一碧万倾楼正立面图

图5-1-29（a） 一碧万顷楼正面

图5-1-29（b） 一碧万顷楼背面

图5-1-29（c） 一碧万顷楼匾额

（四）宗教性楼阁

不论是单独设置藏经楼、尊经阁、观音阁、玉皇阁、斗姆阁、吕祖阁、魁星阁、藏书楼、宣礼楼、还是成对布置的钟鼓楼等不同规模、形态的楼阁建筑，宗教性楼阁往往与佛教、道教、儒教、伊斯兰教以及众多不同的地方宗教紧密结合，成为这些不同宗教类型的主要建筑或辅助建筑的重要组成部分。云南的宗教性楼阁建筑类型丰富、形式多样，特点突出，而且有些楼阁也都在前面的相关章节有所分析介绍。此处仅选取部分有代表性的楼阁，再进一步强调其所表现的突出建筑形态与特点。

1．丽江五凤楼

位于丽江黑龙潭公园内的福国寺五凤楼，原名法云阁，始建于明万历年间（1573～1620年），现存为光绪八年（1882年）重建。平面近似方形，通面阔18.9米，通进深17.78米，楼高20米，为三重檐楼阁式木结构建筑。五凤楼由32棵圆柱在方形平面基础上向外扩展形成"十字形"平面布局，其中4棵中柱为12米高的通柱。整个建筑平面布置紧凑，

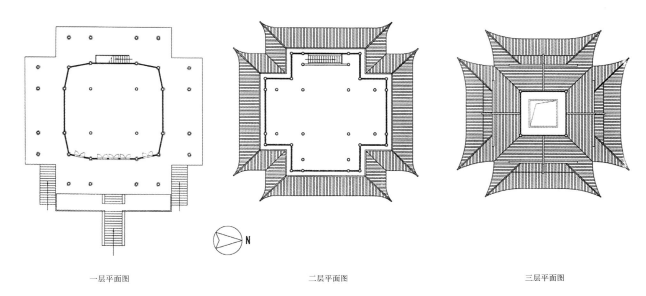

| 一层平面图 | 二层平面图 | 三层平面图 |

图5-1-30（a） 丽江五凤楼平面图

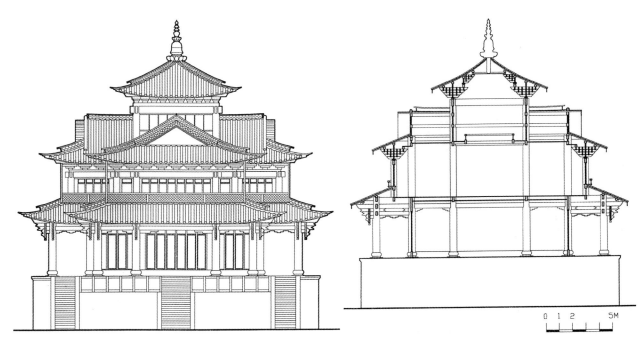

图5-1-30（b） 丽江五凤楼立面图　　　　图5-1-30（c） 丽江五凤楼剖面图

结构合理，雕刻精巧，彩画华丽，楼基方正，布正檐八角，中间为一高起的方形藻井（图5-1-30）。20米高的楼宇，构成外观为三层八角飞檐的楼阁，一、二层呈十字歇山式；第三层为四角攒尖顶。屋顶造型组合丰富，上、中、下共24个啄天飞檐，从楼的四角望去，各个方向的飞檐翼角就像五只展翅欲飞的彩凤，故名五凤楼（图5-1-31）。在《徐霞客游记》中有云："层台高拱，上建法云阁，八角层甍，极其宏丽"。

2. 太华寺大悲阁

位于昆明西山太华寺最高处的大悲阁，占地面积为582平方米，为五开间重檐歇山顶（图

图5-1-31（a） 丽江五凤楼

图5-1-31（b） 丽江五凤楼上层屋顶

图5-1-31（c） 丽江五凤楼木构装饰细部

5-1-32）。阁内有铜铸的三身佛像3尊，二楼檐前悬有"大悲宝阁"巨匾，历代文人韵士多喜登临赋诗。雄踞高台丛林之上的大悲阁，台墀高大宽敞，气象非凡。尤其引人注目的是大理石台墀栏杆望柱上雕刻攀附的龙、狮、虎、象、孔雀、仙鹿等动物，形态逼真，神情各异，栩栩如生（图5-1-33）。明代张佳胤在《游太华山记》中曰："石栏缭绕，万象华呈，最为胜览"。登临至此，仰观美景，云在蠕动，雾在离合，气象非凡、万象华呈。有诗赞曰："空中楼阁开天书，寺顶云霞接水光"。

3．正续禅寺藏经楼

始建于元武宗至大四年（1311年）的武定狮山正续禅寺，后经历代重修，是滇中地区规模最大的寺院之一。正续禅寺建筑群包括石坊、山门、牌楼、天王殿、大雄宝殿、藏经楼（含明惠帝祠阁）、礼斗阁、观音阁等。其中位于大雄宝殿后面的藏经楼依山而起，该楼阁建于清康熙七年（1688年），其建筑形式、雕塑彩绘、石雕木刻等，堪称正续禅

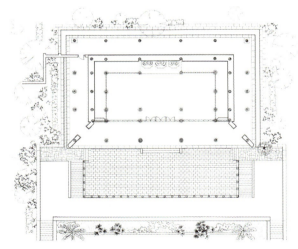
图5-1-32 昆明太华寺大悲阁平面图

图5-1-33（a） 昆明太华寺大悲阁

图5-1-33（b） 昆明太华寺大悲阁前廊

图5-1-33（c） 昆明太华寺大悲阁石雕栏杆柱头

寺之精华所在。其上层为藏经楼，供奉释迦牟尼佛祖，楼下供奉明惠帝建文的塑像。将佛教人物和政治人物同时放在一起供奉，这在全国寺院建筑中也属罕见（图5-1-34、图5-1-35）。

4. 祥云玉皇阁

建于明隆庆五年（1571年）的祥云玉皇阁，为四方形面宽三间，进深三间的三重檐四角攒尖顶建筑，其主体建筑玉皇阁通高20余米，立木柱32棵，穿斗式梁柱结构，檐下斗栱密集，屋脊起翘较大。立面有明显收分，底层实墙墙面作弧形处理。墙面饰彩绘，仿民居照壁。第三层南面作两挑斗栱架挑檐，四角梁作龙头出阁。檐柱上饰有龙狮图样。琉璃瓦起脊，顶饰葫芦宝刹。整个建筑造型朴实稳重，现保持基本完好。玉皇阁矗立于北城门外约500米处，与钟鼓楼及文庙相互辉映，成为古云南城的显著标志（图5-1-36）。

5. 巍宝山培鹤楼

巍山巍宝山的名胜景点很多，在历史上有名的八大胜景⑤中，"鹤楼古梅"和"朝阳育鹤"⑥两景就在培鹤楼。培鹤楼位于斗姆阁后峭壁之下，因供奉纯阳祖师吕洞宾塑像，又名祖师阁。建于清代乾隆二十五年(1760年)，清同治年间毁于兵燹，清光绪年间重修。培鹤楼依山就势，高居于石台基上，左右两边有石阶与楼阁相通，四面围有浮雕石栏，可一转三方。楼为三开间带回廊，重檐歇山顶。整个建筑工艺精湛，雄浑古雅（图5-1-37、图5-1-38）。殿宇正面屋檐下有"培鹤楼"三字匾额。楼内正中为吕洞宾坐像，一手执棕叶扇，一手扶藤，仙风透骨，形象逼真传神。

6. 秀山古柏阁

位于通海县秀山公园涌金寺的古柏阁，是处于涌金寺山门与大雄宝殿之间的建筑，其功能为佛教寺院的天王殿。由于该寺所处地形高差变化较大，进入山门后形成进深较小的两个台地，而作为联系前后建筑空间的古柏阁，既要与后面的建筑院落构成统一的空间格局，又要留出阁前的缓冲空间，如按照常规的居中设置台阶直接上下，显得局促，也

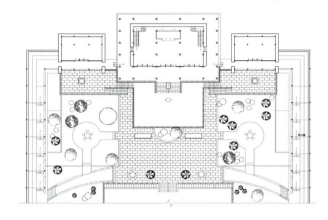

图5-1-34（a） 武定正续禅寺藏经阁平面图

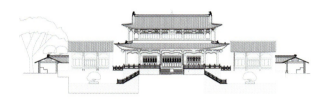

图5-1-34（b） 武定正续禅寺藏经阁立面图

图5-1-34（c） 武定正续禅寺藏经阁剖面图

图5-1-35 武定正续禅寺藏经阁

图5-1-36 祥云玉皇阁

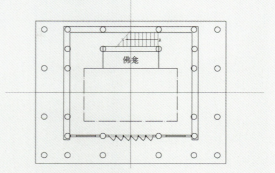

图5-1-37（a） 培鹤楼一层平面图

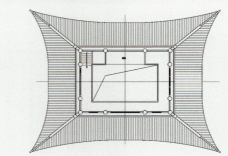

图5-1-37（b） 培鹤楼二层平面图

达不到进入阁内的足够高度。因此，聪明的匠师就将该阁紧密结合前后地形的高差，把楼阁的前2/3部分架空，灵活处理为干阑形式的楼阁，而把上下的石阶踏步分左右设置，从容而又舒缓有序，最后通过两边的圆拱门，再从连廊与山墙开始的侧门进入阁内，其构思布局十分巧妙和紧凑（图5-1-39）。

这一干阑形式的楼阁，二层平面为面阔三间、进深两间，内部带回廊的单檐歇山顶，建筑高为7.2米（图5-1-40）。阁内布置为明间居中供奉弥勒佛和韦驮塑像，两边次间分别供奉高大的四大天王塑像，其头部已高出金柱头的普拍坊，塑像周围用木质栅栏围挡。在普拍坊上置六铺作斗栱（内），斗栱用料粗壮、栱形规整。另外还在开间方向不同的梁枋上，加塑众多大小不等的罗汉塑像，其中正梁上为释迦牟尼和文殊、普贤菩萨3个立像（图5-1-41）。前檐正面居中明间开设一个圆窗，既突出其中心视觉焦点，也便于从阁楼室内观景远眺。后檐与室外院落地面齐平，在明间设门可直接进出。

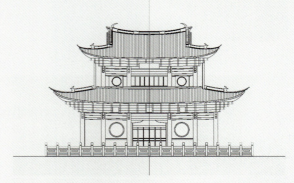

图5-1-37（c） 培鹤楼正立面图

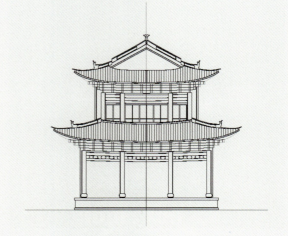

图5-1-37（d） 培鹤楼侧立面图

图5-1-38（a） 培鹤楼

图5-1-38（b） 培鹤楼翼角构架

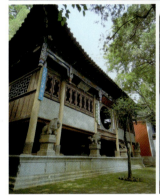

图5-1-39 通海涌金寺古柏阁

由于古柏阁巧妙结合地形，竖向处理为半架空的形式，使之成为在佛教寺院天王殿设置中最具特色的一座建筑，也可以说是仅有的一个孤例。且在其半架空底层前半部分，外围由二层的檐柱直接落地置于台基柱础上，对应二层的金柱，用粗壮的短柱和在柱头施斗栱的建构方式，将整个楼阁建筑的底座架空距地面高度为1米左右（图5-1-42）。

7. 秀山凌云阁

凌云阁位于石屏县宝秀镇秀山寺内，秀山寺是一座雾掩山林、霞伴暮鼓、景致幽深的佛教寺院，而凌云阁便是这一古建筑群中的一座楼阁。凌云阁坐南向北，为三重檐歇山顶抬梁式砖木结构建筑。在阁楼底层檐柱上悬挂陈鹤亭题、赵藩书的对联，三楼屋檐下悬挂3块1米见方的匾额，题陈荣昌手书"凌云阁"三个大字。登阁眺望，秀山寺建筑群落和宝秀镇的万亩田畴尽收眼底（图5-1-43）。

图5-1-38（c） 培鹤楼细部装饰

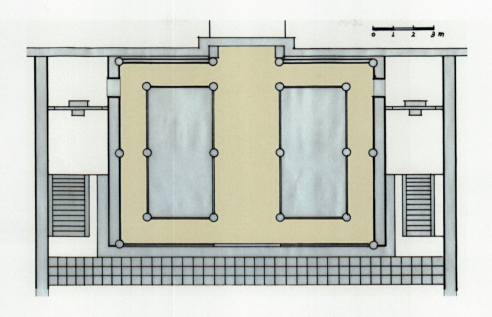

图5-1-40（a） 通海涌金寺古柏阁平面图

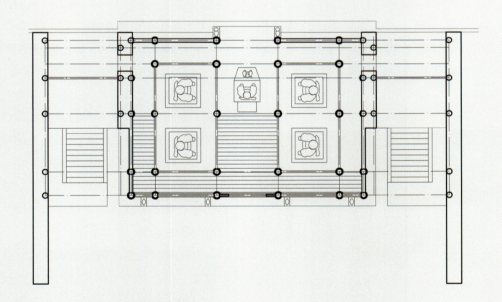

图5-1-40（b） 通海涌金寺古柏阁二层平面图

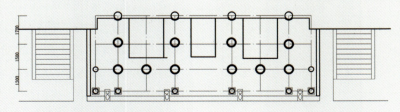

图5-1-40（c） 通海涌金寺古柏阁底层平面图

图5-1-41　通海涌金寺古柏阁室内雕塑

8. 石屏企鹤楼

位于石屏县一中内的企鹤楼，建于1923年，为重檐四层楼阁。第一、二两层为七开间带通廊的砖墙歇山顶，底层居中明间开圆拱门通道，两边对称设置圆拱门窗。第三层为三开间三叠式砖墙歇山顶，居中设"十"字形木格花窗，两侧开平拱方窗。第四层为木架结构的八角形攒尖顶青瓦楼阁，屋顶置三台宝瓶，八边均开设木格花窗。在四楼屋檐下悬挂黑底金字横匾"企鹤楼"，三楼屋檐下悬挂黑横匾"振兴文化"。因石屏地处滇越铁路沿线，受到法式建筑文化影响，企鹤楼是一座中西合璧式的楼阁建筑（图5-1-44、图5-1-45）。

9. 宣礼楼和望月楼

宣礼楼，又叫"邦克"楼或醒梦楼。顾名思义，宣礼楼是用来向穆斯林群众宣布礼拜的建筑。望月楼，取望月确定时间之意，伊斯兰教规定斋月时期，登楼望月以定开斋封斋的具体日期，所以需要在清真寺内选择高敞处建造高耸的楼阁，以供望月之需。在云南伊斯兰教建筑中，往往宣礼楼和望月楼合建一起，除了凸显清真寺在回族村庄中的标志性特点外，也强调清真寺作为伊斯兰教信仰精神中心的特殊地位。

宣礼楼按功能不同分为单独式、组合式与大殿合建式三类。其中单独式宣礼楼从底到顶，功能单一，层数一般为三层，仅为宣礼之用，如开远大庄清真寺的宣礼楼、宾川宾居清真寺的宣礼楼（图5-1-46）。组合式宣礼楼一般体量颇大，功能也较复杂，具有多层楼阁建筑的特点。宣礼楼常与门楼组合在一起，门楼下部居中形成入口通道，门楼的其他房间兼有讲堂或经堂的功能，上部几层收分后构成方形或多边形的组合式宣礼楼，如巍山小围埂清真寺的宣礼楼、巍山东莲华村清真寺的宣礼楼（图5-1-47）。而在用地条件相对紧张的情况下，

图5-1-42（a）　通海涌金寺古柏阁底层架空柱头斗栱1　　图5-1-42（b）　通海涌金寺古柏阁底层架空柱头斗栱2

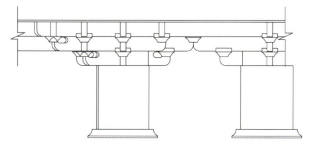

图5-1-42（c）　通海涌金寺古柏阁底层柱头斗栱

图5-1-43 石屏秀山凌云阁

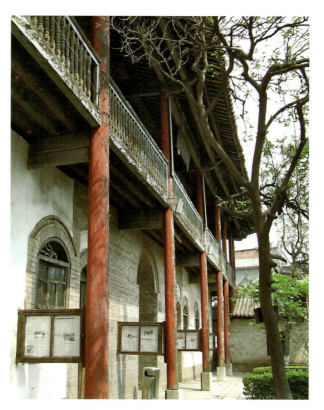

图5-1-45（a） 石屏企鹤楼走廊

图5-1-44 石屏企鹤楼正面

图5-1-45（b） 石屏企鹤楼背面

有些清真寺直接将宣礼楼与大殿合建在一起，如巍山回辉登清真寺的宣礼楼（图5-1-48）。

对于这类宣礼楼、望月楼，已在前面伊斯兰教的清真寺建筑中分析过，此不再累述。

10．藏书楼

书籍的大量增多与收藏，使各地广建藏书楼。"建书楼于别墅，延四方之士，肆业者多依焉。乡里率化，争讼稀少"。《文献通考》也载："凡则有书院，必设书楼"，因之无论大小书院都有书楼的建置。元代后，云南儒学兴盛，各地兴建文庙、书院，而藏书楼作为文庙、书院必不可少的一个重要组成部分也广为建造。

图5-1-46 开远大庄清真寺宣礼楼

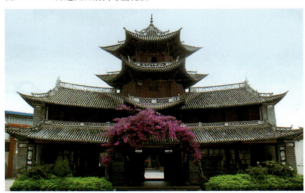

图5-1-47（a） 巍山小围埂清真寺宣礼楼

图5-1-47（b） 巍山东莲花清真寺宣礼楼

图5-1-48 巍山回辉登清真寺宣礼楼

现存书院中的藏书楼较多，如弥勒虹溪镇书院藏书楼，建于清光绪二十五年（1899年），是虹溪书院的中心主楼，楼为重檐歇山顶抬梁式结构。三开间三进间，通面阔13.6米，进深14.2米。楼上悬挂"藏书楼"三块木质大字，匾系临摹滇南名士尹壮图手书（图5-1-49）。

巍山文华书院的藏书楼，位于巍山城东北隅，因在文华山之麓而名。始建于清光绪元年（1875年），由大门、二门、泮池、雁塔坊、奎星阁、藏书楼及两厢等大小9个院落组成，规模宏大，雕饰古朴。现存的藏书楼建于高台上，面阔五间，前后设围廊，为重檐歇山顶抬梁式木构架。楼翼角出檐深远，虽无斗栱，但梁枋雕刻生动，整个建筑高大宏伟（图5-1-50）。

11．魁星阁

在云南许多地方，对魁星的崇拜与修建魁星阁的热情丝毫不减。既有在文庙和道教宫观中建魁星楼、文昌宫，同时，在民间也有单独修建的魁星楼、文昌宫等，用于祭祀神灵、倡导文运、祈求好运，以寄托人们理想追求的强烈愿望。而大量的魁星阁、文昌宫在云南地方的古建筑中，也占有十分重要的地位。

如剑川沙溪古镇，当地白族崇拜魁星，几乎村村都建有魁星阁，据统计，仅沙溪镇就有20余处魁星阁（图5-1-51）。在这些魁星阁中，最有特色的当数沙溪寺登街的魁星阁，而寺登街魁星阁的建筑程序也颇为特殊。首先，村中必须有文人才有资格

图5-1-49 弥勒虹溪书院藏书楼

图5-1-50 巍山文华书院藏书楼

建魁星阁，第二，魁星阁方位选取，在村落的最佳位置。第三，魁星阁的建筑形式特点取决于村中文人的爱好。第四，楼阁建设资金由主事文人按各户贫富情况摊派。可见，魁星阁在当地的重要地位。

位于和顺古镇西南石头山毓秀峰顶的和顺魁星阁，是单独修建的魁星阁，其由数栋建筑自由分散组成的群体布局，在轴线上依次布置了山门、过厅、魁星阁楼。居于中心位置的魁星阁于清光绪十九年（1893年）重建，为六角形重檐攒尖顶楼阁。阁体造型灵秀、端庄朴实，虽建筑体量较小、但因形借势，处于地段高点，大有直通天际之感（图5-1-52）。

位于和顺古镇东边水碓村的和顺元龙阁，是一组儒、道、佛三教合一的建筑群体。其中的魁星阁为六角形重檐攒尖顶木构楼阁，位于中轴线两个不同高差平台上。底层前半部架空立于方形平台上，平台前面部分左右两侧设置台阶联系上下交通；后半部分居中仍设置台阶继续向上前行。魁星阁底层通过前后的高差处理，在比较紧凑的用地中形成高低不同的丰富空间。同时，在整个建筑群体中起着联系前后建筑空间起承转合的作用（图5-1-53）。

而大量位于文庙建筑群中的魁星阁，常作为文庙建筑的重要组成部分，灵活地布置在文庙大成殿主体建筑院落的周围，构成一个独立的竖向标志景

图5-1-51（a） 剑川沙溪常乐魁阁

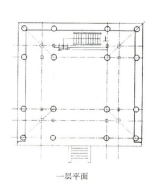
一层平面

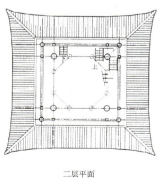
二层平面

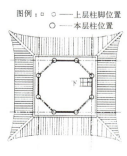
三层平面

图例：□ ○——上层柱脚位置
　　　○——本层柱位置

图5-1-51（b） 剑川沙溪常乐魁星阁平面图

图5-1-52（a） 和顺魁阁

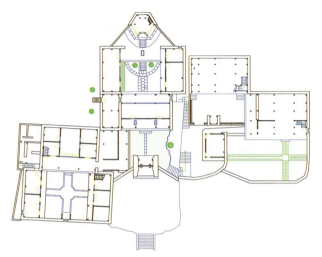

图5-1-52（b） 和顺魁阁平面图

点。具体如安宁八街的庆云阁、凤庆文庙魁星阁、琅盐井魁星阁、富源文庙魁星阁、嵩明文庙魁星阁、玉溪文庙魁星阁等都是三重檐攒尖顶楼阁，且形态各异，挺拔俊秀（图5-1-54）。

12．文昌宫

位于滇西腾冲下绮罗村前河畔一龟状土丘之上的绮罗文昌宫，始建于明万历十三年（1586年）（据文昌殿阁楼檩枋上文字记载），清康熙、雍正、乾隆等时期均有重修与扩建，距今已524多年，1998年被列为省级重点文物保护单位，2013年被列为国家级重点文物保护单位。

文昌宫坐南向北，整体布局系采用文庙规制与道教宫观相结合而建设的一组建筑群落，也有仿北京故宫局部布置之说。建筑群由北向南依次排列有宫门、泮池、棂星门、前楼文昌殿、启圣楼、至圣楼、魁星楼、土主殿、汉景殿及若干附属建筑物组成，大小房屋共20余间，占地面积近5348平方米，建筑面积约为2240多平方米。整个文昌宫以气势恢宏，庄重肃穆，工艺精巧而著称。不仅建筑形态变化丰富，空间布局紧密，檐牙高啄，十分壮观。并且还较好地保存了当时建筑的结构特征，是研究云南明、清木构建筑的珍贵实物例证，具有较高的历

图5-1-53（a） 腾冲和顺元龙阁

图5-1-53（b） 腾冲和顺元龙阁透视图

图5-1-54（a） 安宁八街文庙庆云阁　　图5-1-54（b） 富源文庙魁星阁　　图5-1-54（c） 琅盐井魁星阁

图5-1-54（d） 弥勒虹溪文庙魁星阁　　图5-1-54（e） 嵩明文庙魁星阁　　图5-1-54（f） 玉溪文庙魁星阁

史文化价值和艺术价值。

文昌宫宫门为歇山式建筑，外形十分壮观，有一道正门和两道侧门。正门宽敞，门头镶嵌有"玉真庆宫"石刻；侧门分别为"礼门"、"义路"；正门两边与侧门间的墙上刻有"忠"、"孝"两字，相传由北京拓套而来，为宋代哲学家、教育家朱熹的手迹。宫门与棂星门之间为泮池，其上有石栏拱桥。宫门两侧与泮池外的围墙相连，围墙上部为透空木栏。棂星门的斗栱极其精致，为腾冲目前所仅有。文昌宫主体建筑为文昌殿，占地约140余平方米，高约20余米，为正方形亭楼式，重檐歇山顶，分上下两层，原设有明代由大理购入的文昌帝君铜像（20世纪50年代被毁）（图5-1-55）。

13．桥楼阁

在云南，还有一种与桥相互结合的，即桥上建筑加建亭、廊、楼、阁、坊。桥上建亭阁，可以供佛，可以休憩，可以遮风雨。极大地丰富桥梁建筑的形体，形成纵横、虚实对比，起伏变化。桥阁常与环境结合，相得益彰，形成各地标志性的景观。对此类型在桥上建亭阁的所组合形成的亭阁桥、楼阁桥，将并入桥梁建筑一节中论述。

如石屏"洄澜阁"，又称"拦水阁"，位于石屏县坝心镇，原名洄澜亭。清乾隆初年，知州管学宣在异龙湖东出水口处建洄澜桥，乾隆四十一年（1776年），知州蒋振阅在洄澜桥上加建阁亭，成为石屏的一大名胜"洄澜叠翠"。清同治年间，异龙湖水漫田畴村镇，洄澜亭倒塌，清光绪三十年

图5-1-55（a） 腾冲绮罗文昌宫建筑群　　　　　　　　　　　图5-1-55（b） 腾冲绮罗文昌宫大门

（1904年）冬，知州陈先沅重建洄澜亭，改称为洄澜阁，供奉各路诸神。洄澜阁通面阔18.2米，进深6.2米，高19.95米。为五开间两楼一底的三重檐楼阁建筑，其中明间为六角形攒尖顶，两端为对称设置的歇山顶，檐下施七彩斗栱（图5-1-56）。整个楼阁建筑外观造型变化丰富，体态轻盈，精巧秀气。

洄澜阁景观别具一格，既疏导洪水，又点缀异龙湖山。旧时，洄澜阁乃屏阳十四景之一。四季景色各不同，芳草碧绿，湖水潋波，登山楼阁，令人举杯思远，心坚志高。然而，近年由于水土植被及其周边环境遭到破坏，现今水口狭小，树木稀少，桥身已被淹没，已无"洄澜叠翠"之景。

三、云南楼阁的建筑技艺

从楼阁布局的位置来看，有设在城镇中心、城镇交通出入口；有设在寺观庙宇中心或前后的，也有设在城郊风景名胜地等多种类型。元以后，各州府县城，均在城镇十字街中心设置钟鼓楼，周围形成繁华的商业街，是城市建设的定制。云南很多城镇平面格局仿佛一枚方印，因而城中心矗立的钟鼓楼就有了"印把"之称。而设置在风景名胜区中的楼阁，多选在风景秀美与视野开阔之处，布局较多，顺应自然地势的高差变化，灵活自由地布置，无一定准绳约束。如昆明大观楼、南湖瀛洲亭、剑川景风阁、丽江得月楼等。

图5-1-56（a） 石屏洄澜阁速写

图5-1-56（b） 石屏洄澜阁

从建筑形态特征来看，楼阁建筑可独立设置、对称设置或与其他建筑组合设置。如在佛寺中轴线上大悲阁、观音阁、藏经楼等楼阁多为独立设置。而钟鼓楼位列天王殿前对称设置，突出佛寺的轴线。楼阁也可灵活地与其他建筑组合，如"山门舞楼"为山门与魁星阁、戏台组合，清真寺中宣礼楼与山门、大殿的组合。楼阁式桥梁为不同形式的楼、阁、亭、廊、坊与桥梁的组合。

（一）楼阁的平面形式

楼阁建筑的平面形式丰富多样，楼阁建筑形体高大，具有彰显与观瞻的作用，为追求非同一般的造型效果，在建造楼阁时，常会因地制宜，因势利导，采用不同的平面形式。在云南楼阁建筑中，归纳起来主要有以下几种类型：

1. 矩形平面

以长边为主方向，带有较强的方向性，形成单轴对称形体。矩形平面的楼阁多用于群体中轴线的底端，以正立面构图的表现来单向控制建筑群体的外部空间。云南楼阁中矩形平面应用最为广泛，佛寺道观中楼阁、藏书楼阁、城门楼等平面主要以矩形平面为主，如巍山拱辰楼、建水朝阳楼、保山玉皇阁、昆明太华寺大悲阁、武定正续禅寺藏经楼等。

2. 正多边形平面

正多边形平面的关系明确、单一稳定，容易形成富于纪念性的形体效果，常用于中心式的楼阁建筑群体构图。一些景观性楼阁等，也常采用正多边形的平面形式。正多边形平面形式主要有正方形、正六边形和正八边形三种形式。如昆明大观楼、丽江得月楼、通海聚奎阁、江川文星阁等均采用正方形平面形式；南湖瀛洲亭、和顺魁星阁和石屏宝山阁采用正六边形；剑川景风阁、江川金甲阁采用正八边形。

（1）正方形平面柱网模式单一、规整，在楼阁建筑中运用较为广泛。其可运用歇山屋顶来调节其方向性，是所有正多边形平面中，最为简单的一种。如城镇中心的钟鼓楼多采用正方形平面，寺庙的钟鼓楼是采用正方形平面形式的两层楼阁，分列左右，用以烘托寺庙的主要建筑。

（2）正六边形平面在传统建筑方位中因只能保持单轴对称，不能与规整的周边围合元素形成协调的对应关系，因而一般不运用于规整的院落组合中的中心建筑。同时，正六边形平面侧向为外显的角柱，缺少四面完整的立面表现。因而多用于不规则的群体构图，而且楼阁的尺度并不是很大，较容易形成活泼、自由的建筑形象。如南湖瀛洲亭、和顺魁星阁、石屏宝山阁、腾冲水映寺玉皇阁以及一些清真寺的宣礼楼平面皆为六边形。

（3）正八边形平面具有双轴对称特点，而且从任何角度都可以看到三个完整的立面构成，较正方形、正六边形平面形式的楼阁建筑形体视觉效果要丰富得多，可以保持正面、侧立面的完整性，因而多用于"纪念性"的楼阁建筑。

3. "十"字形、"凸"字形平面

"十"字形平面和"凸"字形平面是正方形平面的变形，正方形平面柱网单一规整，平面在纵横方向上做双向扩展，向四周凸出扩大并加以抱厦形成中心对称的十字形平面。屋顶形式也相应地采用歇山十字脊形式，以加强"十"字形形体的双向性，如丽江五凤楼。

同样的道理，"凸"字形平面是正方形平面在纵向做单向扩展，形成前后两部分平面，后半部分矩形始终是"凸"字形平面的主导形，如昆明西山太华寺的"一碧万顷"楼。山门带戏台式的楼阁平面也呈"凸"字形，山门为"一"字形，突出部分作为戏台，朝向内院。高耸的戏楼可起到强化入口的作用。

另外，在"十"字形平面基础上，加上4个亚方位的外凸，构成更加丰富的"亞字形"平面，如景真八角亭。

4. 组合形平面

上述几类平面形式的楼阁，其建筑形体大多端正典雅、构架齐整统一。相对于楼阁平面在上下层不同形式的组合变化，使楼阁的建筑造型更为丰富多变。这些楼阁建筑，底层平面多是规整的四边形，上层平面的造型可变为六边形、八边形、圆形等。这类楼阁一般上层空间较小，常用来供奉神佛。

（二）楼阁的立面形态

中国古建筑在立面上主要由基座、屋身、屋顶三部分组成，而楼阁建筑除了城门楼、过街楼的底层城门墙基之外，同样也可以依照"三分法"分为屋顶、楼身和基座三部分。

在云南楼阁中，常见的屋顶形式主要以攒尖顶、歇山顶居多，仅有少量的十字脊、丁字脊等屋顶形式。攒尖顶是对应于正方形、六边形、八边形等正多边形平面的屋顶形式，许多的魁星阁、风景类楼阁、钟鼓楼的平面为正方形，屋顶形式也多采用四角攒尖顶。与攒尖顶相比，歇山屋顶等级较高，多应用在矩形平面和正方形平面的高等级楼阁中。歇山屋顶由于具有方向性特征，更有利于表现楼阁的纵横主次方向。十字脊和丁字脊屋顶可以看成是歇山顶的变形。如丽江五凤楼屋顶可以理解为纵横两个歇山顶相交的十字脊组合。

在一些规模较小的楼阁中，屋顶也采用硬山和悬山形式。如大理西云书院藏书楼为重檐硬山顶。楼屋顶虽为硬山顶，但正脊檐口起翘仍然较大。建筑灰瓦白墙，青石封檐，沿袭了大理白族民居的传统风格。丽江玄天阁现位于丽江一中内，建于清光绪年间。阁面阔五间，为重檐悬山顶，饰有悬鱼。明间、次间屋顶中间突起，两侧梢间屋顶降低。两端山墙封闭，细部处理如丽江民居，具有典型的地方建筑特色。

楼阁建筑平面上下层不同形式的组合变化，相应地产生不同形式的屋顶组合，加之利用重檐、腰檐与抱厦的组合变化，形成丰富多变的造型轮廓。同一层屋面连接可以运用穿插、勾连搭、抱厦的方式组合，屋顶相交处做排水天沟以利于排水。不同层的屋顶连接，上层楼阁的檐柱常搁置在下层楼阁的承檐枋上。

楼阁屋顶组合的实例较多，如石屏泗澜阁共三层，二层屋顶为卷棚顶，三层中间变为八角形攒尖顶，左右两边另设两个方形亭阁，屋顶则为歇山顶，前后各出抱厦。祥云前所文昌宫，结合山门、戏台、魁星阁楼于一起，楼二层为歇山顶，明间向外突出建为三滴水山门，上建歇山顶戏台，三、四层收缩为八角重檐攒尖顶，形成丰富复杂的屋顶造型。位于石屏一中校园内的企鹤楼，为四层砖木结构，二层屋顶为面宽七间的歇山顶，三层收分为面宽三间的歇山顶，且呈三叠式处理，而四层则变为八角形攒尖顶，楼阁八角飞翘，屋宇高敞，气势恢宏（图5-1-57）。

再如，五凤楼屋顶造型组合丰富，其命名就是根据屋顶飞翘的多个翼角。会泽江西会馆古戏台的檐口呈众字形向下重叠展开，前后檐更是共有42支翼角（图5-1-58）。建水双龙桥楼阁屋顶形态，三层屋顶由三个歇山顶组合而成，中间歇山顶较大，高于两侧并与两侧的垂直，出以抱厦，形成楼中有楼、檐外有檐的丰富造型。

云南楼阁建筑的楼身，多为叠垒外挑的檐廊式，设平坐的楼阁较少。云南楼阁楼身收分较大，

图5-1-57 石屏企鹤楼

出檐深远，屋檐起翘较为平缓自然，建筑外观形态端庄典雅，更偏向北方楼阁沉稳的建筑风格，而非南方亭阁起翘陡峻、轻盈灵巧之特点，但较北方内地楼阁，又明显体现出秀丽与质朴。如丽江得月楼，底层为三开间，楼身在三层时收分到通柱，只剩一间。其他还有明显的生起、侧脚等做法，在立面上形成与内地楼阁不同的表现特点。

在楼阁建筑立面装饰方面，云南楼阁的装饰题材与风格既受中原建筑文化的影响，又反映出诸多的滇文化本土因素，如在滇西大理地区、丽江地区或是滇南地区，楼阁建筑立面、墙面处理常借鉴许多当地传统民居建筑的做法，融石雕、木雕、装饰、彩绘于一体，形成色彩鲜明、绚丽多彩、内容丰富、内涵多元的地方特色，极大地表现出云南楼阁建筑的艺术感染力。

图5-1-58　丽江五凤楼飞翘的翼角

（三）楼阁的构架技术

云南楼阁与中原内地明、清时期楼阁构架体系相似，多采用内外圈结构体系，即内圈以通柱为楼阁的主要承重支撑结构，外圈利用抱头梁支承上层檐柱，形成逐层向内收分立面处理。从建筑结构形式来看，云南楼阁的构架类型有抬梁式、穿斗式和混合式。一些大型楼阁多为抬梁式，小型楼阁也采用穿斗式构架，如宣威多乐村观音阁，坐东朝西，三开间五层五重檐攒尖顶，一、二、三层依山岩而建，四、五层高出崖面。该阁的构架为穿斗式楼阁，其主要由通柱承重，局部利用崖壁支撑。阁的立面收分主要通过收缩尽间，当心间上下则保持一致。

云南现存楼阁多为清代所建或重修。一方面深受中原传统楼阁建造技艺的影响，保留了中原地区的官式建筑风格。另一方面，云南楼阁又融入了众多云南地方特色做法，形成独具一格的地方性楼阁，具有显著的民族性和地域性。其建筑构架技艺具有选择性与融合性、地域性与滞后性兼容的特征。

1. 选择性与融合性

云南楼阁建筑的选择性与融合性特征，主要体现在不同民族文化、宗教文化和建筑文化之间多个方面的兼容。云南本土建筑在与不同文化的交流发展中，强势文化对弱势文化的影响，本土文化对外来文化的选择与融合，最后体现出多种宗教文化、民族文化和建筑文化交融的结果。

如丽江在明末清初时期，藏传佛教噶举派在丽江木氏土司势力的扶持下，兴建了一批噶玛噶举派寺院。其中五大喇嘛寺久负盛名，这些寺院建筑融汇了藏族、纳西族、白族和汉族的民族艺术风格。佛寺中心大殿均为二至三层的楼阁，屋顶常用歇山式或仿歇山式，并在居中的明间架设方形攒尖顶亭阁，以对应在各楼层中部开口形成的"回"字形平面空间格局，使之由底层地坪直通顶层亭阁，形成上下连通的方形竖井。这种空间处理形式，似乎是受西藏等地喇嘛寺的影响，把"回"字形平面三层建筑惯见的室内空间手法，引用到汉式殿堂平面布局的建筑中来。

在许多楼阁常使用斗栱中，其斗栱的做法已完全地方化，结合有关地方的装饰手法、色彩选择，也明显体现出不同的地方风格特点。

2. 地域性与滞后性

云南的楼阁建筑除了受到所处自然环境条件的限制外，还受不同的历史文化、民族信仰、建筑技艺等多方面的影响。而且云南本土匠师在吸收、融合中原木构建筑技术的长期实践发展中，不断总结形成具有地域民族特色和地方工艺的建构技艺，且主要集中在以大理、剑川、丽江为代表的滇西地区和以建水、石屏、通海为代表的滇南地区，特别是在一些楼阁建筑的清式斗栱与老角梁的做法中。

比如因木材短缺和工匠口传授徒所带来的随意性和局限性，在楼阁建筑的斗栱方面，形成不尊古法、繁复重叠、用料纤细、简化斗栱与构架联系等的变异处理形式，使斗栱蜕变成垫托装饰部分。楼阁中或施以45°斜栱，或施网目如意栱；或在跳头上置三幅云与雕板，以代替内外拽栱翘；或将昂嘴及蚂蚱头雕成凤头、象鼻等各种形状。这些都是云南本地比较流行的做法，与宋"营造法式"和清"营造则例"中的官式做法差别较大，有着明显的地方风格特征。

许多歇山顶的收山处理尺寸较大，如巍山星拱楼屋顶收山接近收至次间，与常规的收山做法差别较大。云南楼阁的屋面坡度较为平缓、出檐深远。其翼角部分做法独特，与其他地方不同。屋面檐口起翘主要靠仔角梁，仔角梁形状似一把关公的大刀，云南工匠习惯称其为大刀，称老角梁为大刀把，刀把头（即刀把端头和刀口相接处）的做法形态各异，有龙、凤、鹰等各种造型，有的甚至在仔角梁中部两侧加上比较具象的凤凰翅膀，仿佛就像一只展翅的凤凰飞托起屋檐翼角。

另外，在云南楼阁中，许多的细部做法常按地方传统民居中的样式处理，表现出明显世俗化的倾向。如在丽江得月楼、丽江五凤楼、通海聚奎阁中均有吊柱，柱上雕刻彩绘、装饰精美。山墙常做横向的包檐、腰檐带型处理，如同民居做法，如巍山的巍宝山培鹤楼。

在滞后性方面，由于地处边疆，同其他古建筑一样，云南楼阁较内地做法表现出明显的滞后特点。明、清以后，建筑中生起、侧角、普拍枋的设置做法已很少在北方建筑中出现，但在云南仍然保留此种做法。云南楼阁屋檐起翘不大，一些歇山顶的正脊和屋檐外观呈现柔和曲线，形成双曲线形屋面，使楼阁建筑的外观，在持重挺拔的同时，又显现出飘逸秀雅。如昆明大观楼、鹤庆云鹤楼、巍山星拱楼、巍宝山培鹤楼等都有生起做法。

侧脚是为了使建筑有较好的稳定性，而角柱两个方向都有倾斜的做法。在鹤庆云鹤楼中，檐柱稍向内倾，加强楼阁的稳定和平衡。此外，在巍山的巍宝山培鹤楼内屋架用梁为月梁做法，保山太保山玉皇阁平面采用移柱造，以及在许多楼阁梁柱构架中，仍然保持着普拍枋的组合形式。这些做法在明、清中原内地古建筑中已较为少见。

很明显，一些在内地古建筑中已经消失的做法，在云南依然存在。当我们在对某一个遗存的木构建筑实例进行分析研究的时候，既要利用好宋《营造法式》和清《工部工程做法则例》这两把标准的"尺子"，又要用活这两把"尺子"；既要从时间的纵向上看出后一时期的木构技术与前一时期的木构技术相比较会有何变化发展，或是继承延续；同时也要从时间的横向上看到中心地区的木构技术与边缘地区的木构技术相比较会有何普遍性和特殊性。

第二节　多姿多彩的亭塔经幢

在云南古建筑的诸多类型中，最具有典型意义的就是佛塔和不同地方的风水塔、文笔塔，而佛塔作为佛教寺院建筑的重要组成部分，风水塔、文笔塔作为地方标志性景观，为中国辉煌灿烂的古建筑及其文化增色不少。

"塔"，原为梵文"Stupa"的音译，意为坟塚，由最初的一覆钵式圆形坟作表征，原本为保存或埋藏佛祖释迦牟尼的"舍利"（即遗骨）的建筑。塔在印度有两种形式，一种是埋藏佛舍利的"窣堵坡"（Stupa），如印度的桑契大塔，属于坟塚性质；另一种是不藏舍利的"支提"，属塔庙性质。

塔本身就是神的象征，它顶天立地，是天与地的联络者，人们的祈祷由它传到天上，天庭的神意由它暗示给人间。它的形象总是那样高深伟大，神秘莫测。古人是按人的形体来塑造塔的形体，使塔有脚（塔基）、有身、有顶、有冠（塔刹），因此，塔亦有面貌、有性格，并与当地的文化、信仰、政治、经济相关。

塔自传入中国以后，即与中国固有的传统建筑形式及文化相结合，产生了很大的变化和发展，在古代匠师们融合吸收外来文化、外来建筑形式的基础上，充分发挥自身的卓越才智，创造出了包括"Stupa"形式在内的多种佛塔形式，有楼阁式、密檐式、单层亭阁式、重叠式、覆钵式、金刚宝座式等。其中又以楼阁式和密檐式为主，发展成为中国后世古塔最基本的两种形制，不但埋藏佛骨舍利，还藏有佛经遗物，再后来就干脆直接在塔内供佛（图5-2-1）。

一、云南塔幢的传承发展

云南地区的古塔，虽比中原内地修建的时代晚，数量也不多，但在内地盛行的几种古塔形式，云南基本都有。而且在傣族聚居区的一批南传佛教佛塔中，更以其独特的造型和风格，丰富了我国塔幢建筑造型艺术的内容，成为古代建筑艺术宝库的重要组成部分。由于受到"三教合一"思想的影响，所形成的各地风水塔、文笔塔，更具有明显的地方建筑特点。

云南现存的古塔建筑，主要分布在滇池、洱海和西南边境的傣族聚居区内。古城大理和春城昆明，都是云南古代文明的摇篮。南诏统一之后，佛教首先在以洱海和滇池为中心的广大地区发展起来，这些地区的佛教及其建筑艺术主要受中原文化的影响。除著名的大理崇圣寺三塔以外，还有大理的浮图寺塔、宏圣寺塔、祥云的普济庆光禅师塔、宾川的宝塔、剑川的文笔塔、邓川的制风塔、凤庆红龟山的文笔塔、昆明的慧光寺塔、常乐寺塔、妙湛寺塔、妙湛寺金刚宝座塔、大德寺双塔、金马寺塔、宜良的法明寺塔、大姚的奎光山塔、通海的双塔、景东孔雀山的凌云塔等，这些佛塔既保持有中

图5-2-1（a）印度的桑契大塔（图片来源：引自萧默《天竺建筑行记》）

图5-2-1（b）印度的桑契大塔透视图（图片来源：引自李允鉌《华夏意匠》）

图5-2-1（c）由窣堵坡发展形成的多种中国传统古塔（图片来源：引自白化文《汉化佛教与佛寺》）

图5-2-1（d）由窣堵坡发展形成的多种中国传统古塔（图片来源：引自萧默《天竺建筑行记》）

原内地汉传佛塔的许多建筑风格，又有自己独特的地域特点。在云南，不但保留着好几座有确切年代记载的唐代密檐式空心砖塔，而且在宋、元、明、清时期仍在承袭唐制，继续建造了很多方形的密檐式塔，甚至在民国时期修建的宾川鸡足山金顶寺楞檐塔，也仍然采用方形平面形制的密檐塔，这是云南古塔建筑历史发展的一个重要特点。而且更有像大姚的白塔、建水的文笔塔、崇文塔、弥勒的文笔塔等，是其他地方所没有的异形塔。

楼阁式塔在云南遗存甚少，大理崇圣寺三塔中的两座八角形塔和毁于1966年的洱源县四营的火焰山塔，也仅仅是简化了的楼阁式塔。火焰山塔为八角形7层实心塔，建造于南宋绍兴二十五年（1155年），据称与崇圣寺的两座八角形塔形式相似。这几座古塔只是在整体造型和塔身的部分装饰方面，表现出一些楼阁式塔的特点，如每层之间的距离较大，隐砌出倚柱、斗栱、平座和直棂窗等建筑形态。这和内地同时期的楼阁式塔如实地仿照木构楼阁形式雕砌出门窗、柱枋、斗栱和塔檐等部分的准确翔实程度相比，显得比较简单（图5-2-2）。

1978年维修大理千寻塔时，出土的一小型镏金覆钵式塔，内藏一个仅有二、三厘米高的微型亭阁式小金塔，里存舍利，极为精致，可为云南楼阁式塔的代表作品（图5-2-3）。

而紧邻缅甸、泰国的西双版纳和德宏地区的南传佛塔，则与缅、泰南传佛塔的形式风格较为接近。

从13世纪起，南传佛教经由缅甸传入云南西南部以傣族为主的聚居地区，形成有明显地域性和民族性风格特点的南传佛教寺院与佛塔。最早的佛塔均是佛寺不可缺少的重要组成部分，后来二者逐渐分离，多为中心佛寺与历史悠久的古寺才有佛塔。据调查，西双版纳的勐笼地区共有佛塔16座，分属于59所佛寺71寨，平均3寺4寨即有1座佛塔。

小乘佛教佛塔虽然也是由塔基、塔身和塔刹三部分组成，其整体体形较小，塔高仅数米至10余米之间，但上下贯通连成一体，不可分割。一般而言，小乘佛塔的塔基多呈正方形，高约1米左右，

图5-2-2　大理崇圣寺三塔的两座八角形塔

四隅建有佛龛，内置佛像。塔身多为圆形，呈葫芦状，并刻有各种精美的浮雕、塑饰和绘有彩画。塔刹由逐级收小的相轮堆积而成，最上为塔针，金色的塔刹和白色的塔身相配，加之优美的造型，在蓝天绿树的衬托和阳光的照耀下，更加醒目和谐（图5-2-4）。

二、云南塔幢的形式特点

以佛塔为例，针对云南佛教"两系三传"的特点，佛塔的形式主要分为汉传佛塔和南传佛塔两大类，而藏传佛教的喇嘛塔在云南却相对较少。

（一）汉传佛塔

1. 方形塔

平面呈正方形的密檐式砖塔，是云南汉传佛塔的主要类型，不但时代早、数量多，且延续时间长。其中始建于南诏晚期的大理崇圣寺千寻塔、佛

图5-2-3（a） 微型亭阁式小金塔（图片来源：引自李昆声《南诏大理国雕刻绘画艺术》）

图5-2-3（b） 小型镏金覆钵式塔（图片来源：引自李昆声《南诏大理国雕刻绘画艺术》）

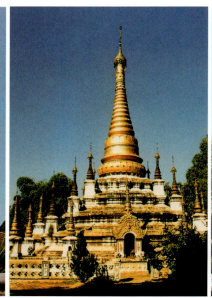

图5-2-4 造型多样的南传佛塔

图寺塔和昆明的慧光寺塔（西寺塔）（图5-2-5），在我国现存为数不多的唐代密檐式砖塔中占有重要的地位。这三座佛塔都有较为确切的建塔年代，是研究云南佛塔乃至中国佛塔，特别是唐代密檐式塔发展演变的重要实物资料。

唐代密檐式砖塔的基本特点是：第一层塔身特别大，塔身装饰简洁，一般只在正面辟拱形塔门，以上塔檐紧密相连，层层重叠，但各层塔檐之间的距离又比北魏和辽金时期的密檐塔大，基本能够分出楼层。各层檐之间的塔身没有门窗、柱子等楼阁构件，但大多辟有与塔内楼层不相契合的券洞或券龛，券洞直通塔心，兼具采光通风，券龛内供奉有佛像。

云南的这三座唐塔，总体看，主要是以西安小雁塔为范本，比如平面为正方形，内部作空筒式结构处理，底层塔身高耸，装饰简洁。塔身之上是层层重叠的密檐，塔檐为叠涩结构，出檐深远，檐下呈弧形反曲线，塔身的外轮廓呈圆和的弧线形，挺拔秀丽。但仔细分析对比，就会发现在塔身局部的处理上，还是明显地与中原的塔有很大的不同。比如小雁塔塔身上所开的直通塔心内壁的券洞，南北相对，上下成串，结构上很容易产生整体的分裂破坏，而云南的这几座密檐式塔，就克服了这个弱点，将龛洞与券洞错位交替布置，从而提高了塔的整体抗震强度。

另外，西安小雁塔在塔的外形轮廓处理上与登封嵩岳寺塔一样，从第二层开始，塔身的宽度就逐渐往上缩小，使塔的外形呈柔和的抛物线形。而大理的千寻塔和佛图寺塔，则是从第六层才开始收杀的，这样使塔的整体外形显得更加挺拔。

唐代的密檐式砖塔包括楼阁式塔在内，大多建在低矮的台基上，有些塔虽然有基座，但对外形处理简单，而大理千寻塔的上层台基则做成须弥座形式，使其显得格外引人注目。

小雁塔各层塔檐的四个翼角未见起翘，而千寻塔和佛图寺塔的塔檐四个翼角略有起翘。小雁塔的塔刹连同塔顶，早已在地震中倒塌无存，大理千寻塔的塔刹在1925年地震时震落坠地，仅存覆钵和刹柱的一部分，佛图寺塔的塔刹则保持完整。这些细微变化，是云南汉传佛塔的独特之处，而且在某种程度上还对后续建造的密檐塔影响深远。

建于元代的昆明大德寺双塔和明代的妙湛寺东塔，是云南晚期密檐塔的代表（图5-2-6）。两塔的平面均为正方形，塔身之上施密檐分别为13层和7层。妙湛寺东塔上部为实心结构，塔顶置金属塔刹和四只金鸡，即青铜制作的"迦楼罗"（又称为大鹏金翅鸟），而塔顶四隅以金鸡为装饰的做法，是云南佛塔建筑的一个重要地域性标志特点。在大

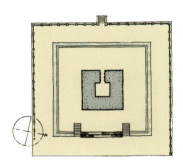

图5-2-5（a）大理崇圣寺千寻塔平面图（图片来源：引自刘敦桢《刘敦桢文集》三）

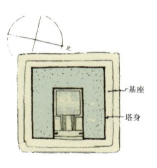

图5-2-5（b）大理佛图寺塔平面图（图片来源：引自刘敦桢《刘敦桢文集》三）

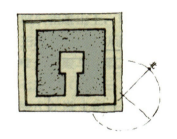

图5-2-5（c）昆明慧光寺塔平面图（图片来源：引自刘敦桢《刘敦桢文集》三）

图5-2-5（d）大理崇圣寺千寻塔（图片来源：引自刘敦桢《刘敦桢文集》三）　图5-2-5（e）大理佛图寺塔（图片来源：引自刘敦桢《刘敦桢文集》三）　图5-2-5（f）昆明慧光寺塔（图片来源：引自刘敦桢《刘敦桢文集》三）

图5-2-6 (a) 昆明大德寺双塔（图片来源：引自刘敦桢《刘敦桢文集》三）　图5-2-6 (b) 昆明妙湛寺东塔（图片来源：引自刘敦桢《刘敦桢文集》三）　图5-2-6 (c) 昆明长乐寺塔（图片来源：引自刘敦桢《刘敦桢文集》三）

理的千寻塔、宏圣寺塔，昆明的慧光寺塔、长乐寺塔，陆良的千佛塔，楚雄的雁塔等的塔顶之上，都设置金鸡，少则2只，多则4只，其意义原与水患有关（图5-2-7）。

在云南汉传佛塔塔顶四角，之所以常设立有"迦楼罗"，主要是源于本地民众对大鹏金翅鸟与金鸡的崇拜。在金庸小说《天龙八部》卷首的《释名》中就有一段精要说明："迦楼罗是一种大鸟，翅有种种庄严宝色，头上有一个大瘤，是如意珠。此鸟鸣声悲苦，以龙为食。"世传龙性敬塔而畏鹏，就出自这种佛的理念。所以，大理三塔和大鹏金翅鸟，正是将大理作为佛国十分明显的一种标志（图5-2-8）。

然而，大鹏金翅鸟又俗称"金鸡"，金鸡也是大理地区最古老的图腾之一。据张旭先生在云南怒江州原碧江县所做的调查中发现，当地的勒墨人（白族支系）至今还保持着鸡崇拜的现象。现今在大理古城东北的洱海边，还有很多村名被称为上鸡邑、下鸡邑，并且在大理地区的民间传说中，金鸡也是恶龙的天敌，就连宾川县原来的"灰龙山"也改名为"鸡足山"。

在这些风格各异的金鸡神话传说中，包含着极为深厚的历史内容，你甚至可以从中感受到一个民族的兴衰荣辱。而大理地区乃至云南地区的金鸡图腾与佛教天龙八部中的"迦楼罗"，在外观与气质上的契合，更可为汉传佛教与地方民族文化的相互兼容提供一种文化心理的基础。

明、清时期，云南的汉传佛塔，基本延续旧制，除了少数六边形、八边形的密檐式塔形之外，更多的仍然是方形平面形制的密檐式砖石塔。

（1）大理崇圣寺三塔：在大理苍山十九峰之一的应乐峰下，距大理古城约1公里的崇圣寺内，矗立着一大二小的三座塔，居中的大塔又名千寻塔，为十六级方形密檐式空心砖塔，通高69.13米，矗立在两层高大的方形台基上。在千寻塔东面的照壁上镶嵌有大理石碑刻"永镇山川"四字，每字高1.7米，为明黔国公沐英裔孙沐世阶所书，字体苍劲有力。千寻塔的建筑形态与西安小雁塔相似，具

图5-2-7(a) 楚雄雁塔

图5-2-7(b) 昆明慧光寺塔

图5-2-7(c) 昆明慧光寺塔顶金鸡

图5-2-7(d) 昆明妙湛寺东塔

图5-2-7(e) 昆明妙湛寺塔顶金鸡

图5-2-7(f) 昆明长乐寺塔

图5-2-7(g) 昆明长乐寺塔顶金鸡

图5-2-7(h) 陆良千佛塔

有典型的唐代建筑风格，而其塔身为环筑厚壁式结构，内壁垂直，上下贯通，内部还设有木楼板和楼梯。从外形来看，千寻塔的轮廓线呈优美的圆弧线，每级四面有圆拱佛龛与窗洞，且佛龛与窗洞上下隔层交替设置，以增加塔身的抗震性能。在居中的佛龛与窗洞两侧，又对称设置凸出壁体的亭阁式佛龛（图5-2-9）。

位于千寻塔左右的两个小塔，均为十级八角形密檐式空心砖塔（实际上是简化了的楼阁式塔），高42.19米，在每级的八面均有形态各异的塔形佛龛，与大塔形成三足鼎立、左右护卫之势，共同形成主次分明的一组建筑（图5-2-10）。大理崇圣寺三塔于1961年被公布为首批国家级重点文物保护单位。

大理崇圣寺三塔在结构上所表现出的良好抗震性能，使其1000多年来，在经过几十次的大小地震之后，仍安然无恙。正如清人吴鹏所说："南中梵刹之胜在苍洱之间，苍洱之胜在崇圣一寺。雪岜万仞，镂银洒翠，峙与其后；碧波千顷，蓄黛亭膏，潴于其前。屋台飞阁，绀殿朱楼，结甍连幢，交辉翠景，与晴岗暮霭，掩映于梧竹松杉之间，令人一望而神爽飞翔，悠然有遗世绝尘之意"。

（2）大理弘圣寺塔：弘圣寺塔，俗称一塔，位于大理古城西南1公里的弘圣寺旧址上，其外形做法与千寻塔类似，同为十六级方形密檐式空心砖塔，通高43.87米。塔体分为基座、塔身、塔刹三个部分。塔基为三台正方形平面，均以石垒砌四壁，各台之间有石阶相通，第一、第二台阶分别在南、东两面，第三台阶在西面，正对塔门。塔门呈现圭角式门，上镶浅浮雕的佛像。在塔的东、南、北三面各开设假券门一道。塔身各层之间用砖砌出六层叠涩挑檐，四角飞翅，在各层塔檐上皮逐级收分，层宽与高度逐级缩小，每层塔身向正中开券洞2孔，佛龛2孔，各层互相交错，左右各有凸起的亭阁式佛龛。且塔身下部3米为石砌，3米以上为砖砌。塔顶竖有刹轴、覆钵，上置仰莲和七层相轮，相轮上是八角形伞状宝盖，其尖为葫芦形火焰珠，整个塔刹宝项高3米多，原有四只金翅鸟，现仅存足部（图5-2-11）。

（3）大理佛图寺塔：佛图寺塔，俗称"蛇骨塔"[⑦]，位于下关城北面约3公里的阳平村原佛图寺前，因寺而得名。佛图寺塔其始建年代约为南诏劝丰佑时期，造型与千寻塔相同，为十三级方形密檐

图5-2-8（a）大鹏金翅鸟（图片来源：《藏传佛教象征符号与器物图解》）

图5-2-8（b）大鹏金翅鸟

图5-2-9 大理崇圣寺千寻塔

式空心砖塔，高30.7米。该塔造型古朴，具有典型南诏时期佛塔风格。塔刹为青铜葫芦宝顶，塔座为两层台基，下台边长19.7米，高1.2米，用毛石砌筑。上台边长19米，高1.8米，用青砖砌成须弥座形式，条石压边。塔的第一级至第四级为直砌，塔檐高度基本相同，每级60～70厘米。第五级开始逐层收分至12级，高度基本一致，每级约50～55厘米。塔身方4.5米，四壁厚1.4米，塔内中空1.3米，呈筒状直通12级，塔身正中还镶嵌着明万历三年（1575年）《重修佛图塔记》碑，每面均砌有佛龛，双层东西设佛龛，南、北设券洞，与塔心贯通逐层交替上升。塔门为方形洞门，洞门上用横木作过梁，这是南诏时期古塔的特色之一（图5-2-12）。2006年被公布为云南省级重点文物保护单位。

（4）昆明东寺塔、西寺塔："城南双塔高嵯峨，城北千山如涌波"。这是明初史谨描写昆明景色的诗句，昆明诗人王升也把"双塔挺擎天之势"作为昆明八景之一。此处的"城南双塔"即指昆明的东寺塔和西寺塔，在明代以前，文献中称东、西寺塔为双塔。东寺塔和西寺塔是云南创建最早的古塔之一，文献记载，均为"南诏弄栋节度使王嵯巅建，大匠尉迟恭韬造"，"自太和三年（公元829年）至大中十三年（公元859年）功完"，历时30年方成。东寺塔原建在常乐寺内，故名东寺塔，为十三级方形密檐式空心砖塔，整个塔高40.57米，基座为正四边形，边长12米。在塔身的底层南面辟一门，从第二级起，每层檐上四面均开有券洞，每洞置一小佛龛，内有石雕佛像一尊。塔顶四角各有一只铜制金鸡[8]，实为大鹏金翅鸟之简易变形，每只高约2米（图5-2-13）。佛经《探玄记》说金翅鸟能降龙。云南多山，山洪暴发，多成水患，故云南古塔塔顶均置金翅鸟用以镇水患。

清道光十三年（1833年）昆明地震，东寺塔完全倾圮。清咸丰六年（1856年），常乐寺亦毁于兵燹。清光绪九年至十三年（1883～1887年）重建东寺塔，"因视旧基低下，虑土薄弗坚，乃移于迤东数百步内"，故造成东寺塔不在东寺街内的原因。东寺塔按照西寺塔式样重建，塔的造型仍保留唐代

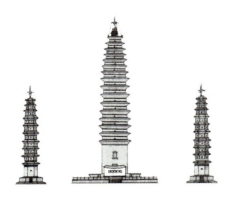

图5-2-10（a） 大理崇圣寺三塔立面图

图5-2-10（b） 大理崇圣寺三塔

图5-2-11 大理弘圣寺塔

图5-2-12 大理佛图寺塔

图5-2-13（a） 昆明东寺塔

图5-2-13（b） 昆明东寺塔塔顶金鸡

建筑风貌，其形制和结构均与大理崇圣寺千寻塔、宏圣寺塔相同。

西寺塔建在慧光寺内，也是十三级方形密檐式空心砖塔，高约40.5米，始建于唐太和三年（公元829年）。1984年修葺时，发现刻有南诏字号"天启十年"（公元859年）的砖刻，也证明中原烧砖技术，南诏时已传入昆明。西寺塔塔基三层，高2.38米，最下层边宽12.5米。在塔身的第一层南面设可通塔内的券门，塔内设方井小室通顶部，室内有回形木梯可登塔顶。从第二层开始，以奇偶数层交错设佛龛和券洞，佛龛雕菩萨坐像。整个塔身挑檐浮雕，外形优美，体现了唐代古塔流畅、雄伟的建筑特点。塔顶为铜质塔刹，高5米，由相轮、伞盖、牟尼珠等组成。作为云南古塔的特点之一，塔顶四角各立铜质金鸡（图5-2-14）。

在历史上，西寺塔曾多次修葺，至今仍不失其雄伟形貌。明弘治十二年（1499年）昆明大地震，塔倾倒过半，4年后重修，于塔身开设券门和佛龛；清康熙六年（1667年），名僧德润又修葺；清道光十三年（1833年）大地震，塔遭严重损坏，塔身倾斜，塔刹毁坏，1983年再次进行维修。

作为文化的象征之一，西寺塔既是佛塔，又是夜行的指路灯塔。在塔身第六层佛龛内发现的明弘治十六年《建塔存功记》石碑记载：西寺塔"暮夜燃光明，华灯移照，灿烂宛如列宿，环熠下土，铃铎声闻四野。四方来者至碧鸡、金马，竦视而先悦焉"。2006年被公布为国家级重点文物保护单位。

（5）官渡妙湛寺双塔：地处滇池北岸的官渡古镇，人文景观丰富，文化古迹众多，有唐、宋、元、明、清各个时期的五山、六寺、七阁、八庙等多处景观。其中妙湛寺为官渡古镇"六寺之首"，在妙湛寺前，矗立有十三级方形密檐式实心砖塔两座，相互对峙。双塔始建于元泰定四年（1327~1335年）。后经多次重修，于明成化年竣工。原对峙的东、西两塔，每值冬秋夜晚，玉兔东升，两塔倒影似笔尖，阴影移动，犹如神人大师挥动大笔，书写诗篇，赞美天地、祝福人间，故称"笔写苍穹"。西塔于清道光十三年（1833年）地震被毁，而东塔保留至今（图5-2-15）。

妙湛寺东塔塔高17.5米，方形台基，边长5.5米，在塔身每层的四面均有佛龛。原塔刹仅有刹杆和相轮留存，经维修，在顶部仍设置铜制金鸡。现在的西塔为2001年重建。

（6）昆明大德寺双塔：在昆明旧城区，城南有东、西寺两塔对峙，而两塔又与大德寺双塔遥遥相望，是昆明古老文明的象征。建于明成化五年（1469年）的大德寺双塔，位于昆明市华山东路中段祖遍山顶，建筑形制仿西安小雁塔，位于大德寺的接引殿和大雄宝殿之间，两塔高21米，东西相距27米，并于清光绪六年（1878年）由住持僧广顺

图5-2-14（a） 昆明西寺塔

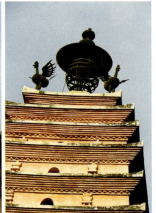
图5-2-14（b） 昆明西寺塔塔顶金鸡

图5-2-15 昆明官渡妙湛寺双塔

重修。双塔均为十三级密檐实心方塔，塔身每层四面均有佛龛，供奉佛像，并嵌有碑记。全塔朴素无华，自然庄重，500余年来，历经沧桑，依然如故（图5-2-16）。

大德寺依山而建，树木茂密，登临其上，对昆明市景尽可一览无遗，被誉为"市中胜景"。大德寺双塔下原有大、小绿水河，塔水相映生辉，有"绿映双塔"之誉，与"双塔云中，一楼天际"一齐被人称道，明、清时被誉为昆明十景之一，可惜楼（即松子楼）早已无存，只有双塔如故。清人朱筱园有《双塔寺》诗云"古寺嵌螺峰，出奇五华外。干霄两浮图，俯受乱山拜。城市几劫灰，矗立终不坏"。

（7）宜良法明寺塔：建于宜良县匡山镇万寺山法明寺内的法明寺塔，位于大殿的前面整个佛寺建筑的中轴线上。塔为十六级方形密檐式实心砖塔，塔体通高22.6米，最下面的须弥座高3.2米。法明寺塔的束腰砌有柱子和壶门，这是早期砖塔的特征。据清乾隆《宜良县志》载："法明寺，唐僧摩伽陀建，胡敬德重修，明天启二年（1622年）重修"、"万历间又大修"，可见法明寺塔也应是明代重修。在塔身的第一层最高，约4.5米并开设假门，二层以上高度顿减。从第二至十三层，塔身四面均设佛龛，每个佛龛内有一尊铜佛，全塔共有48尊铜佛。而且从外形来看，塔自第八层开始收分，使塔身具有独特的流线型轮廓。各层出檐以七层平砖叠

图5-2-16 昆明大德寺双塔

涩而出，第二层为棱角牙子。檐面以白灰平涂，向两边升高，使檐角略略翘起，断面近于枭线而非混线，具有典型的唐塔风格（图5-2-17）。1993年被公布为云南省级重点文物保护单位。

（8）巍山封川塔：始建于清咸丰四年（1854

年）封川塔，位于巍山县县城南洗澡塘村封川山顶，因山下有温泉，又名洗澡塘塔。该塔为七级方形密檐式截角空心砖塔，塔高30米，一级塔身面宽各5.75米，塔座分三层，高3.2米，塔身各层四面设券洞形龛，内置佛像。塔刹为铜质宝顶，下置石制宝盖及仰、覆莲。据民国《蒙化县志稿》记载："城南封川山山顶有浮屠，咸丰初年同知李荣灿、沈保恒修"。现在很多文章论断"此塔于咸丰四年，由蒙化直隶厅同知李荣灿、沈保恒发起捐资兴建而成"。封川塔因对5米多宽的方形塔身进行截角处理，从而形成不等边的八边形结构，使封川塔显得圆润、丰盈，如笔立于百里平川南端，建筑独特，工艺精湛（图5-2-18）。在塔的北面有"永镇山川"、"两仪镇灵气，一塔控晴川"等碑刻。立于山顶的封川塔和立于田坝的文笔塔遥相呼应，构成"呼光唤影，孤高迷离"的景观，充分体现了巍山古代人民对自然景观的理解。

（9）巍山白塔：又称为文笔塔、北塔，在巍山县城南1公里文笔村南，始建年代不详。据《蒙化志稿》载："白塔，相传武侯所建，后圮，乾隆五十二年（1787年），郡丞黄大鹤、刘垲重建"。塔高25米，塔身方形与大理弘圣寺塔相仿，为九级密檐式空心砖塔。塔的第一级每边宽5.1米，檐级出挑较短，用菱角牙子及平砖叠涩而成，塔身逐级收分，中部弧度大，上部收刹较急，显得塔体饱满，挺拔俊秀。在塔身北面开有券顶式塔门一道，每面各级均有券龛一个，内置石佛像一尊。北面塔身还镶嵌着一块大理石匾，上面镌刻着"岳峙渊停"四个大字，两边有一对楹联，但字迹模糊不清。塔基为石块垒砌，塔顶有铜铸葫芦宝顶，以四条铜链与塔顶四角拉连（图5-2-19）。

立于城南田野之中的白塔，显得格外醒目。奇妙的是，塔位于城南却称"北塔"，不知何故，因此有谚云："巍山颠倒颠，北塔在南边"。巍山白塔与封川塔，一远一近，一高一低，互为补充，相映成趣，尽管两座塔风格迥异，但寓意似乎又有着如此的默契：体现出一种和谐的完美。

（10）建水崇文塔：崇文塔位于建水县城内玉皇阁后殿前，据载其始建于元朝，清道光十一年（1831年）重建，属道教密檐方塔。崇文塔为十四级方形密檐实心塔，高约20米，保存完好。崇文塔塔身修长，向上收分明显，总体上呈方锥体。除第一级塔身较高（塔身边宽2.18米），以上各级均等，至最上面的三级时，又逐级增加层间尺寸。每级出檐略有弧线形，塔身四面各有小龛一个，内各置佛像一尊。塔顶部饰有葫芦宝顶和风铃。塔基为五级须弥座形式，高3.4米，边长2.18米，做工比较精致。留有清代滇中书法家阚祯兆草书《宁边楼碑记》，笔力雄健，狂放不羁，堪称珍品（图5-2-20）。高耸的崇文塔拔地而起，在低矮的民居群中鹤立鸡群，格外显眼。2004年被公布为云南省级重点文物保护单位。

（11）鸡足山楞檐塔：位于宾川鸡足山顶的楞严塔，原址曾经是建于明代的光明宝塔，"塔中虚

图5-2-17　宜良法明寺

图5-2-18 巍山封川塔

图5-2-19 巍山文笔塔

外直，正方形七级，每级丈余，高十余丈，修建七年，才告完成"。可惜此塔毁于清朝康熙年间。1929年，时任云南省国民政府主席龙云游览鸡足山，同意在光明塔原址上修建楞严塔，1932年动工，1934年建成。楞严塔为十三级方形密檐式空心塔，内为七级，高40米，可直接登临塔顶，塔刹为葫芦宝顶。抗日战争期间，楞严塔曾是驼峰航线大理地区的重要航标，为抗日战争作出了独特的贡献。

楞严塔外形雄伟秀丽，远望如一枝巨笔立于鸡足山金顶，成为方圆数百里的显著地标（图5-2-21）。塔身仿崇圣寺千寻塔，但比千寻塔的塔身更为修长。特别是在该塔的第二级四周，还安装了铁栏杆和一道供人登高远眺的走廊，每边廊下有8个倒三角支撑结构，如同为塔身装饰了一道稳重的"裙边"。尽管楞严塔为民国年间所建，但对塔形的选择与建造，仍然保持云南古塔营造的旧制。

2.多边形塔

在终唐以前，我国北方地区虽然已出现不少的八角形、六角形和圆形佛塔，但都是和尚高僧的墓塔，且以单层者居多。从五代开始，八角形、六角形的佛塔才逐渐盛行起来。而在塔身的结构方面，也是由早期的空筒式结构，发展成由外壁、回廊、筒心柱三部分组成的套筒式结构。

大理崇圣寺现存的另外两座八角形的小塔，分左右与千寻塔呈鼎立之势布置，并向中心有所倾斜，整体形态蔚为壮观（图5-2-22）。从外形和结构看，两座小塔均与千寻塔迥异，是简化了的楼阁式塔，只在整体造型上和塔身的部分装饰方面表现出一些楼阁式塔的特点，始建年代晚于千寻塔。

（1）陆良千佛塔：位于陆良县南真里街的大觉寺"千佛塔"，塔与寺同建于元代，是云南极为罕见的一座特殊类型的密檐塔。千佛塔平面为六角形，七级实心砖塔，第一级较高，塔体通高18米。塔基为方形石砌须弥座形式，四面各壁佛龛一个，六角形塔身，由下往上逐层向内缩小。塔身每级六面均用砖砌成若干个方形的小佛龛，七层佛龛共计1640个。在每个龛内镶嵌有一个跏趺坐释牟尼像模印砖块，全塔通体布满佛像，故名"千佛"[9]。塔于南向方位立有铜制金鸡两只（图5-2-23）。"此塔线条工整，形状特殊，在全国亦属少见。"1983年被公布为省级文物保护单位，2013年被公布为国家级重点文物保护单位。

以表现佛教"千佛"为题材的千佛塔，在我国古塔遗存中占有一定的比例，如山西朔县崇福寺的北魏石塔、广州光孝寺铁塔、广东梅县千佛塔、福建泉州千佛陶塔等。而始建于元代的云南陆良大觉

图5-2-20（a） 建水崇文塔

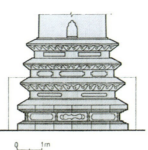
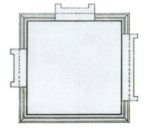
图5-2-20（b） 建水崇文塔基座

图5-2-21 鸡足山楞檐塔

寺的千佛塔，虽然修建时代较晚，但也反映出云南和中原内地的佛塔有不可分割的紧密联系。

建于清代的宜良县天乙庵石塔，原为天乙庵的附属建筑，塔为仿木结构楼阁式实心塔，通高4.5米，六角形台基，六角形须弥座，座高1米，塔身为二重檐六攒尖阁楼，有石柱6根，柱础鼓状形，上装石狮。第二层周径大为收缩，刹顶为石雕葫芦，整座石塔近看似阁，远看是塔，庄重华丽，雕功精湛（图5-2-24）。

（2）广南文笔塔：广南文笔塔又称为雁塔或莲峰古塔，坐落在距离广南县城5公里处的玉屏山的高峰上，远远望去，恰似一支竖立的毛笔。据《广南地名志》记载："文笔塔系清嘉庆十八年（1813年）由知府何愚与邑人所建，先建于南门外二里许的红土坡上，何公以距城太近，规模矮小，遂移至三台坡，塔形六方，各一丈二尺，层凡十一，高36.8米，插入云际。"该文笔塔塔身内圆外方，为密檐式空心砖塔，青石塔基，整个塔形线条挺直，挺拔刚劲，各层由下向上收分明显，过渡自然。在塔基之上的底层，有四面相通的卷洞，可供游人入内观看（图5-2-25）。许多介绍都将其塔身说成是十一级（可能把塔基与塔尖都算在内），实则只有九级。

（3）石屏焕文塔：建于清乾隆四十一年（1776年）的石屏焕文塔，为七级六角形楼阁式空心砖石塔，高19米，有塔刹，形如文笔卓立。七级塔身的墙面垂直平整，逐层向上往内退收，形成层间坡檐，使整个塔形显得稳重端靠。在六边塔身的其中三边墙面上，每层均开设方形窗洞（图5-2-26）。

（4）弥度回龙塔：位于弥度县城东的回龙山，又称为"塔山"、"文笔山"。建于天启年间的回龙塔就坐落在回龙山顶，塔为十一级六边形密檐式砖塔，通高16米，周长11.5米。其中底层为青石塔身，一、二级的塔身较高，第三层突变减至二级的一半，从第四层以上逐渐递减，塔体的外形轮廓线条收分柔和自然，塔刹置葫芦宝顶，塔体光洁（图5-2-27）。据民国《弥渡县志稿》记载："弥城若丹，建塔以管之"。可见该塔所建一则以镇山川，二则以衬托弥渡坝区之美，现已成为弥渡县城的显著标志景观。

（5）景东凌云塔：建于清乾隆四十五年（1780年）的孔雀山凌云塔，位于景东锦屏乡都阁村的孔雀山顶，为七级六边形密檐式空心砖塔，塔通高23米。塔基为四边形，边长7米，高1.35米，在第一级塔身的北面，开设有高1.95米、宽0.75米的圆拱门洞。七级塔檐从六边形塔身上叠涩挑出，呈现微弱曲线，檐下可见菱角牙子，每层塔身中央六边均有佛龛，塔刹为铜柱葫芦宝顶（图5-2-28）。

（6）昆明地藏寺经幢：位于昆明市拓东路市博物馆内的古幢，又名大理国经幢，建于公元937~1253年，是北宋大理国布燮（职官名）袁豆光为超度鄯阐侯高观音之子高明生所造。该经幢为七级八面体锥状塔形，由五段砂石组成，通高8.3米。整个幢身共雕刻有密教佛、菩萨及天龙八部等大小神像300尊，大者1米，小者5~7厘米，幢顶为葫芦形宝顶莲花瓣承托宝珠。经幢造型优美，比

图5-2-22 大理三塔的两座八角形塔

图5-2-23 陆良千佛塔

图5-2-24 宜良天乙庵石塔（图片来源：引自《云南古塔建筑》下册）

图5-2-25（a） 广南文笔塔

图5-2-25（b） 广南文笔塔底层局部

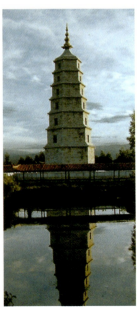

图5-2-26 石屏焕文塔

例协调，雕刻精湛，备极精巧，造像生动，各具表情。该幢既反映了大理国时期鄯阐与宋王朝的关系，具有较高的历史价值，亦被中外专家推崇为滇中石雕艺术的极品（图5-2-29）。日本学者高楠博士更叹其为"中国绝无而仅有之杰作"。在全国600多座石幢中，于一幢之上造像之多，工艺之精美，此幢实为绝无仅有。1983年被列为全国重点文物保护单位。

经幢台基为八边形石阶（属1987年增建），高1.1米，其上置一须弥座，上下两端呈八角形叠涩，腰部为鼓状形，上雕云纹地并浮雕八龙。每二龙一组成"二龙戏珠"。须弥座上端雕刻汉文《般若波罗蜜多心经》、《大日尊发愿》、《发四弘誓愿》及《大理国佛弟子议事布燮袁豆光敬造佛顶尊胜宝幢记》（即《造幢记》）。

第一层浮雕四大天王，高约0.95米，依东南西北位分别为持国、增长、广目和多闻。四大天王均披甲戴胄，手执斧钺利器，威严庄重。

第二层四面设龛，龛外各有一金刚，龛内为大日尊说法，旁有弟子、菩萨、天王伫立，共计有佛神40尊。衣衫隆起，清晰可辨，极富立体感。金刚神威猛狰狞、肌肉暴出，最为传神。

第三层亦四面四龛，主尊为四大菩萨，龛外有四供养，膝跪，花冠俗服，后托奉器，此即密教金刚界外四供养菩萨。其中北面为千手观音，南面为地藏菩萨。

第四层至第七层雕有药师佛、大势至、毗卢遮那、无量佛、释迦牟尼诸佛与胁侍等有殿庑、楼阁、宝珠、吴鹜、卷云、重瓣莲座等物。最上为金幢宝刹，置一摩尼珠（图5-2-30）。

以上各层的雕佛与侍像布局严谨、层次分明，造像线条流畅柔和，刻工精细娴熟，每层所雕释迦、菩萨、胁侍、飞禽、殿室都"刀痕遒劲、备极精巧"。在雕刻手法上，有浅雕、高浮雕、半立雕等，形式变幻多样，各有千秋。宫殿楼阁皆仿木结构，梁檐斗栱，帐幔及装饰图案等毕具。每层界面上或雕文字，或雕小佛，或雕莲药、圆珠等物，一眼望去，整座石幢遍体雕刻、琳琅满目，美不胜收。

（二）金刚宝座塔

相较之下，云南地区的藏传佛教喇嘛塔尽管也有建造，如早期昆明市白塔路上的白塔（已毁），筇竹寺雄辩法师大寂塔、安宁曹溪寺历代高僧塔、大理感通寺担当和尚墓塔、武定狮子山正续禅寺指控禅师塔、洱源留神塔、寻甸无量寿塔、香格里拉松赞林寺新建的佛塔和丽江玉龙县新建喇嘛塔等（图5-2-31），但其数量和影响远不如前

图5-2-27 弥渡塔

图5-2-28 景东孔雀凌云塔

图5-2-29 昆明地藏寺经幢

图5-2-30（a） 昆明地藏寺经幢鼓状须弥座　图5-2-30（b） 昆明地藏寺经幢第一层四大天王雕像　图5-2-30（c） 昆明地藏寺经幢第二层金刚雕像　图5-2-30（d） 昆明地藏寺经幢第四层菩萨雕像

两者广泛。其中位于昆明筇竹寺建于元大德年间（1297~1307年）的雄辩法师大寂塔，通高3.5米，下为须弥座，四面八角出十二棱，其上为覆钵式塔身，塔刹基部为砖砌多面须弥座，上置砂石"十三天"相轮，再上为伞盖宝珠，塔内埋藏雄辩法师遗骨，为云南地区保存完美也最具代表性的覆钵式塔（图5-2-32）。

位于昆明官渡区螺峰村，建于明天顺二年（1458年）的妙湛寺金刚塔，是我国最早的金刚宝座塔之一，它比北京真觉寺的金刚宝座塔还要早15年，是中国现存金刚宝座式塔中年代最早的一座。"同式样的塔，国内只有昆明官渡镇一座，比五塔寺塔更早了几年"。这是林徽因在她的《我们的首都一文》中所述的。真觉寺塔建于明成化九年（1473年），与之相比，官渡金刚塔可谓是我国金刚宝座塔的鼻祖了。

妙湛寺金刚塔由基座、塔身和塔刹三部分组成，塔的基座为方形的须弥座形式高台基，高4.7米，边长10.4米，在须弥座的台基上雕刻出五方佛的坐骑和力士像，还有七重莲瓣组成的覆莲座。与其他的金刚宝座塔相比较，此塔原是建在妙湛寺外通衢大道上的一座具有通街塔性质的金刚宝座塔，其底部台基有十字贯通的四道券拱门，可通车骑。台基上四周绕以石勾栏，犹如钟鼓楼的城台状。虽然过街塔和塔门也是喇嘛塔的一种建筑形式，但与释迦牟尼悟道成佛处的金刚宝座以及佛陀伽耶大塔的金刚宝座还是两回事。此塔的主要特点是，把过街塔和以五方佛为供奉对象的塔融合为一体（图

图5-2-31（a） 安宁曹溪寺历代高僧塔　图5-2-31（b） 洱源留神塔

图5-2-31（c） 感通寺担当和尚墓塔　图5-2-31（d） 武定正续禅寺指空禅师塔立面图

5-2-33）。

塔身由砂石砌成，台基上由五座束腰瓶形的塔组成，居中的主塔雄伟，高16.05米，状如覆钵式，塔下方形的须弥座边长5.5米，座高2.7米，束腰部分有隔间柱，"四角各雕力士像一尊，四面皆有雕刻，每面三幅，两侧为金刚界五部佛之佛座：东狮，南象，西孔雀，北迦楼罗。每面正中分别雕刻的宝珠莲子、金刚子等属五部佛之念珠"。这些雕刻构图匀称，造型生动，刻工精致。"官渡金刚塔不仅年代最早，也是全国唯一全部用砂石砌成的石塔"。这组塔，饱受了风雨的浸润和骄阳的煎熬，"石里所含铁质经过五百年的氧化，呈现出淡淡的橙黄颜色，非常温润而美丽"。岁月赋予建筑物的这层美丽，是任何装饰材料都无法比拟的。历经了500多年的金刚塔，至今保存基本完好。1996年被公布为国家级重点文物保护单位。

此塔塔身呈桶形，两头粗，中间细，下半部有7圈莲瓣（称金刚圈）如台阶样层层收缩；上半部塔体光滑，上大下小，四面开焰光门（佛龛），内置佛像。塔身上又是方形须弥式塔脖，上层塔刹为"十三天"相轮，塔刹有铜制伞盖，垂八铃铎，盖面立铜铸四天王，再上为石制圆光。四面有小铃铎，刹顶为宝瓶、宝珠。高耸俊秀的塔刹，显得绰约多姿。台基四角配置的4个小塔，形如主塔，但制作简单，小塔高仅5米。

关于我国金刚宝座塔的来源，王海涛在《昆明文物古迹》一书中说："印度各种塔式，包括五塔这种形式，虽然早在1400年前就传入我国，但密教的发展直到元代才完全成熟。但元代在短短的八十多年里，只发展了密教的另一种形式——喇嘛塔，而没有能力建金刚塔，……只是到了明代，金刚塔这种形式既满足已经完善了的密教教义，又符合明王朝以中央统四方的口味，加之明初强大的经济实力，于是，以表现密教金刚界教义、带有中国建筑风格的金刚宝座塔才产生，这是印度五塔同中国喇嘛塔的混血儿，是两大文明古国文化交流的结晶，……"，"金刚塔实质上就

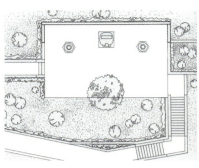

图5-2-31（e） 武定正续禅寺指空禅师塔平面图　　图5-2-31（f） 寻甸圆通寺无量寿塔

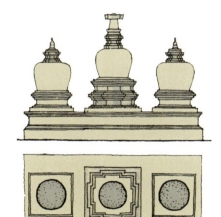

图5-2-32　筇竹寺雄辩法师大寂塔（图片来源：引自刘敦桢《刘敦桢文集》三）

图5-2-33（a）　昆明官渡古镇金刚塔平面、立面图

图5-2-33（b） 昆明官渡古镇金刚塔

图5-2-33（c） 昆明官渡古镇金刚塔底层顶部石雕刻

是金刚界供养五部佛众的神坛——曼陀罗，……作为密教盛行的云南，在中国最早出现金刚塔，应是顺理成章的事"。

妙湛寺金刚宝座塔，为明代特进荣禄大夫、镇守云南总兵沐璘倡导、镇守云南太监罗珪捐资建造，1457年始建，1458年完工。为稳定民心，借当地崇尚佛教的风气，兴造石塔，达到顺应民俗，实现"不治之治的目的"。同时建塔也有造功德、求延寿的目的，如在此塔的西门券顶上雕刻有"功德宝塔"，东门门额上刻有"延寿法门"。

妙湛寺金刚塔在我国喇嘛式佛塔建筑中独具一格，整个塔形轮廓雄浑，造型美观，是云南古代石刻艺术的珍品，即是云南唯一的金刚宝座式塔，也是我国现存金刚塔中历史最悠久的古塔，它比北京的真觉寺塔（建于1474年）还早16年。建筑学家梁思成曾说："此塔是中国喇嘛塔在的宝贵实例"，对于古代建筑、佛教、石刻艺术等方面的研究，具有重要价值。

（三）异形风水塔

在云南，还有几座形式比较独特的异形塔，分别是建水文笔塔、焕文塔和弥勒县的虹溪文笔塔等。

1. 大姚白塔

位于大姚县白塔山上的大姚白塔，又名"馨锤塔"，史载建于唐代，是云南现存最早的古塔之一。白塔高约18米，为空心结构砖塔，整个塔分三段，下段塔基座为八边形须弥座形式，高3米，边长2.2米，从地面叠砌12层砖，高1.5米，然后向外挑出4层后再向内收4层。中段塔身为八角形柱体，下粗上细，收分很大，柱上砌12层密檐，内空，与上段相通并承托上段塔身主体。中段柱体高4米，边长1.5米，上段塔身呈上大下小的椭圆形状，形如馨锤，表面还用石灰涂抹，占了全塔高度的一半以上，且在正南面有较浅的券龛1个。白塔的中、上两段塔身浑然一体。塔顶上原有塔刹，现已无存，在1975年修缮时，曾发现塔顶有1个40厘米的方洞，显然是装置塔刹的柱洞。由于其造型奇特，别具一格，为国内各式塔中所罕见，属于孤例（图5-2-34）。2006年被公布为国家级重点文物保护单位。

据《云南通志·金石》记载："始建于唐，西域蕃僧所造，尉迟即梵僧名"。又据道光《大姚县志》载：白塔"相传堂天宝年间吐蕃所造"，"白塔砖有字曰'唐尉迟敬德监造'。按历史上大姚一带曾一度归吐蕃管辖，从唐、蕃争夺要地的情况来看，确有吐蕃建塔的可能性。但塔砖上有许多模印梵、汉两种文字的经咒，此做法仅在云南大理宏圣寺塔和洱源火焰山塔发现过，而这两座塔均建于大理国时期，似乎后者的可能性更大一些。

大姚白塔风格独异，且经受住了无数次大地震的考验，其塔形与同时期的大理弘圣寺塔、昆明东、西寺塔极为不同，这或许与当时传入云南的佛教来自不同的区域和派别密切相关。

2. 建水文笔塔

位于红河州建水县陈官镇北河水村东200米拜佛山上，旧时因当地械斗之风甚盛，处于"以文压武"之由，于清乾道光八年（1828年）始建，该塔为风水塔，不分级，塔身通体用青石砌筑，实心且无任何装饰，通高31.4米。塔的平面为四方八角棱形，由下往上逐渐收分，塔刹形似半圆拱状。塔基四周边长也是31.4米，恰好与塔的高度相同。建水文笔塔造型奇特，质地古朴，犹如一支巨笔直插蓝天（图5-2-35），已故著名古建筑专家罗哲文先生曾题诗赞誉："精工巧构擎天表，文笔为名形制殊。不是浮图胜浮图，中华宝塔古今无。"

3. 虹溪文笔塔

位于红河州弥勒市虹溪镇文笔村东约500米的扎云山上，始建于清乾隆十三年（1748年）。该塔的塔基和中部塔身为方形平面，边长约7米，整塔通高17米。从材料使用上看，分为2段，塔基和塔身下部（券洞以下）用青石块砌筑，上层改为红砖砌筑。从形体上看，可分为7段，依次为石砌塔基、石砌塔身下部、砖砌塔身（中部、设券洞）、砖砌塔身（中部、内倾）、砖砌塔身（中部、退台2台、设券洞）、砖砌塔顶（圆柱体）、砖砌塔顶（圆锥体、上置铜铸塔刹）（图5-2-36）。2~3段塔身收分自然，从第4段塔身收分后经退台过渡转换为圆锥形塔顶，塔的总体形象呈笔锋状（或类似现在的活动铅笔笔尖），造型独特。塔身正面镶嵌"天开文运"四字石匾，其下设券门洞，并于魁星阁遥遥相对，表现出明显的提倡文风之意。

4. 云龙秀峰塔

位于云龙县宝丰镇东山顶上的秀峰塔，无疑是宝丰镇最显著的地标建筑，"擎柱一峰回地轴，辟开双峡放江流"。秀峰塔为七级圆形石塔，通高5米，径0.86米，于清道光二十二年（1842年）重建。该塔塔座为四级方形，塔基为圆形，塔形为圆柱体。塔身的第一级较高，为直线形圆柱体，第二、三级向外微鼓，从三级开始逐层向上收分，并且在第四、六级各雕一龛，内雕天王像。塔身的每级出檐部分均为石料凿打而成，上下收缩比例较小，塔刹宝顶由整石雕成。整座秀峰塔造型独特，玲珑精巧，古朴典雅，宛如一棵苍劲的石笋，耸立于沘江边的山顶，为当地的自然环境景观增添秀色与历史韵味，成为大理州境内为数不多的古石塔之一（图5-2-37）。

（四）南传佛塔

以傣族为主要聚居地区的南传佛塔，在总体特征上与泰、缅等国有很深的关联，从建筑外形看，

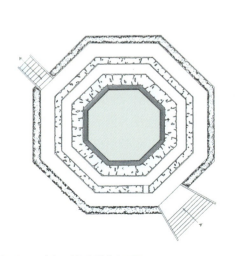

图5-2-34（a） 大姚白塔基座平面图

图5-2-34（b） 大姚白塔立面图

图5-2-34（c） 大姚白塔

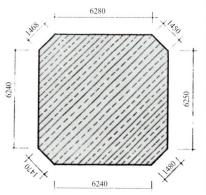

图5-2-35（a） 建水文笔塔塔基平面图　　图5-2-35（b） 建水文笔塔　　图5-2-35（c） 建水文笔塔塔基局部

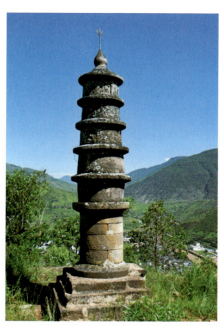

图5-2-36（a） 弥勒虹溪文笔塔　　图5-2-36（b） 弥勒虹溪文笔塔立面图　　图5-2-37 云龙秀峰塔

具有和邻国缅甸、泰国佛塔类似的建筑风格，而与内地汉传佛塔迥然不同。这些佛塔有的是塔随寺建，常建在寺院的大殿之后；有的寺随塔建，塔就建在佛寺中的核心位置；还有独立存在的单塔，这都可以从塔具体所处的位置明显看出。

云南南传佛塔主要分布在滇西南的西双版纳、普洱、临沧、德宏等少数民族聚居区，现存年代较早的南传佛塔主要有，西双版纳景洪的曼飞龙塔和德宏州盈江县的勐丁塔。此外，勐海县的景真八角亭虽然属于缅寺中的戒堂（即布苏），但其形制与亭阁式单层塔相似，别具一格。

由于南传佛塔是依据佛陀遗迹而建，因此不分地域，不分城乡，随处皆可建塔。而塔的分布具有独立性，不一定要依附在寺院内。反之，许多南传佛寺是因为首先有塔，为方便信众"赕塔"而后才修建佛寺。当然在兴建总佛寺、中心佛寺时，通常也同时建塔。建塔不一定建寺，但塔一经建成，则必有佛寺，南传佛塔在村寨中被常年供养，傣语谓之"赕塔"或做摆，也就是念经、朝拜，并负责维修保养，一般一座塔是由若干佛寺、村寨共同供养。

由于南传佛寺没有汉传佛寺中轴对称式的布局，因此佛塔在寺中亦无固定位置，或前或后，皆无不可，而寺外之塔多建在山岗高地。

南传佛塔从外形上一般可分为单塔、双塔和群塔三类，除了梁河县的勐底塔是一座空心基座的佛塔外，其余的塔均为砖砌实心塔，塔体小巧玲珑，且由基座、塔身、尖状塔刹三部分组成。塔基平面又分为方形、圆形或多边形。方形塔基四面多砌佛龛，四角多置蹲兽；塔身最富变化，常见的有分档须弥座式方形或圆形或多角形。渐上渐细，如巨大的春笋；塔刹由莲座、刹杆、相轮、伞盖、宝瓶、宝珠组成。多数刹杆上有层层伞盖、铃铎联成一串，极富装饰性。塔刹均为铜制，镀金或贴金，在阳光下熠熠生辉，美轮美奂。

如从塔身的建筑形式上看，因受到缅甸和泰国佛塔的影响，又有缅式的钟形塔和泰式的金刚塔，以及建在高台基座上的亭阁式塔和密檐式塔之分。其中，缅式塔的外形有如扣钟，塔的基座、塔身和塔刹混为一体，与泰式塔有明显区别。如毁于"文革"期间的德宏芒市风平缅寺的熊金塔和曼珠曼塔，就是很典型的两座缅式佛塔。塔下为双层"亞"字形基座，塔身呈扣钟形，"十三天"的比例修长，周围以小塔和怪兽陪衬。

1. 单塔

位于西双版纳景洪市橄榄坝的曼苏满塔为单塔形式，由塔基、塔身和塔刹三部分组成。塔基为方形，四角各有面向外的蹲兽1个，四角周围及上部为花蕾状的圆形短柱数根。塔身平面为折角"亞"字形，比例修长，由三层逐层收小减低的须弥座叠合而成，四面有三层佛龛。塔身中心优美，挺拔秀丽，为傣式单塔的最典型式样。塔刹如一覆置的长管喇叭，上有环状线脚，再上有多个金属相轮（图5-2-38）。与此相类似的还有临沧西塔、西双版纳勐海县的贺允景叫塔、西双版纳曼海塔等（图5-2-39）。

2. 双塔

德宏芒市风平佛塔也是双塔形式的代表，二塔形制各异。前塔塔基方形，塔身平面为折角"亞"字形，外形如须弥座。下部对称的4个方向有佛龛，内供白玉佛像，佛龛顶部及两侧均有小塔。上部塔刹为一圆形喇叭倒置，上面布满环状线脚，再上为金属的刹顶和刹杆四周垂吊的风铃，外观挺拔秀丽，绚烂辉煌。后塔上下均作为方形，风格类似前塔但体形更大（图5-2-40）。

3. 群塔

群塔是南传佛塔中最为典型的塔形，西双版纳景洪曼飞龙塔就是这种群塔形制的杰出代表。其位于景洪市大勐笼曼飞龙后山顶，由九座纯白笋状塔组成。下面是高约1米的基座，塔基平面呈八瓣莲花形，周长42.6米基座上最外圈有8个佛龛，龛内有佛像。基座上中央的主塔是由3个环状体的1个覆钟形塔身及"十三天"相轮塔刹所组成，通高16.29米。上部做成九环相轮，再上为莲台、宝瓶、伞盖、风铃，刹杆通体贴金。分列在主塔四周的8座小塔通高9.1米，塔身上均有各种精美的浮雕和彩绘，整个塔群造型挺拔秀丽，看似群笋破土，争相向上（图5-2-41）。此塔建于南宋嘉泰四年（1204年），可能重建于清乾隆时期。塔为实心砖塔，外敷石灰涂料，俗称白塔。另外，在勐笼坝有一座黑塔，相似与曼飞龙塔相似，亦属于笋塔之类。还有临沧市耿马县景戈佛寺大白塔、沧源县班老村的班老白塔（佤族）、德宏州瑞丽市的姐勒金塔、盈江县的燕允塔等，均为群塔（图5-2-42）。

图5-2-38 西双版纳曼苏满佛寺佛塔

图5-2-39（a） 临沧西塔　　图5-2-39（b） 勐海贺允景叫塔　　图5-2-39（c） 西双版纳曼海塔　　图5-2-39（d） 西双版纳曼厅白塔

4. 亭阁式塔

位于勐海县景真佛寺的景真八角亭，即是一座亭阁式塔，由基座、亭身和八角十层的亭阁组成（详上节论述）（图5-2-43）。而位于瑞丽大等喊佛寺的戒亭，则是以一个八边形房间为基座，在房间的屋顶上再砌筑1个主塔（有三层退台），周围带8个小塔塔亭（图5-2-44）。同样，位于梁河县城的勐底塔（图5-2-45）。

5. 缅式塔

11世纪中叶，缅甸中部蒲甘地区的阿奴律陀王建立了蒲甘王朝，历史学家一般即以此作为缅甸国家的开端，也是缅甸文化的盛期，其主要信奉从斯里兰卡传入的上座部佛教[⑩]，从此，缅甸历代王朝都信奉上座部佛教，并以之为国教。

传统形式上，缅式塔主要由平台、塔基、塔身和塔尖四个部分组成，即平面为方形的砖石平台，平台上有一个很高的圆形或多边形塔基座，覆钟形的塔身和一个圆锥形的塔尖，而且塔尖常由圆环构成，顶部冠以伞状塔刹。除了这种典型的形式之外，还有很多局部的变化，比如用出现在底部的半球形穹隆引导出覆钟形的塔身，或用圆柱体取代多边形的底座等。

总体来看，缅式塔有两个明显特征：一个是没有出现覆盖在拱顶上的带有柱廊的平台；另一个是塔的基座向外扩展较大。这两个特征不仅有别于印度的"窣堵坡"，也不同于泰式塔，其更趋于向垂直方向发展，或者在外观上更像是一座巨大的圆锥形山丘。

建于11世纪的缅甸瑞山陀塔，基座层数明显加多，四面设有陡峻的台阶，更加强了高度感；覆钵已改为覆钟，原在覆钵与相轮之间的"平头"被取消，将覆钵与相轮直接相连，华盖也大大缩小，最后以尖刺入云的尖顶结束，十分强调垂直感，一改印度佛塔原型的庄重沉稳而玲珑挺秀，其气质已大为不同。这种建筑风格此后长期影响东南亚其他国家，应该说是一个非凡的创造（图5-2-46）。

而建于11世纪初的缅甸大金塔，其建筑造型继承了瑞摩陶塔，基座由两部分组成：下部是多层折角较多也较深的方形塔基，其上又有多层折角少而浅的方座，直接承托圆形覆钟状塔身。塔身圆形，下部有多层线脚，其上没有"平头"，直接与反凹

图5-2-40　芒市风平佛塔

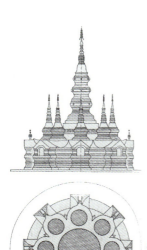

图5-2-41（a） 西双版纳曼飞龙佛塔平面、立面图（图片来源：引自《中国文物地图集》）　图5-2-41（b） 西双版纳曼飞龙佛塔（图片来源：引自建筑意二）　图5-2-41（c） 西双版纳曼飞龙佛塔

图5-2-42（a） 沧源县班老白塔　　　　　　　　　　　　　　图5-2-42（b） 临沧耿马县景戈佛寺大白塔

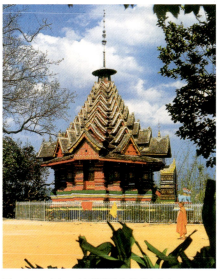

图5-2-43（a） 西双版纳勐海景真八角亭（图片来源：引自杨昌鸣《东方建筑研究》下） 图5-2-43（b） 西双版纳勐海景真八角亭　　图5-2-44 瑞丽大等喊佛寺戒亭

的相轮相接，再上通过一段装饰带与葫芦状砌体，最上为华盖和黄金铸成的塔尖（图5-2-47）。

（1）姐勒金塔：现今瑞丽市的姐勒金塔[11]，是20世纪60年代彻底毁坏后于20世纪80年代重建的，基本保持了原来的建筑风格，为缅式大型群塔，与著名的缅甸仰光瑞光塔极为相似。塔群由17座实心砖塔形成整体，基座为圆形，占地700多平方米。每塔均有莲花塔座、叠垒的葫芦状金色塔身、宝伞、风标和铜铃等构造。立于基座中央，主塔高36米，16座子塔分3圈环绕其周围，子塔的形状与主塔相似，分大中小三号。内圈分布高约13米的4座，中圈4座高约10米，外圈有8座高约6米。在每座子塔的底部均设方形佛龛，龛内壁有浮雕，供一尊汉白玉佛祖雕像。龛外上下左右还刻绘着各种花纹图案，装饰有钵体、小塔及兽禽的雕塑（图5-2-48）。在塔群附近，塔基四方分立4只石狮，东西各设大铜钟一口，南面有亭状佛堂。姐勒金塔整体布局错落有致，构筑精巧，是德宏傣族吸收外来建筑艺术的珍品，在东南亚均享有盛誉。

（2）允燕塔：位于盈江县允燕村马鹿场的允燕塔，是滇西最大的一组群塔，由41座佛塔组成，外

图5-2-45 梁河勐底塔

图5-2-46（a） 覆钟形塔身的缅式塔（图片来源：引自杨昌鸣《东方建筑研究》下）

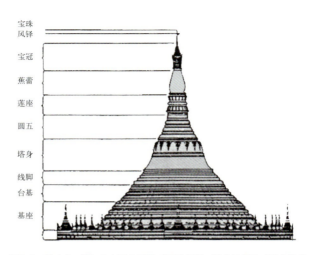

图5-2-47（a） 缅甸大金塔立面图（图片来源：引自杨昌鸣《东方建筑研究》下）

图5-2-46（b） 缅甸瑞山陀塔

图5-2-47（b） 缅甸大金塔

形上属于典型的覆钟形缅式塔。允燕古代属勐町，故又称为"勐町塔"。允燕塔群由1座主塔和40座小塔组成，主塔高20米，系砖砌实心。基座方形，边长约20米。座上设五层台座，层层升高。第一层四面共列28座小塔。第二层至第四层，每层台座4角

又有1小塔，共12塔。第五层台上矗立大塔，覆钟形塔身，上有十三天。刹部构造繁丽如王冠，金碧辉煌，仪态万方。大塔气势磅礴，稳重如山；小塔窈窕玲珑，高低错落，相辅相成，浑然一体（图5-2-49）。

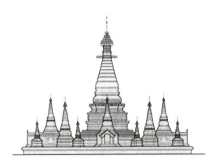
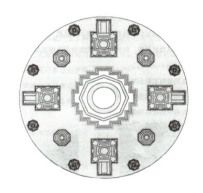

图5-2-48（a） 瑞丽姐勒金塔平面、立面图

图5-2-48（b） 瑞丽姐勒金塔速写

6．泰式塔

泰国在缅甸的东部，早在公元前3世纪印度阿育王时期，佛教就已传入其境内。但史学家一般是将13世纪由泰人在泰国南部建立的素可泰王朝作为泰国历史的开端。

从素可泰王朝开始到今天，泰国各代国王都笃信上座部佛教，一直被尊为国教。现在佛教徒占全民的90%以上，有寺庙2.5万座，佛塔10万座以上。而从泰国的地理和历史来看，泰国早期的建筑无疑会受到邻国缅甸和柬埔寨的影响，到了"曼谷"[12]时代，才逐渐体现出更多泰国地方特色。13世纪末，从斯里兰卡来的高僧再次传入上座部佛教，最终使上座部佛教在泰国站稳了脚跟。按照泰式塔的形状特征，一般可分为四种类型：

（1）方形塔：塔身为四方形或是六边形，还有八边形。如拉玛甘亨王于1227年在西沙差莱那城中心建立的长隆寺塔，塔下为方形塔基，上有两层八角形基座，再上是覆钟式带"平头"的高塔，显然是受到缅甸带"平头"佛塔的影响。另外还有把方形

图5-2-48（c） 瑞丽姐勒金塔

和圆形两者结合在一起的方基座圆身塔，形成一种特殊的效果。

（2）圆形塔：又叫圆宝塔，塔身有多层，最上层是覆钟形，再上面还有顶尖，上的圆球叫"露珠"。在阿瑜陀耶城王宫建造的一处王陵，几乎都是圆形塔，其中有一字排开的三座大塔，大小和样式几乎相同，也是覆钟形和带"平头"的，但作圆形柱廊

图5-2-49 盈江允燕塔

式，塔身四面开高台阶通向4座带山花的塔门。塔基比较简单，周围有一些小塔陪衬。

而位于"曼谷"王朝时期的大王宫玉佛寺内，有高达115米的大金塔，下为多重圆环形的台基，台基部分四面各出山面门廊；中为覆钟形的塔身，再通过平头和其上的圆形围廊承托相轮和塔尖。该塔综合了素可泰长隆寺塔、大城王陵三塔等因素，设相轮13层，下大上小，耸入蓝天，金光灿烂，秀丽挺拔。

（3）棱形塔：就是先建一个四方形的塔身，然后在每个角上再做成3个棱角，使其成为12个棱角，甚至更多。在素可泰时期，有一些平面为多折角方形平面的佛塔，如诗素里育他普朗塔，塔身分上下两大部分。上部与塔刹都是金色，轮廓仍为覆钟形式，覆钟以下由多层须弥座叠成；下部方形塔身及其以下的基座和全塔台基都是白色，样式比较独特，简洁明朗，塔身四面设有小门，但没有高台阶。这种采用多层须弥座重叠的方式，在云南南传佛塔中十分盛行。

（4）"班"形塔：这是一种变形组合形式，塔顶不是尖细的形状，而是呈房顶似的有棱角方形和苞瓣形粗壮塔身，且塔身内部多为中空形式。"班"的原意是指里面是房间（图5-2-50）。

在西双版纳地区，最古老原始的佛塔造型，首推覆钟式塔，较有代表性的是庄莫塔，这种塔形具有典型的印度"窣堵坡"式塔的特征（图5-2-51）。这种塔形的灵感可能来自泰国北部的叠置式斋滴（phra chedi），即在一个方形的台基上，由多层环状体叠加而成塔座，其上是覆钟形塔身，塔刹是由环状的"十三天"相轮组成的伞状物，而且泰式塔的某些特征，好像都可以在缅式塔中找到其早期的踪迹。云南古建文物专家邱宣充先生也认为，这种

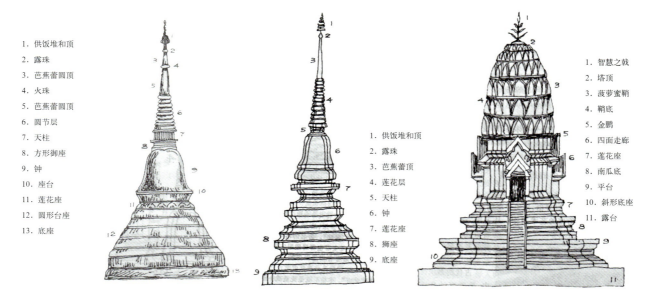

图5-2-50（a） 泰式圆形塔立面（图片来源：引自《泰国民族传统艺术》）

图5-2-50（b） 泰式方形塔立面（图片来源：引自《泰国民族传统艺术》）

图5-2-50（c） 泰式"班"形塔立面（图片来源：引自《泰国民族传统艺术》）

图5-2-50（d） 泰式"班"形塔（图片来源：引自《泰国民族传统艺术》）

图5-2-50（e） 泰式方棱形塔（图片来源：引自《泰国民族传统艺术》）

塔形明显仿效缅甸所谓的"善卡来"式佛塔。

三、云南塔幢的文化嬗变

（一）塔的文化意义

任何造型的古塔，都具有十分鲜明的主题，通过艺术的刻画，竭力宣扬各种其宗教教义，或表达人们的各种寄托。

首先，塔基和塔身的平面形状，有正方形、六边形、八边形、十二边形等，都无一不隐喻着佛教教义，如金刚塔的五塔共处，则表示用来供奉金刚界的五佛或象征须弥山五形，以及五蕴、五境等。

而塔身如是圆形，则象征意义更加明显，"圆"就意味着圆满、圆通、圆遍、圆融，涅槃就是圆寂，佛陀进入涅槃理想境界，即进入"圆果"的境界。塔刹的"刹"意为"田土"，即相轮，象征佛国。塔上常饰的覆钵、华盖、露盘、火焰、华瓶之类均为圆形或圆轮，其寓意似在崇拜圆与赞美圆，"圆光"辉煌，佛泽无限，或者是圆的完美无缺。

强烈的宗教情绪和鲜明的宗教主题，往往又是通过完美的艺术造型来体现、靠娴熟的技艺来完成的。一切形式的宗教建筑在放射出"神光"的同时，也露出世俗人性的"曦光"。因为它们毕竟都是人为建造的建筑，虽然是用于供养佛尊或是举行

图5-2-50（f） 泰式方形塔（图片来源：引自《泰国民族传统艺术》）

图5-2-50（g） 泰式圆棱形塔（图片来源：引自《泰国民族传统艺术》）

图5-2-51 西双版纳庄莫塔

各种宗教祭礼仪式，却总凝聚着人的情调。比如塔身的圆形除象征"圆寂"的境界外，又给人圆润美满的感觉；巨大的方形塔基给人敦实坚固之感，方与圆的形体对比，配以色彩的调和，以及塔与周围环境的因借和谐，自然形成一种感人的艺术魅力。

一方面塔本身的形体均衡，各部分比例协调和优美独特的造型，给人以丰富的审美信息，塔身的曲线显得自然，富于温馨的人情味，从而引起人们对某种自然美的丰富联想。

另一方面，塔的高大挺拔及所形成的向上升腾的动势，除了给人们对佛的尊崇，也会产生一种令人心灵震撼的艺术感染力。同时，莲花所再现的莲荷自然风貌也引起某种人格比拟。很明显，塔的建筑艺术美，"是一种渗透着一定理性情感的既抽象又具象的美，它不像佛教文学或壁画作品那样，描述情节曲折且恐怖的佛本身故事，只能以一定的建筑语汇、象征手法向人暗示一定的观念情绪，这自然渗透着特定的佛教内容，但塔作为典型的建筑艺术"有意味的形式"，能给人以丰富的审美信息，契合人多种多样的心理需要，唤起人比较宽泛的、概括的、因而也是朦胧的观念情绪，而不仅仅是为了宗教情感"。从而使塔的建筑形象成为人们审美的对象。

另外，藏传佛教还创造了一种更接近印度佛塔原型的"喇嘛塔"，并赋予其与印度"窣堵坡"原型最相接近，但又不尽相同的新造型，以及新的更为丰富的宗教象征内涵。在喇嘛塔中，基座、覆钵与塔刹的三段划分及其统一，还象征着佛教中的"三宝"，即佛、法、僧的三位一体。其基座的四方或八方，则象征着世界的四个或八个方位。在后期的喇嘛塔中，则包含了更为繁杂的象征内涵，其塔身的每个部分，都有十分具体和细微的象征意义。

例如，从底层基座层层向上，直至塔刹顶端，象征了人类认知事物的不同阶段。

除了喇嘛塔之外，在中原汉地及内蒙古、云南等少数民族地区，还兴起一种称为金刚宝座形式的佛塔，其原型却仿自印度的佛陀伽耶精舍。这是在一个高台上建造的包括中央与四隅五座塔的佛塔形式。因这种塔最初是为纪念佛陀悟道成佛而建造的，故又称之为佛祖塔。

座上的五塔，是按照中央与四隅的平面格局布置的，中央的塔略高一些，塔的形制或为方形平面的密檐塔，或为圆形喇嘛塔。这五座塔首先代表东南西北中五个方位；同时代表了五方佛，也代表了五种智慧，以及密教金刚部的五个部分。高大的基座，象征大地，即其厚无比的所谓"地轮"；座上的五塔，为在平面上延展的五方佛国。

以云南景洪的曼飞龙塔为代表的群塔，则是杂糅了金刚宝座塔与云南傣族南传佛塔特征而建造的。其基座上共立有九座塔，中央塔略高，四周布置八座小塔，塔的形式既具有傣族建筑风格，又与佛教神秘图式曼荼罗中的"九会曼荼罗"空间格局相吻合。

值得注意的是，无论是印度的"窣堵坡"，还是中国的佛塔，在本质上都是一个被崇拜的对象。佛塔不是为人礼仪而设，而是为了受人礼仪而设。这一点正如萧默先生所言："造塔、敬塔被佛教徒认为是可以获福无量的大功德之一"。

佛塔本身的著名，常常是靠位置环境的优美，建筑与空间布局营造的气氛，建筑造型的独特，技术工艺的精湛，绘画雕刻的迷人，以及文学赋予的赞誉，而非佛祖的神威。当然，作为宣扬宗教的重要表现手段，艺术也随佛教的兴盛获得重新肯定，佛教艺术和佛教建筑也越加发展和成熟，尤其是佛塔自传入中国被民族化、地方化以后，既表现了佛性的神圣，更反映了人情对现实生活中的真、善、美追求，以特殊的方式诉说着对世俗生活绵绵的眷恋之情。

另外，不论是虔诚的宗教信徒，还是历代的能工巧匠，创造佛塔这种建筑艺术的人们，总是生活在一定的现实世界，不可能不食人间烟火，即如遁入"空门"或跳出"三界"之外的佛教信徒，也依然要在现实环境中"修身立命"。

对美的追求是人性的一种表现，是一种顽强的历史意识，它随时要求得到渲染。这种意识所形成的动力冲破了浓密的宗教迷雾，让美好的世俗人性在具有鲜明主题和极具象征意味的宗教宣传品"佛塔"中微露曙光。总之，佛塔及其他类型的宗教建筑，是历代工匠们在一定宗教崇拜情绪下所形成的观念物化结果，同时也将一定的艺术审美心理内容加以物化。无论是庄严肃穆的寺院殿堂，还是崇高优美的佛塔，都包含了人们思绪的矛盾，融合了崇拜与审美的情感。

佛塔，这种伴随佛教从印度传入中国而产生的古代高层建筑，原本是宗教性的建筑物，在云南不仅有多种不同形式，而且还被世俗化地引到人们的生活环境中，使它不仅仅是神的灵境和表征，同时也凝聚着人的情调与向往。看一看那些矗立在村落中的座座佛塔，早就没有了宗教的神秘莫测，而表现的是村寨聚落的一种醒目标志。

（二）塔的文化嬗变

以柱形建筑来强调纪念性和标志性，在世界各个古代文明中屡见不鲜，如埃及的方尖碑、罗马的记功柱，还有中国陵墓旁的石柱、宫殿前的华表等，皆有类似的功能。从中国建筑的发展历程看，塔的产生及其后的发展演变，不论是在中原内地还是在云南本土，都表现出一个从"柱"到"塔"的建筑形态及其文化嬗变过程。

1. 从"树"崇拜到"柱"崇拜

众所周知，塔的原型来源于印度的"窣堵坡"。而关于"窣堵坡"的形成及其象征意义，有研究者认为，"窣堵坡"的原始雏形之一，可能源于古印度的菩提树崇拜。据唐人记载，菩提树原本是"枝叶青翠，经冬不凋。至佛入灭日，变色凋落。过已还生，至此日，国王人民大作佛事。收叶而归，以为瑞也。树高四百尺，以下有银塔周回绕之。彼国人四时常焚香散花，绕树作礼。"[13] 显然，人们是将具有特殊意味的菩提树作为佛陀的象征来礼拜。宗教圣典《梨俱吠陀》中已把"窣堵坡"之名，初译为"柱"或"树干"的记载，并引申为"稳定"。

"在古老的神话中，天与地浑然一体，后始分离，两者却又相通，或缘参天之树，或缘巨柱，或缘山峰，或缘首尾相接之箭，或缘虹桥，或缘光径，或缘天梯，等。""它们不仅使天地相通，而且支撑天穹，以免坠落"。

据推测，菩提树在佛陀寂灭之初，就几乎具有了至尊的地位。之后，以石屋取代菩提树作为佛陀的崇拜对象，则似乎是顺理成章的事情。而当人们试图以一种新东西作为宗教礼仪与崇拜的对象时，恐怕还不能即刻抛弃旧有的形式。于是就在石屋顶端，用石头雕刻成的菩提树冠形式，以维系人们传统观念中的石屋与菩提树的组合造型。这便成为印度"窣堵坡"的早期形式。

其实桑契大窣堵坡的顶端，就是一个方形平面的石栏，石栏的中央，是在一根直立的柱子上，叠置三层直径渐渐变小的圆形伞状的结构，整体的形象就像是一棵略带抽象意味的"树"的造型。这种顶端处理，似乎正暗喻着在早期菩提树崇拜中由石栏所环绕的菩提树。

在纳西族象形文字中，"世界"一词表示为"圭"，与印度"窣堵坡"的造型极为相近。另外在彝族、纳西族、瑶族等一些少数民族中，盛行一种对象征生育母体的葫芦崇拜的文化现象。而葫芦的造型，也与印度的"窣堵坡"、藏传佛教的"罗玛"，以及缅甸、泰国等东南亚国家的佛塔，在建筑造型上颇有相近之处。

显然，"窣堵坡"的造型，并不是简单意义上的坟茔，而是有着深刻的文化内涵，并与人类早期思维中的宇宙之"树"、宇宙之"柱"，乃至孕育着宇宙万物的胚胎、子宫及其象征物"葫芦"之间有着某种关联。

基于这种先是将菩提树，然后又将"窣堵坡"作为佛陀的象征形式，并渐渐变成早期佛教的主要崇拜对象，这一文化演绎过程，使"窣堵坡"及其变体——汉传佛塔，以及后来的喇嘛塔或东南亚的佛塔，也被作为佛陀的象征，在佛教中具有至尊的地位。于是，以佛塔为中心的早期寺院，也就成为了汉魏时期的主要佛寺空间形式。晚期的东南亚佛寺也多以佛塔为中心，应是这一早期佛教传统的遗存形式。

由印度"窣堵坡"演化而来的中国或日本的佛塔，塔顶用圆形的相轮与覆钵，塔身则为四边形（唐塔）、八边形（宋塔），甚至十二边形，塔地下的地宫则多为方形。而作为房屋的"中心柱"，从早期的穴居和地面原始窝棚中所用的支撑柱，到考古发掘的秦咸阳宫1号址1室燕乐宫室内设置的"都柱"，或是东汉沂南古墓室内设立的石造都柱（图5-2-52），还有蒙古包的帐篷式民居；云南滇西北藏族民居室内粗壮的中柱；纳西族、普米族传统民居室内的男柱和女柱等，都是在房屋室内设立的有一定宗教象征意味的"中心柱"（图5-2-53）。

此外，在中国早期的佛塔中，也有较多的"中心柱"使用。如在汉唐佛塔中，用"中心柱"作为结构的中坚，其实已经孕育着"世界之柱"的意义。曹魏时期由一根独柱支撑的"凌云台"；武则天时期所建明堂中的堂心柱和用中心柱贯通上下的"万象神宫"；以及位于越南河内著名的独柱支撑小庙"独柱寺"等，可能都与这种观念有关（图5-2-54）。

2. 中原地区的"柱"崇拜

从历史看，至迟在三国时中原汉地已开始建造佛塔，其建筑风格与传统木构楼阁十分接近。而佛教寺院建筑之核心，即在于塔。史载："大起浮屠寺，上累金盘，下为重楼，又堂阁周回，可容三千许人，作黄金涂像，衣以锦彩，每浴佛，辄多设饭，饭布席于路，其有就食及观者且万余人"，显然已经是一种"文化嫁接"的产物。其下的重楼当是由汉代以来已流行的楼阁式建筑形式中演化而来。而上部累叠的金盘，与印度原始的"窣堵坡"一样，是将平台、立竿、相轮、宝瓶等叠置于塔顶。印度"窣堵坡"原有的主体部分即半圆球体，则被缩小为一个小型的覆钵，并与其上的相轮共同形成一个中国式的塔刹造型，置之于楼阁式塔的顶端（图5-2-55）。

魏晋时期，即以佛塔为中心之平面布局的寺院为多（图5-2-56），如北魏时建造的永宁寺塔，在塔的中心还设有中心柱，其实是一个由多根柱组成的中心结构，这种设中心柱的高层塔的做法，一直流行到宋代，在同时代的日本佛塔中尚有较多的实例留存。从表面意义上看，中心柱的设置当时出于结构上的考虑，但如果从塔心柱的起源及其象征意义来讲，这种在一座高层建筑中设置中心柱的做法，很可能更多的是与塔的宇宙象征意义有关。因为，以佛塔的原型"窣堵坡"象征菩提树，菩提树既是佛陀的象征，又是宇宙之"树"的象征。这样佛塔同时也应当是宇宙之"树"的象征。因此，汉魏佛塔中的中心柱，可能是具有某种象征佛塔本质的、具有宗教象征意义的结构物。

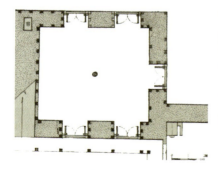

图5-2-52（a） 秦咸阳宫1号址燕乐宫室内的都柱平面图（图片来源：引自杨鸿勋《建筑考古学论文集》）

图5-2-52（b） 秦咸阳宫1号址燕乐宫室内的都柱透视图（图片来源：引自杨鸿勋《建筑考古学论文集》）

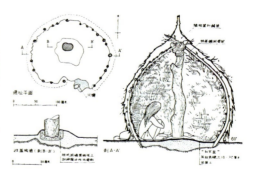

图5-2-52（c） 原始窝棚中的支柱（图片来源：引自杨鸿勋《建筑考古学论文集》）

图5-2-52（d） 云南少数民族村落寨心神柱

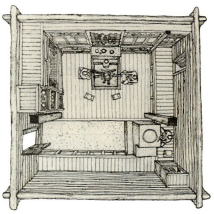
图5-2-53（a） 云南纳西族、普米族民居室内的男女柱、中心柱

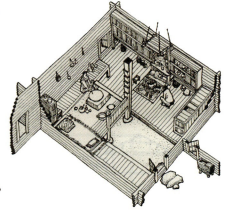
图5-2-53（b） 云南纳西族、普米族民居室内的男女柱、中心柱

图5-2-54（a） 邮票上的越南独柱寺

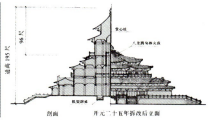
图5-2-54（b） 武则天时期的明堂堂心柱（图片来源：引自《王世仁中国古建探微》）

图5-2-56（a） 以塔为中心的寺院布局（图片来源：引自萧默《中国建筑艺术史》）

犍陀罗小石塔
（公元2世纪，贵霜王朝）

犍陀罗小石塔
（公元2世纪，贵霜王朝）

犍陀罗小石塔
（公元2世纪，贵霜王朝）

印度桑奇大塔

印度西北部大塔

中国河西地区小石塔

中国河南嵩岳寺塔

从印度 stupa 到中国密檐塔——嵩岳寺塔

图5-2-55 被缩小的覆钵塔（图片来源：引自萧默《天竺建筑行记》）

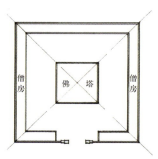

图5-2-56（b） 以塔为中心的寺院布局平面图（图片来源：引自萧默《中国建筑艺术史》）

中国历史上的造塔运动，并不因为永宁寺塔的烧毁而终止。现存的许多寺塔，多为辽宋以后所建，且塔的基本形式大多是砖心木檐式结构，把砖石结构的稳定与木结构的巧变，合而为一。现存最早的辽代应县木塔，在结构上虽然已经采用了双套筒式加结构暗层的做法，但屹立在雁北平川之上高耸如柱的塔身造型，以及塔上高悬的"天柱地轴"匾额，明显与将佛塔喻为世界之"柱"的原始象征意义相吻合。同时僧徒们相信，绕塔旋转，如同后世环绕佛像旋转一样，是一种对佛礼敬的方式，并会获得某种宗教的回报。因而"绕塔礼拜"也成为一种重要的佛教礼仪，造塔修塔或为建塔捐赠，也有无上的功德。

佛教之初，似乎还十分着意于其宗教义理的深究，着意于对佛陀象征物的礼拜或施报。由崇拜佛陀转而崇拜佛塔，以图报德，是这一时期的一个特征。信徒们将佛陀当作救世的神明，崇佛、佞佛，转而变成崇塔、造塔。因此汉魏时期的崇塔、造塔之风，明显是对佛陀本尊的崇敬礼拜之风的一种转换形式。在人们心目中，塔与佛几乎成为同义词。而两者又都与人们崇信已久的宇宙之树的神话观念，可能有着某种隐秘的关联，使其更具有了宗教神秘的意味。正因有这样深厚的文化底蕴，使佛塔的建造与崇拜，才变成一种绵延不绝的历史潮流，而代有更新。使每一时代的佛塔，在建筑造型上总会有新的创意而又不离其原本的意蕴。

如从石窟寺的形制上看，北朝时期的石窟，同样也有一种中心柱的洞窟形式。平面是方形或长方形，洞窟的中央为一方形的"石柱"。有时中心柱还被打凿成塔的形式，如云冈石窟东区的第1、2窟与西区的第51窟内的中心柱，都是方形平面仿木结构的塔形中心柱，或称为塔心柱（图5-2-57）。

这种中心柱的石窟布局方式，从直觉象征意义上讲，是将中心柱比作佛塔，而佛塔又是佛的象征，绕塔旋转与绕佛旋转在宗教意义上都一样。如此，在中心柱的四周设置佛龛，即是将中心佛塔的象征内涵，作为表象化的空间处理。在现存日本飞鸟时代的佛塔中，在塔内首层中心柱的四侧，也往往设置有四尊佛像，如法隆寺塔首层中心柱的四周（图5-2-58）。这种室内空间的处理手法，在象征意义上与在石窟中心柱四周设置四个佛龛的手法相类似。

另外，从佛塔自身的象征性内涵来讲，佛塔又是"宇宙之树"与"世界之柱"的象征，在石窟内部空间的中央设置中心塔柱，或设置雕有佛龛的中心方柱，其象征意义都是将一座洞窟比喻成了云冈宇宙，而中心塔柱或佛像柱，则象征着立于天地之间的"宇宙之柱"。

事实上，以塔心柱为中心，到以带有佛龛的中心方柱为中心，再到以大尺度的佛造像为中心的平面布局，在宗教象征意义上都是一脉相承。而其四周环绕、中央高耸的空间形式，除了在一定程度上是象征环绕须弥山而立的佛教宇宙模式之外，大约是为了方便僧徒们环绕佛塔或佛陀举行的崇拜礼仪而设的。这一洞窟形制的演进方式，可以说在佛教史上，从最初的不设偶像，先是崇拜菩提树，渐而转向崇拜"窣堵坡"，到最后终于在寺院的中心供奉佛教偶像的演进过程的一个缩影。

在敦煌的唐代洞窟中，中心柱式的窟室平面，

图5-2-57（a） 云冈石窟第39窟内的中心塔柱　　图5-2-57（b） 云冈石窟第39窟内的中心塔柱立面图

图5-2-58（a） 日本法隆寺塔

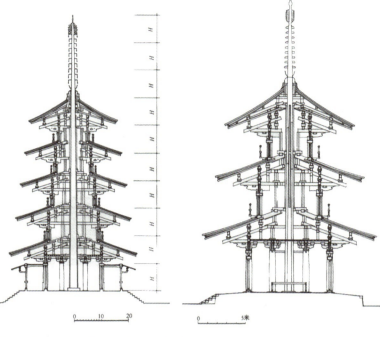
图5-2-58（b） 日本飞鸟时代佛塔中的中心柱

渐渐被以在洞窟后壁凿出一个较深的佛龛（像是一间房子一样）所代替，彩塑的佛像就安置在佛龛内，从而使窟内的空间略似寺院中的佛殿室内空间。这些空间与造型上的变化，一定程度上反映了汉唐期间佛寺平面布局方面的渐次变化，其基本的趋势是：由"柱"到"塔"，再由"塔"到"佛像"，佛塔的宗教象征地位及其在寺院中的空间位置也随之日趋弱化，而设置有佛造像的佛殿位置却变得日益重要，僧徒们则由原来崇拜佛塔，渐而演化到崇拜佛偶像本身。因此，作为佛偶像遮蔽物的"大雄宝殿"，在寺院中的地位则日益得到加强。

对"柱"的崇拜和利用，在其他建筑类型中也有所表现。比如留存至今的南朝帝王陵前的神道柱，建于北齐太宁二年（公元562年）的北齐石柱，还有位于唐乾陵和宋陵前的石望柱，矗立在陵墓神道的最前面，起着明显的标志作用。甚至由原来的"谤木"到后来的"表木"，最终形成的华表石柱，都是一种对"柱"崇拜的特殊表征（图5-2-59）。

3. 云南本土的"柱"崇拜

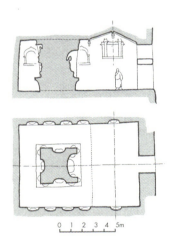

图5-2-58（c） 敦煌石窟中心塔柱平面、剖面及实景

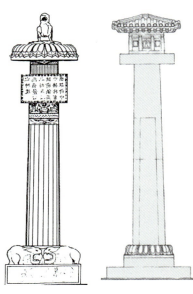

河南新乡明代潞简王墓望柱　　广西桂林明代庄简王墓望柱

图5-2-59（a）　南朝帝陵前的神柱（图片来源：引自刘敦桢《中国古代建筑史》）　图5-2-59（b）　北齐神柱（图片来源：引自《中国古代建筑史》）　图5-2-59（c）　唐乾陵前的神柱（图片来源：引自楼庆西《中国小品建筑十讲》）　图5-2-59（d）　明代潞简王、庄简王望柱（图片来源：引自楼庆西《中国小品建筑十讲》）

河北易县清昌陵望柱　　易县清泰陵望柱

江苏南京明孝陵望柱　　易县清昌陵望柱局部

图5-2-59（e）　明清帝陵前的神柱（图片来源：引自楼庆西《中国小品建筑十讲》）

云南地方对"柱"的崇拜，古已有之。比如原始生殖崇拜的祭拜对象多是一根象征男根的石柱或木柱；许多少数民族在村寨中立的寨心，也多半是石柱或木柱，且在村寨空间的定位上，往往与中央相联属（图5-2-60）。这也许与在村寨中心举行的很多崇拜礼仪有关，将被崇拜物置于中间，创造一种聚居中心，礼拜者可环绕其外举行各种仪式。正是由于受到原始信仰的支配和宗教观念的渗透，"柱"才被当作宗教的崇拜物，置于神圣的"诅盟"或其他重大祭祀活动的中心，并由世俗生活圈子进入精神生活领域。

在晋宁石寨山和江川李家山出土的青铜贮贝器上，都在其中心立有铜柱，这种以铜柱为中心的祭祀场面，是对"柱"崇拜和在祭祀广场设立中柱的中心控制意象的表现（图5-2-61）。尔后，这种"柱"崇拜和意象被从室外空间引入室内空间，成为云南民族建筑空间构成别具地方特色的一大传统。

而在云南传统民居中，也有许多中柱崇拜现象，如傣家竹楼中的8棵中柱，被分别称为"绍

图5-2-60 云南少数民族村落寨心神柱

图5-2-61（a） 青铜贮贝器上以铜柱为中心的祭祀场面（图片来源：引自《国家文物局中国文物地图集云南分册》）

图5-2-61（b） 青铜贮贝器上以铜柱为中心的祭祀场面局部（图片来源：引自《国家文物局中国文物地图集云南分册》）

岩"、"绍南"，即男柱、女柱。相传这是傣族造屋始祖"桑木底"和他妻子的化身。据介绍，傣族建房选择中柱是一件严肃而隆重的事，立柱时要先立中柱，并给8棵中柱分别穿上男女不同的衣服（男女各半）。中柱的楼下架空部分不得拴牛马，楼上部分是老人去世时靠着穿衣服的地方。中柱上边贴有彩色纸条，插有蜡条，平时不得触动或依靠，也不得在上面挂东西。

这样的中柱，实际上已被赋予了家神的意义。它与自身的物理特性和在住屋中的工程价值已经完全失去了联系。这种住屋中的中柱崇拜不仅傣族有，其他民族如彝族、藏族、普米族、纳西族、景颇族、摩梭人等也都有（图5-2-62）。彝族古歌说："居木吾吾阿，竖起铜铁柱，通到天上去"。这意味着中柱是地与天、人与神交往的通道。地上人的祈求祝愿，要通过中柱让天上的神知道，天上神

图5-2-62（a） 景颇族民居入口的中柱

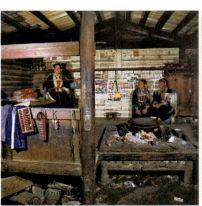
图5-2-62（b） 丽江纳西族民族的中柱

图5-2-62（c） 香格里拉藏族民居的中柱

的庇佑恩惠，也要通过中柱让地上的人得到，这就是中柱崇拜的实质。"没有期冀便没有神灵"的论断，在这里得到了验证。

显然，对中柱崇拜根源在于对"树"的崇拜，虽然"树"从它被砍伐用来做"柱"的那一刻起，其生命过程就已结束，存在的形式也已发生了根本的改变。但对中柱崇拜者们却并不这么看，他们虔诚地相信，"树"的生命还在"柱"身当中延续，而且是家庭兴旺发达、生命永远不息的标志。

大理地区古时就有对"柱"崇拜的习俗，至今在弥渡县城西的铁柱庙内还留存着"南诏铁柱"。郭松年在《大理行记》中说："白崖甸西南有古庙，中有铁柱，高七尺五寸，径二尺八寸，乃昔日蒙氏第十一主景庄王所造，题曰：'维建极十三年岁次壬辰四月庚子朔日癸丑立'。土人岁岁贴金其上，号'天尊柱'。四时享祀有祷必应。"而且庙中大殿还有长联云："芦笙赛祖，毡帽踏歌，当年柱号天尊，金镂翔环遗旧垒；盟石掩埋，诏碑苔蚀，几字文留唐物，云彩深处有荒祠。"

长联非常精要地揭示出了铁柱的历史意义及文化内涵。该铁柱建于南诏建极十三年（公元872年），此时为第11世王蒙世隆当政，世隆时大兴佛教，所以在他手上所建的这根号为"天尊"的铁柱，应当是佛教法物。而铁柱之前曾另塑有男女二像。"芦笙赛祖，毡帽踏歌"的热闹，其实描绘的是白族本主祭祀活动的场景，显示出白族本主崇拜与佛教密宗的兼容。据民间传说，此前这里已有一铁柱，乃诸葛亮平孟获之后为纪功所立，后经世隆重铸，成为今天的这个样子。武侯立柱之事，有人信之，有人疑之，姑且不论，但与这铁柱相关的还有一个传说，那就是白子国王张乐尽求⑬逊位于南诏始祖细奴逻的故事，这个故事在著名的《南诏图卷》中有很生动的表现（图5-2-63）。

传说张乐尽求"合酋长九人祭天于柱侧，是日有鸟五色集于铁柱，顷之，飞栖蒙舍酋长习农乐左肩上。"因此异兆，尽求乃让位于习农乐。习农乐即细奴罗，对此我们不必去评论这个传说的真实性，只要联系到"土人"祭祀"天尊柱"的观念，几乎可以肯定"柱"崇拜的存在及其在大理先民中的神圣地位。

以长安小雁塔为原型的大理崇圣寺千寻塔及其"家族"——大理宏圣寺塔、佛图寺塔、昆明东西寺塔等，仍然巍峨地屹立在对"柱"崇拜情感浓厚的故土上，它们已淡化了"柱"的色彩，这意味着在云南发生了一个由"柱"崇拜到"塔"崇拜的文化转变。这一转变的实质是，原始的巫术世界开始被佛陀世界所取代，由此开始的佛教文化，给云南的文化史增添了浓墨重彩的一笔。不仅起到了精神和文化导向的作用，也起了建筑导向的作用。以后便有如郭松年所说的："此邦之人，西出天竺为近，其俗善浮屠，家无贫富，皆有佛堂，人不以老壮，手不释念珠。沿山寺宇极多，不可殚记……"

显然，由"柱"崇拜到"塔"崇拜的转变，是人们信仰的转变。这个信仰的转变是蕴含在由"柱"到"塔"的形式转变之中的，而且在这个转变的背后，也还有重要的"遗留"存在。而这个重要的"遗留"也被重新赋予了新的形式，使新形式获得了新的意味。

《云南通志》载："崇圣寺有三塔……各铸金为顶，顶有金鹏，世传龙性敬塔而畏鹏，大理旧为龙泽，故以此镇之。"明时，在千寻塔塔基下层刻有"永镇山川"四字，经历史考证认为，塔顶并无金鹏，以鹏压龙乃是后人的附会之说，非造塔的原意，以一物镇一物本是一种原始的判断，属于巫文化观念的产物。对远古的人来说，也可能是一种神圣的观念，以借助此类的神圣观念来维系人与自然的一种心理平衡。造塔者的原意可以是出于崇佛，但并不排斥接收者有镇邪的心态。金鹏尽管不曾有过实体的存在，但不能因此而否定观念性存在的可能。大理人赋予塔以崇佛和"永镇山川"的双重意味，使塔在大理获得了新的生命活力与存在价值（图5-2-64）。

 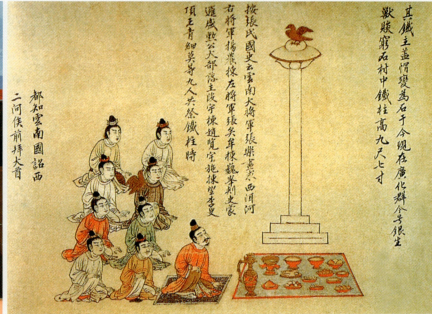

图5-2-63(a) 弥渡铁柱庙大殿中的铁柱　　图5-2-63(b) 《南诏图卷》在的铁柱（图片来源：引自李昆声《南诏雕刻绘画艺术》）

 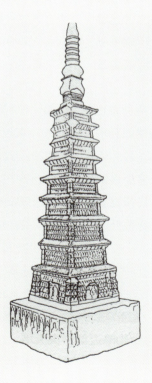 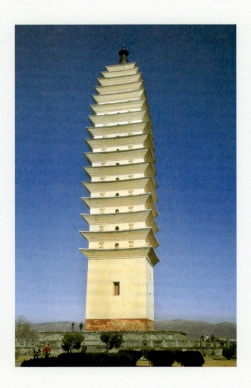

图5-2-64 从柱崇拜到塔崇拜的嬗变

"柱"的形体消失了,"塔"的形体诞生了,"柱"的"魂"变换后重新附着在"塔"的"体"之上,丰富了"塔"的文化内涵,或许这正是云南汉传佛塔的历史价值所在。

塔是佛教建筑,俗彦:"救人一命,胜造七级浮屠。"浮屠即佛的梵文音译(Buddha),这里借喻为塔,说明在中国人的观念里,塔就是佛的象征。而在人们心目中,佛塔并非虚无缥缈的天国形象,也不会产生阿罗地域的恐怖联想。当这种纯宗教建筑被引入人们的现实生活环境中,塔就成为"人"的建筑,而不是"神"的灵境;它凝聚着"人"的情调,而没有发出"神"的豪光。作为一种特殊的外来建筑形式,塔随佛教在传入中国、传入云南之后,就不断地被中国化、被地方化和世俗化,以致在多种因素的共同影响下,呈现出多姿多彩的形式。同时,塔以其突兀向上的建筑构图,孤高耸天,打破了中国传统古建横向铺陈、平缓舒展的格局,几乎成为每一座城镇或风景名胜地段的重要标志,极大地丰富了各地方的传统建筑文化。

本章以楼阁和塔幢为例,通过追溯这两种古代高层建筑在云南的传承发展历史,分别从楼阁和塔幢的类型特点、建构技艺及文化语意方面,较为系统全面地分析介绍了云南本土特色鲜明、多姿多彩的楼阁与塔幢,从这些形态各异的楼阁与塔幢建筑中,可以看出云南与中原文化及东南亚文化彼此交流融合的密切联系。

注释

① (东汉)许慎在《说文解字·木部》中,将楼字解释为:"楼,重屋也。从木,娄声。"
② 景真八角亭,傣语称为"布苏景真",意为"景真城里的莲顶佛亭",原为景真中心佛寺的戒堂。景真中心佛寺曾两次搬迁、三次重建,最近一次重建于1701年,以后寺毁,仅存戒堂"布苏"。"布苏"过去是南传佛寺级别的一种标志,要是一个片区的中心佛寺才有此建筑。
③ (明)天启《滇志》·《游太华山记》
④ (清)戴炯孙撰,道光《昆明县志》
⑤ 巍宝山八大胜景分别为:拱辰远眺,天门锁胜,美女瞻云,龙池秋月,山茶流红,鹤楼古梅,朝阳育鹤和古洞长春。
⑥ "鹤楼古梅"是指后山培鹤楼前曾有的一株古梅,蟠结如龙,开花时疏枝披拂,暗香涌动,与殿宇交相辉映。楼东是溪水长流的五道河,冬天梅花怒放,凋落的花瓣浮于溪面向北逶迤流去,别有韵味。"朝阳育鹤"是指巍宝山的后山像一只旋空的孤鹤,回翔欲下。为了供鹤栖息,古人在这里建盖了朝阳洞(后称培鹤楼),并称为"朝阳育鹤"胜景。
⑦ 据《南诏野史》记载:"唐时,洱河有妖蛇名薄劫,兴大水淹城,蒙国王出示:有能灭之者,子孙世免差徭。部民有段赤城者,愿灭蛇,缚刀入水,蛇吞之,人与蛇皆死,水患息,王令人剖蛇腹,取赤城骨葬之,建塔其上,煅蛇骨灰塔,名曰灵塔……"这就是佛图塔称"蛇骨塔"的原因,以为纪念段赤城所建。而真正的"蛇骨塔"则在苍山马耳峰下的宝灵村后,称为灵塔。
⑧ 所谓金鸡,实为大鹏金翅鸟之简易变形。相传这4只金鸡,在冬春风多季节,还会"喔喔"啼叫,远近都能听到。1979年8月,在修复塔顶时,才发现原来金鸡是铜皮做的,口角噙有1枚2头有孔的铜管,管内有金属簧片,鸡头、脖子、腹部全是空的。每当劲风吹来,鸡嘴内的铜管经腹腔内的空气回旋振荡,便发出犹如鸣啼的声响。后来天长日久,簧片逐渐锈蚀,金鸡便再也不会叫了。
⑨ 所谓千佛,大乘佛教认为,世界每经过一劫,即有千佛出世,塔之取义,即在于此。云南供奉千佛,始于大理国元代承袭大理佛教,自是情理之中。
⑩ 印度佛教向东南亚传播的路线有两条:一是海路,即从斯里兰卡和印度东海岸出发,渡过孟加拉湾来到缅甸,更远则经过马六甲海峡,远达马来半岛和印度尼西亚;二是陆路,从印度阿萨姆地区进入上缅甸,再继续往东传。但后者因有缅甸的横断山脉阻挡,往来不易,所以是以海路为主。具体参见萧默.文明起源的纪念碑[M].北京:机械工业出版社,2007:141。
⑪ 姐勒金塔,当地傣语称为"广母贺卯",意思是"瑞

丽坝头的佛塔"。因其坐落在傣语叫"广迷罕"（汉语意为金熊的土丘）的小山丘上，故又称姐勒金熊塔。

⑫ "曼谷"原意为"天使之城"，又有"佛庙之都"之称，原是一座小渔村，在1782年成为曼谷王朝后才迅速发展起来，现已成为泰国最大、东南亚第二大的城市。曼谷王朝的建筑，总体上表现了此时期泰国在突出本民族文化的同时，又面向多元文化冲击的特征。

⑬〔唐〕段成式.酉阳杂俎.前辑.卷十八.

⑭ 张乐尽求乃武侯征云南时所封建宁王张龙佑那的第16代孙，当时自称为云南王，担任职务为洱海地区各部落的盟主。据说逊位是以"禅让"的方式，在有名的白崖铁柱前举行的。当祭祀刚刚完毕，铁柱顶端的金镂鸟突然活起来，直飞到细奴逻右肩之上，连声鸣叫。张乐尽求知是天意，遂逊位于细奴逻。

云南古建筑

第六章 府驿馆桥

云南古建筑

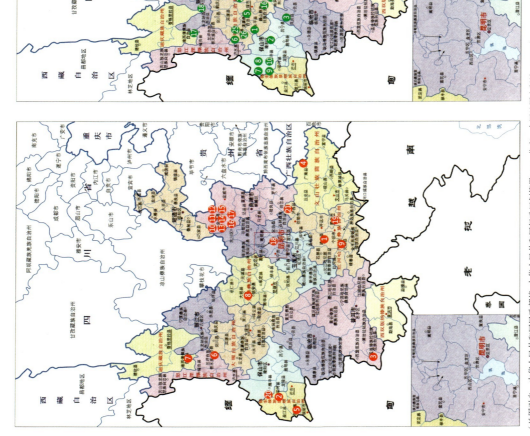

第一节 统治地方的土司府邸

一、云南土司府兴衰历史

"土司"的英文是ruler of Yi nationality in China或者the chief of a local tribe。在《辞海》中注释为:"官名,元、明、清在西北、西南地区设置的由少数民族首领充任并世袭的官职"。所谓"土"是指当地土著之民,"司"是指官吏职位,即封建王朝以"多封众建"的形式委托少数民族首领充当地方官吏,对该区域的少数民族进行统治。

元明清时期,在西南少数民族地区盛行的"以土官制土民"的土司制度,最终随着封建王朝的覆灭而瓦解,那些曾经辉煌的土司衙门也随之衰落,留存甚少。但在边陲云南,依然完整地保存着几座著名的土司府署,其遗存的丰富建筑遗产,向人们展示着自元朝至民国700余年间,土司曾经在这片红土地上叱咤风云的那段历史轨迹,以及多元民族文化交流形成的地域建筑文化特色。

(一)土司的崛起

云南土司制度兴于元,自建立云南行省之后,许多地方政权已由中央命官直接统治,但在一些少数民族地区却实行一种"土司"制度。元代的土司,严格来讲应称为"土官"("土司"一词在明代才有文献记载),其义是指由官府任命的少数民族部落首领、酋豪,即"土人"担任世袭的地方官,和外来有一定任期并可任意调动的流官相区别。

元代的土官制度,其职有宣慰使、宣抚使、安抚使、招讨使和长官司,以及总管、土知府、土知州和土知县等。职级最高、建立较早的是宣慰司。宣慰司掌军民之务,其军职往往与元帅府相提并论;元朝在云南行省设置的宣慰司、宣抚司具体为(表6-1-1):

元代实行的土官、土司制度,还有一个重要特点就是结合郡县设置,广泛任命当地的少数民族首领为所在路、府、州、县的长官,借助他们的势力来进行地方统治。任命的土官准许世袭,同时也规定土官如同流官一样必须遣纳人质,他们通过主动请降、归附,接受中央王朝的统治。这反映出中原与边疆在政治、经济与文化联系方面的不断加强。

(二)土司的兴盛

明朝建立后,统治者对边疆的治理,主要奉行"守在四夷"的策略,所以在元朝土官制度的基础上进一步加以改进和完善,逐步形成了一套完备的土司制度。据《明史·土司传》载:"有明踵元故事,大为恢拓,分别司郡州县,额以赋役,听我驱调,而法始备矣"。与前朝相比,明代所推行的土司制度,政治经济基础更加稳固,尤其是在移民屯田和实施卫所制度后,大量的内地汉族居民迁入云南边地,促使当地社会经济取得很大发展,使云南边疆与内地的经济文化交流日益加强,而在这种背景下实行的土司制度,其推行范围更加扩大,在官级职衔的设立和对土司的职责要求上更加合理规范,对土官的任用升迁、奖惩承袭、生活待遇和土官子弟的教化等方面都有明确规定,制度上更趋完

元朝在云南行省设置的宣慰司、宣抚司一览表　　　　表6-1-1

土司名称	土司驻地	土司名称	土司驻地
曲靖宣慰司	驻今云南曲靖市	银沙罗甸宣慰司	治今云南澜沧以北
乌撒乌蒙宣慰司	驻今贵州威宁县	蒙庆宣慰司	驻今泰国昌盛
罗罗斯宣慰司	驻今四川西昌市	邦牙宣慰司	驻今缅甸阿瓦
大理金齿宣慰司	驻今云南保山市	威楚开南宣慰司	驻今云南楚雄市
临安广西元江宣慰司	驻今云南建水县	丽江路宣抚司	驻今云南丽江
八百宣慰司	驻今泰国清迈	广南路宣抚司	驻今云南广南

备。尤其是根据云南少数民族大分散、小聚居和社会经济发展极为不平衡的特点，因时因地制宜，土流并设，有效加强了对少数民族地区的统治。主要体现在以下方面：

首先，在官职级别上，将土官和流官截然分开，确定了相应的职衔品级，如宣慰使从三品，宣抚使从四品，安抚使、招讨使从五品。长官司长官及各级衙门中的同知、副使、经事、经历和吏目等各有品级，在一些地区还设立蛮夷官、苗民官及千夫长、副千夫长等职。

其次，在隶属关系上，将文职和武职分开，增加了土知府、土知州、土知县三种文官职务。分别隶属于同一级别或高一级的流官，再依次往上隶属于行省乃至中央，目的在于将土官纳入统一的职官组织系统中，便于指挥控驭。据史料记载，明朝在云南先后设置的土官土司共有332处，其中宣慰使11处，宣抚使5处，安抚使7处，长官司37处，土知府15处，御夷府2处，土知州24处，御夷州3处，土知县6处，土巡检74处。邻近云南或按今天行政建制在云南境内的还有川西南的播州宣慰司和永宁宣抚司，马湖、镇雄、乌撒与乌蒙诸土知府（图6-1-1）。

第三，在赋税制度上，将土官土司向朝廷的朝贡和向国家缴纳赋税实现了制度化，并与其政绩和升迁相结合。同时，土官土司若违法犯罪，同样要受到处死、革职、异地安置、降职等处罚。比起元朝"土官有罪，罚而不废"的制度，明朝要严厉得多，但相对流官的处理，又显得要宽松些。此外，明王朝还在土司衙门以配备副手的形式安插流官，实行土流兼治管理。当然也有不少的同知、通判等流官直接掌印，既协助土官管理地方，同时也起到监督土官的作用。

（三）"改土归流"

"改土归流"，就是废除土官，改设流官管理，实质是中央集权战胜地方分权。其作为一场深层的社会变革，"改土归流"对落后地区的迅速封建化起着积极的推动作用，因而有其进步意义。实际上，从明朝承袭元代的土司制度开始，在某些条件成熟的区域早就推行"改土归流"，且在明中叶以后，更达到一定规模。在区域上，根据各民族地区社会经济发展的状况，明王朝采取了"三江之外宜土不宜流，三江之内宜流不宜土"的分类设置方针，即在有广泛移民屯垦、地主经济发展起来的滇中腹地及交通要道，以建立一般政权机构的府、州、县为主，改掉原来的土司建制，或者在统治机构中大量任用由中央直接委派、有一定任职期限的"流官"。

另外，在"土流归流"的机构中，也通过逐渐增加流官而对土官土司有所限制。但这个过程很漫长，情形也很复杂，许多地区的土官土司在废置上几反几复，边地多民族聚居区尤其如此。比如孟连土司，在明代嘉靖年间因与勐养土司（领地在今缅甸境内）为争夺领地长期争战，没有按时朝贡，曾一度被废除长官司，到万历初年又得以恢复。清康熙年间，世袭的孟连土司刀氏向朝廷上表，恢复接受中央王朝的统治，清朝廷授其为宣抚司世职，官序四品，隶属顺宁府。

云南大规模的"改土归流"主要在清初，目的是为了加强清王朝在边疆地区的统治和增加赋税收入。清雍正四年（1726年），云南巡抚鄂尔泰在建

图6-1-1　明代云南土司府设置略图

言改流疏中说："云贵大患，无如苗蛮，欲安民必先制夷，欲制夷必改土归流"①。清王朝将东川、乌蒙、镇雄三处地方划归云南省，提升鄂尔泰为云南、贵州、广西三省总督，西南数省大规模的"改土归流"自此开始。鄂尔泰采用"剿抚兼施"策略，首先平定了乌蒙、芒部、东川三处土司的联合反抗，在东川、乌蒙设府，芒部设州，委派流官。随后又在滇西南和滇东北的一些区进行改流，主要有沾益土州、镇沅土府、者乐长官司以及威远州、永平县的土官土目，并将这些革职的土司安置到其他省。鄂尔泰承袭了明代"江外宜土不宜流"的做法，保留了澜沧江、红河以外的诸土司，将思茅等六版纳改设流官，其余江外的六版纳仍归土司管理，并升普洱为府，移元江副将驻之②。经过这次"改土归流"，使云南境内的土司，只剩下车里宣慰使1个，耿马、陇川、干崖、南甸、孟连宣抚使5个，遮放、盏达副宣抚使2个，潞江、芒市、猛卯安抚使3个，楼纳、亏容、十二关副长官司3个，蒙化、景东、孟定、永宁土知府4个，富州、湾甸、镇康、北胜土知州4个。以上所保留的这些土司、土府，中央王朝也加强了对他们的管控，促使其封建地主经济也有较大的发展。其中的一些土司统治一直沿袭至20世纪40年代末，到中华人民共和国成立后才废止。

二、云南土司府布局形制

土司府作为土司处理日常政务和居住之所，兼具行政司法、居住及活动娱乐等使用功能，不同于其他传统民居和庙宇等建筑，具有自己特殊的建筑空间组构与使用要求。一般土司府的布局多为院落式，主要由大门、公堂、会客厅、议事厅、正堂、巡捕房、牢房、三班六房及居住用房、经堂、戏楼、学堂等有关建筑组成，且十分重视建筑装饰，比一般的建筑要显得华丽。因各土司势力、财力、建筑规模大小不同，除公堂、议事厅和居住部分必不可少，其他则根据实际所需，灵活布置，如为防御外侵犯，有的还在建筑群围墙四角建有碉楼。

（一）选址布置特点

1. 防御需求

土司府署一般都会选择在地势险要的咽喉之地或村镇的核心位置来布置建设。"居高而筑"、"依山而建"成为土司府署建筑的某种地望格调。居高依山，利用天然屏障设险防非，不但能够强调着王权在意志方面的至高无上，也反映着兵燹防范方面的心态特征。因此，在选址时，往往把土司府对外防御的需求看得非常重要，主要因为地处边疆，土司之间为争夺和保护领地时常发生战争，而且这关系到他们的统治地位和生命安全。

高山河谷地区是易守难攻的首选之地，如兰坪县兔峨土司署就建在一个小山梁上，为兔峨村制高点，高地下有一片已垦和待垦的江边大坝（今兔峨坝），前面澜沧江从坝子向南流去，背面是延绵千里的碧罗雪山，高地两侧是一道被江（澜沧江）河（兔峨河）深切几百米的陡峭深谷，形成一道天然的"护城河"，是一个居高临下、视野开阔、易守难攻的险要地势（图6-1-2）。

建在娜允古镇孟连宣抚司署，之所以要建于古镇的半山腰，也是出于安全防卫需要，建在山腰上利于攻守兼备。娜允古镇背靠金山，东南方是秀丽的南垒河，所谓"天心中道"，居高临下，可牵控全城。

而建水回新的纳楼土司府，其选址在回新村，一是因为回新为通往江外③的要塞，便于对其领地的管理；二是该村地势三面环山，南望红河，并且

图6-1-2　居于山顶的兔峨土司衙署

土司府盘踞于回新村的制高点。土司府坐西朝东，背靠哀牢山，面对红河及对面的崇山峻岭，府前视野开阔，整个府署建筑巍然耸立于众多传统土掌房民居群落之中，形成众星拱月之势。

2. 统治需求

统治需求主要体现于土司衙署与其统治领地的互动方面，而这种互动又体现于府署之于其管辖地的"中心性"。位于永宁坝中心的永宁阿氏土司府，因其末代土司有三兄弟，且永宁坝由中实村、达坡村、拖支村三个村落组成，是故阿氏土司的大老爷掌管土司衙门，建在中实村；二老爷手揽寺院大权，建在达坡村（现已无存）；三老爷主管收容难民等事务，府邸建在拖支村。三个村落围绕土司府署布局，形成向心关系。土司府作为一个控制中心点，向四周辐射，统治全局，这种向心形的空间关系突出了土司府的中心地位。

又如呈带形布置的维西县叶枝村，村落沿江分布在一条村路的两侧，土司府就坐落在村路上一个放大的广场节点上，它与带形的村落紧紧相融在一起（图6-1-3）。再如丽江木氏土司府，据《徐霞客游记》记载：这些"其内楼阁极盛，多僭制"的宫廷建筑与"居庐骈集，萦坡带谷"的民间建筑连成一片，显然形成了中心城镇，并可以向"居庐交集"、"联络"的崖脚院、"甚盛"的十和、"倚西山颇盛"的七和等府治周围一批大小传统聚落自然延伸。

而有些土司府，虽然在空间上并不居于辖地的中心，甚或设置在辖地之外，但这类土司府又因其所处地势较高而形成视觉上的焦点，因此形成一种由"势"产生的中心感，兰坪县的兔峨土司府即属此种类型，从空间关系上明显看出，府署高高在上，处于兔峨村全村的主导控制地位（图6-1-4）。而红河绿春的孙中孔土司府署，在选址上远离村落而另辟天地，同样居高临下，戒备森严。

正是基于统治的需要，要求土司府对其辖地产生强烈的统治"势"力，继而由"势"而"法"、而"术"，最后达到使辖地社会稳定驯服的目的，而这种势的压迫就是从选址的"中心感"产生的。

3. 风水需求

虽说处于边地少数民族地区，但在建造土司府署时，这些不同地方的图官土司们，却也勇于借鉴吸收中原汉族文化及其建筑布局的风水选址观念，将其中的一些环境选址方法原理灵活应用于土司府署的建造上。

梁河南甸宣抚司署，始建于清朝咸丰元年（1851年），倚山临水，坐东南向西北，选择这个朝向是因为梁河县城的地势东南高而西北低，大盈江自北而南穿城而过，土司府门朝西北。且南甸坝子是今天腾冲坝子与盈江坝子之间的过渡带，一条不规则的山谷，土肥水美，物产丰富，自然条件极好，因此就在这偏远之地营建出这个规模宏大的土司府（图6-1-5）。

（二）形制表现特点

1. 庄重与适应特点

土司作为一方土官酋长，虽无至高的皇权，却也掌握着臣民们的生杀大权。如阿来在其《尘埃落定》中的描述："在土司领地里，官寨是万民景仰的地方，里面住着骨头最沉、拥有金钱与权力的主子们。土司在官寨里高高在上，他是这片土地上的

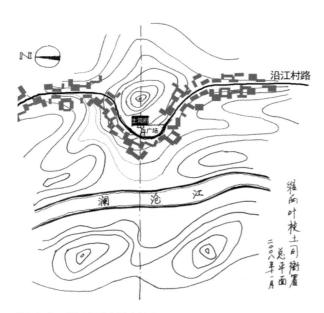

图6-1-3 叶枝土司府位置示意图

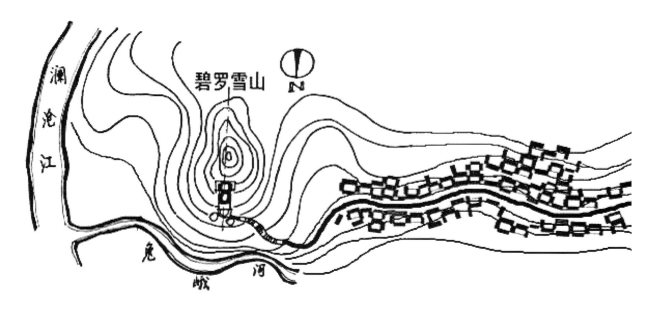

图6-1-4 独立于村外的兔峨土司府位置示意图

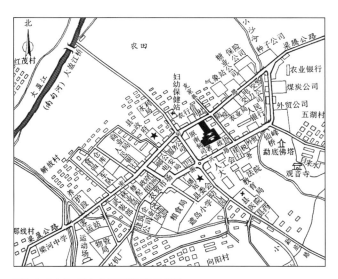

图6-1-5（a） 南甸宣抚司署区位示意图

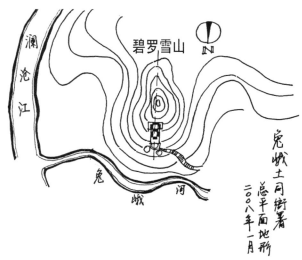

图6-1-5（b） 兔峨土司府位置示意图

王，掌握着臣民们的生杀大权"。

因此，在建筑中具有炫耀土司权威的种种倾向和不同表现。如历史上纳西族的"木天王"、傣族的"召片领"、"宣抚司"以及其他民族的土司们。他们的土司衙门与内地王宫相比虽算不上辉煌，但与当地广大平民的住屋比较起来，仍然明显展示出它们在阶级社会中的不同寻常，一方面是土司在驻地所特有的权势，另一方面是表现与中央的政治臣属关系。因此相对于普通民宅或是寺庙建筑而言，既有地方民族与传统建筑风格特色，也不同程度地表现出官府衙署的威严雄壮之势。如《徐霞客游记》中记载的丽江木氏土司府，具有"宫室至丽，拟于王者"的特点。其府署与居住区宛若北京紫禁城，护城河、金水桥、三清殿、石牌坊、玉音楼、万卷楼等错落有致，无一不显示出一代土司木府的大气、宏伟与庄严，以及博大精深的文化底蕴。而木府居住区的庭院，有山水、亭台，建筑尺度亲切宜人，且凝结汉族、白族、纳西族的多种民间工艺技术。

相对于皇宫的威严宏大，土司府在建筑形制上当然不能僭越，但又不能不突出展示自身的气派，而这种气派是控制在一种"有度"的范畴之中，除去其衙署的行政管理职能，土司府剩余的建筑规模也与一般的商贾大宅相差无几，更多体现一些随形就势、灵活实用的空间特点，方便日常使用。

2. 模仿汉族官式特点

作为中央王朝对少数民族边地的统治机构，土司府不可避免地要模仿中央王朝官式府署的形态和建制，从而建立一个地区政治、经济、文化、军事的指挥控制中心，显现出其应有的威严气势，象征地方最高的政治权利。一般的土司府署分为两部分：一为土司办公聚会之所，如大堂、二堂、议事厅等；二为土司居住生活之区，如后院、书房、厢房。这些实际功能及精神生活需求，是通过对中原宫廷"外朝—内寝"制的模仿来实现的。

叶枝土司府为纳西族世袭土司王氏衙署及府邸，由两进五套，共10个院落组成。现仅存其中4院，但仍可看到其院落布局和汉族官式抬梁式木结构体系技术工艺。衙署以庭院天井为中心组织平面，有明确的构成单元（大门、碉楼、公堂、厢房等，另有黑神殿、经堂、监狱、马厩等）和轴线主从关系。府邸为"三坊一照壁"的民居格局，建筑融汉、藏、白、纳西等多个民族建筑风格为一体。永宁土司府现存院落中西厢建筑为重檐歇山顶，亦在模仿汉族官式形态。且因是白族工匠建造，具有白族装饰图案。南甸土司则基本上就是按照汉族官式府衙的空间形态来组织布局的。

对于中原官式建筑的模仿，不仅出现在土司府署建筑上，且云南境内的许多传统民居等其他建筑类型，都存在深受汉文化的冲击影响，形成一个向"汉化"建筑逐渐转变的过程。

3. 围合封闭防御特点

阿来说，麦琪土司府就是"围成个大院落的房子，上下三层，全用细细的黄土筑成。宽大的窗户和门向着里边，狭小的枪眼兼窗户向着外边。下层是半地下的仓房，上两层住房可以起居，也可以随时对进攻的人群泼洒弹雨，甚至睡在床上也可以对来犯者开枪"④。由此足见土司府对防御性的极强要求。

为了满足防御性需求，土司府往往需要建筑特别高大的围墙、石砌碉堡、封闭厚实的房屋外墙和四面的多个侧门（以便必要时逃跑）。叶枝土司府整座建筑皆用高墙护院，并在四角设置了四个碉楼；纳楼长官司署整座建筑四周也有很高的护墙，在护墙的四角又各修建了三层楼的碉堡，每座碉堡的四壁，都密布着大大小小的枪眼，过去日夜派守家兵，防范极为缜密森严。在其大门左右两侧，还有两个碉楼斜伸向前呈掎角门阙之势，远可眺望周围敌情，近可增强入口护卫，使整个土司府大楼入口空间显得威严而封闭（图6-1-6）。

4. 轴线与中心控制特点

采用院落式布局的云南土司府，因具备了天井、轴线、正房、厢房这些空间布局要素，于是形成以天井为中心，有序表达"正房为尊，两厢其次，倒座为宾，杂屋为附"等体现尊卑序列的内向性聚合空间；以轴线为纵向空间序列，围绕天井和正房依次展开组合成的一连串院落群，从而构成以"中路"为主，兼顾左右或再发展为"东路"与

图6-1-6　围合而庄严的纳楼土司府入口

"西路"的轴线控制布局特点。既有明确的流线动向，又满足不同人的活动而顺序展开的要求。

最终"根据地形取得正房朝向，左右对称，强调轴线"成为云南土司府院落平面常用的布局形制。而且整个土司府的坐向，也是紧密结合地形环境，灵活自由选择。

（三）平面组合方式

云南土司府院落的平面组合，有基本组合和扩大组合之分。基本组合一般对应于单独合院，可分为满角式组合与漏角式组合两种手法。

1. 满角式组合：即围成合院四方房屋的四个转角，都紧密地组合在一起。如永宁拖支土司府和中实土司府都属于这种组合。学术界认为，云南境内彝族聚居区的土掌房与满角式合院有渊源关系，但是永宁为纳西族中摩梭人支系世居之地，且当地的摩梭人母系氏族大家庭院落皆为漏角处理。而永宁拖支土司府采用满角院落的真正原因，可能是出于防御的考虑。

2. 漏角式组合：即在合院转角处有意漏出一个小天井，利用正房的两山外，单独配置耳房夹屋，耳房进深小于正房，面宽与厢房进深基本等同。这种合院平面，外轮廓依然保持方正整齐，但内部却缓解了满角式组合那种"透不过气来"的封闭感，使之在空间上有变化和生机。一般在漏角中安排厨房、贮存等杂屋用房，使土司府院内的各功能空间互不干扰。如建水回新纳楼茶甸长官司署和兰坪兔峨土司府即属此类。

对于扩大的平面组合，则按照轴线控制方式，组合成单轴线和多轴线两种布置。

1. 单轴线组合：单轴线组合，又分纵向串联和横向并联。如兰坪兔峨土司府、回新纳楼长官司署均是单条轴线纵向串联的组合方式。孟连宣抚司署主体为一个由二层的议事厅和后宅围合而成的对称式院落，也属于单条轴线组合方式（图6-1-7）。

2. 多轴线组合：规模较大的土司府，院落有主路、次路多条轴线。如维西叶枝土司府，除了大门引领的一条"衙署轴线"之外，还有一条"府邸轴线"。再如梁河南甸宣抚司署和武定慕连土司府，都是有纵向与横向的多条轴线共同组合而成（图6-1-8）。

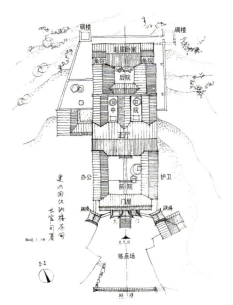

图6-1-7 纳楼长官司署总平面图

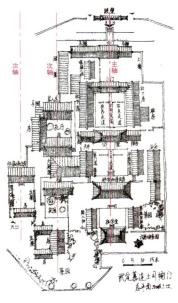

图6-1-8 武定慕连土司府总平面图

图6-1-9 云南土司分布示意图

三、云南土司府建筑特征

云南遗存至今且保存较为完整的土司府还有10余个,且多数分布于较为偏远的少数民族地区(图6-1-9),而每一个土司府不论其规模大小,均有他们自身的建筑特点和历史文化价值,其中有4个为国家级文物保护单位,6个为省级文物保护单位。

(一)纳楼茶甸长官司署

纳楼茶甸长官司署位于建水县坡头乡回新村,坐北朝南,占地面积2800平方米,建筑面积2951平方米,建于清光绪三十三年(1907年)。据《临安府志·土司》记载:"金朝兵定临安(即今建水)……普少贡即归……授纳楼茶甸副长官司"。"纳楼"是红河地区最大的彝族部落,该司辖区辽阔,地跨红河两岸,世代传袭,统治时间长达500余年。纳楼长官司署为单轴线三进四合院,呈纵向排列布置的建筑群,两边有角院及夹院为衬,主次分明,层次丰富。其中前院、后院四合向心,各具主题,中院是前后院的一个过渡空间。以挺拔雄健的司署大门为标志,前院营造的是开阔庄严的气氛,烘托土司至高的权力。1996年公布为国家级文物保护单位。

在中轴线上依次建有照壁、练兵场、大门、执政大堂、正房,两侧有办公、护卫、书斋、耳房等建筑,呈左右对称排列,大小房舍合计70余间,天井20个,严谨对称,院落深深,层层递进,主体建筑为二层土木结构。其中,照壁是纳楼土司府的前奏及开端,高大稳健,使府署门前保持相对的安静,以维护土司府威严不可侵犯的形象。从照壁到府门有一个较大的空间,是土司演兵习武的练兵场,地面用石块镶砌。练兵场四面围合,左右为两层的辅助用房,护卫着西面的土司署。练兵场可容纳数百人,这在起伏的自然山地环境中,更显土司的气势(图6-1-10)。

土司府的入口大门,在高大的墙壁外设置四柱三间的木结构牌楼式建筑,呈单面歇山屋顶,屋脊中线紧接外墙,挑檐翘角,如鹫斯飞。门上方居中

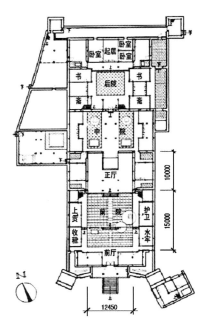

图6-1-10(a) 纳楼长官司署一层平面图

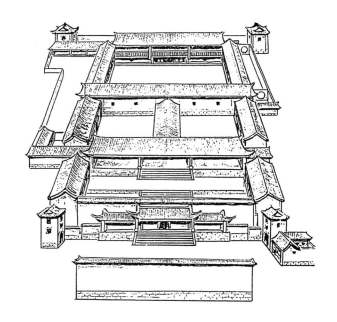

图6-1-10(b) 纳楼长官司署院落鸟瞰示意图

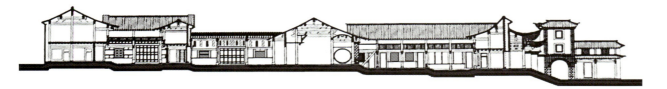

图6-1-10（c） 纳楼长官司署纵向剖面图

图6-1-10（d） 纳楼长官司署建筑远眺

图6-1-11 纳楼长官司署入口及碉楼

悬挂着"纳楼司署"匾额，大门两侧有对称设置的方窗和三层碉楼（底层为门洞通道，是通向村寨的主要道路）。高起的外墙壁立挡住了后面房屋的瓦顶，厚重封闭的外观与左右相望的碉楼，构成八字形大门的门阙形制，既衬托署门的巍峨壮丽，也对前面的操场形成围合之势（图6-1-11）。

进入大门之后为前厅，是纳楼土司接待州府官员和议事场所，两边的厢房为收租、上贡物和护卫之所，原设有水牢、刑具等物，二层三面回廊。

前厅之后的正厅是纳楼土司的执政大堂，在这面可审理事务、举行重大典礼。正厅为三开间单檐硬山抬梁式建筑，室内宽敞明亮、梁粗柱状，上有天花板，下装地角楼（图6-1-12）。土司宝座居中，且左右两边均嵌有镂刻精致的缠枝莲、菊花图案装板，三条活灵活现的金龙盘旋于云山雾海，两只雄鹰展翅欲飞，宝座两旁陈设着刀、枪、剑、戟和肃静、回避等物件，宝座的中部上方设屏风，上配精巧的雕龙罩顶，土司威仪尽现。在府院的四角均有角院，从靠入口处的两个角院登梯而上可至碉楼，两个碉楼斜伸向前呈掎角之势，高可观敌情，

图6-1-12 纳楼长官司署正厅

近可护卫主要入口。

前院、中院是土司对外处理公务的地方，即"朝—寝"系统中的"外朝"，后院则是土司家人的生活住所，为"内寝"。后院的院落空间也较前院小，房子略向内收。正房在西，三开间，明间为起居的厅室，次间是土司的卧室，厢房为书斋。整个后院均为二层楼房，回廊环绕。其书房、卧室、客厅布局井然有序，疏密相间。靠正房两边的另外两个角院，向外可到两侧及后部的夹院，

图6-1-13（a） 纳楼长官司署后院连廊屋顶　　图6-1-13（b） 纳楼长官司署后院厢楼1　图6-1-13（c） 纳楼长官司署后院厢楼2

并可上至后面的两个碉楼。厨房和其他辅助用房设置在夹院后的耳房内，主次分明又自成院落，互不干扰又联系方便。二层的厢房为双面廊形式，外廊面对两侧的夹院，自成一体，别有天地。整个建筑结构严谨，布局宏大，层层连贯，分工明确（图6-1-13）。

（二）梁河南甸宣抚司署

位于德宏州梁河县遮岛镇东的南甸宣抚司署，是傣族刀氏土司的衙署。据《明史·地理志》记载："南甸宣抚司，元至元二十六年（1289年）置南甸路，洪武十五年（1382年）为府，后废，属腾冲守御千户所"。后改为州，又称宣抚司。自明永乐十二年（1414年），刀贡猛任南甸图知州起，后升任宣抚司、宣慰司直至1950年，南甸刀氏土司共世袭28代，历500余年。1996年公布为国家级文物保护单位。

南甸宣抚司署驻地曾经几度易址，至清咸丰元年（1851年）迁建于今址，并多次扩建，使其总占地面积约10625平方米，建筑面积约7780平方米，分别由4个主院落、10个旁院落、47幢建筑共大小149间房屋组成。一条130米长的东南向主轴线，从入口大门一直贯穿4个主体院落，至最后的花园结束。而宣抚司署的主要建筑都布置在这条主轴线上，依次为大门、公堂、会客厅、议事厅、正堂，位于中轴线上的4个院落正房上分别挂有"世袭南甸宣抚使司使署"、"南天一柱"、"永固南疆"、"永镇南疆"4块黑底金字匾额。左右两厢是巡捕房、茶库房、牢房、军械库、官班房、三班房、账房、书房、经书房等。而护印府、经书房、戏楼、绣楼（小姐楼）、佣人房、粮库、厨房、马厩、练兵场、花园和照壁等围合的多组院落，又构成了平行于主轴线的多条次轴线。相互之间主次分明，各司其职，形成一个宏大的布局体系（图6-1-14）。

土司府大门为三叠式门楼，两边接八字闪开墙

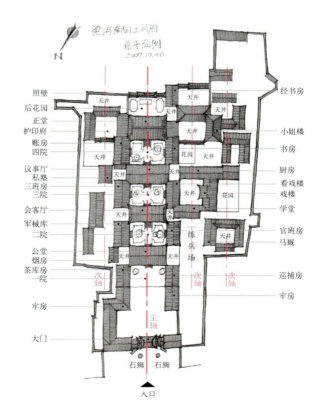

图6-1-14（a） 南甸宣抚司署总平面图

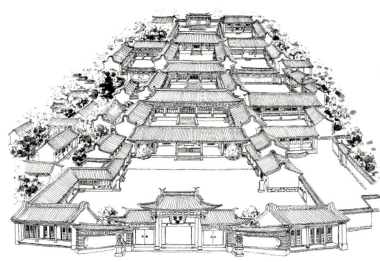

图6-1-14（b） 南甸宣抚司署鸟瞰图（图片来源：刘佩、刘玉明《云南古建筑白描》上卷）　图6-1-14（c） 南甸宣抚司署鸟瞰图

图6-1-15　南甸宣抚司署大门

壁，再接其他辅助用房（图6-1-15）。进大门后第一进院落为门房，是警卫与牢差们的住处，原门房已不存在，但牢房⑤完好，是一幢三开间土木结构小屋。呈左右对称布置的两厢楼，左为巡捕房⑥；右是茶库房，由2～4人组成，专门供应司署内所需要的茶水，另外还充当炮手鸣放礼炮，兼巡打扫清洁等。正房为五开间公堂大厅，一进门就是牢房、刑具。公堂两侧有升堂需要的器具，其中最有价值的当属"半副銮驾"，此乃明朝皇帝赠赐，在云南各地土司府中属孤例。

第二进院落位于正面的会客厅，是土司会客之地，面阔五间，进深三间，悬山顶抬梁式建筑，正脊镂空，上有吻兽（图6-1-16）。东厢房是军械库，也叫作军装房，相当于现在的武装部。西厢房是官班房，也就是大家通常叫的文官、武官公务处。东西厢房形制相仿，均为三间。在其西边是一个可容千余人的练兵场。院落底层均设柱廊，两厢披厦二层无廊。

第三进院落是议事厅，设有圆形的大阳门，是土司与其下属议事的地方，面阔五间，进深四间，前后两进为通廊，中间两进依面阔为四个议事房间，最中间南北通透，硬山屋顶，抬梁式结构（图6-1-17）。东厢是三班房，西厢是专供土司和眷属看戏的楼房，楼中间为土司、印太，左右为其子女专座，侧厢楼檐为官员看区，设美人靠，地面为普通下属看区。在其西侧院内有一座戏楼，飞檐翘角，半高而居，是土司府的娱乐场所（图6-1-18）。戏楼右厢楼除看戏外，曾作学堂。学堂面阔三间，进深三间，高两层，二层设有廊子，硬山屋顶，内部空间开阔（图6-1-19）。

第四进院落是土司家庭起居生活的地方，属于后院禁宫。底层四面均有柱廊，最中央为面阔五间，进深四间的正堂，单檐歇山屋顶（实为硬山，故戗脊短小），正堂设有前廊，两厢二层也设

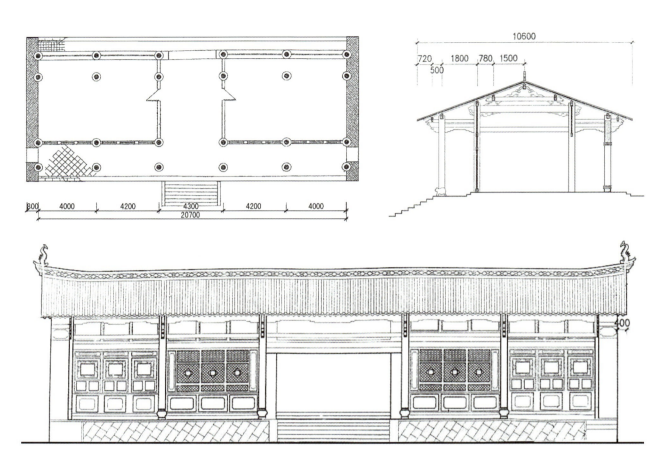

图6-1-16（a） 南甸宣抚司署会客厅平面、立面和剖面图

图6-1-16（b） 南甸宣抚司署会客厅

廊（图6-1-20）。账房在东，进深四间，一侧带披檐形成外廊，另一侧无披檐底层架空形成内廊，另外附设粮仓。书房在西，无外廊，外形制与账房相似，使用人员由秘书、师爷、誊录员组成。西侧旁院里有一座专供小姐玩耍、梳妆打扮的小姐楼。

后花园是主轴线上的最后一个空间，以一面三滴水照壁作为结束，是土司每早习武之地，习武之后便去位于院内西南角的经书房坐禅诵傣文经书，当有人击鼓喊冤才去升堂办理。

（三）孟连娜允宣抚司署

位于孟连县娜允古镇核心的孟连娜允宣抚司署，也是傣族世袭土司刀氏的衙署。始建于明永乐四年（1406年），时为孟连长官司衙门，土司刀氏被清王朝赐封为世袭"孟连经制宣抚司"，并授予官服锦带，其后共28代，至最后一任土司止，历经500余年，清末衙署被焚毁，现存建筑为清光绪五年（1879年）重建。

孟连宣抚司署坐北向南，占地面积约为12484平方米，是一座典型的傣、汉建筑技术结合的建筑群，整个司署气势恢宏、格调典雅。宣抚司署由大门、议事厅、正厅、东西厢楼、谷仓、厨房、监狱

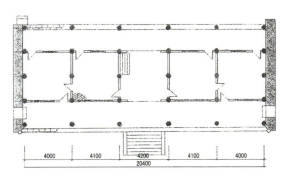

图6-1-17（a） 南甸宣抚司署议事厅平面、立面图

图6-1-17（b） 南甸宣抚司署议事厅背面　　　　图6-1-17（c） 南甸宣抚司署议事厅正面

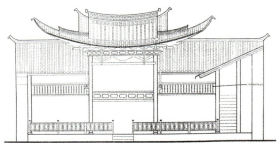

图6-1-18（a） 南甸宣抚司署戏楼立面、剖面图

图6-1-18（b） 南甸宣抚司署戏楼

等建筑组成，外部空间构成是一个扩大的四合院主体建筑，周围有高墙维护，分设侧门4道（图6-1-21），1965年公布为省级文物保护单位，2006年公布为国家级文物保护单位。

宣抚司署大门为木结构单檐歇山式屋顶，檐下的木架结构按汉族传统木构方式组合，施有斗栱，高居于13级石踏台阶之上，外形挺拔庄重，也体现了该建筑具有

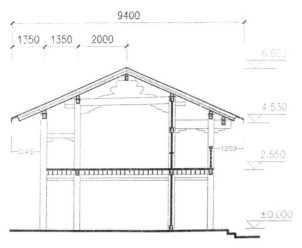

图6-1-19(a) 南甸宣抚司署学堂剖面图

图6-1-19(b) 南甸宣抚司署学堂实景照片

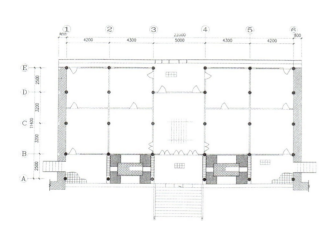

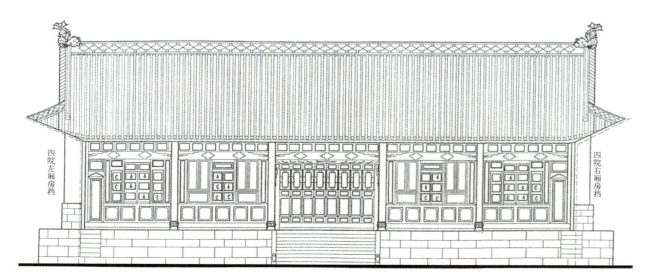

图6-1-20(a) 南甸宣抚司署正堂平面、立面和剖面图

图6-1-20（b） 南甸宣抚司署正堂

的等级（图6-1-22）。

门后的主体建筑，其前半部分为议事厅，是一座三重檐歇山式屋顶的木结构干阑建筑，通面阔七间23.2米，进深五间16.1米，高10.2米。且三重檐屋面的构造，底层为汉式的筒板瓦屋面，二、三层为傣式的缅瓦屋面。议事厅底层架空，有基柱6排，共47棵，对称排列。宣抚司议事、举行庆典等活动均在二楼进行。上二楼的楼梯不设在正中，而是设在东端，并对应地加设了入口门楼（图6-1-23）。厅内亦不采用横向布置，而是作纵向布置。华美的

图6-1-21（a） 孟连宣抚司署总平面图　　　　图6-1-21（b） 孟连宣抚司署透视图

图6-1-22（a） 孟连宣抚司署大门

图6-1-22（b） 孟连宣抚司署大门背面

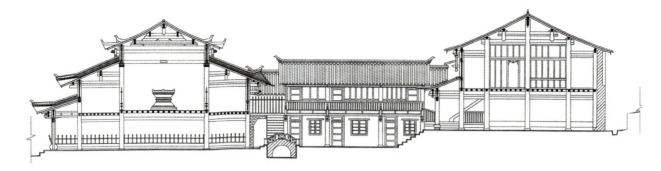

图6-1-23（a） 孟连宣抚司署剖面图

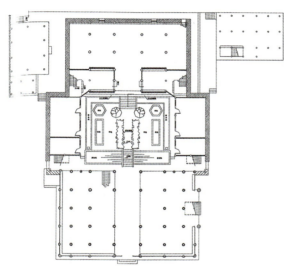

图6-1-23（b） 孟连宣抚司署院落平面图

图6-1-23（c） 孟连宣抚司署议事厅入口门楼

图6-1-23（d） 孟连宣抚司署议事厅

图6-1-23（e） 孟连宣抚司署议事厅檐下装饰

斗栱、飞檐吸收了汉族建筑形式，檐坊上有"龙凤呈祥"、"八仙祝寿"等汉族典故装饰图案，檐下有象鼻昂斗栱8朵。并施以纹饰精美、形象生动的花卉动物浮雕工艺装饰，具有浓厚的傣族风格。在议事厅中央设有佛龛，佛龛下是宣抚司的座椅及案桌，两侧各置一木架，上面陈放着刀叉、矛戟之类的兵器。左右设有坐栏，是土司乘凉、休息的地方。议事厅作为宣抚司召集大小头人开会议事和进行主要礼仪活动的场所，历届土司的登机大典，给大小头人的委任，各地的朝贺等仪式，均可在此举行（图6-1-24）。

主体建筑的后半部分为一正两厢的三合院是布置，正房为而层木结构硬山式屋面，面阔五间，进深五间，金檐下有斗栱6朵，前厦檐下有龙凤和八仙木雕。正房供宣抚司和妻子们居住，虽为"正房"，但内部空间并按照"明间堂屋，一明两暗"的空间划分，而是与傣族传统民居的"很绍挡"格局一样，作纵向递进的三进空间划分。导致外部形态和内部空间秩序的明显错位，形式和内容的不对应（图6-1-25）。从外表看是中轴对称，布局严整

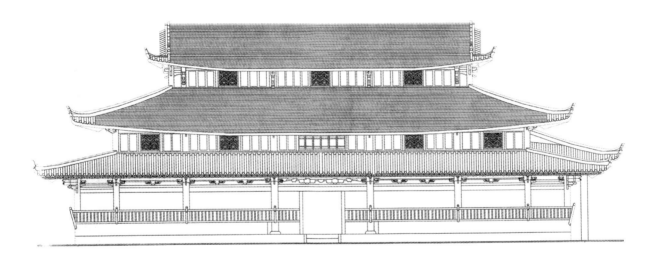

图6-1-24（a） 孟连宣抚司署议事厅正立面图

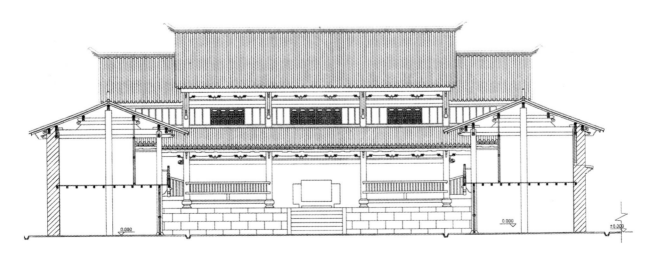

图6-1-24（b） 孟连宣抚司署后院剖面图

图6-1-25（a） 孟连宣抚司署后院正房

图6-1-25（b） 孟连宣抚司署后院厢房

的，实际上正房使用空间与中轴对称无关。

在居室旁的密室内，设又"勐神"神坛，并供奉释迦牟尼佛像。左右厢房是宣抚司平时办公的地方，左厢房山墙的雕饰，如同印度寺院的浮雕。中间的庭院天井，栽有果木花树。

位于合院主体外围的厨房和奴仆住房，则为傣家常见的小竹楼式样。厨房与正房左侧二楼楼口过道的小骑楼相连通，通常傣族民居不另设厨房，一般都在主堂屋一侧设火塘，供煮饭烧菜。

孟连宣抚司署在利用汉族建筑的技术与文化包装，借此显示土司府应有权威的基础上，又在建筑内部保持自己民族的空间观念，体现傣族传统建筑的技术与特质，可以说孟连宣抚司署是傣、汉、白族多民族建筑文化交融嫁接的范例，形式是汉式的或者说是汉、傣、白相结合的，但内容与生活方式则是傣家的。而造成孟连宣抚司署多元建筑文化现象并存的原因，也许是傣族文化对中原文化的选择和接纳由来已久，南传上部座佛教文化的影响主要在宗教领域，而起源于特定地理环境中的傣族文化，根深蒂固地扎根于本民族日常生活的衣食住行之中，保持着十分浓厚的地域特色。

（四）广南侬氏土司府署

据史料记载："元至元十二年（1275年）二月，特磨道（今广南县）土官侬士贵率知那寡州（今富宁县那瓜）农天成、阿吉州（今富宁县那吉）农昌成、上林州（今广西西林县）农道贤及其他州县三十有七，户十万，越境纳款与云南行省请降，云南行省于特磨道所在地福州（广南县）设广南西路宣抚司"[7]。宣抚职始为爱噜，后授予有军功的"一世"土司侬郎恐为宣抚职，为云南行省的分支机构，掌管一方的军政大权。元至元十五年（1278年），改广南西路宣抚司为宣慰司。明洪武十五年（1382年），改广南宣慰司为广南府，治所在广南古城，辖今广南、富宁县、丘比、砚山县部分[8]。另据《侬氏家谱》载："广南土官侬郎恐，自元代设宣抚司，其后裔在此世代传袭"。

位于城北街的广南侬氏土司府署，坐东向西，占地面积11000平方米，曾有大小建筑100余间，新中国成立后一直作为县城第一小学校址，是中国壮族土司世袭时间最长、规模最大、保存最完好的古建筑群。院内曾设有大衙门、小衙门、花果衙门，在土司制度中较为罕见（图6-1-26）。2012年公布为国家级文物保护单位。

侬氏土司府地势高敞，深门重院，沿四道台阶拾级而上，分设大门、中门、三门。大门为五开间歇山顶建筑，但两稍间尺寸变化较大，仅为次间面宽的1/3，整个建筑形态高敞庄重。大门明间两侧置青石狮一对（图6-1-27），大门上原竖有"广南世袭清军府"牌匾，筑一道青砖照壁，宽6米，高5米。中门和三门均为三开间硬山屋面（图6-1-28）。现仅剩的小衙门殿堂，保存尚好，整体为抬梁式木构架歇山顶，面阔七间宽14.3米，进深六间21

图6-1-26 广南土司府大门

图6-1-27（a） 广南土司府大门两侧石狮（右）

图6-1-27（b） 广南土司府大门两侧石狮（左）

图6-1-28（a） 广南土司府二门

图6-1-28（b） 广南土司府三门

米，高9米。殿堂前廊有两跨，进深较大，在殿堂前后设两排双重金柱，殿堂中采用减柱处理，减去前排明间与次间的4棵金柱，再减去末间的前后4棵金柱和2棵山柱，共用木柱42棵。殿堂室内梁柱构架用材粗大，整个屋宇宏伟硕大，出檐平缓而深远（图6-1-29）。在殿堂的左侧有鼓棚，旁设监狱两间；院内有代办房、签押房；东、西两厢为书房、议事厅；后院有五凤楼等，规模庞大。

（五）其他地方土司府署

1. 陇川邦角山官衙署

位于德宏傣族景颇族自治州陇川县王子树乡邦角村的邦角山官衙署，旧称为邦角抚夷署，有石婆坡隘景颇族世袭山官尚子贵与1935你所建，石婆坡隘是当时所设的八关九隘之一，隶属南甸宣抚司署，尚氏在1950年之前一直是陇川一带最大的山官。

邦角山官衙署坐南向北，占地面积约1148平方米，建筑面积800平方米，四合院式建筑，分别由大门、正堂、厅堂、东西厢房、库房、厨房及碉堡等建筑组成，分前后两个院落。大门外设"目脑场"，是景颇族进行"目脑纵歌"时的主要场所。在大门旁有一石砌碉堡，碉堡及部分土墙壁上开有射击孔，作为防御之用。正堂面阔五间，通面宽23米，进深7米，为单檐硬山屋顶，抬梁式木结构（图6-1-30）。正堂与厅堂两侧均为耳房，西侧为旁院、厨房、花园。东西厢房均为三开间的单檐硬山顶二层楼房，通面宽12米，进深5米。

邦角山官衙署，融合了汉族与景颇族的建筑风格，是保存较为完整、规模较大的景颇族山官衙署，1993年公布为省级重点文物保护单位。

2. 兰坪兔峨土司府

位于怒江傈僳族自治州兰坪县兔峨镇兔峨村西的兔峨土司府，始建于清康熙三十三年（1694年）。兔峨土舍罗维馨（白族），系兰州土知州罗克的后代，清康熙三十三年（1694年）授职，雍正元年（1723年），为了加强对傈僳族和怒族的控制，将衙署迁至兔峨。现存建筑于清末民国初由罗凤岗扩建。兔峨土司府坐南向北，占地面积990平方米，为白族典型的"四合五天井"传统民居格局（漏角式），公有房屋54

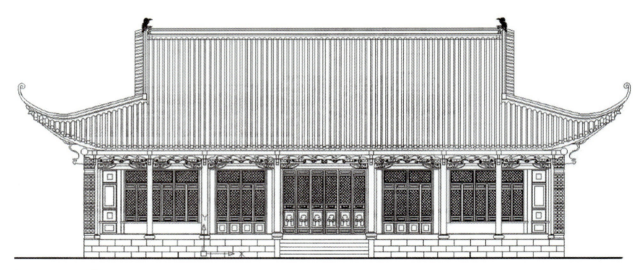

图6-1-29（b） 广南土司府大殿立面图

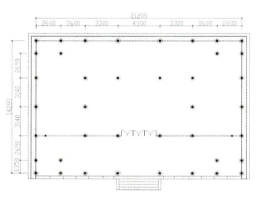

图6-1-29（a） 广南土司府大殿平面图

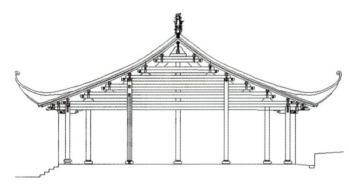

图6-1-29（c） 广南土司府大殿剖面图

图6-1-29（d） 广南土司府大殿

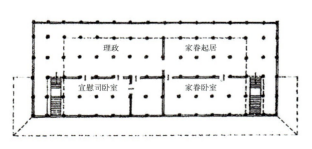

图6-1-30（a） 邦角山官衙署平面图

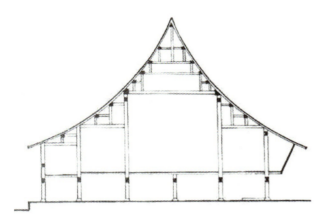

图6-1-30（b） 邦角山官衙署剖面图

图6-1-30（c） 邦角山官衙署透视图

间。1998年公布为省级文物保护单位。

兔峨土司府呈单轴线串联，分外院、门屋、二堂、正堂（图6-1-31）。在照壁两旁对称设有两个门楼，西式的三角形山花墙门楼极有特色。照壁后是大门，较为朴素，凡进入土司府，一般从右门进、左门出，意思是"有来有去"（图6-1-32）。进入大门后的第一进院为土司属官办公处所和宿舍；第二进院系土司住所，均为木结构硬山顶建筑。大门之后为外院两厢，设监狱、门屋，楼上住士兵，楼下为大堂（图6-1-33）。

3. 维西叶枝土司府

位于迪庆藏族自治州维西县叶枝乡以北86公里处的叶枝土司府，坐东向西，占地面积8.3万平方

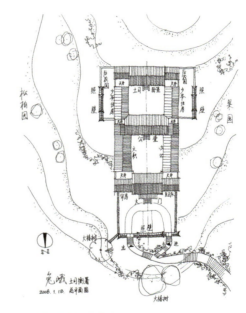

图6-1-31 兔峨土司府总平面图

图6-1-32 兔峨土司府大门

图6-1-33（a） 兔峨土司住所

图6-1-33（b） 兔峨土司府公堂

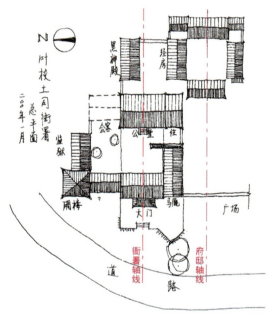

图6-1-34 叶枝土司府总平面图

图6-1-35 叶枝土司府入口门楼

米，建筑面积5000平方米，大小近200间房舍，由两进五套共10个院落组成，现仅存其中3个院。叶枝土司府始建于清康熙年间（1622～1722年），后经历代修葺扩建，至清光绪年间形成现今规模。因当地居民多为傈僳族和纳西族，为纳西族世袭土司王氏衙署及府邸。叶枝王氏土司府无疑反映了纳西土司贵族的生活习俗和建筑风格。

原土司府北院为汉式衙署布局，由大门、碉楼、公堂、厢房等组成，另有黑神殿、经堂、监狱、马厩等；南院为白族"三坊一照壁"格局的府邸（图6-1-34）。土司府四周原筑有围墙，四角建有碉楼，现围墙已毁，碉楼仅存北面的两个。整个土司府融汉、藏、白、纳西等民族的多元建筑风格为一体（图6-1-35）。

府邸"三坊一照壁"的第一进院，正房高两层，重檐悬山，有出厦（图6-1-36），左右两厢为吊脚楼，为典型的纳西族合院形式。天井10米×10米，青砖铺砌，西为三滴水照壁。府署一院西北角

图6-1-36 叶枝土司府邸正房

图6-1-37 姚安军民总管府卫星图

图6-1-38（a） 姚安军民总管府门厅与过厅（维修前）

图6-1-38（b） 姚安军民总管府门厅背面戏台（维修后）

图6-1-38（c） 姚安军民总管府过厅（维修后）

图6-1-38（d） 姚安军民总管府门厅正面

设置碉楼，面阔7米，进深5米，下部用石砌成，上部白灰粉面，局部绘以白族风格的水墨山水画。

叶枝因毗邻藏区，土司府因而也受藏族建筑风格不同程度的影响，外墙窗洞外饰有梯形窗框。藏式住屋通常在白色外墙饰以黑色上小下大的梯形窗户外框，寓意"牛角"，能带来吉祥，牦牛是藏族信奉的图腾之一，逐渐写意成牛角，艺术形象简练概括，装饰性极强，与建筑向上收分的形体呼应。

4. 姚安高氏土司府

姚安路军民总管府旧址，又称高让公故里，俗呼"高土司衙门"，今光禄镇人民政府旧地右侧。

姚安高氏土司府旧址始建于唐，后屡修，元为姚安路军民总管府，其建筑系三重堂格局，历明清两代（图6-1-37），之前仅存正殿为五开间，进深四间歇山屋顶；过厅也是五开间，进深四间歇山屋顶；门厅七间，进深四间，居中明间向内设为歇山顶戏台，北厢其址犹存，南厢已毁（图6-1-38）。

而且在土司府北面，还有建于1936年的住房一幢，原为高复私宅，后捐赠为"高雪君先生祠"。该建筑为中西结合且具明显"法式"风格的三层建筑，结构严谨对称，建筑规模较大。其平面面宽、进深均为五间，正面一、二层带连续的圆拱门廊，三层为门形格局，四坡屋顶。整个建筑呈两段构图，正面贯通两层的高大、敦实壁柱，与拱廊及透空的空花栏板形成虚实对比，背面居中设彩色玻璃圆形，两侧对称设圆拱点窗，在第三层三面均设置较小的方形点窗，在上下两段之间，又设置一腰檐将其他三面统一起来，在统一中略有变化，形成连续、协调而有变化的立面效果，成为姚安县境内唯一尚存的"法式"建筑物（图6-1-39）。

在经历2000年1月15日姚安和2003年7月21日大姚县华发生的两次强烈地震后，建筑遭到了严重损坏，后结合对光禄古镇整体的保护更新，高氏土司

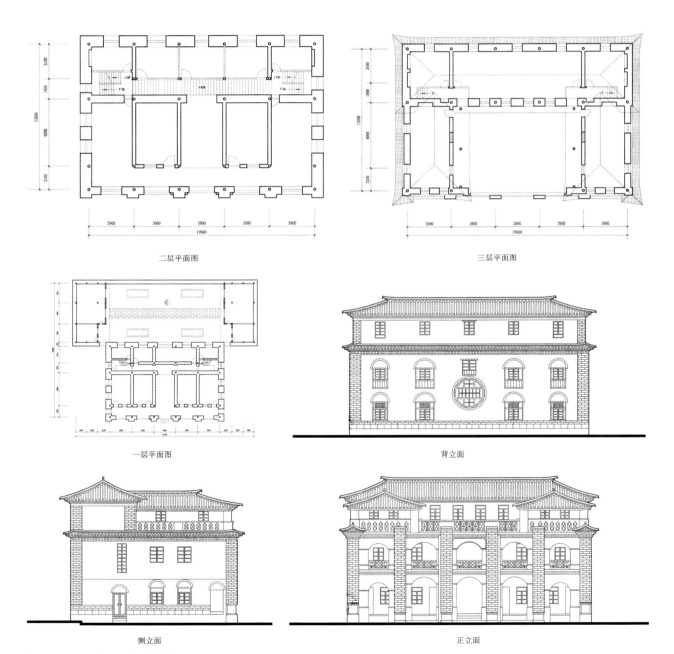

图6-1-39（a） 高氏土司府邸现状图

图6-1-39（b） 法式风格的高氏土司府邸

图6-1-39（c） 法式风格的高氏土司府邸背面

府也随之修复与新，再现往日至建筑风采。

5．元阳勐弄土司署

位于元阳县攀枝花乡的勐弄土司署，其地处元阳哈尼梯田的核心区，是世袭白氏土司的衙门，因受到建水纳楼土司的影响，白土司亦不惜大量财物把勐弄司署营建得雕梁画栋，斗拱飞檐。整个土司署坐北朝南，共有4组台阶及围合的4组院落依次上下紧密相接，4组青条石台阶已经历了200多年的风雨，上下台阶共135级（图6-1-40）。

居于第一组台阶上的大门，两侧是士兵的住房。大门前面的台阶最长，共有63级，它按照三步一跪的礼节而建，每三台隔一个平台，从最底下到大门口，一共要叩21个头。

第二组台阶共25级，左边是兵头房，右边是老总房（即牢房）。

第三组台阶左右为两层楼房分，上层是里长房[9]，楼下是团长房。这个院门一边写着"高瞻远瞩"，一边写着"气象万千"：土司署依山踞险，居高临下，气势恢宏，所以含有高瞻远瞩之意。而站在这里俯瞰远处，村寨掩映在青山叠翠的密林间，层层梯田似天梯一直耸入云霄，云蒸霞蔚，风情万种，所以上书气象万千。

处在第四组台阶上的最后一院议事房，是供奉历代土司牌位的地方，正面墙上写有"内圣外霸"四个金色大字，意为：内要有知识、修养，外要有气魄、胆略。议事房楼上是佛堂，堂内供奉各种木雕佛像和列祖列宗画像。左侧是白母卧室，右侧是丫鬟卧室。议事房前左厢房楼上是师爷房，楼下是白日新卧室，右厢房楼上是侍候住室，并设有一间枪械库。议事房对面楼上有三间房的花厅，相当于会客室。楼下是通道走廊，也是土司第二审案堂，一般只用做审理一些小案。整个建筑平面对称布置，空间紧凑，从下往上逐渐加宽，层层递进，具有很强的防御性特点（图6-1-41）。

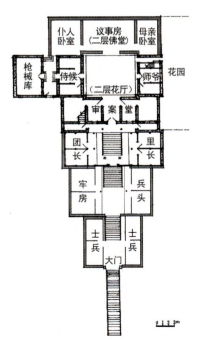

图6-1-40 勐弄土司署总平面图

图6-1-41（a） 勐弄土司署三进院

图6-1-41（b） 勐弄土司署二进院圆拱门

第二节 功能多样的同乡会馆

一、云南会馆的历史遗存

"会馆"一词，在《辞海》中解释为："同籍贯或同行业的人在京城及各大城市所设立的机构，建有馆所，供同乡同行集会之用。"显然，会馆是以地缘乡籍为纽带，旅居外地的同乡籍人员自愿自发组织起来的一种社会团体，以联络乡谊、互助互济、共同谋求发展为目的。而这种团体所聚集的空间场所，就是建于乡籍以外的会馆建筑，主要是由同省、府、县籍以及相邻籍或同业的人在京城、省城或者大商埠，水路要冲之地设立的组织机构，以馆址的房屋供同乡同业聚会议事或寄寓乡情之用。

如果按使用功能划分，会馆一般分为以下四种类型：同乡会馆（或称移民会馆）、行业会馆、士绅会馆、科举会馆。也有分三大类的，即以科举考试为中心的试馆，以商业活动为中心的商馆（商业会馆及行业会馆），还有以政治联谊为中心的仕馆。王日根教授在其著作《中国会馆史》一书中将会馆分为官绅试子会馆、工商会馆和移民会馆三种类型。会馆除了满足同乡籍人员定期的集会交往之外，同时还兼顾有办公、经商、仓储、祭祀等多种综合功能用途。特别对于移民会馆而言，大量的外来移民进驻到一个新的地方，难免水土不服，思乡心切。加之外来移民与原住民之间矛盾不断，商人与商人之间，商帮与商帮之间，争强夺势，互相倾轧挤对的状况严重，会馆便在这样的条件下应运而生。通过会馆，发挥其自身的社会整合功能，对流寓人员实行有效管理；用儒学礼教来教育外来移民，化解社会各种矛盾和利益冲突，使外来移民迅速融入当地社会群体中去，实现异域文化与本土文化的融合交流，从而形成一种多元文化的有益共融，互补互惠。

然而，随着时代的不断发展变迁，会馆在历史的潮流中逐渐失去其主要社会功能作用，新的社团组织的出现，客居异乡的同乡人士的地方化，进一步加速了会馆组织的衰退。而作为一种特殊的历史发展产物，遗留至今的会馆建筑，仍是一种不可再生的地方建筑文化资源，它见证、承载和传延着地方城市发展的历史记忆，是我国建筑历史文化遗产的重要组成部分，具有极高的历史文化和艺术价值。

（一）云南会馆的发展演变

从性质上来说，会馆实际上是一种社会组织。按照王日根先生的观点认为："会馆是明清时期异乡人士在客地设立的一种社会组织，它适应社会的变迁而产生，又不断改变着自己的形态，在对内实行有效整合的同时，又不断谋求与外部世界的整合。在会馆的演进过程中，不仅存在着时代发展的阶段性，而且又包含了地域发展的差异性"。

云南会馆始于元，盛于明清，特别到了清末与民国初期，光是来自全国各地的外省商业移民、生活移民在云南境内大约就建立了150多座规模大小不一的会馆建筑，如果加上本省的同乡会馆以及同业会馆在内，云南境内的会馆总数至少在200座以上。可以说，会馆的发展除了与商品经济的盛衰有密切联系之外，还与政治、经济、社会等综合因素紧密相关。在社会稳定、政治较为清明、商业环境较好的时期，外来商人活动频繁，会馆的建立自然会相应增多，而在社会动荡不安的战乱时期，就很少有会馆建立。同时，会馆的建立还会受到自然与人文环境、城镇社会经济发展基础、对外交通联系条件、移民背景等多重因素的制约。

根据对现有资料记载分析，云南会馆的发展演变大致分为三个阶段，即萌芽期、发展期、衰变期。作为一种特定历史时期所产生的阶段性产物，虽然其已淡出历史舞台，但会馆的功能在逐步的完善过程中，对一个地方的经济发展与建筑文化的交流起到积极的促进作用。

1. 会馆的萌芽期

元代中期至明末清初，可视为云南会馆的萌芽期。史载位于今昆明市五华区鱼课司街77号的建水会馆，始建于元代中期，由建水绅商出资所建，早先系云南府城中较大的同乡会馆，现仅存会馆古戏台，具有浓厚的唐宋建筑风格。这是现有史籍及地方志中有关云南境内会馆起源的最早记载。

根据《中国文物地图集——云南分册》、《云南文物古迹大全》等地方史志的资料记载表明，只有少数的会馆建筑建于明代，而大多数的会馆建筑都是建于清代。云南会馆最初的性质，与全国其他地方的会馆有所不同，它们最初是以同乡聚会联谊和同行间商务议事洽谈为主要目的而修建的，具有浓厚的同乡性和同行性①。

2. 会馆的发展期

从清康熙年间到清嘉庆、道光年间，是云南会馆的发展期。在这一时期，云南会馆取得了长足的发展。康乾时期，清政府出台了一系列有利于地方经济恢复与发展的措施。在农业方面，"盛世添丁，永不加赋"、"摊丁入亩"等赋税政策的实行，在一定程度上减轻了农民的负担，刺激了农业生产的恢复和发展；在商业方面，清政府逐渐改变了"重农抑商"的政策，对于货币政策的改革也有利于商品经济的恢复和发展。加上大规模的移民进入云南，使云南商品经济得到前所未有的发展。

随着商业贸易规模的不断扩大，云南渐次出现了许多商帮。据《新纂云南通志》卷一百四十三记载："咸同以前，云南地方已有外省商帮云集，如江西帮、湖南帮、四川帮、两广帮、北京帮等；省内则有腾冲帮、鹤庆帮、大理喜洲帮等商帮往来贸易。由于商帮多为长途贩运，加上一时一地的需要而结成的松散组织，因此，不同地方汇聚的商帮，在数量、名称和势力大小方面都不尽相同。如清末在昆明的迤西商人结成了迤西帮，而在下关等地，迤西商人又视具体需要结成鹤庆帮、腾冲帮和喜洲帮等。"

大量商帮和商号的出现，在相互之间的经商贸易中，必然会产生经济利益上的纠纷。为了保护客籍商帮在经商地的切身利益，加强同籍或同业人士之间的相互沟通联系，最终导致"会馆"的出现，这样，以同乡或同行业性质的会馆建筑在这一时期被大量建盖。各地的商人以各自的会馆为中心，提携经商，互助互利，解决纠纷，联络感情，规范行为，由此组成一个强大的团体组织。在一定程度上，促进了经济的发展和社会的稳定。

据有关地方志记载，一些规模比较宏伟的会馆建筑都是在这一时期建盖的。比如云南会泽县著名的清代会馆建筑群，就包含又江西会馆、湖广会馆、江南会馆、贵州会馆、陕西会馆、福建会馆、四川会馆、云南会馆，以及一个国家级会馆缅甸会馆，故而会泽古城还有着"会馆之城"

的美誉。

3. 会馆的衰变期

清中叶，同乡会馆、同业会馆发展快速，到了清末民初，发展的速度逐渐缓慢，云南会馆设立的数量规模也逐渐减少。其主要原因一方面是因为各地设立的会馆大多都已经处于饱和状态，另一方面则是会馆的角色也逐渐被清末民初各地纷纷成立的商会所取代。

鸦片战争后，随着外国资本主义的入侵，对我国的政治、经济、社会都产生了很深的影响。中国的市场迅速扩大，中外贸易量也迅速增加，众多的外国洋行纷纷在华设立。此时的云南也不例外，自蒙自、思茅、腾越等地相继开埠和昆明自辟为商埠以后，对外贸易日益发展，在昆明、蒙自等通商口岸出现了法国、德国、希腊和日本等国设立的洋行。外国洋行、洋商为扩大对华商品的输入，成立商会维护其利益。而与之相对应的是，中国传统的行会组织已不能很好地维护其成员的基本利益，会馆的衰落已成定局。到清末新政时，清政府设立商部，制定商律，并在随后颁布《商会简明章程》，开始劝办商会。

尽管如此，但有一些会馆组织仍在试图为挽回这种衰落形势而作种种努力，许多新设立的会馆不再称之为会馆，而改称为同乡会。比如自民国19年（1930年）至1949年，昆明市五华区内共有各地同乡会12个（表6-2-1）。而这些同乡会一般都有自己的会馆，为本省、本地区在昆之同乡作联谊、聚会、办事之用。会馆的逐步衰退，在一定程度上表明了我国的会馆形态正经历着一个新的历史性转变时期。

民国时期昆明市五华区同乡会设置一览表　　　　　表6-2-1

名称	成立时间	地址	负责人	人数
凤仪同乡会	民国36年（1947年）12月	楚姚镇巷	彭嘉猷	102
江南同乡会	民国35年（1946年）	东寺街花椒巷3号	朱健飞	40
广通旅省同乡会	民国19年（1930年）5月	江城巷18号	杨久安	63
罗次旅省同乡会	民国32年（1943年）5月	中和巷清泉巷2号	陈克明	20
武定旅省同乡会	民国21年（1932年）6月	钱局街染布巷15号	陈仲伦	55
辽吉黑热同乡会	民国36年（1947年）7月	大梅园巷3号	佟瑞庭	30
两广同乡会	民国36年（1947年）7月	龙井街两粤会馆	苏剑泉	—
宣威旅省同乡会	—	书林街宣威会馆	—	—
浙江旅滇同乡会	民国32年（1943年）10月	武成路浙江会馆	—	—
湖南旅滇同乡会	民国32年（1943年）5月	华山南路	—	—
昌宁同乡会	民国38年（1949年）4月	青云街锭花巷1号	戴时中	43
平彝旅省同乡会	民国26年（1937年）	鸡鸣桥	戴泽民	—

（资料来源：《五华区志》）

(二)云南会馆的类型功能

从有关会馆数据的统计显示,云南境内的会馆主要有两大类:即同乡会馆和行业会馆。

1. 同乡会馆

云南境内的同乡会馆数目众多,如果按级别来分,有国家级同乡会馆1个,为缅甸籍移民在云南会泽县所建的会馆,被当地人称为"莽子庙"。省级同乡会馆9个:省外的主要是江西会馆、湖广会馆、秦晋会馆、江南会馆、广东会馆、福建会馆、贵州会馆、四川会馆(表6-2-2),省内的有云南会馆。

府、县级同乡会馆:省外在云南境内所建的主要是湖南宝庆府、衡州府所建的宝庆会馆及衡州会馆,江西南昌、瑞州两府所建的豫章会馆,江西临江府所建的临江会馆,江西吉安府所建的吉安会馆,江西临江府清江县所建的清江会馆等。省内同乡会馆大致有,开化(今文山)会馆、江川会馆、保山会馆、永丰会馆、广南会馆、建水会馆、石屏会馆、路南会馆、曲靖会馆、会泽会馆、宣威会馆、元江会馆、永胜会馆、玉溪会馆、易门会馆、巧家会馆、宜良会馆、阿弥(今开远)会馆、迤东会馆、迤西会馆、昭通会馆、永善会馆、通海会馆、新平会馆、陆良会馆、禄丰会馆、弥勒会馆、武定会馆、禄劝会馆、罗平会馆、剑川会馆等,几乎全省范围内都有各自的府县级同乡会馆。

2. 行业会馆

云南的行业会馆门类较多,涵盖政府机关、工商、农渔、建筑、运输、金融服务、文化教育、艺术等各行各业。各行业集资建庙置产,成立各种同业公会,公推管事,制订会规,对内约束会员,协调行业生产,调解行业纠纷;对外则限制不入会者,抵制外来同业者,在社会上形成行业势力。据搜集到的有关资料,云南省内部分地区比较多的行业会馆类别情况,大致如下列表所示(表6-2-3、表6-2-4)。

清代云南地区移民会馆分布比例表　　　　　　　　　　表6-2-2

	江西会馆	四川会馆	湖广会馆	广东会馆	福建会馆	秦晋会馆	江南会馆	贵州会馆	总计
会馆数量	58	27	32	4	4	9	4	13	151
所占比例	38.41%	17.88%	21.19%	2.65%	2.65%	5.96%	2.65%	8.61%	100%

(资料来源:蓝勇《西南历史文化地理》)

昆明市行业会馆一览表　　　　　　　　　　表6-2-3

名称	地址	备注
纸行会馆	黄河巷35号	—
丝行会馆	武成路345号	—
布业会馆	布新小学	清雍正建,咸丰毁,光绪重建
牙行会馆	布新小学	与布业同馆
芙蓉会馆	东寺街滇剧院	经营鸦片之地
铜冶会馆	鸡鸣桥	—
缨帽会馆	翠湖宾馆	—

续表

名称	地址	备注
八业会馆	三光殿（昆华医院）	玉石8业合建
八行会馆	三皇宫（昆华医院）	绸缎、药材等8业合建
老郎会馆	城南门东（今南昌小学内）	供奉老郎天子，戏剧艺人的集会地
丝线业会馆	城南门外	—
芦茶会馆	今拓东路友谊巷8号友谊旅社	全省茶叶商人会馆，茶兼营鸦片烟土
香油会馆	城东普照寺，今拓东路东川巷内	—
铜活会馆	城东门外	制铜手工业会馆
棉花会馆	拓东路古幢小学	棉絮手工业和棉花商人会馆
煎销钱号会馆	城南财神宫，今书林街树林二小	专营各色银子的化铸、经营，并兼管存、放款和汇兑业务
缨帽会馆	翠湖宾馆	帽业手工业主和商人组成的会馆
盐行会馆	在城东盐隆祠，今白塔路34号	—

（资料来源：根据《五华区志》、《盘龙区志》等资料整理）

云南会泽行业会馆名称及供奉神祇先贤一览表　　　　表6-2-4

行业名称	会馆名称	供奉的神灵
铸币业	炉神庙	老子
采矿业	王庙、矿王庙	赵老祖公
运输业	马王庙	孙悟空
屠宰业	张圣宫、张爷庙、桓侯宫	张飞
耕作业	牛王庙、牛王会	牛王
编织业	明巧宫	鲁班
铜、铁器加工业	老君庙、雷祖庙	李耳、李腆
冶炼锻打业	火神庙	祝融、回禄、阏伯、炎帝、火神娘娘
建筑业	鲁班庙、鲁班殿	鲁班
成衣业	轩辕殿	轩辕黄帝
印染业	梅葛殿	梅葛二仙
制毡业	苏祖殿	苏武
印刷业	毕仙殿	毕昇
造纸业	蔡祖殿	蔡伦
制鞋业、皮革业	孙祖殿	孙膑
土陶制造业	宁祖殿	宁封子

续表

行业名称	会馆名称	供奉的神灵
戏剧业	老郎殿	李隆基
纺织业	黄祖殿	黄道婆
酿作业	杜祖殿、杜康会	杜康
烟花爆竹业	祝仙殿	祝融
碾米业	雷神殿	雷公
商业	范祖殿	范蠡
食馆业	灶君殿	灶君
糕点业	闻君殿	闻仲
绸缎业	嫘祖殿	嫘祖

3. 会馆分布

以上诸多的同乡会馆和行业会馆，主要分布在滇中、滇西（含滇西北）、滇东北和滇东南4个不同的地区，且每个地区因受各个城镇交通及经济发展影响的不同，分布的会馆数量与建筑形式也彼此不同，这些会馆分布基本上已经遍及云南全省（表6-2-5）。

（1）滇中地区会馆：主要以昆明、玉溪等地的

清代云南地区移民会馆分布一览表　　表6-2-5

	州县地域	江西会馆	四川会馆	湖广会馆	广东会馆	福建会馆	秦晋会馆	江南会馆	贵州会馆	资料出处
滇中地区	昆明	1	2	3	1	1	1	1	2	《续修昆明县志》卷2
	晋宁								1	《新纂云南通志·祠祀考》
	通海	1								
	楚雄	1		1						
	元谋						1			
	姚州	2	1	1			1			民国《姚安县志》卷49
	禄劝	1								《新纂云南通志·祠祀考》
	白盐井	1		1						
	黑盐井	3	2	1						
	镇南	1	1							
	南安						1			
	江川	1								
	新兴									
	新平	1								
合计		36	13	6	7	1	1	4	1	3

续表

州县地域		江西会馆	四川会馆	湖广会馆	广东会馆	福建会馆	秦晋会馆	江南会馆	贵州会馆	资料出处
滇西滇西北地区	保山	3	1	1			1			光绪《永昌府志》卷26
	腾越	3				1				光绪《腾越厅志稿》卷9
	龙陵	1	1	1					1	《新纂云南通志·祠祀考》
	永平	1		1						
	顺宁	2								
	缅宁	1		1						
	云州	2	1	1						
	丽江	1								
	永北厅	2								
	中甸						1			
	剑川						1			
	赵州						1			
	蒙化	1							1	
	太和	1		1						民国《大理县志稿》卷32
合计		18	3	5		1	4		2	
滇东北地区	恩安	1	1	1	1	1	1		1	民国《昭通县志稿》卷2
	会泽	1	2						1	《新纂云南通志·祠祀考》
	巧家	2	1	6	1				2	
	镇雄	1	1	1					1	
	永善			1					1	
	鲁甸	2	2	1						
	宣威	4	9	1						
合计		11	16	11	2	1	1		6	
滇东南地区	蒙自	6		2		1		2	1	民国《续蒙自县志》卷3
	宁洱	1	1	1			1			《新纂云南通志·祠祀考》
	思茅			1						
	他厅	1								
	威远厅	1	1							
	文山	4		5						
	罗平	1							1	
	广西州									
	师宗	1								
	丘北	1								
合计		16	2	9		1	1	3	2	
总计	151	58	27	32	4	4	9	4	13	
	100%	38.41	17.88	21.19	2.65	2.65	5.96	2.65	8.61	

（资料来源：蓝勇《西南历史文化地理》）

会馆为代表。新中国成立前,设在昆明的各地同乡会和地方会馆,均为各地来昆明之人联谊、议事或暂居之所,办理乡人来昆升学、就业、福利等事业,并为民代言和筹谋地方事业的发展(图6-2-1)。这些同乡会和会馆,有本省和外省两种。同乡会本省7个,外省5个;会馆本省43个,外省9个(表6-2-6)。

(2)滇西地区会馆:主要以保山等地的会馆为代表。保山作为南方丝路的重要驿站,来自省内、国内各地的客商云集,到20世纪50年代前,保山有会馆29个,如四川会馆、江西会馆、老江会馆、两湖会馆、陕西会馆、云郡会馆(即昆明会馆)、云鹤会馆、大理会馆、迤东会馆、腾阳会馆、南京会馆……足见保山商贸和文化鼎盛。而滇西北地区的会馆数量较其他地区数量相对偏少,主要是以大理、丽江等地的一些宫庙为代表,一定程度上反映了当时曾留过客籍商人在此经商居住的足迹。

(3)滇东北地区会馆:主要是以曲靖、昭通等地的会馆为主要代表。曲靖会泽县在古代就以盛产铜、铅闻名,至清代,因铜的开采、冶炼、鼓铸、京运,全国十省八府都到会泽办铜铸钱,建盖会馆。这些会馆既是采办铜矿的办事处,又是同乡聚会的重要场所和供奉各省民俗神祇的寺庙,其中以"八大会馆"最为宏大,分别是江西会馆、湖广会馆、福建会馆、云南会馆、贵州会馆、江南会馆、陕西会馆和四川会馆。此外,会泽县还有一个国家级会馆,即缅甸会馆,又称"莽子庙"。

(4)滇东南地区会馆:主要是以红河、文山等地的会馆为主要代表。蒙自作为云南建县最早的24个古县之一,清末民初曾是云南对外贸易的最大口岸,当时云南80%以上的进出口物资通过蒙自转

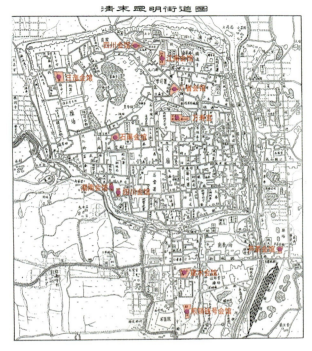

图6-2-1 昆明地区主要会馆分布图

运,成为云南近半个世纪的商贸、金融、交通运输和外事活动、革命活动的中心。在历史发展中,蒙自具有多元文化的丰厚积淀,成为云南近代工商业文明的重要发祥地[11]。在此前提下,蒙自曾先后建立的会馆有江西会馆、南昌会馆、吉安会馆、抚州会馆、瑞州会馆、广州会馆、福建会馆、建阳会馆等。由于城市发展等各方面原因,目前现存的会馆只有建阳会馆、广州会馆和福建会馆。

这些分布于云南不同地区、不同风格的会馆建筑,不仅体现出各地方、各民族的宗教信仰和民风民俗,既融各省之长又结合当地实际,充分展现了外来建筑文化及本土建筑文化多元共融的品格和韵味,甚至形成"十里不同俗,一巷不同音"的会馆建筑文化特色。

	滇中地区会馆分布一览表		表6-2-6
名称	地址	名称	地址
湖南会馆	南城脚27号	宜良铁池会馆	华山西路81号
临安会馆	万钟街59号	宜良鹅塘会馆	华山西路15号

续表

名称	地址	名称	地址
禄丰会馆	甘公祠街 94 号	永善会馆	利昆巷 5 号
巧家会馆	双龙桥 3 号	安宁同乡会馆	登华街 38 号
元江会馆	华山东路 60 号	富民同乡会馆	一丘田 20 号
镇南会馆	黄河巷 16 号	洱源会馆	尽忠寺坡 18 号
江川会馆	华山南路 134 号	昭通同乡会馆	小井巷 1 号
宾川会馆	华国巷 18 号	剑川会馆	翠湖南路 24 号
云县会馆	树勋巷 3 号	罗次会馆	清泉巷 2 号
会泽会馆	新民巷 5 号	广南会馆	吉云巷 2 号
姚安会馆	体德巷 3 号	浙江会馆	武成路 383 号
武定会馆	染布巷 13 号	云龙会馆	富春街 9 号
易门会馆	北仓坡 3 号	禄劝会馆	富春街 69 号
漾濞会馆	螺峰街 134 号	弥渡会馆	西城脚 43 号
蒙化会馆	螺峰街 154 号	顺宁会馆	青云街 2 号
北八省会馆	大梅园巷 3 号	河西会馆	西寺巷 16 号
四川会馆	北门街 74 号	罗平会馆	复兴村 239 号
楚雄十属会馆	大兴街 28 号	两湖会馆	现艺术剧院
弥勒会馆	大梅园巷 16 号	两粤会馆	龙井街
吉安会馆	三合营 19 号	墨江会馆	洪化桥
开远会馆	濂泉巷 10 号	石屏会馆	中和巷 24 号
建水会馆	鱼课司街 77 号	江南会馆	北门街
双柏会馆	顺城街 229 号	通海会馆	一丘田
景东会馆	顺城街 147 号	江苏会馆	青云街 215 号
琅井会馆	顺城街 72 号	易门会馆	北门街
宣威会馆	书林街 67 附 8 号	玉溪会馆	玉溪街

4．会馆功能

同京师会馆相似，云南的会馆不外乎体现在"迎神庥、联嘉会、襄义举、笃乡情"四个方面，其形成和完善都经历了一个相当长的发展过程。从明代建立的早期会馆来看，还没有正式的规制，也没有形成相应严密的组织管理方式。它体现出会馆最为直观的意义，即集会之馆舍。后来，云南建设会馆之风兴盛，参与会馆建设活动的除少数官员外，大多数都是商人和本乡本地的老百姓。他们经常聚于会馆中，畅叙乡情，协调事务，进行各种娱乐和社交活动，体现了会馆的群众性特点。他们依赖共同信仰的神灵作为会馆的权威，体现出"会馆与庙宇相结合，办事与敬神相结合"的双重特点。

（1）"迎神庥"功能：明清时期，绝大多数的会馆都会把"迎神庥"作为本会馆的第一要务。各地会馆的联系纽带基本上都是同乡性的，以"乡土神"作为其组织的神灵支柱。供奉的神灵多带有地域与行业色彩，各地会馆所供奉的乡土神也互有异同，不一而是。所谓的"乡土神"，其实是寄籍同乡在家乡和家乡之外所共同祭祀的神灵，通过共同的信仰和崇拜对象，来形成一致的价值观念和精神支柱，并规范相应的社会伦理道德，作为维系乡土感情的重要纽带。

（2）"联嘉会"功能：会馆在建立之初，其创建者都会反复强调，会馆的建立最为常见的主要活动内容为"联乡谊，祀神"，这可以说是所有会馆最为基本的社会功能。客籍商人和移民人士要想在异乡立足，除了不断扩大自己宗族姻亲势力之外，还要集结和联合同乡人士的力量，对抗外来竞争，共谋发展。

通过祀神、饮宴、演戏、娱乐等各种方式，同乡之人，无论关系亲疏和认识与否，都能通过会馆这个特色的场所平台，随时随地感受到浓厚的乡情氛围，以解远离故土的乡愁之苦，在心灵上得到极大的慰藉。进而使得同乡之人互通信息，互相照应，互相体恤，共同促进同乡人士势力的壮大。

（3）"襄义举"功能：会馆不仅是沟通商业信息、协调商务的组织机构，而且还是联络同乡、互助互爱、帮助同乡的慈善机构。到后来又发展为会馆创办学校，有的甚至直接将会馆场地作为学校用地。此外，会馆还会帮助当地社会解决贫弱、孤寡老人问题，充分体现了"尊老爱幼"的传统美德。

（4）"笃乡情"功能：明清时期，随着社会经济发展和都市繁荣，许多离开乡土、脱离宗族的同籍人士，在面对茫茫的人海难免会不知所措，但为了生存又不得不去适应外面的陌生环境，为了安全和可靠起见，最好的办法就是找"老乡"帮忙。于是，会馆作为一种具有地缘性质的同乡团体组织，逐渐兴起，建立固定场所，使得初来乍到的客籍人士有所依托，迅速改变其势单力薄的现状。这种依靠同籍人士之间的相互团结，相互帮衬，解决彼此之间的实际困难，且同乡之间有相同的乡音、相同的话题，可以很快地相互接受、相互认可，成为依靠。当同乡之间相互见面说话，相互之间拜托办事、商量一些具有事关同乡共同利益的问题时，"会馆"这个固定场所，就为大家提供使用的方便，正是在这种内在需求的条件下，兴建了许多具有地域性或行业性的会馆，成为同籍人士共同寄寓的依靠之所。

（三）云南会馆的平面布局

会馆的功能使用必然直接影响着会馆建筑的平面布局，而功能的主次关系决定着会馆各部分建筑的先后尊卑秩序。

云南会馆的建筑平面布局，一般为院落式布局，沿中轴线对称设置，分别形成入口导向空间（入口），观演空间（戏台、院落），祭祀空间（正殿、后殿），园林空间（庭院花园）等尺度不同大小的建筑与庭院，而且大多数会馆建筑的平面布局依次为：门楼—戏台—前殿—后殿及附属配殿厢房。戏台与大殿之间用厢房连接，大殿的两侧一般带有耳房等辅助用房。这是最基本、最简单的布局形式，或者是由更多个院落组成，关键视会馆财力、规模的大小而定（图6-2-2）。

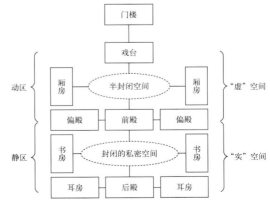

图6-2-2 云南会馆建筑群的一般平面布局形式

会馆建筑中的戏台多布置在建筑群体的入口位置,这因其功能所决定。戏台背靠大门入口,面向主殿,起到酬谢乡土神的作用。自会馆建立以来,几乎所有的会馆内的娱乐活动都离不开戏台的参与。它是体现大众文化的场所,在民众中具有极高的影响力,因此被放到重要的位置上,既是整个会馆建筑群的开端,也是会馆建筑的活动中心。

祭祀乡土神的主要功能决定了前殿的主要地位。因此,前殿便处于会馆布局的中轴线中心位置,以表现出对乡土神的尊重。

厢房与其他辅助性用房都位于中轴线的两侧,厢房用以连接戏楼和正殿,多为两层,耳房则多位于正殿的两侧位置。

依据功能使用的不同要求,会馆建筑群也分为开敞的公共空间和相对封闭的私密空间。开敞的公共空间通常在入口大门之后的前半部分空间,由戏楼、正殿及两厢相互围合而成,主要有酬神唱戏、聚会议事、茶餐馆等功能。在这个空间场所里,一般人都可以随意进入,由于聚会议事和民众看戏等功能的要求,使得这一部分空间较大,以宽敞的庭院"虚"空间为主,成为整个建筑群体的一个"动区"。而以正殿、后殿等辅助性用房为主的后半部分,则是相对封闭的私密空间,这部分空间多用作议事、生活之用,一般人不能随便进入,主要以"实体"建筑空间为主,形成会馆的"静区"。这种虚实变化、动静分区的处理手法,较好地满足了会馆建筑空间的内外区分与不同功能的使用要求,同时也兼顾到对神灵崇拜和封建社会等级观念的体现。

二、云南会馆的形态特征

会馆建筑不同于传统的寺庙、官衙和民居建筑,它在建筑造型和艺术设计上极具强烈的空间特征。体量高大而空间宽阔的会馆建筑,往往与城镇众多低矮的民居建筑形成对比,体现出会馆的建造者们寄托精神、展示文化风俗脉络、炫耀个体与群体财富的心态。其建筑空间形态和装饰色彩均具有明显的乡风民俗。由于云南特殊的自然地理、历史背景和外省移民入滇带来的不同程度的影响,导致云南在社会生活的许多方面,已经不再是单纯的本土风格,而是融合了南北多省地域文化因素的多元体现。其实,这些会馆建筑所呈现的风格就是云南本土建筑形式与外省建筑文化融合形成的历史遗存。

在建筑空间处理上,会馆作为民间自发修建的一种重要公共建筑形式,从建筑的入口处理到观演空间、祭祀空间、办公空间以及园林空间的营造,都显示出会馆建筑独有的特色。

在装饰处理上,为了炫耀其商业实力、彰显其地方文化特色以及同乡的标识性,会馆往往会被建造得形态鲜明、装饰华丽、色彩浓重、雕饰丛集,显示出明显的不同地域建筑特征。我国许多地方的会馆建筑,集晚清雕刻装饰艺术之大成,在传统建筑装饰方面留下了大量宝贵的实例。而云南会馆的建筑装饰就是当时民间高超技艺的体现之一。

从云南现存会馆分布来看,保存较为完整、集中且具有代表性的当数滇东北会泽县的八大会馆,其余为位于昆明市的石屏会馆、蒙自市的建阳会馆。

(一) 会泽八大会馆

会泽县自古就以盛产铜、铅闻名,至清代,因铜的开采、冶炼、鼓铸、京运,全国十省八府都到会泽办铜铸钱,建盖会馆。这些会馆既是采办铜矿的办事处,又是同乡聚会的重要场所和供奉各省民俗神祇的寺庙。其中以"八大会馆"最为著名,分别是江西会馆(万寿宫、江西庙),湖广会馆(寿佛寺、东岳宫),贵州会馆(赫神庙、忠烈宫),江南会馆(白衣阁),福建会馆(妈祖庙、天后宫),云南会馆(财神庙),四川会馆(川主庙)和陕西会馆(关帝庙)。而八大会馆作为一个整体,于2006年5月被公布为全国第六批重点文物保护单位。此外,在会泽县娜姑镇的白雾村,也同样遗存有江西会馆、湖广会馆、贵州会馆、云南会馆等多个会馆。

可以说会泽的这八大会馆,代表了云南现存会馆的基本情况,其中又以江西会馆、湖广会馆和贵州会馆保存最为完好。

1. 江西会馆

江西会馆,又称万寿宫、江西庙。位于会泽古城三道巷49号,是江西籍客商建盖的同乡会馆,始建于清康熙五十年(1711年),清雍正八年(1730年)于东川的"改土归流"中毁于战火,清乾隆二十七年(1762年)经东川、南昌、临江、瑞川、建昌等五府公议,连同九江、南安等共14府捐银重建。道光、咸丰、民国年间又几经破坏,几经修葺。江西会馆占地面积7545.92平方米,建筑面积约为2874平方米,是会泽县规模较大、保存较为完整的会馆建筑之一,属儒、道、佛三家合一会馆,集建筑、木雕、石雕、砖雕精华为一体。

整个会馆建筑坐北朝南,沿中轴线作对称纵深布局,依次为门楼戏台、东西耳房、真君殿、东西偏殿、东西书房、观音殿、西跨院室内小剧场、东跨院小花园等,构成三进两跨院格局。在真君殿左右建东西偏殿,观音殿前建有东西书房(图6-2-3)。而且江西会馆的前山门和后大门还分别坐落在不同的两条街上,前山门面向三道巷,后大门面向二道巷。

第一进院的门楼、戏台合为一体,为二层穿斗抬梁混合式门楼建筑,三重檐歇山屋顶造型组合丰富,前檐开山门,檐下有装饰性米字型斗栱挑檐。山门中间高两侧低,三道门呈外"八"字形,庄重而又威严;山门正中间悬挂九龙捧圣"万寿宫"直匾,其下为一"江西旅会泽同乡会馆"横匾(图6-2-4)。山门背面为戏台,面阔五间16米,中门宽,两侧窄,进深6.5米,底层为大门通道,戏台距离地面高约2米,台面至楼顶高13米,台中用木格扇分隔,设上下场门五道,中间一道额匾题"乐府仙宫",两边分别为"玉振","金声",戏台中央顶部置藻井,彩绘层层嵌套,为六方体,美轮美奂。后台为演员化妆休息之地。檐口呈"众"字形向下重叠展开,前部五重檐,下四重中间空缺,由下而上层层收缩至顶为歇山式屋顶,其后部为悬山式,两侧低,中间凸,各层飞檐下为十字形斗栱。石基上所立的42根柱子柱上架梁,形成前檐二重,后檐五重,前后檐共42只起翘的翼角,仰观犹如群鹤凌空,飘逸而壮观。檐口相连设计的巧妙之处,既不会遮挡光线,又使雨水自然下落,一年春夏秋冬,梨园弟子随时可粉墨登场。其额枋、梁柱、斗栱、匾额、屏风等均施雕饰彩绘,色彩绚丽,图案生动,或取材于《水浒》或描绘于《三国》,堪称一绝(图6-2-5)。

第二进院为真君殿,该殿位于整个会馆的中心部位,是供奉主神之所,殿内供奉着许逊真君像。真君殿面阔三间14.8米,进深10.7米,单檐歇山顶举架高大,雄壮巍峨。前檐出檐较深,置石质雕花围栏,隔扇门木雕精美,彩绘图案栩栩如生。正中

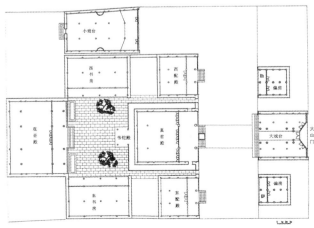

图6-2-3(a) 江西会馆平面图

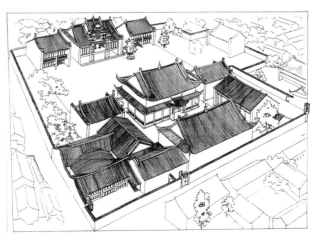

图6-2-3(b) 江西会馆透视图

图6-2-4（a） 江西会馆大门北面

图6-2-4（b） 江西会馆大门九龙捧圣

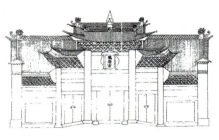
图6-2-4（c） 江西会馆大门立面图

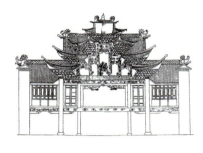
图6-2-5（a） 江西会馆戏台立面图

图6-2-5（b） 江西会馆大门戏台南面

图6-2-5（c） 江西会馆大门戏台南面局部

悬挂"真君殿"木雕匾额，殿内悬挂"忠孝神仙"匾额。真君殿后檐明间延伸向外建有韦驮亭，为四角歇山顶方亭，造型典雅别致，亭内置一神龛，供奉着观音的护卫神韦驮塑像，墙体上镶嵌重修万寿宫等各类碑刻五通；真君殿东、西两面山墙走道，有木质花格回廊围栏直通其后的韦驮亭。真君殿的两侧为相对称的东、西偏殿，各面阔三间，宽12.2米，进深9.2米，高6.2米；东偏殿正中悬挂着"财神殿"木雕匾额，西偏殿正中悬挂着"砥柱西江"木雕匾额。在真君殿与戏台中间形成的长方形广场，可容纳上千人同时观看演出（图6-2-6）。

第三进院为观音殿，殿内供奉观音、文殊、普贤等菩萨神像，台基和梁柱举架高于真君殿。面阔五间20.2米，进深13.6米，高9.6米，明间檐下悬挂"观音殿"、"慈航普度"、"金阙银宫"三块匾额，建筑结构为单檐抬梁式歇山顶，两侧均建有东、西书房各三间，对称规整布局，构成一个四合院（图6-2-7）。院内仿造江西南昌万寿宫，中植柏树两棵，左侧掘井一口，井水常年清澈不枯，甘甜可口。传说南昌的万寿宫，宫左有一口井，与江水相消长，中有铁柱，即许逊于井中所铸镇蛟伏龙的"镇龙柱"。会泽万寿宫内观音殿前左侧的这口井，则是完全按照江西南昌这一传说而掘的。江西人到会泽后，不但把他们崇敬的地域神搬到了会泽，而且掘了这口井，希望江西之神在他们新移之地永镇蛟龙，保佑当地风调雨顺。

在西跨院室内有小剧场，可容纳观众500余人，楼厅还设有包间。东跨院小花园有正房面阔三间，建筑形式为硬山顶抬梁式木结构。从东偏殿的东面经小花园后为江西会馆的小山门，小山门门向东南方，原先悬挂"豫章会馆"牌匾，现悬挂"万寿宫"木质牌匾（图6-2-8）。

在平面布局上，江西会馆采用中轴线对称之法，将门楼、戏台、真君殿、观音殿统一在同一中轴线上，布局严谨，气势宏大，且充分体现了儒、道、佛相融合的特点，整个江西会馆建筑群，占地大，尺度大，空间系列布置有序，建筑形象神圣而庄严。而位于门楼、戏台两侧的耳房，真君殿两侧

图6-2-6（a） 江西会馆真君殿　　　　　　　　图6-2-6（b） 韦驮亭神龛上供奉的韦驮塑像

图6-2-6（c） 江西会馆真君殿后的韦驮亭　　　图6-2-6（d） 江西会馆真君殿后内院

图6-2-7（a） 江西会馆观音殿　　图6-2-7（b） 江西会馆东偏殿　　图6-2-7（c） 江西会馆西偏殿

的东西偏殿、花格回廊，以及观音殿前两侧的东、西书房，则紧紧围绕着中轴线，形成了中轴对称的陪衬建筑，主次等级明显，充分体现了儒家"礼"的思想意蕴，显示出神圣、庄严、肃穆的建筑空间意境。

2. 湖广会馆

湖广会馆又称寿佛寺、东岳宫，是湖广籍民众集资修建的同乡会馆。湖广会馆坐落于县城东门外宝善直街11号，始建于明代晚期，据出土的《禹王宫碑》上记载："其始事，则有先人置产修建寿福东

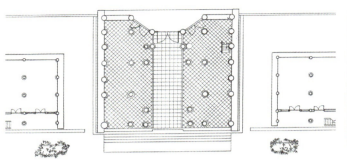
图6-2-8（a） 江西会馆大戏台平面一层

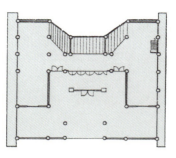
图6-2-8（b） 江西会馆大戏台二层平面

图6-2-8（c） 江西会馆小戏台平面图

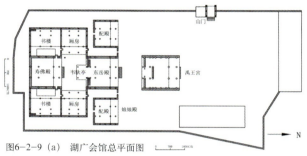
图6-2-9（a） 湖广会馆总平面图

图6-2-9（b） 湖广会馆建筑群

图6-2-10（a） 湖广会馆禹王宫正面

图6-2-10（b） 湖广会馆禹王宫背面的壁画与龙柱

岳殿暨两厢房，莫不丽之可观，先后捐资者俱载碑记，殿宇庄严，久为楚表"。可见，湖广会馆建筑群也是历经几代人才完成的。湖广会馆占地面积为8474.4平方米，总建筑面积为3127.6平方米。整个会馆建筑群坐北朝南，由北向南依次布局有门楼、戏台、前殿、中殿、后殿、东西偏殿、两厢、韦驮亭及花园、书楼等建筑，三个大殿整齐的排列在同一中轴线上，显得十分匀称、规整，气势不凡。前殿为禹王宫，中殿为东岳宫，后殿为寿佛殿。除门楼戏台于20世纪70年代坍塌无力修复外，其余建筑基本保存完整。建筑形式为硬山顶，穿斗与抬梁混合式木结构，建筑组群规模庞大，风格独特，殿堂举架较高，布局合理（图6-2-9）。在会泽所有的会馆中，当数湖广会馆规模最为宏伟，位居会泽八大会馆之首。

湖广会馆的入口为"八字形"山门，中间为入口通道，后楼层为戏台，三重檐歇山顶结构。目前门楼戏台已不存，现有的山门是后来所修建。

前殿禹王宫，面阔三间，通面宽17.4米，通进深17.9米，其建筑的进深与面阔尺寸差别不大，近似一个正方形。禹王宫正中悬挂"敷土功高"木雕匾额，左面为花园，原有亭、榭、回廊，"文革"期间被毁。禹王宫的建盖，实际上是为了宣传夏朝的大禹王于楚地治水及"定九州之功臣"，极富地域性宗教色彩（图6-2-10）。

中殿东岳宫，面阔三间，通面宽16.1米，通进深为15.3米，前檐置卷棚。东岳宫两侧为东、西偏殿。其中东偏殿为"娘娘殿"，正中悬挂"生育化育"楷书木雕匾额；西偏殿现为"江河颂奇石艺术馆"所用。东岳宫明间后檐下建有一座方形"韦驮亭"，重檐歇山顶抬梁式木结构（图6-2-11）。东岳宫所供奉的神祇为泰山神东岳大帝，是传说掌管人间贵贱和生死的神。

后殿寿佛殿，面阔三间，通面宽16.1米，通进深为15.3米。正中悬挂"云猷灵楚人"木雕匾额；寿佛殿前两侧建有东、西厢房，后两侧为东、西天井书楼。寿佛殿供奉的神祇为解除一切众生疾苦，治无名痼疾消灾延寿的药师佛，两旁为日光菩萨和月光菩萨（药师佛、月光菩萨和日光菩萨被统称为"东方三圣"）。

湖广会馆自建成后，又历经几代人修复，前、中、后三个大殿布局规整严谨，保存完好，且高大厚实的山墙举架陡峭的屋面，体现出典型的湖南、湖北和两广一带的建筑风格特点。在会泽的传统建筑中，这种建筑形制独具一格，十分少见。

3. 贵州会馆

贵州会馆俗称赫神庙，又称楚黔会馆、忠烈宫，会馆位于县城霁云街1号，始建于清雍正年间，

图6-2-11（a） 湖广会馆东岳宫正立面图

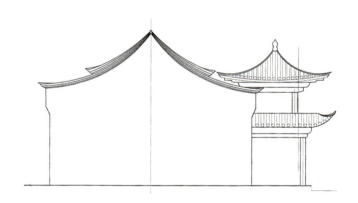

图6-2-11（b） 湖广会馆东岳宫侧立面图

图6-2-11（c） 湖广会馆东岳宫

图6-2-11（d） 湖广会馆东岳宫后的韦驮亭

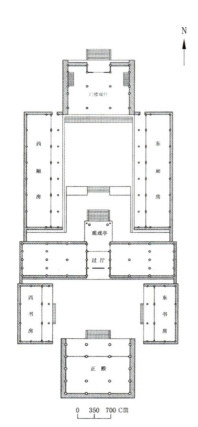

图6-2-12（a） 贵州会馆总平面图

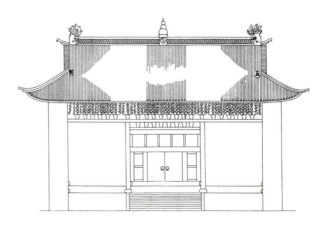

图6-2-12（c） 贵州会馆入口门楼立面图

图6-2-12（d） 贵州会馆院落

图6-2-12（b） 贵州会馆剖面图

中途因土地争执而停建，直到嘉庆十六年（1811年）才建成。会馆占地面积约5422.2平方米，建筑面积为2164.8平方米。

贵州会馆坐南朝北，由北向南沿中轴线依次布局有石牌坊、门楼戏台、戏亭过厅、正殿、后殿及两厢书房等，整个建筑群循地势由牌坊至后殿呈阶梯状逐渐升高（图6-2-12）。石牌坊于20世纪50年代被拆毁，1988年又因修新大街拆除后殿，其他主要建筑均保存完好。

门楼建筑形制为单檐歇山顶，穿斗与抬梁混合式木结构，一底一楼，楼层为戏台，前檐下置"一斗三升"斗栱挑檐，后檐为戏台的台口，楼下明间作山门通道，面阔三间16.5米，檐高7.25米。过厅与戏台之间为第一进院落，两庑为二层厢楼，院内广场为长方形，占地面积约1000平方米，可供千余人观戏（图6-2-13）。戏台正中悬挂"不愧男儿"木雕匾额，紧扣该会馆所要表达的主题。

紧靠对厅的明间，向外凸出建一方形平面的观戏亭阁，穿斗与抬梁混合式木结构歇山屋顶。边长5.9米，檐高5.3米，亭内可摆设酒席，为旧时达官贵人饮宴观戏之地。两庑楼层为观戏包厢，又叫看楼，既可凭栏观戏，又可宴饮品茗，这在

图6-2-13（a） 贵州会馆入口门楼

图6-2-13（b） 贵州会馆入口戏台局部装饰

图6-2-13（c） 贵州会馆戏台

图6-2-13（d） 贵州会馆戏台藻井

图6-2-13（e） 贵州会馆右厢楼

图6-2-14 贵州会馆内院

会泽众多的会馆剧场中，显得十分别致，独具一格。亭子东、西两边为过厅，直通其后的二进院落（图6-2-14）。正殿与后殿分别布置在第二、三进院落。

正殿面阔三间，通面宽12米，檐高5米，正中悬挂"英忠赫濯"木雕匾额，供奉唐朝平定"安史之乱"时协助张巡坚守睢阳城的忠烈名将南霁云，属贵州籍人士，因相貌较黑，殉难后被封为黑神（图6-2-15）。后殿在修建新街道时被拆除，现仅存两个院落，其建筑结构为传统的穿斗与抬梁混合式木结构，硬山顶建筑。

在贵州会馆中，最有名的是一只铸造于清光绪三十二年（1873年）的黄铜大鼎，鼎通高1.64米，直径0.5米，内口径0.34米，重444公斤，由上下两部分组成。下部为鼎，高0.74米，三足双耳六方体，鼎足雕铸狻猊，炉身缠绕二龙戏珠及如意图案。两耳四周均有铭文。上部为六方型主柱两重檐楼阁，顶为六角攒尖顶，高0.9米。阁上层为六窗格扇，下层为铜柱，其中前后四柱刻有对联两副。铜鼎造型别致，铸工精细，图案华丽典雅，形象生动逼真，因此又有"赫神庙的炉子"之誉。

抗日战争时期，西南联大的矿冶系曾由昆明搬移至贵州会馆内教学。1944～1949年在会馆内创办私立楚黔中学，为中共会泽地下党活动和指挥中心，很多青年学生由此走向革命道路。贵州会馆除本身的建筑艺术价值和历史价值外，又增添了多种的纪念意义。

4. 江南会馆

江南会馆，俗名白衣阁，为江苏、安徽两省人士于会泽县城所建的同乡会馆。由于江南会馆的馆址处于位于会泽县城东南侧灵璧山麓一个极不平整的不利地势，所以建盖者独具匠心，合理利用这种不利因素，因地制宜，把庙宇建筑的庄严雄伟和园林造型的诗情画意融为一体，极尽美学之能事。

该会馆始建于清雍正年间（1723～1735年），乾隆、道光、光绪年间曾作扩建，占地面积约23000平方米，建筑面积约1020平方米。会馆内原建有斗姆阁、武侯祠、吕祖阁和白衣阁4个建筑

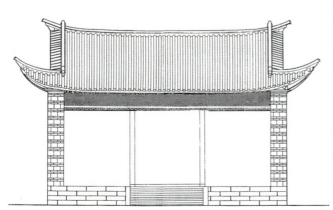

图6-2-15（a） 贵州会馆后殿正立面图

图6-2-15（b） 贵州会馆正殿

组群（图6-2-16）。现仅存江南会馆大殿、吕祖阁大殿、观音殿等建筑，属于寺庙园林建筑（图6-2-17）。

江南会馆主要由宝云旧局、宝云新局两局之江苏、安徽籍的相关人士出资兴建，故在整个建筑布局上，一反会馆建筑轴线对称的传统布局形式，将江南园林的建筑形式带到了会泽。这样的建筑布置形态，对于江苏、安徽籍人士而言，更具有某种亲和力，似乎有回到故乡的感觉。首先，设计者根据所选馆址南高北低的实际，打破中轴对称格局，使所有的单体建筑，均灵活自由布置，但所组合的两组建筑群体，又分别在各自的中轴线上。从北向的入口大门始，经过对厅楼、圣佛阁、韦驮亭，至白

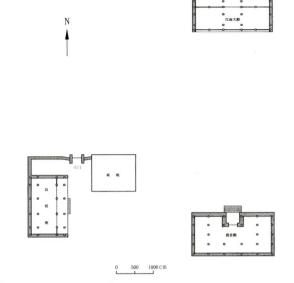

图6-2-16 江南会馆平面图

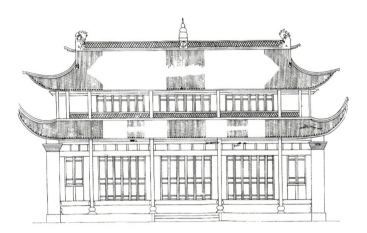

图6-2-17（a） 江南会馆吕祖阁大殿正立面图

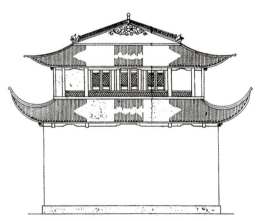

图6-2-17（b） 江南会馆吕祖阁大殿侧立面图

图6-2-17（c） 江南会馆吕祖阁大殿

图6-2-17（d） 江南会馆吕祖阁大门

图6-2-18（a） 江南会馆白衣阁大殿

图6-2-18（b） 江南会馆白衣阁大门

衣观音殿，为第一组建筑群（图6-2-18），其主建筑均排列于南北向的中轴线上；从西书房的后墙开始，以小戏台、鱼池至吕祖阁，为第二组建筑群，其整个建筑物均排列于东西向的中轴线上。这种设计处理，在会泽所有的会馆中仅此一例，因此当江南会馆建成之后，就有"庙中之庙"的说法。

白衣阁所供奉的神祇有关羽、华佗、地藏王、白衣观音、吕洞宾等。此外，该处因供奉有华佗，每年的药王会也不定期在此会馆举办庙会。

5. 福建会馆

馆址位于会泽县城南侧灵璧路63号院内、文庙东侧，始建于清代中期，是福建林氏一族在会泽建的家庙，其建筑物的翼角、山墙、梁脊的造型都与其他会馆不尽相同，为典型的闽南建筑风格，因中殿供奉着妈祖，故又称天后宫、妈祖庙，颇具典型的沿海宗教色彩。福建会馆占地面积约3000平方米，建筑面积760平方米，由门楼戏台、前殿、中殿、后殿、钟鼓楼等组成（图6-2-19）。前殿观音殿，中塑观音大士，两侧为沙观水观；中殿为妈祖殿，中塑妈祖，左右为女娲及九天玄女；后殿为圣宫圣母殿，所塑妈祖的父母亲。现仅存中殿及后殿，门楼戏台和前殿等因修公路已经被拆除（图6-2-20）。

6. 云南会馆

云南会馆又称财神殿，坐落于灵璧山麓今会泽一中校园内，文庙东侧。始建于清乾隆六十年（1795年），由云南各府、厅、州、县合建，既是同乡会馆，又是县城各行业的行业会馆，占地面积约为2100平方米，建筑面积920平方米。由门楼戏台、前殿、后殿、东西厢房等建筑组成（图6-2-21）。馆内供奉各行业所崇拜的神像17尊，最具特色的是庙内一张墨石供桌，长3.5米，宽1米，厚0.15米，这张墨石供桌石质细腻，黑亮如漆，人影可鉴，有"财神庙的桌子"之誉。

门楼戏台面阔三间，悬挂"开远遗事"匾额。前殿为财神殿，为二重檐歇山顶抬梁混合结构，楼上供三皇，分别为伏羲氏、燧人氏和神农氏，楼下供武财神赵公明（图6-2-22）。后殿为玉皇阁，为重檐歇山顶穿斗抬梁混合式木结构，楼上供奉玉皇大帝，下层供奉观音菩萨（图6-2-23）。

7. 四川会馆

四川会馆位于县城西北二道巷西段北侧西直街186号院内，为四川商民建盖的同乡会馆，又称川主庙，始建于清乾隆十七年（1752年），该会馆占地面积约5000平方米，建筑面积为1200平方米，坐北朝南，依次建有门楼戏台、中殿、后殿，东西厢房（图6-2-24、图6-2-25）。

8. 陕西会馆

山西会馆又称西秦会馆、秦晋会馆等，是陕西、山西籍商民集资共建的同乡会馆。位于县城西北二道巷西段北侧西直街186号院内，庙内供奉着

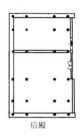
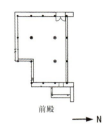

图6-2-19（a） 福建会馆平面图

图6-2-20（a） 福建会馆

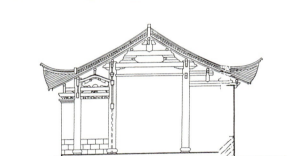

图6-2-19（b） 福建会馆后殿剖面图

图6-2-20（b） 福建会馆后殿正面

图6-2-20（c） 福建会馆前后殿全景

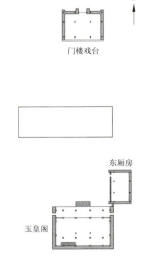

图6-2-21（a） 云南会馆平面图

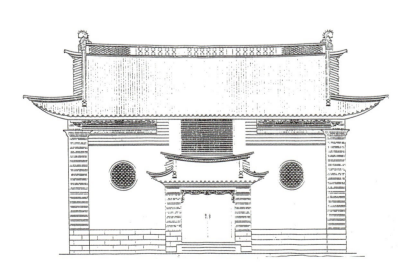

图6-2-21（b） 云南会馆门楼正立面图

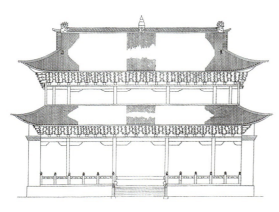

图6-2-22(a) 云南会馆正殿立面图

图6-2-22(b) 云南会馆正殿

图6-2-22(c) 云南会馆正殿雀替

图6-2-22(d) 云南会馆正殿室内藻井

图6-2-23 云南会馆后殿

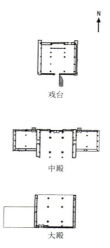

图6-2-24 四川会馆平面图

图6-2-25（a） 四川会馆大门

图6-2-25（b） 四川会馆中殿

图6-2-25（c） 四川会馆大殿

三国时期的关羽，故也被称之为关帝庙。该会馆始建于乾隆十九年（1754年），占地面积约4000平方米，建筑面积870平方米。由山门、戏台、中殿、后殿及两厢房组成，呈中轴线对称布局，现存偏殿、阁楼及部分附属建筑（图6-2-26）。

因在会泽县城的陕西、山西籍人士多经营商业，其中以马帮业最为盛，故会馆内又另辟一庙，称之为"马王庙"。

（二）昆明石屏会馆

石屏会馆坐落于昆明市翠湖南路中和巷24号，会馆占地面积约1660平方米，建筑面积约2180平方米。始建于清乾隆年间（1736～1795年），民国10年（1921年）由袁嘉谷先生和张芷江先生发动在昆明的石屏各界人士，为在昆明读书的石屏籍学生和商旅人士提供临时寓所及商贸集会场所，扩建了这所宅院。第一次扩建时的建筑规模甚为宏大，改建为中西合璧的入口大门，在石雕半圆形门坊上，嵌有"石屏会馆"横额（图6-2-27）。

新中国成立后，石屏会馆曾经成为54户居民数百人群居的大杂院，导致会馆建筑受到不同程度的破坏，甚至险遭开发商彻底拆除。2004年4月，经第二次修复后的石屏会馆再现了昔日的盛景，修复如旧的老宅古韵犹存，厚重悠久的历史文化内涵底蕴得到了完美的展现；这次修缮保留了始建时的风貌，门、窗均为原物原状，墙墩经过加固校正后保留原貌[12]。

石屏会馆坐南朝北，为一进三院、四合五天井的二层土木结构建筑，属于清代昆明传统民居建筑，会馆源于民居，又有别于民居（图6-2-28）。石屏会馆的整体布局严谨规整，院落之间连接紧密，两层楼的建筑结构风格一致，在二层的院与院之间均采用"走马转角楼"的回廊连通各坊房屋。

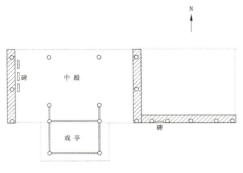

图6-2-26（a） 陕西会馆平面图

图6-2-26（b） 陕西会馆

图6-2-27（a） 石屏会馆入口大门(资料来源：阳光先生)网络图片

图6-2-27（b） 石屏会馆入口台阶

图6-2-27（c） 石屏会馆入口大门石狮

图6-2-27（d） 石屏会馆入口大门背面

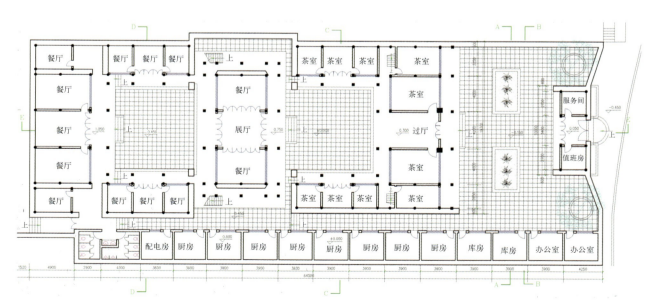

图6-2-28（a） 石屏会馆一层平面图

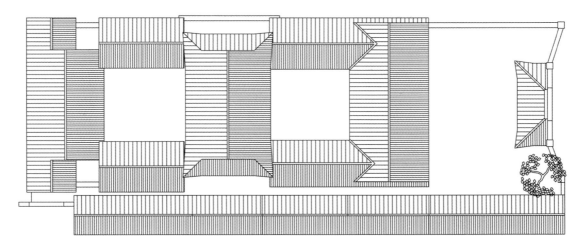

图6-2-28（b） 石屏会馆屋顶平面图

图6-2-28（c） 石屏会馆东立面图、剖面图

整个建筑厅堂高大，装饰精湛，尤其是雕刻部分玲珑剔透，线条流畅，刀工精细，形象生动，雕花格子门窗均为贴金，图案亮丽完美，体现了当时能工巧匠高超的建筑技艺和审美水平（图6-2-29）。

石屏会馆依山（五华山）傍水（翠湖），居高临下，气势宏伟，规模宏大，是现今昆明唯一一个保存完整的清代外地在昆建造的会馆。从总平面布局的坐山面水朝向来看，是严格按照风水理论进行布局的。

（三）蒙自建阳会馆

建阳会馆原址在蒙自县城人民西路41号（今第三小学内），始建于清乾隆三十五年（1770年），由建水绅商所建（图6-2-30）。清光绪二十九年（1903年）重建。原有大门、中殿、两厢、后殿等建筑，坐北朝南，占地面积约2000平方米。现仅存中殿，面阔三间，通面宽21.6米，进深三间11.3米，为单檐歇山屋顶，中间为抬梁式、两山为穿斗式组合构架，彻上明造（图6-2-31）。中殿前檐走

图6-2-29（a） 石屏会馆东立面局部

图6-2-29（b） 石屏会馆一进院落过厅

图6-2-29（c） 石屏会馆二进院落过厅

图6-2-29（d） 石屏会馆三进院落过厅

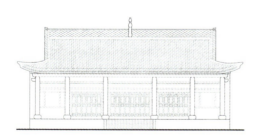

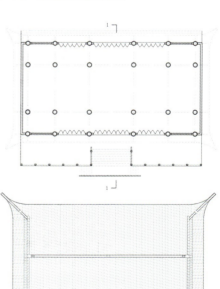

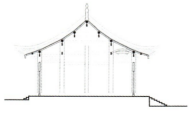
图6-2-30（a） 蒙自建阳会馆大殿测绘图

图6-2-30（b） 蒙自建阳会馆中殿正面

廊设卷棚顶，檐下有斗栱，栱瓣雕象鼻、凤头形态，挑檐枋、拽枋、正心枋均雕花鸟。南面六抹头格扇门共20扇，其中4扇镂雕花卉，工艺精巧（图6-2-32）。现存建筑占地面积为1184平方米，是蒙自现存会馆中保存较好的建筑。1983年公布为蒙自县文物保护单位。

2001年，由蒙自第三小学内将仅存的会馆中殿，按原貌恢复迁建于蒙自市人民东路与承恩街口居玉皇阁之后，与玉皇阁、县衙大堂一起组成玉皇阁古建筑群，是蒙自会馆建筑中最有代表的一处。

（四）图书馆

除了上述会馆之外，云南还有两个馆值得介绍，一个是位于滇西腾冲和顺古镇的图书馆（国家级文物保护单位），另一个是位于泸西县城的云鹏图书馆（省级文物保护单位）。

1. 和顺图书馆

位于和顺村落入口正中的图书馆，始建于1924年，是侨乡著名的文化设施和"知识殿堂"。坐南朝北，依山而建，整个馆舍占地面积1450平方米，分大门、二门、馆楼和后厅（后厅为近年增建，起名"藏珍楼"）4个部分。第一道大门为三叠水木构歇山屋顶，出挑深远，整个门楼尺度虽然不大，但经过门前两段不同方位的台阶转折过渡与烘托，使其居高临下，气宇轩昂（图6-2-33）。门上悬挂的蓝底白字大匾"和顺图书馆"，为乡人张励所书。进门后，是一空间局促的台阶，分左右拾级而上，中间凸出的平台石栏上，镌刻有著名数学家熊庆来的题词"民智源泉"，成为第一道大门框内的主要对景。

第二道门，系仿苏州原东吴大学门面建造的三孔西式砖石铁门，空灵秀美，中间圆拱门内挂有胡适题写的"和顺图书馆"匾额，拱顶上部镶嵌有李石曾撰写的"文化之津"石刻。由此进入充满绿树红花的庭院内，对面是图书馆主楼。主楼为五开间二层的中式建筑，但在二、四两开间处，左右各向前伸出半个六角形飞檐式亭台，二层再向外出挑吊柱（图6-2-34）。整幢建筑上下均为玻璃格窗，室内空间宽敞明亮，四壁着色素雅大方，建筑立面对称严谨，结构精细典雅，统一中有变

图6-2-31（a） 蒙自建阳会馆中殿室内梁架1

图6-2-31（b） 蒙自建阳会馆中殿室内梁架2

图6-2-31（c） 蒙自建阳会馆中殿外檐梁架

化，质朴中见真奇。

从建筑布局与剖面图来看，图书馆巧妙地结合了有限的坡地空间，利用平台、石踏、花园来组织交通流线，通过转折过渡，联系前后建筑和庭院，把三种不同形式处理的建筑物有机组合在一起，空间上层层递进；两道门楼和主馆，每个单体虽采用对称处理，但整体组合上并没有呆板地硬性统一在一条中轴线上，使得在立面造型轮廓上错落有致，相互衬托，前后层次分明协调。同时，图书馆还与紧邻的和顺文昌宫相互借用，共同形成一个丰富的建筑群体，成为和顺乡村入口处十分醒目的标志性建筑群落（图6-2-35）。

馆内藏书丰富，设有书库三间，杂志阅览室一间，报章阅览室两间，儿童阅览室一间（设在紧靠图书馆一侧文昌宫的朱衣阁楼下），借书台一个。图书馆原有藏书四万余册，其中有许多乡贤手稿、地方史料志书，较为珍贵的古籍和完整的成套丛书；此外还订有1917年至1942年的《东方杂志》、缅甸华侨办的《仰光日报》（1935年）、《香港大公报》等多种报刊，不出一周，乡民即可看到。每天工余课后，乡民、学生放下农具和书包，纷纷到图书馆借书看报，了解国内外形势，吮吸知识的甘露，欣赏各种名作。为此，乡民还亲切地把图书馆比作"我们的家庭、学校"和"边地的灯塔"。20世纪30年代，哲学家艾思奇从延安写信，希望家乡的图书馆一是要大众化，不要只为少数人服务；二要普遍化，多置大家都读得懂的书；三要多购备社会科学出版物，以启发人们的觉悟。有人曾题联称赞："千秋事业书中

图6-2-32　蒙自建阳会馆中殿门窗木雕

图6-2-33　和顺图书馆大门

图6-2-34（a）　和顺图书馆二门

图6-2-34（b）　和顺图书馆主楼

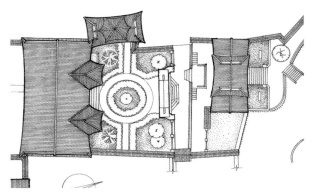

图6-2-35（a） 和顺图书馆总平面图

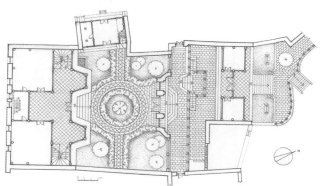

图6-2-35（b） 和顺图书馆一层平面图

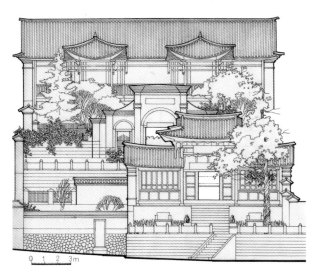

图6-2-35（c） 和顺图书馆组合立面图

图6-2-35（d） 和顺图书馆鸟瞰图

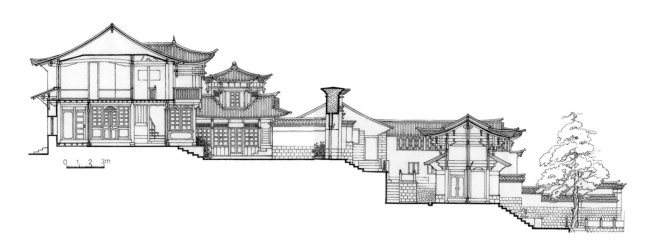

图6-2-35（e） 和顺图书馆剖面图

图6-2-36　泸西云鹏图书馆

史，万国风云座上观"。联语虽短，却道出了边地人民从图书馆得到的益处。

和顺图书馆，是在该乡爱国青年组织的"咸新社"（戊戌变法前后），"书报社"（"五四"运动前后）遗书的基础上，靠群众集体捐资捐书，于1928年正式成立的。其中得力于各地华侨支持尤多，本村居民，爱它胜于子女，捐书修舍，数十年不断。在外地工作的乡亲，也常把它放在心上，这样，和顺图书馆得以长期坚持下来，不断积累，成为云南乃至于全国瞩目的乡村图书馆，张天放曾题词："在中国乡村文化界堪称第一"。

和顺图书馆自成立之日起，就成为和顺"崇新会"[13]集中议事和编印刊物的场所。更为突出的是，先后由十多位归侨、崇新会会员于1934年创办的"和顺图书馆无线电刊"从三日刊发展为日刊，后又改组为《每日要讯》，除腾冲沦陷时停刊两年多外，它在十多年里，都在及时地报道和宣传中国人民抗日战争与世界人民反法西斯战争的消息。在当时交通闭塞、信息传播极其落后的滇西南地区，头一天的战事情况，第二天就通过和顺图书馆这份抗日救亡的新闻小报传遍全乡、全县及邻县，印数从几百张到一千五百多张，使和顺成为向滇西南发布抗战消息的新闻中心[14]。这对一个乡村来说的确是了不起的大事。

1980年和顺图书馆由国家接办，1993年公布为云南省级文物保护单位，2006年公布为国家级文物保护单位。

2. 云鹏图书馆

云鹏图书馆，位于泸西县城第一中学校园内，始建于民国2年（1913年），在县城北原州仓（今泸西一中操场北面）旧址，建立县立图书馆，由劝学所提拨现金150元作为购备图书文具之用。1931年，张冲[15]捐赠大批图书，如《四部丛书》、《四部备要》、《廿四史》、《丛书集成》、《万有文库》等。因原图书馆已残破，难以容纳，县立中学校长李国相（字扶滇）向县政府先后呈文报告，经批准筹资建图书馆。1932年10月动工，1933年建成开馆。占地面积454平方米，建筑面积308平方米，坐南朝北，为20世纪30年代典型的中式土木结构建筑（图6-2-36）。馆名以张冲之字命名为"云鹏图书馆"，后因张冲提出异议，更名为"泸西县立图书馆"，另由昆名士陈伯芳书"泸西县立图书馆"并刻字。

云鹏图书馆为面阔五间26.1米，进深四间5.8米，四周设回廊的二层楼房，单檐歇山屋顶，通高

11.6米。图书馆内藏有历代古籍善本及"四部丛刊",张冲赠《万有文库》等典籍,今为泸西一中图书馆。1993年公布为云南省文物保护单位。

第三节　穿越时空的联系桥梁

被人们称之为"桥"或"桥梁"的词语,总是在有河流的地方出现,每一座桥都仿佛碑铭一样,记载着某一种河流和道路的历史,其残缺的部分及被风雨剥蚀的痕迹,使它们具备了"沧桑"一词的所有含义。

桥梁是人类克服自然障碍的一种文化创造,也是衡量人类文明的标志物。不言而喻,桥梁的类型之多、造型之多,在工艺和技术方面的不断进步等,无疑都是桥梁建筑及其文化成就中的重要内容。同时,桥梁具有将不同两岸、两极或两端联系起来的实际功能。以这种实际功能为依据,人们对桥赋予了许多重要的象征意义。人类不仅建造了许多实用与宏伟的桥梁,而且还产生了不少与桥梁有关的民俗文化现象。日本学者伊藤学认为:"桥能满足人们到达彼岸的心理希望,同时也是印象深刻的标志性建筑,并且常常成为审美的对象和文化遗产"。

但凡有河的地方必定有桥,无论河流宽窄、险平、激缓,先民们总是能选择一种有效方式在合适的地点去架桥。小河窄涧自然可以简便地架木而过,较宽的河流则以麻绳、藤条系于两岸,形成简易的索桥。总之,随着认识与技术的发展,人们征服自然江河险阻与建造桥梁的方法也越来越多。

一、云南古桥的历史发展

说到桥梁,云南地处高原,比不上江南水乡,小桥流水,俯仰皆是,名扬天下。但云南的桥梁,不仅类型多样,且有它自身的建筑特色。透过云南遗存的古桥,我们或许可以看到云南地方民族在不同的时期所走过的历史进程缩影。

相传汉明帝时(公元58~75年),在云南景东地区的澜沧江上,就"以铁索系南北为桥",名为兰津桥。鉴于云南特殊的自然环境和受汉文化的影响,依照现有文献资料统计显示,云南的古桥梁建造可以追寻到南诏、大理国时期,从一幅《南诏图传》中可以看到当时的桥梁形状和结构全貌。唐朝时,在今天香格里拉县西北的金沙江上造了铁链桥,即见于文献记载最早的丽江塔城的唐代铁链桥,是迄今所知跨于长江上最古老的桥梁。而记载于8世纪初刘肃《大唐新语》的漾濞江铁索桥,也是在吐蕃占据洱海地区的时候所建造的。据载:"……唐九征为御史,监武灵诸军,时吐蕃入寇蜀,九征率兵出永昌郡千余里讨之,累战皆捷。吐蕃以铁索跨漾水、濞水为桥,以通西洱河蛮,筑城以镇之。九征毁其城垒,焚其二桥。"

据《蛮书》卷二《山川江源》说:"龙尾城西第七驿有桥,即永昌也。两岸高险,水迅急,横亘大竹索为梁,上布簟,簟上实板,仍通以竹屋盖桥"⑯。另外,在今丽江地区巨甸以北之塔城关的神川铁索桥,为金沙江上最早的古桥之一。《蛮书》卷六《云南城镇》说:"铁桥城,在剑川北三日程,川中平路有驿。唐贞元十年(公元794年),南诏异牟寻用军攻破东、西两城,斩断铁桥,(吐蕃)大龙宫以下投水死者以万计。今西城南诏置兵守御,东城至神川以来,半为散地。"又《旧唐书　南诏传》说:"异牟寻大破吐蕃于神川,斩断铁桥,遣使告捷。"

有关神川铁索桥建造和废弃的情况,据元《一统志·丽江路古迹》说:"铁桥在巨津之北,其处有城,亦名铁桥城。吐蕃常置节度使于此。桥,或谓吐蕃所建,或谓阁罗凤结吐蕃时所建。南诏异牟寻版吐蕃复归唐,合唐兵攻破吐蕃,断铁桥之后,自此桥废,基址尚存。"根据上述记载,神川铁索桥乃"穴石固铁为之"。

所以,南诏、大理国时期,在澜沧江、金沙江等大川巨流之上,已经有架设木构桥梁、藤索或铁索桥梁的技术;而之后的元、明、清各代,随着桥梁建构技术的发展进步,又出现很多形式的桥梁,如单孔或多孔的石拱桥、飞跨河流两岸的木拱廊桥等，为云南分散居住于高山峡谷与大江河流两岸的少数民族提供彼此的交通外来，一直延续至今。据文物普查资料统计，在云南省范围内，尚存有不同结构和形式的古代桥梁120余座。而且云南现今存世的大量石拱桥和铁链桥，多建于明代。它们是云南古代交通的物质见证，是云南古代先民留给我们的珍贵历史遗产。

二、云南古桥的类型特征

（一）云南古桥的分类

云南山多、河多、桥亦多，云南山奇、水奇、桥亦奇，云南山高、水深、桥亦神，概括而言，云南古桥历史悠久，类型多姿多彩。从那些水穿石空形成的天生桥、至今仍在流传使用的藤竹网桥和溜索桥以及高悬两岸之间的铁链桥，其历史可追溯到遥远的年代，成为云南各个时期交通历史的物质见证。

而我国古代曾经有过的各种桥梁类型，在云南境内多半可以找到，这是古代桥梁精湛的"活化石"。根据云南现存桥梁的建筑形态与结构形式，云南古桥可分为链桥、梁桥（木梁、石梁）和拱桥等几种类型。在建构桥梁的材料应用上又分为木材、石材、木石结合、砖石结合与金属铁链、铁索等，而在桥梁的建筑外形上，有平桥、廊桥和吊桥，结构上有梁式、悬臂式、拱券式、悬吊式等，以适应不同河流的宽度和架桥条件。

1. 链桥

悬挂链桥是由藤竹网桥、藤索桥发展而来的，其无须过多加工，耐拉能力很强的天然藤条应该是人类最早利用的素材。藤索吊桥出现年代最早，但由于桥的规模较小，又地处深山峡谷，少有文献记载。云南的古代索桥可以分为：独索溜筒桥、双索双向溜筒桥、"V"形双索悬挂桥、并行多索桥等构造形式（图6-3-1）。之后随着冶金技术的发展，在交通要道上的藤竹索桥才逐渐被铁链锁代替（图6-3-2、图6-3-3）。

2. 梁桥

云南的梁桥形制一般有两种，一是简支式梁桥，分为单跨和连续多跨，因受材料实际尺寸的限制，桥梁的单跨跨径一般不大（图6-3-4、图6-3-5）；二是悬臂式梁桥，将木梁或石梁的一端施以重压，另一端则逐层向外伸出，然后在两个悬臂端之间架简支梁，从而形成梁桥。而向外悬臂伸出的悬臂梁，既可以达到增加整个桥梁的跨径，又能减小所架支梁的尺寸。现存的伸臂梁式桥大多数是木梁结构，而且往往在桥面上还建造有桥屋（图6-3-6、图6-3-7），仅有少量是石梁结构，如腾冲城边的太极桥。

3. 拱桥

拱桥梁是建造最普遍、最常见一种桥梁形式，主要是利用拱券的力学原理，将桥面及其以上垂直重力，分解为横向或侧向推力，增强桥梁的稳定性。在古代技术语中，砌筑拱券称作发券、卷甕。大多数遗存的桥梁，是以半圆形拱和二圆心尖形拱为主的石拱桥，少部分木拱桥则是半径大、矢高短的圆弧形拱（图6-3-8）。尽管拱桥在云南桥梁史上出现的时间较晚，基本是在明代以后，但其不仅主导了云南古代桥梁的发展走向，也在现代桥梁体系独树一帜。

以上的桥梁分类仅仅是为了便于描述，而有些桥梁是相互结合的，并非单一形态。如建筑外形是廊桥、结构是拱桥，而材料木材、石材皆用。

4. 廊桥

廊桥，也称为风雨桥，其桥身上有廊屋，可遮蔽风雨和烈日。在各种形式的桥梁中，廊桥的造型最为独特。按刘志平先生说的，廊桥是"下为桥墩，上为长廊的木桥……在桥面上加盖长廊的原因不是为了好看而是为了保护木板桥面"。从外形上看，廊桥一般分为木平廊桥和木拱廊桥两种，前者常架于较为窄小的溪流上，后者则飞跨于相对宽阔的江河上（图6-3-9）。从结构来看，云南廊桥的主流形式是简支梁和悬臂梁式木构廊桥，廊桥的整体木构架全都采用榫卯连接，层层相互搭扣，紧密结合，且每一座廊桥几乎都有自己鲜明的个性（图6-3-10）。当然在云南还有石拱廊桥，如位于建水

图6-3-1 横跨怒江的溜索桥

图6-3-2 "V"形索桥

图6-3-3 索链桥

图6-3-4 单跨的木梁桥

图6-3-5 多跨的竹篾梁桥

图6-3-6（a） 悬臂梁桥（凤庆大华桥）

图6-3-6（b） 悬臂梁桥（腾冲通济桥）

图6-3-7 悬臂梁桥局部构造

图6-3-8（a） 单拱剑川江尾石桥

图6-3-8（b） 广南双孔石拱桥

图6-3-8（c） 多孔丽江黑龙潭玉带桥

图6-3-8（d） 三孔建水天缘桥

图6-3-9（a） 木平廊桥

图6-3-9（b） 木平廊桥（普洱谦岗桥）

图6-3-9（c） 木平廊桥（沾益永乐桥）

西庄的乡会桥、宾川州城南钟良溪上的南薰桥、广南县城南八大河上的南桥。

（二）云南古桥的特征

云南境内山高谷深，山脉纵横交错，坡陡水急，不少地区经常是"两座山头声相闻，见面相逢走半天。"而横贯祖国西南的"南方丝绸之路"、"茶马古道"、"滇藏大通道"等，都经云南，过缅甸直达印度，成为内地与境外其他国家和地区物质与文化交流的交通要道，这些古道穿越了著名的横断山脉，跨越了、金沙江、澜沧江、怒江、大盈江等大江大河，特别是在云南境内，都要穿越滇西的澜沧江纵谷区和怒江大峡谷地区，这里山高谷深，江河湍急，瘴烟四起，自古为畏途。为了克服山高水急、阻碍交通的困难，加强相互之间的商业贸易与文化交流，逢山开路、遇水搭桥，要跨越江河流水，就得架桥，桥梁也就自然成为道路的延伸。于是，从最古朴的溜索、藤桥、竹桥、铁索桥等，逐步发展到后来的木桥、石板桥、石拱桥、风雨廊桥等大型永久性的桥梁建筑，不断地为发展云南交通、繁荣云南的社会经济文

图6-3-10 木拱廊桥

图6-3-11 保山霁虹桥

图6-3-12 保山双虹桥

化作出了重要贡献。

云南古桥建筑类型之丰富，体系之完备，影响之久远，而历代的每一座桥梁设计，多具匠心，从云南现存的竹桥、悬臂木梁桥、悬臂石梁桥、风雨廊桥和明清始建的众多石拱桥梁，都以其独特的桥型结构和精巧的建造技艺，被载入史籍。其精湛的技艺，可从以下各种不同类型与形式的古桥桥形结构和建筑空间中展现出。

1. 云南链桥

云南山区山高谷深，水流湍急，在早期无法架设梁与拱桥时，即以溜索为渡，以后逐渐演化为一种多条藤竹编成的悬索桥，架设在河流两岸。常见的悬索桥有V形双索悬挂桥、并行多索桥（桥面宽窄不等）。随着冶金技术的发展，这类在交通要道上的藤竹索桥才逐渐被铁链锁代替，如闻名遐迩的霁虹桥和梓里桥，尤以藤桥有名。早年徐霞客曾在《徐霞客游记·滇游日记九》中记载了在龙川江源头看到的藤桥："系藤为桥于上为渡，桥阔于十四、五丈，以藤三、四枝高径于两崖……"而美国史密斯所著的《世界大桥》中谈到龙川江上的藤桥时则说："现代斜拉桥的结构形式，其实就是古代藤桥的发展，藤桥可称为原始的斜拉桥"。

（1）霁虹桥：位于保山市与永平县交界处，跨澜沧江上，建于明成化十一年（1475年），为"川滇缅印"之路的咽喉。桥长113.4米，宽4米，桥面下有16根铁链，左右护栏铁链2根，桥两端有桥亭，是我国最古、最宽、铁链最多的铁链桥（图6-3-11），曾被称为西南第一桥（1986年因两岸发生滑坡泥石流，桥被冲毁）。

（2）双虹桥：位于保山市北，跨怒江上，始建于清乾隆五十四年（1789年），是明清时期永昌至腾越道上的重要桥梁。双虹桥为双跨铁链桥，桥长162.5米，宽2.8米。其中东段跨距67米，西段跨距38米，有15根、12根铁链，且东、西两段桥面有错位，分别连接于江中小岛上（图6-3-12）。其为云南省现存跨越怒江的古铁链桥。

（3）青龙桥：位于凤庆县城东北43千米处，跨澜沧江，始建于清乾隆二十六年（1761年）为铁链人马桥，长108.8米，宽4米，距水面高15.64米，桥面下有16根铁链，桥两端有歇山顶桥亭（图6-3-13）。1983年以前，是凤庆通往巍山、下关、昆明等地的重要桥梁。

（4）梓里桥：又称金龙桥，位于永胜县，跨金沙江，建于清光绪二年（1876年），桥长131.6米，宽3.5米，净跨92米，距水面50米，共用18根铁链，桥两端有双坡屋面桥亭，为云南省现存铁链最多、最长、最宽的古铁链桥。原为永胜、丽江、鹤庆三县的驿道桥梁。

（5）铁虹桥：位于丽江石鼓镇的铁虹桥，横跨在金沙江的支流冲江河上，似长虹卧波，故取名铁虹桥。该桥始建于清光绪十三年（1887年），由清代石鼓举人周兰坪倡建，桥的总长54.5米，宽3.2米，净跨度为32米，在桥的底部设铁链14根，护栏链2根，桥面铺设木板，距河面高3~4米。同时在链桥的两端，各建有一单檐歇山屋顶的牌楼式桥亭，飞檐斗栱，雀替窗棂的木雕彩绘十分精致，充分体现了纳西族工匠建桥的精湛技巧（图6-3-14）。在桥南的桥亭上，悬挂有当代书法家周善甫书的"铁虹

图6-3-13 凤庆青龙桥

图6-3-14 丽江铁虹桥

图6-3-15 漾濞云龙桥

桥"横匾和楹联"虹桥卧碧波，铁索倌细柳。"

（6）云龙桥：位于漾濞县城西，跨漾濞江，始建于明代，清康熙三十一年（1692年）重建。桥长40米，宽3.2米，距水面13米，共有8根铁链，桥两端有歇山顶桥亭（图6-3-15）。

（7）惠民桥：位于云龙县城南宝丰乡南新村，距县城21公里，横跨沘江上。惠民桥始建年代不详，原桥于清咸丰七年（1857年）毁于兵燹，现桥重建于清光绪十二年（1886年）。桥为双孔铁链吊桥，由于建桥处江面较宽，故于江心增建桥墩，采

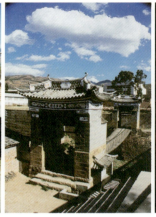

图6-3-16　巍山南熏桥

图6-3-17　大理观音堂桥

用二进连跨的建筑工艺。桥全长50米，桥身长39米，宽2.5米，高约8米，最大一孔孔径21.3米。桥由8根铁链组成，6根为底链，2根为吊链，在底链上铺木板形成桥面。三个桥墩上均覆盖有瓦顶桥亭，东西两端桥亭为牌楼式桥亭，并附有长达7米的通道。1987年公布为云龙县文物保护单位。

（8）南熏桥：位于巍山县城南锦溪河上，原名"崇化桥"，历史上曾经是巍山古城通往南面乡镇的重要桥梁。现存桥梁为清宣统二年（1910年）改建为铁链桥，桥长12.6米，宽3.2米，高约5米，两端建有桥门（图6-3-16）。

2．云南梁桥

云南古代梁桥有竹梁、木梁、竹木梁、石梁等梁桥梁，竹木梁又发展为石柱、石台桥，如沾益县跨牛栏江的石柱桥，为清乾隆五十六年（1791年）修建，现仍供人马通行。木石建造的简支梁桥，后发展到悬臂木梁桥、悬臂石梁桥。在今腾冲县龙川江上海保留着5座悬臂木梁桥，在腾冲县城西南边有一座悬臂石梁桥，大理州观音堂桥也属悬臂石梁桥（图6-3-17）。

与怒江所体现的大气相比较，横跨在龙川江上的桥梁，更多地接近"精巧"、"玲珑"和"柔软"一类的桥，是小桥流水的那种。它总是在田野、村庄这种人类聚居的地方矗立，联系着河流两岸人民的沟通交流。它是每个村庄的一部分，或是村庄延续到河流之上的房屋。

（1）野猪箐桥：位于腾冲县龙川江上，《云南通志》和《腾越州志》均有记载，腾冲龙川江上曾保留有5座悬臂木梁桥。其中以曲石乡野猪箐桥为最好，这座跨径为30米的悬臂木梁桥，从桥两端的

图6-3-18（a） 腾冲野猪箐桥内部结构

图6-3-18（b） 腾冲野猪箐桥

图6-3-19（a） 腾冲永顺桥

图6-3-19（b） 腾冲永顺桥内部结构

桥亭开始至距江面30米高的上空连接在一起，其结构精巧，两端有石砌桥台，上建台亭，桥身为长廊护盖，全桥用楸木制成（图6-3-18）。在其建成之后，就像这样极其结实地站在峡谷里，从来没有出现过倾颓的迹象。让那些从高黎贡山东面的怒江峡谷翻越而来的马帮商旅们，在穿过野猪箐桥之后，抵达腾冲北部的曲石乡。而且野猪箐桥还作为当地百姓遮风挡雨最好的一个避风港，成为人们交流沟通的一个休闲场所。

（2）永顺桥：与野猪箐桥并存的还有界头乡的永顺桥、水坪龙江木桥、通济桥和水箐大桥等几座悬臂木梁桥，特别是这座位于界头乡的永顺桥，始建于明代，清乾隆四十年（1775年）重修，也属于悬臂式木桥，为腾冲县现存的重要古桥之一。该桥的跨径达30米，桥面宽3米，桥身如弓形梯，以两端相向递升。桥身上有厦，两侧有凳，凳外有护栏（图6-3-19）。两岸有普石砌桥台，台是建桥亭，这是一座构思精巧、结构独特、颇合力学原理、处处渗透了古代桥工心血智慧的桥中精品。旧时龙川江上有多座这样充满了人间烟火的桥，后多改为了

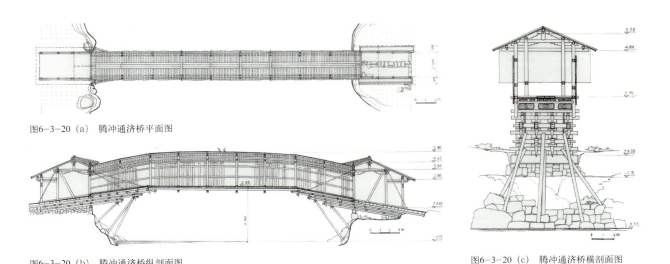

图6-3-20（a） 腾冲通济桥平面图

图6-3-20（b） 腾冲通济桥纵剖面图

图6-3-20（c） 腾冲通济桥横剖面图

图6-3-21 腾冲通济桥

铁链桥，留存下来的亦不多了。

（3）界头通济桥：位于腾冲县界头乡的通济桥，也是一座有魅力的悬臂木梁桥，它无比生动的曲线横卧在江面之上，四周被雨水浸蚀的围栏仍清晰地显示着木材的质感。桥全长37.5米，桥面宽4.5米，桥身9间，净跨为27.5米，高约9.3米（图6-3-20）。据《腾冲县志》载："桥身用木材构成，最下层建筑于两岸石墩或桥亭上；第二层由两边，用榫卯接在第一层上；第三层、第四层……依次建造；最上一层铺上长后的梁木，两边固定，构成整座大桥（图6-3-21）。桥身如弓形梯，以两端相向递升。两岸有亭，桥身上有厦，两侧有凳，凳外有护栏护板。桥厦可避雨遮日，利人歇息，又可延长桥梁寿命。该桥构思精巧，结构独特，重力由各层梁架传向两端桥墩，增加了坚固性，颇合力学原理……"

在上面几座悬臂梁桥里面行走，根本就没有"桥"的感觉；而在外面，你也看不到在桥上行走的人。因为它更像一间建筑在河流上的弯弯曲曲的屋子，其与当地民居有着相同的建筑风格，与这些

图6-3-22（a） 腾冲太极桥

图6-3-22（b） 腾冲太极桥观瀑亭

图6-3-23 建水双龙桥

梁桥朴素的外表相比，它的结构相当复杂，采用斗栱式结构，由各层梁架榫卯结合而成。桥的跨度越大，桥的"层数"就越多，桥面也随之而不断上升，俟合拢之后，再铺上长而结实的"梁木"，将两边固定，一座桥梁就诞生了。整座桥梁没有使用铁链、钢筋水泥和钉子，其充分地体现出民间的智慧和灵巧。

（4）太极桥：位于腾冲县城西南2公里处，大盈江叠水崖头。建于1912年，为双孔悬臂平板石梁桥。桥长13.5米，宽2.2米。桥面正中建一石亭，高4.83米，面阔进深均3.5米，四角攒尖顶，藻井镌"太极图"，亭檐下刻"观瀑"二字，故名"观瀑亭"（图6-3-22）。为腾冲著名游览胜地，1984年公布为腾冲县文物保护单位。

3. 云南拱桥

云南古代拱桥有廊桥式、亭桥式、半圆形拱、双圆心拱和尖拱式等几种，半圆形、双圆心拱和尖拱主要应用在石拱桥中。据有关地方史志记载，云南古代石拱桥多建于明清时期，如留存至今的禄丰星宿桥、广南县八宝桥、建水双龙桥、天缘桥、宾川县南熏桥、施甸县太子寺桥、剑川县五洞桥、南华县灵光桥、沾益县德泽桥等，桥的拱跨有单孔、双孔、三孔、四孔、五孔、七孔、九孔、十孔均有，甚至多达17孔（建水双龙桥）、25孔（昭通卧虹桥）。

（1）建水双龙桥：位于建水县城西5公里泸水与塌冲河汇合处，因两河蜿蜒如龙而名。桥北端3孔清乾隆年建，道光十九年（1839年）在南端续建14孔相连，故又称17孔桥（图6-3-23）。桥身青石砌筑，全长147.8米，宽3～5米，高9米，具古代桥梁建筑传统风格，桥身中央建三重檐方形楼阁一座，高20余米，面阔、进深各16米（图6-3-24）。桥南端有重檐八角攒尖顶桥亭一座，与阁楼相映

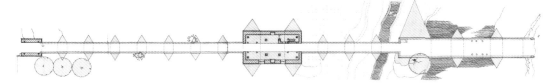

图6-3-24（a） 建水双龙桥平面图

图6-3-24（b） 建水双龙桥立面图

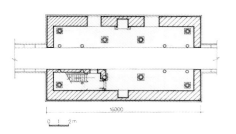

图6-3-24（c） 建水双龙桥居中楼阁一层平面图

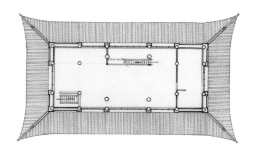

图6-3-24（d） 建水双龙桥居中楼阁二层平面图

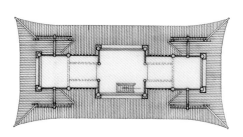

图6-3-24（e） 建水双龙桥居中楼阁三层平面图

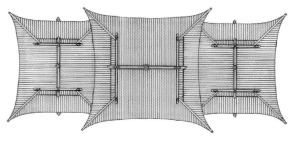

图6-3-24（f） 建水双龙桥居中楼阁屋顶平面图

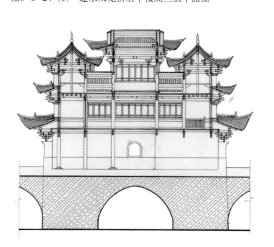

图6-3-24（g） 建水双龙桥居中楼阁横剖面图

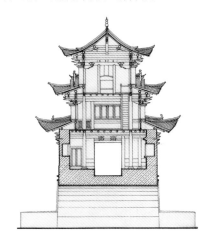

图6-3-24（h） 建水双龙桥居中楼阁纵剖面图

（图6-3-25）。经桥梁专家鉴定为我国大型古桥之一，在我国桥梁建筑史上占有重要地位。1965年公布为云南省文物保护单位。

（2）建水天缘桥：位于建水县东南10公里庄子河村西泸江河、南庄河、象冲河三水汇合处。"三水交汇，旧架桥以木，每夏秋淋雨时，集汹涌奔腾，其势难支。清雍正四年（1726年）郡人傅翁、王琨倡议，劝众输金，兴工两载，连成此桥"[17]，桥全长121米，桥身东西横跨，引桥南北蜿蜒。桥三孔，拱高7.8米，宽7.2米，青石砌筑（图6-3-26）。桥侧有石栏，高1米；东西桥头踞石狮；桥面正中有重檐攒尖顶亭阁，重檐亭阁底层为桥面通道，两侧有石雕神龛和知府栗尔璋草书"天缘桥"石碑（图6-3-27）；登楼可一览壮丽山河。桥东有石室碑亭，长6米，宽2米，内置石碑七通（图6-3-28）。此桥用料粗大，造型古朴坚固，是研究古桥建筑的难得实物资料，1993年公布为云南省文物保护单位。与此桥造型相似的还有开远市小寨村东的大兴桥，为单孔石拱桥，桥面正中也有相同的重檐攒尖顶亭阁。

桥梁本属于公共性交通建筑，其实用性很强，但是建水造桥的匠师们，并不仅限于满足实用的需要，而是把桥梁当作审美的对象进行创作，以表达人们对桥梁的理解和精神追求。且在人们的心目中，桥梁不仅是桥梁，它还是祭坛，是人工战胜自然的纪念碑。如此重大的主题，自然得用重大的语言来表达，于是就把房屋与桥梁巧妙地结合在一起修建，从而创造出新颖美观的桥梁形式。

（3）西畴县保兴桥：俗称"保兴风雨桥"。位于西畴县新街镇南端，桥横跨畴阳河上，建于清光绪年间。全桥青条石砌筑，分三孔，全长30米，高8米，宽4米，跨径6米。桥中孔面上建木结构风雨亭，重檐悬山顶，穿斗式结构，额枋檐板雕刻

图6-3-25（a） 建水双龙桥居中楼阁正面　　　　　图6-3-25（b） 建水双龙桥桥头亭阁正面

花卉图案，桥两侧有高1米的石栏，望柱上分置4个石狮（图6-3-29）。风雨桥通体精巧持重，具有鲜明的地方民族特色。1985年公布为西畴县文物保护单位。

（4）涟漪桥：在墨江县城南20公里清溪河与他郎河交汇处。始建于清康熙初年，同治九年（1870年）重修。桥全长27米，砖木瓦顶结构，木板桥面，两端为悬山顶瓦房，并连接围栏，桥中央为重檐攒尖顶亭阁，长5.5米，宽5.8米，高10.65米。河中分水道墩全长22.8米，中宽8.4米。

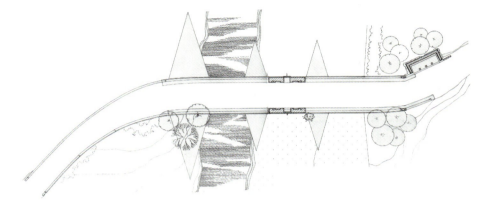

图6-3-26（a） 建水天缘桥平面图

图6-3-26（b） 建水天缘桥立面图

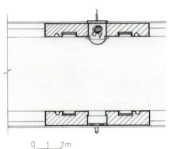

图6-3-26（c） 建水天缘桥桥亭一层平面图

图6-3-27（a） 建水天缘桥远景

图6-3-27（b） 建水天缘桥重檐亭阁正面

图6-3-27（c） 建水天缘桥亭阁内的石碑

图6-3-27（d） 建水天缘桥亭阁内的石雕神龛和石碑

图6-3-28 建水天缘桥头的石碑亭

此桥建筑风格特殊，为昔日游人常往观赏之处（图6-3-30）。1986年公布为墨江哈尼族自治县文物保护单位。

（5）星宿桥：被誉为"迤西第一桥"的禄丰星宿桥，又名"七星桥"，俗称"西门大桥"。星宿桥横跨于禄丰县西门外的禄衣河（又称星宿江）上，是昆明通往滇西的咽喉要口，1983年该桥被列为省级重点文物保护单位。据《修建星宿桥碑记》记载：石拱桥始建于明万历四十三年（1615年），清康熙、雍正年间经多次重修，现存石桥及其附属建筑均为道光五年至十二年（1825～1832年）期间修建。因河水"渊深莫测，众石垒落，状如列宿，故称星宿江"[18]。桥因江得名，此桥为南丝绸路、迤西古驿道之咽喉。而"坝桥星影"成为昔日禄丰的八景之一，1983年被列为省级重点文物保护单位。

星宿桥为7孔尖拱石桥，长96.5米，宽9.8米，桥面两侧砌有实体护栏，高0.6米，厚0.4米，桥身全用红砂石砌成，石条之间用石灰浆浇灌，相互连接紧密牢固。桥东建有木构牌坊一座，四柱三间，歇山式琉璃瓦顶，斗栱飞檐，造型美观（图6-3-31）。在桥的东西两头还各置石狮一对，神态各异，威武雄健，与桥体、牌坊融为一体，相映成趣，构成完美的建筑组合。

（6）双虹桥：双虹桥位于和顺乡村落主入口处，成为村前最明显的标志性景观。双虹桥为两道单孔的二圆心尖券石拱桥，分别相对映地布置在村落主入口，两桥相距约50米。两道拱桥的桥面近乎于双坡面，桥边有石栏围护，且桥头靠环村路的一端各设门坊一道，左边一道亦即靠近和顺图书馆一侧的门坊略比右边的高，可以通过小型车辆（图6-3-32）。

4．云南廊桥

云南的廊桥有木平廊桥、木拱廊桥（悬臂梁）、石拱廊桥几种，与我国其他地方的廊桥相比，其造型和工艺都有所区别。除了木平廊桥之外，木拱廊桥实际上是由加盖着长廊的桥身，与"飞桥"的结构形式两者相互结合为一体的木拱廊桥。因为"飞桥"是西南少数民族地区常见的桥梁形式，即在河的两岸用层层挑出挑到最后相连成桥，这种桥的好处是不必在河中安放桥墩以免河水深急，工程繁难。同样，廊桥也有单跨和连续多跨之分。

（1）永济桥：位于巍山县永建乡巡检村南巡检

图6-3-29 西畴保兴风雨桥

图6-3-30（a）墨江涟漪桥　　　　　图6-3-30（b）墨江涟漪桥内部梁架

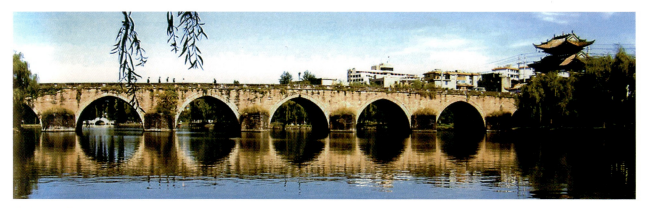

图6-3-31 禄丰星宿桥

河上，始建于明万历元年（1573年），历代曾经多次维修。桥头山墙上砌有著名学者李元阳撰写的"永济桥碑记"五字。桥为单孔木构平梁风雨桥，桥通长15.6米，宽3.25米，高约6.9米（图6-3-33）。其结构为用直径0.3米的5根圆木架于两岸，上面铺设木板，再在两岸桥墩上各安木斜撑2根以支撑木架。上建双坡瓦屋面3间，桥头各建一道门，桥面两侧安设木栏杆，并设长木板凳（图6-3-

图6-3-32（a） 和顺双虹桥立面图1

图6-3-32（b） 和顺双虹桥立面图2

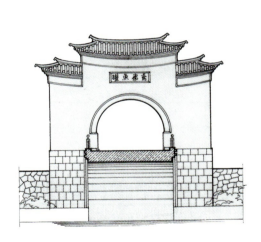
图6-3-32（c） 和顺双虹桥立面图3

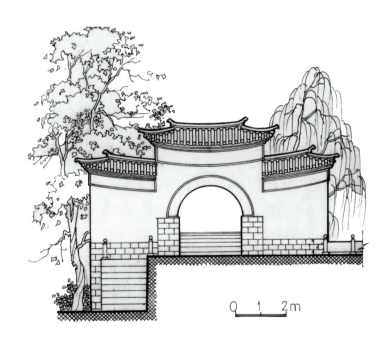

图6-3-32（d） 和顺双虹桥

图6-3-33（a） 巍山永济桥

图6-3-33（b） 巍山永济桥梁架

图6-3-33（c） 巍山永济桥节点构造

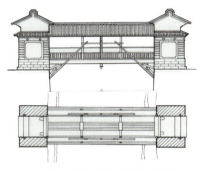
图6-3-34（a） 巍山永济桥平面、立面图

图6-3-34（b） 巍山永济桥纵剖面图

图6-3-34（c） 巍山永济桥横剖面图

34）。永济桥用斜梁悬挂支撑中点的方法，解决了大跨度木桥受力的问题，体现了我国古代匠师的科学技术水平。此桥至今保存完好，1987年公布为巍山彝族、回族自治县文物保护单位。

（2）高泉风雨桥：位于维西县城北14公里高泉乡高泉河东、西两村之间的永春河上，建于民国23年（1934年）。桥总长16.8米，宽2.3米，由十二棵柱承托，柱间桥面设有木栏杆和休息台，至今保存完好。1985年公布为维西傈僳族自治县文物保护单位。

（3）黑龙潭锁翠桥：锁翠桥位于丽江黑龙潭公园内，横卧于黑龙潭边的瀑布之上，桥为平廊风雨桥，两端各建一座桥亭，其建筑造型朴素，尺度小巧精致，细部构造与丽江民居风格相似（图6-3-35）。

（4）直苴花桥：直苴花桥位于永仁县中和乡直苴村东北2公里处。民国2年（公元1912年）建，为单孔风雨桥，长18.2米，宽2.4米，桥身距河面高6.8米。桥身用巨木作为支架，临水作木护栏，桥上建盖瓦屋面，造型具民族建筑风格，在彝族聚居区的大拉乍、他地苴亦见。此桥地处四川会理通往大姚石羊的必经之路上。1987年公布为永仁县文物保护单位。

（5）牛羊太平桥：位于西畴县老街乡沿河街东侧100米畴阳河上，建于清乾隆十三年（1748年），清咸丰年间重修，清宣统三年（1911年）增修。桥长34.2米，宽3米，高6米，有4个石砌桥墩（图6-3-36）。桥上建有木构风雨长廊，九格十排，穿斗式梁，板瓦屋面（图6-3-37）。桥两端有桥头堡，东端堡内侧有碑五块，铭文记载："牛羊太平桥者，为南隔之要道，作东北之通衢"。1993年公布为云南省文物保护单位。

（6）永安桥：又名盟川桥，位于永胜县梁官镇兴文村东，跨桥头河上，清光绪二十七年（公元1901年）重修。为铁链风雨桥，东西走向，桥基两侧用木架成鞍形两墩，以七根铁索相连，上铺木板作桥面。桥长25米，宽3.3米，净跨15.5米。桥上

图6-3-35（a） 丽江锁翠桥立面、剖面、平面图

图6-3-35（b） 丽江锁翠桥

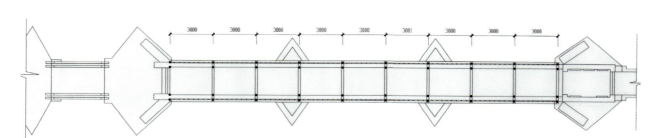

图6-3-36（a） 西畴牛羊太平桥平面图

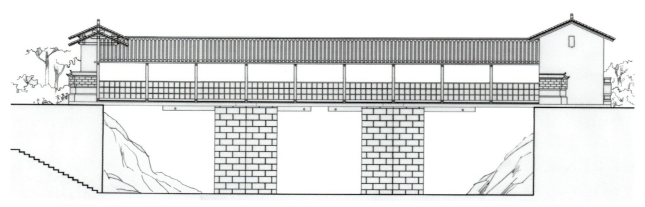

图6-3-36（b） 西畴牛羊太平桥立面图1

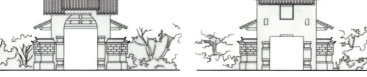
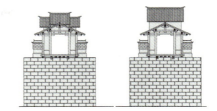

图6-3-36（c） 西畴牛羊太平桥桥亭立面图2　　　　　　　　　　　　　　　　　　　　图6-3-36（d） 西畴牛羊太平桥剖面图

图6-3-37（a） 西畴牛羊太平桥　　　图6-3-37（b） 西畴牛羊太平桥梁架　　　图6-3-37（c） 西畴牛羊太平桥挑梁

图6-3-38　永胜永安桥

建单檐瓦屋7间，桥头各建方形楼阁，现仅存1楼（图6-3-38）。

（7）普济桥：位于广南县那泗镇贵马村东南，横跨贵马河渡口。始建于清嘉庆十二年（1807年），光绪十九年（1893年）重修。为五孔石墩木梁风雨桥。全长15.4米，宽3米。木板铺面，桥面距河面高2.4米。风雨亭砖木结构，高2.3米，桥头立有建桥碑记。1988年公布为广南县文物保护单位。

（8）永宁桥：俗称崖涧桥，位于宾川县城北25公里力角乡碧秀庄村西400米处，清嘉庆十五年（1810年）建。桥横跨宾居河，为石墩木梁风雨桥，通长38.4米，宽4.4米，高7米。桥门为单檐歇山顶牌楼，是宾川现存唯一的风雨桥，有建桥碑记两块。1989年公布为宾川县文物保护单位。

（9）云盘村木桥：位于麻栗坡县麻栗镇云盘村西南300米处，始建于清光绪年间。跨畴阳河上，为石墩木梁风雨桥，长13.4米，宽3.2米，高4.5米，两岸纵联砌置桥墩，上置6根木梁，面铺木板，桥面建3.4米高两面坡屋面以遮风雨，两侧设木栏，两端夯筑门洞。

图6-3-39 云龙通京桥

图6-3-40（a） 云龙通京桥底部梁拱　图6-3-40（b） 云龙通京桥内部梁架

（10）通京桥：俗名大菠萝桥，现名"解放桥"，位于云龙县城北新乡大菠萝村，横跨沘江上，距县城38公里。桥始建于清乾隆四十一年（1776年），清道光十五年（1835年）重建。为悬背式单孔木拱廊桥，全长40米，宽4米，净跨径29米，高12.5米（图6-3-39）。桥采用木枋交错架叠而成，从河两岸层层向河心挑出，中间用长12米的5根横梁连接，上铺木板组成桥面。桥上覆盖瓦顶桥屋，桥内两侧平置两排木凳供人歇息，桥外两侧用高约1米的木板遮挡，以作为桥面的木栏。桥两端建有牌楼式桥亭，亭高5米，通面阔6米，内连接一条长5.5米的石梯通道（图6-3-40）。通京桥建筑奇巧，雄伟壮观，是今大理境内的同类桥梁中最大的古桥，1998年公布为云南省文物保护单位。

（11）彩凤桥：位于云龙县城北74公里的白石乡顺荡村，横跨沘江上，始建于明崇祯年间（1628～1644年），后历代均有维修，到清光绪年间的最后一次维修时，把西面的桥亭改建为阁楼（图6-3-41）。桥全长33.3米，宽4.7米，净跨径27米，高11.33米。桥身建筑采用木枋交错架叠而成，从两岸桥墩层层向河心挑出，如楼阁建筑中的斗栱，在两端斗栱向中延伸相距9米时，再用5根横梁衔接，上铺木板组成桥面，并于桥身上覆盖瓦顶桥屋，桥两侧用木板遮挡，桥内置两排木凳供行人歇息（图6-3-42）。在桥的东面桥亭内，现存清乾隆四十七年（1782年）的《云龙州官告示碑》，颁布行人马帮等过桥规则，该桥现保护完好，1988年公布为云龙县文物保护单位。

（12）南桥：位于广南县城南，横跨八大河上，始建于清嘉庆二十四年（1819年）。双孔石拱桥，长8.7米，宽4.6米，单孔跨径4.3米，拱矢高3.1米。两侧以板、石作护栏，并砌高0.5米的凭栏（图6-3-43）。1929年于桥面建盖砖木结构风雨亭，现风雨亭又改为砖混结构（图6-3-44）。1988年公布为广南县文物保护单位。

（13）南薰桥：位于宾川县州城南钟良溪上，明嘉靖二十三年（1544年）建，清光绪二十三年（1897年）重修。桥为单孔石拱风雨桥，长17米，宽4米，孔高7米、宽6米，两边有牌楼式门，桥廊

图6-3-41 云龙彩凤桥

图6-3-42（a） 云龙彩凤桥底部梁拱

图6-3-42（b） 云龙彩凤桥内部梁架

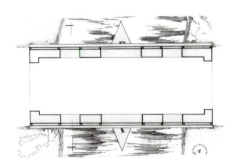
图6-3-43（a） 广南南桥平面图

图6-3-43（b） 广南南桥立面图

图6-3-43（c） 广南南桥剖面图

图6-3-44 广南南桥

中间建歇山顶方形亭阁一间（图6-3-45）。明嘉靖李元阳、清光绪黎洪熙为南薰桥作过碑记，现桥上存光绪二十三年（1897年）重修南薰桥碑三块，新中国成立后曾两次维修。1989年公布为宾川县文物保护单位。

（14）乡会桥：位于建水县城西西庄镇新房村东泸江河上，建于清代。为三孔石拱廊桥，占地面积700平方米，因封建社会科举乡试、会试的蔚然兴起而得名，现为建水古桥中唯一的石拱廊桥。乡会桥高7.2米，连两端长25.3米的引桥，全桥长102

图6-3-45（a） 宾川南薰桥桥亭入口

图6-3-45（b） 宾川南薰桥正面

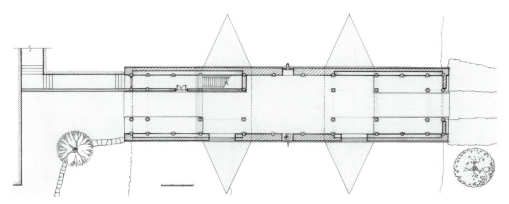
图6-3-46（a） 建水乡会桥一层平面图

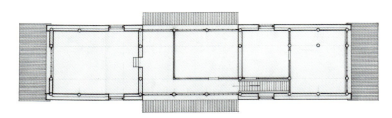
图6-3-46（b） 建水乡会桥二层平面图

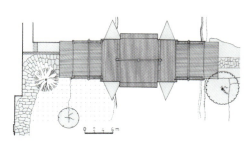
图6-3-46（c） 建水乡会桥屋顶平面图

图6-3-46（d） 建水乡会桥立面图

图6-3-46（e） 建水乡会桥剖面图

图6-3-47 建水乡会桥

米。桥面宽7米，一层为桥面通道，供人车通行兼具避风雨、防日晒和休息功能（图6-3-46）。上面由二层重檐硬山的楼阁文星阁全部覆盖，构成了乡会桥楼阁主次分明、造型变化丰富的外观特色，使桥阁浑然一体（图6-3-47）。

（15）知政桥：位于宾川县城南，横跨宾居河，明万历之州王思珩建。原为五孔石拱风雨桥，今桥廊废。桥全长105.7米，宽8米，高约9米，是宾川通往永胜、鹤庆、洱源的必经之路。1989年公布为宾川县文物保护单位。

最后不得不提一个独特的桥梁，就是位于屏边县北湾圹乡五家寨的滇越铁路人字桥，这是在滇越铁路上（昆明至越南河内）的一座巨型钢架桥，全用钢板、槽、角钢、铆钉连接而成。人字桥在两山峭壁之间的跨度为67米，距谷底100米。它以独特的设计、精巧的造型而名传天下。人字桥是由法国女工程师鲍尔·波丁设计，于1907年3月10日动工，1908年12月6日竣工。桥长67.15米，高102米，自昆明一侧的一孔跨长21.9米，二、三孔跨长14.75米，四孔跨长15.75米，桥梁重179.5吨（图6-3-

图6-3-48 屏边五家寨滇越铁路人字桥

48)。1998年公布为云南省文物保护单位,2006年公布为全国文物保护单位。

从以上一些的实例分析可以看出,云南古桥类型的丰富多样、桥形结构的独特神奇,为我们对云南古代先民建桥技艺的智慧的传承的产物。当然,与永恒的河流相比,任何形式的桥梁也都是速朽的,特别是处于交通要道上的大小古桥,随着城镇的快速发展,有的已难以继续承担繁重的交通运输,是故不得不被修改乃至被完全拆除,另建新桥,这是不可避免的历史必然。不过,比起一经拆除、便难以恢复的民居老屋、城墙古建来说,桥梁还算是幸运的,它们往往在被重修重建之后,实际上是重获新生。

本章分别就云南现存的府(府州县衙署、土司府署),驿(古道驿站),馆(同乡会馆、行业会馆),桥(不同形态的古桥)进行梳理分析,且有些建筑如各府州县的衙署、位于古道、古镇关隘的驿站已不存在或改为他用。即便是遗存至今仍然还在使用的土司府、会馆和古桥等建筑,它们的实际功能也都已经退出了历史的舞台。而作为一种社会发展的物质空间载体、一种历史见证,从这些不同时期、不同功能类型的建筑中,既可以看出云南地方民族社会的政治治理、对外交通联系与商贸经济往来的大致格局和总体情况,也能加深对云南民族在环境制约下所作的创造。

注释

① 《圣武记》卷七《雍正西南夷改流记》。
② 《圣武记》卷七《雍正西南夷改流记》。
③ 此处的江外,指元江、藤条江、李仙江(小黑江)之外。
④ 阿来·《尘埃落定》。
⑤ 室内布置有守夜者的火塘、床、桌和象征狱神之图腾对联、香炉等,左边是关押重犯的地方,四边栏栅,留有门道,供犯人出入,房内有卡脚枋、四枋枷、鱼尾枷

和铁链手铐等全套刑具，有些阴森恐怖。右边是轻犯住处，四边无栏栅和刑具。

⑥ 包括亲兵班，亲兵班是从土司属境内、外八寨各抽调一人共计十六人组成。他们主要负责保护土司、服侍土司生活，如早点摆饭、倒水、打扫清洁卫生等，土司外出，亲兵就配备武器随从，如果遇到审案，便站班侍立，以助威风，他们相当于民国时期的宪兵。

⑦ （清）道光《广南府志》。

⑧ 民国《广南县志》大事记。

⑨ 土司署建制：土司、师爷、管家、里长、团长、侍侯、兵头、老总、招坝、里老、当客、招头、三伙头。

⑩ 学术界有关会馆起源的原因，都一致认为是在明永乐年间，明朝迁都北京后，科举考试地点也前往北京，大量服务于科举制度的会馆因此而随之出现。因此，许多学者都认为会馆建立最初的目的是为同籍官员及科举士子们服务的。

⑪ 百度百科：http://baike.baidu.com/view/250857.htm。

⑫ 昆明市规划局，昆明市规划编制与信息中心.昆明市挂牌保护历史建筑[M].昆明：云南大学出版社，2010。

⑬ 1925年，和顺乡热血青年先在海外将"青年会"和"促进会"改组为"崇新会"，意在"誓出旧染，崇尚新生。"总部设于缅甸曼德勒，并在和顺设内部，具体执行改革社会、建设家乡的决议。

⑭ 杨发熹："百年沧桑说原变"，载于《和顺乡》1999年12月复刊，《和顺乡》编委会编辑。

⑮ 张冲（1899～1980年），字"云鹏"，彝族，泸西县人。他早年任滇军师长、军长等职，北伐及抗日战争均立战功，尤以率部参加台儿庄战役，军功卓著。后至延安加入中国共产党，新中国成立后曾任云南省政府副主席，全国政协副主席等职。为家乡捐赠了大批教学仪器和图书，馆名以张冲之字命名为"云鹏图书馆"。

⑯ 按：龙尾关第七驿至永昌，中经汉博南县，即：今永平县。由此西渡博南山，山下即澜沧江，博南及罗岷两山夹峙江上，即所谓两岸高险者。南诏、大理国时期用竹索为桥，至明代方为铁索桥。

⑰ 建水《天缘桥碑记》。

⑱ （清）康熙《云南府志》。

云南古建筑

第七章 园林别苑

云南名人故居分布示意图

- ① 卢汉公馆
- ② 昆明聂耳故居
- ③ 朱德旧居
- ④ 艾思奇故居
- ⑤ 梁河李根源故居
- ⑥ 腾冲李根源故居
- ⑦ 熊庆来故居
- ⑧ 玉溪聂耳故居
- ⑨ 文山楚图南故居
- ⑩ 石屏袁嘉谷故居
- ⑪ 弥勒张冲故居
- ⑫ 杨士云七尺书楼
- ⑬ 杨若晴旧居
- ⑭ 杨源大院
- ⑮ 赵廷俊大院
- ⑯ 张仕程大院
- ⑰ 严子珍大院
- ⑱ 董澄农大院
- ⑲ 杨品相大院
- ⑳ 尹樊官大院
- ㉑ 杜文秀帅府
- ㉒ 周保中故居
- ㉓ 王复生、王德三故居
- ㉔ 唐继尧故居
- ㉕ 刘尧民故居
- ㉖ 聂坪故居
- ㉗ 龙云故居
- ㉘ 浦在廷故居
- ㉙ 罗炳辉故居
- ㉚ 昆明袁嘉谷故居

云南园林分布示意图

- ① 昆明华亭寺公园
- ② 昆明太华寺公园
- ③ 昆明曼华寺公园
- ④ 昆明黑龙潭公园
- ⑤ 昆明金殿公园
- ⑥ 昆明西山公园
- ⑦ 通海秀山公园
- ⑧ 宾川鸡足山公园
- ⑨ 巍山巍宝山公园
- ⑩ 昆明翠湖公园
- ⑪ 昆明大观楼公园
- ⑫ 丽江黑龙潭公园
- ⑬ 大理三塔公园
- ⑭ 蒙自南湖公园
- ⑮ 腾冲叠水河瀑布
- ⑯ 景洪曼听公园
- ⑰ 芒市勐巴那西公园
- ⑱ 昆明鲁园
- ⑲ 安宁楠园
- ⑳ 建水朱家花园
- ㉑ 建水张家花园
- ㉒ 大理永馥花园
- ㉓ 大理张家花园

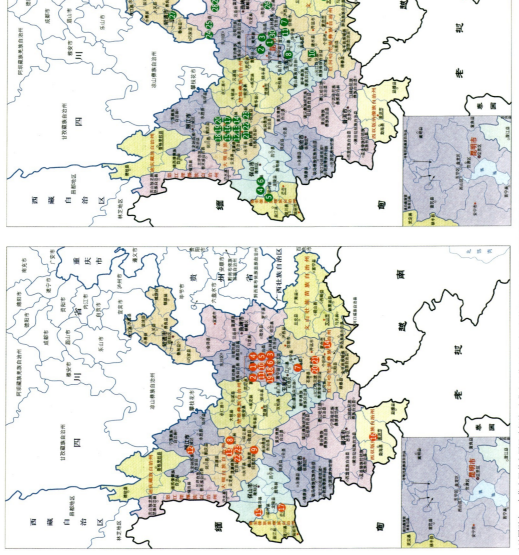

（地图引自：中华人民共和国民政部编．中华人民共和国行政区划简册2014．北京：中国地图出版社，2014．）

第一节　依山傍水的滇派园林

"全能的上帝率先培植了一个花园；的确它是人类一切乐事中最纯洁的，它怡悦人的精神，没有它，宫殿和建筑只不过是粗陋的手工制品而已……"这是英国著名哲学家培根的一段关于园林艺术的名言。诚如这位伟大哲人所言，园林同人类的生活有着紧密的联系，它能创造一个美好的环境给我们游览、给我们居住、愉悦我们的精神，因而它是人类创造的最完美的艺术之一。

云南的园林是土生土长的，在云南这块红土高原上生根发芽、茁壮成长。因此，它有许多与这个母体特征紧密关联的鲜明个性，如同其他类型的乡土建筑或是土生土长的云南人一样，有让人眷恋的独特环境风貌和割舍不断的乡土情怀。很明显，云南园林的最大特点，主要是依托自然天成的山水环境，加以少量的人工点缀，最终形成自然质朴、视觉开朗与风光秀丽的景观环境。

一、云南园林的历史钩沉

云南的造园艺术历史悠久，是随着人类早期的活动而出现的，云南园林按发展过程的特点，大致可划分为几个历史时期。

1. 形成期：魏晋时期，佛教、道教在内地较为流行，兴建寺观园林的风气极盛。诸葛亮平定南中后，实行大规模的屯田，在带来汉族先进的生产技术和文化的同时，也带来了内地的造园技术和造园思想。受此影响，云南出现了部分寺观园林和私家园林。这次民族大融合为其后的南诏、大理文化奠定了基础。

2. 成熟期：公元746年，南诏崛起，征服了滇池地区，强迫迁民20万户到洱海地区，促进了当地文化、经济的发展，使洱海地区成为南诏大理数百年政治经济文化的中心。

南诏时期的建筑业相当发达，在早期的都城太和城内建有避暑宫，为云南历史上少量的皇家园林之一，为满足封建领主奢欲生活的需要，还修建了许多庄园。据载，大厘城（今喜州）"邑居人户尤众……南诏常于此城避暑"。这一时期，寺观园林也获得了第一次发展的高潮。大理崇圣寺（又名三塔寺）位于县城西北的莲花峰下，是迤西名胜之一，建筑规模宏伟，基方七里，房屋八百九十间，寺前有三塔，寺内供铜观音。如今寺院早已无存，只有三塔依然耸立。

同时，南诏文化显示着向汉文化看齐的趋势，贵族子弟先后轮流到成都读书，出现了一大批"仕族"阶层。由于文人参与造园活动，从而把园林艺术与书、诗、画相联系，有助于在园林中创造出诗情画意的境界。到了大理国时期，封建主大修园林、宫殿和庄园，大理王的私庄被称为"白王庄"、"皇庄"，后来变成当地地名被保留下来。

3. 发展期：1276年，元朝建立云南行中书省，行政中心从大理路移至中庆路（今昆明），经过一段时期的励精图治，云南进入了又一个稳定繁荣的时期，社会经济文化有了较大的发展，特别是在滇池地区，封建地主经济发展很快，造园活动进行得轰轰烈烈。昆明圆通寺就是这一时期的佳作，把大雄宝殿前的廊院改为池塘，并在中轴线上用桥亭相连，水榭环绕，园林气息甚浓，这在我国寺观园林中应是大胆的创造。而位于昆明西山森林公园区的太华寺、华亭寺也是这一时期所建，充分体现了与山林环境紧密结合的特点。

4. 滞缓期：元末明初，由于推行"土司制度"和"以夷制夷"的政策，中央王朝对云南贡品索取无度，土司无以从命，遂"搜刮土民，多以破家"，社会较为动荡，致使云南的造园活动处于滞缓状态。

清代推行"改土归流"，客观上促进了社会生产的发展。在吴三桂统治云南期间，修建了安阜园和莲花池别墅，同时，为了利用宗教维护其统治地位，于昆明东北郊修建了金殿道观。之后随着清代"仕族"阶层的进一步壮大，文风渐兴。伴随着文学、诗词、绘画艺术的发展及对自然美的认识不断深化，对云南的园林造园艺术产生了深刻的影响。

如大观楼在清初就成为许多文人赋词论文的地方。

鸦片战争以后，云南的社会经济受到较大破坏，园林的发展停滞不前。民国时期，达官贵族的造园之风又兴起，尤以昆明滇池畔为盛，而大观楼一带风景优美，便于借景，又可引水注园，因此园墅密集，颇为繁盛。比如，昆明在民国时期就先后有近日楼、金殿、龙泉、翠湖、大观、古幢、太华、虚凝庵等9个公园对外开放，只不过设施较差。而且不论是昆明的园林，还是云南其他地州县市的园林，基本都是在历代名胜古迹和私家别墅庭院的基础上发展而来的。

新中国成立后，云南园林也走过一段曲折的发展道路。新中国成立初期以恢复整理旧有园林和改造开发私家园林为主，很少有新建园林。20世纪50年代中期，云南的园林建设事业得到了较大发展，以昆明圆通公园为主的一批城市园林相继出现。之后，云南园林同样遭到了极大破坏，"文革"前昆明市区有公园22个，到了1977年仅存10个。到1980年以后，云南园林才又进入新的发展阶段。

综观云南园林的发展历程，可以看出，云南园林的兴衰发展，并非都与内地园林同步。这主要是因为云南山高地偏，交通不便，与内地交流困难，常常出现一个相对的"滞后期"，且云南园林也一直没有脱离外来文化的影响而孤立发展。同时，由于受中原战争波及较少，使云南园林赢得了较长的和稳定的外部环境，并给后人留下了许多宝贵的园林财富。

二、云南园林的类型风格

中国历史上曾经创造了许多辉煌的古代园林文化，留下了丰富的传统园林艺术遗产。就云南园林的分类来看，若以其服务对象来分，可分为私家园林、寺观园林和城市园林三大类型。当然，随着时代的进步和社会生活的变化，这些园林的内容与形式，现在早已极大地区别于当初的园林，最明显的表现是越来越注重园林的大众性、艺术性和功能性等多方面的统一。

1. 云南的私家园林，园主人多为封建时代的"士"族阶层（即文人），如明代杨升庵的"碧峣精舍"；有的则是达官显宦，如唐继尧花园；或皇亲国戚，如翠湖曾为明代沐家"世袭国公"的私园及清代吴三桂的"莲花池别墅"；或豪门富商，如建水朱家花园。这类私家园林多与居住建筑毗连相接，用地范围相对有限，尽管缺乏真山真水，但经过艺术改造后，许多私家园林便成了云南园林中的精华。

2. 云南的寺观园林，在这三类园林中所占比重较大。特别是在与外来文化不断的交融中，传统的"儒、道、佛"三家钟爱自然、亲近自然的思想，也深深注入云南的寺观园林之中。儒家的钟灵毓秀、道家的炼丹采药和佛教的参禅修炼，均赖于自然之气的帮助，所以云南的寺观园林遍占于云南的名山大川之中，如昆明西山太华寺、筇竹寺、昆明东郊凤鸣山的金殿、昆明北郊的黑龙潭龙泉观、安宁曹溪寺、武定狮子山正续寺、通海秀山涌金寺，还有石屏秀山、大理苍山、宾川鸡足山、巍山巍宝山、腾冲云峰山等。而位于城镇中的寺观园林，大多也因地制宜，与周边的城市居住环境融为一体，成为自然风景式的寺观园林，如昆明圆通寺。

3. 云南的城市园林，以往多集中于为数不多的几个较发达的城市中，这类园林一般是位于城市范围之内，经过专门建设的公共绿地环境，供市民日常进行游览、观赏、休息、保健等娱乐活动，并且起到了美化城市景观风貌、改善环境质量、提高城市防灾功能的作用。我们今天所通称的"公园"这种园林形式，便是从古代城市园林逐步演变而来的，如昆明的翠湖公园、大观楼公园、开远的卢江公园、蒙自的南湖公园、丽江的黑龙潭公园、白马龙潭公园等，还有已毁的昆明金碧公园、古幢公园、莲花池公园（图7-1-1），这些不同类型的云南传统园林，尽管其规模有大小，质量有高低，但都共同表现出更多反映云南自然山水和地方人文的"滇派园林"特点，即形式上不拘一格，风格杂糅，功能上似乎又掺杂了一些其他的非观赏性因素，依

图7-1-1 莲花池公园（新修复）

托独特的自然山水环境资源，伴随着成林成片的植物栽培，在形成宏畅开朗的景观环境意像的同时，更以在园区内形成的最高点（观景的亭或塔）构成重要的标志景观，来眺望和总览全景。

特别要指出的是，以上关于云南园林的分类方法并非是绝对的，任何事物总是存在于不断的发展变化之中，园林的发展也不例外。同一园林在不同时代所表现出的性质不同，内容和形式也会不同。譬如原为私家园林的昆明鲁家、庾家花园、建水朱家花园、张家花园等，现已正式对市民开放，私园变成了公园。而翠湖更是经历了沐氏私家园林，建有"莲花禅院"的寺观园林及现在的城市公共园林之变更。不论如何分类，更重要的是以一种历史辩证的方法客观地去挖掘认识、评价和利用这批丰富的历史文化遗产。

（一）寺观园林

云南多山，山多雄奇、峻秀，云南寺观园林星罗棋布，除少部分位于城镇内部，大多数都建在优美自然的山川环境中。如昆明西山的华亭寺、太华寺、西山龙门三清宫阁、昆明凤东郊鸣山上的金殿、北郊的黑龙潭、滇池东岸的盘龙寺，还有昆明以外的武定狮子山正续寺、安宁曹溪寺、滇西大理苍山崇圣寺、圣元寺、宾川鸡足山祝圣、巍山巍宝山长春洞、保山太保山玉皇阁、腾冲云峰山雷神殿，滇南通海秀山的涌金寺、石屏秀山寺、建水小桂湖（福东寺）等，这些寺观园林或佛教寺庙、或道教宫观、或三教合一寺庙，均紧密地结合了寺观所在的不同的自然地形，因地制宜，从而创造出了各具地域特点的云南寺观园林。它们既是云南比较著名的佛教寺庙，也是环境优美的寺观园林。更有胜者，随着不同时期兴建寺观庙宇的增多，信众朝拜香火的旺盛，而成为名盛一时的佛教、道教名山，如宾川鸡足山（佛教）、巍山巍宝山（道教）、腾冲云峰山（道教）、武定狮子山（三教）、通海秀山（多教）等。

1. 昆明华亭寺公园

华亭寺位于华亭山半山腰，前临草海，后倚危峰，左枕太华，右连碧境，寺院周围，茂林拥翠，修竹凌云。

北宋嘉祐八年（1063年），云南大理地方政权"鄯阐（昆明）匡国侯"高智升，因其岗峦峻峭，在华亭山建楼台，修别墅，元延祐七年（1320年），筇竹寺玄通元峰禅师来这里结茅庵驻锡。元至治三年（1323年），募化创建大光明殿，供奉毗卢佛像及圆觉十二大士，寺称为圆觉寺，后经20多年的苦心经营，将圆觉寺建成一座规模较大的寺院。明景泰四年（1453年），明朝廷派驻云南的太监黎义，重修圆觉寺，"拓其址而宏其规"，题额大圆觉寺。

明天顺六年（1462年），明英宗敕赐该寺为华亭寺。清康熙二十六年（1687年），巡抚王继文重修华亭寺。清咸丰七年（1857年），华亭寺部分建筑毁于兵燹，光绪九年（1883年）再次重修。民国7年（1918年）唐继尧请湖南籍和尚虚云到华亭寺住持，民国九年（1920年）虚云和尚募款再次大修华亭寺，历时6年，凿放生池、重塑罗汉，建藏经阁，修大悲阁，建海会塔，广植花木……修葺后改称"靖国云栖禅寺"，但人们仍习惯称华亭寺。1969年藏经阁倾斜，次年被拆除。

华亭寺坐西向东，山门外南北两侧，原建有三重檐钟鼓楼，20世纪50年代初，鼓楼倾圮仅遗存钟楼（图7-1-2，图7-1-3）。1978年，对钟楼进行翻修时，将钟楼底层作为华亭寺的东面入口。

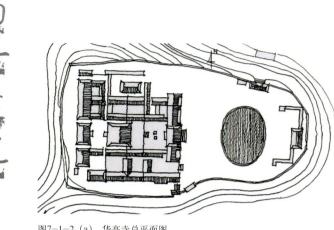

图7-1-2（a） 华亭寺总平面图

图7-1-2（b） 华亭寺独门式山门

图7-1-3 华亭寺藏经楼

华亭寺的山门，经清后均曾重修，其特点是处理成独门形式。

在华亭寺的整体布局上，作为佛教建筑的重要内容之一，去之不恭的讲经说法之法堂均已被省去，这在中原汉传佛寺的布局中是极为少见的。

2．昆明太华寺公园

太华寺位于太华山腹，距华亭寺1.8公里。太华山居西山群峰之中，"上为危峰，下盘深谷，太华则高峙谷东"。太华山"左环右拥，苍修端岩，滇中名胜，首推重焉"。东面是太平山，明万历年间曾建太平寺。

太华寺，又名佛严寺，整个寺院布局坐西朝东，面向滇池（图7-1-4）。元大德丙午年（1306年），云南梁王命在此建梵刹。"一载而成，赐寺额曰佛严，山曰太华"。延请高僧玄鉴无照住持。明代，云南镇守国公沐英的后代，曾捐资在佛严寺南面建碧莲室，南面建思召堂，东南面建一碧万倾阁。清康熙二十年（1681年），清军入昆，碧莲室、思召堂和一碧万倾阁部分被毁。清康熙二十六年（1687年），云贵总督范承勋重修太华寺，添建大悲阁，次年（1688年）又拆吴三桂在翠湖西面的"新府"砖瓦石料，重修碧莲室、思召堂和一碧万倾阁（图7-1-5）。现存大雄宝殿、大悲阁前大德大理石浮雕栏杆，即吴三桂新府的旧物。

康熙帝御书的"世济其美"石刻，就镶在一碧万倾阁后墙上。清咸丰年间，太华寺部分建筑毁于兵燹，清光绪九年（1883年）士庶再次捐资重修。

太华寺大雄宝殿为单檐歇山式屋顶，尚存元代建筑遗风。在大雄宝殿中，置有紫檀木雕刻重檐斗栱的"大雄殿"，高2.5米，内置木雕三世佛，整个木雕殿堂精雕细刻，是件难得的艺术珍品。

在太华寺中，最有特点的建筑当数一碧万顷阁。其建筑平面为"T"字形，2层木结构回廊建筑，歇山式屋顶。阁前有宽敞的观景平台，可供凭栏观赏草海风光（图7-1-6）。在这里朝观日出、暮赏晚霞、入夜还可眺望昆明城的万家灯火。徐霞客在其《太华寺游记》中称："太华寺，寺亦向东，殿夹墀皆山茶，南一株尤巨异。前廊穿庑入阁，东向瞰海，然此处所望犹止及草海，若漭漭浩荡观，当在罗汉寺南也。"可见，一碧万顷阁在明代就是眺览草海胜境之阁。

另外，昆明西山太华寺的山门处理更为独特，均以一座三叠式的石牌坊代替殿宇式山门。在太华

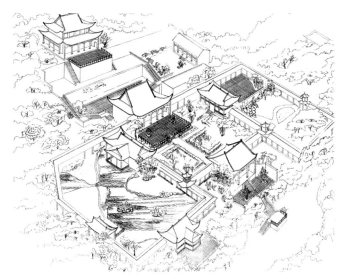

图7-1-4（a） 西山太华寺公园鸟瞰图

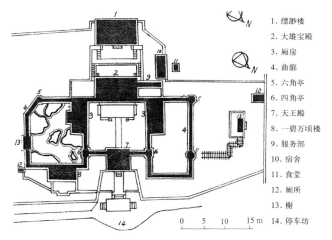

1. 缥缈楼
2. 大雄宝殿
3. 厢房
4. 曲廊
5. 六角亭
6. 四角亭
7. 天王殿
8. 一碧万顷楼
9. 服务部
10. 宿舍
11. 食堂
12. 厕所
13. 树
14. 停车坊

图7-1-4（b） 西山太华寺公园平面示意图

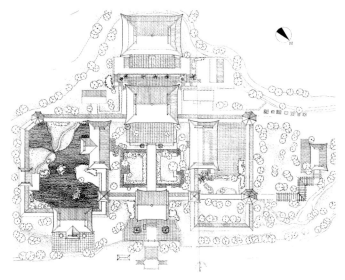

图7-1-4（c） 西山太华寺总平面图

寺的整体布局上，却之不恭的讲经说法之法堂均已被省去，这在中原汉传佛寺的布局中是极为少见的。

3．昆明昙华寺公园

昙华寺，又名昙华庵，坐落于昆明东部金马山群峰中之瑞应山麓。据《昆明市志》载：这里"背依金马，崇岗千仞，面瞰春城，烟火万家，碧鸡、玉案诸峰，遥卫环拱，金汁河水，蜿蜒从寺门流过"。

明代，光禄大夫施巨桥在这里建草堂，读书治学，明崇祯年间施巨桥曾孙施泰维将祖业捐赠建寺，由无穷禅师鸠工兴建①。原草堂内有棵优昙树，优昙被誉为"佛花"，就树创寺，得名"昙华"。

清康熙十二年（1673年），吴三桂起兵反清，寺中建筑与花木遭到破坏。清康熙三十五年（1696年），巡抚王继文重修昙华寺。清康熙六十年（1721年）又进行修葺。乾隆三十五年（公元1770年），施家后人施培辞官告老还乡，出资修葺昙华寺并在其中建家庙祠堂祀祖。

清道光十三年（1833年），昆明地震，梵宇倾祀几尽，主持心容、心正和尚用时十七年，费心募化修葺，清咸丰七年（1857年），寺又毁于兵燹，仅存正殿。清光绪年间，喻芝、广法、续亮和尚先后再次倡建。

辛亥革命后，经方丈映空苦心经营，在寺内广种花木，把昙华寺建成"花木亭亭，四时不谢"，"名花罗列，落英飚空"的大花园而渐成为昆明的禅院名蓝（图7-1-7）。

"文革"期间，殿宇破损，佛像被毁，花木寥寥。1980年恢复昙华寺公园，所有建筑基本按原来格局修葺一新，并扩建后园和将东园苗圃辟为大型花园（图7-1-8）。

昙华寺前院，占地1.2公顷，前临金汁河，山门为四柱式牌坊建筑，歇山式琉璃瓦屋顶。两侧为封闭的景窗红墙。正对山门，原观音殿、祖堂和藏经楼三座建筑组合在一条东西向

图7-1-5（a） 西山太华寺大悲阁写景　　图7-1-5（b） 西山太华寺大悲阁

图7-1-5（c） 西山太华寺公园庭院

图7-1-5（d） 西山太华寺连廊　　图7-1-5（e） 西山太华寺水榭景观

图7-1-6（a） 西山太华寺"一碧万顷楼"

图7-1-6（c） 西山太华寺"一碧万顷楼"背立面图

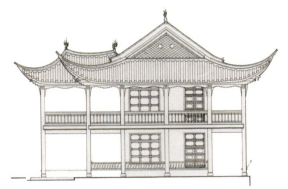

图7-1-6（d） 西山太华寺"一碧万顷楼"侧立面图

图7-1-6（b） 西山太华寺"一碧万顷楼"背景

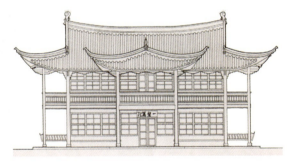

图7-1-6（e） 西山太华寺"一碧万顷楼"正立面图

的中轴线上，前后形成大小不等的4个庭院。原观音殿为三开间歇山式琉璃屋顶建筑。山门后的庭院北为"金苑"，南为"碧园"，两园回廊水榭，小桥莲池，庭院幽深，各具特色。

原祖堂重建后辟为花鸟院，而后面的藏经楼高踞平台之上，曾改称为"大义厅"，现辟为罗汉堂，院中的南北两厢房对称布置。在罗汉堂南面小院，是名碑陈列院，有清康熙年间巡抚王继文的行草书法碑，"朱德赠映空和尚诗文碑"（省级重点文物保护单位）及历次修葺本寺的记事碑。罗汉堂北面小院，是原草堂内的优昙树，因建寺不久，优昙枯死，清初又从原老株根部萌发新枝，如今树龄也有300多年。

从昙华寺现存的主体建筑来看，其分别由山门、关圣殿、观音殿、藏经楼、方丈室等组成，将关羽作为护法伽蓝列入佛寺虽不是云南独创，但以观音殿代替大雄宝殿似乎已经到了难以容忍的离经叛道的地步。而天王殿、法堂等必备的建筑也统统

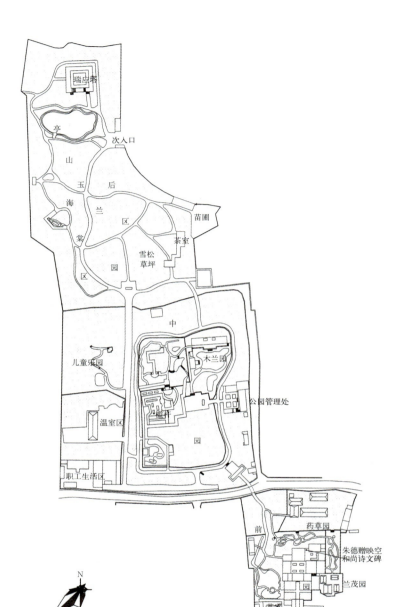

图7-1-7（a） 昙华寺公园总平面图（《昆明园林志》）

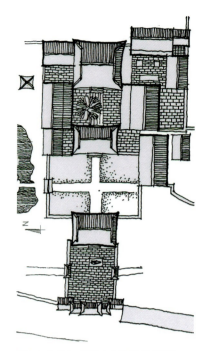

图7-1-7（b） 昙华寺公园前园平面图

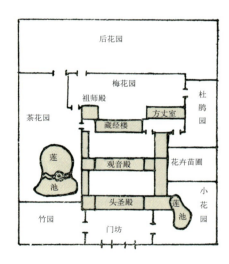

图7-1-7（c） 昙花寺公园示意图

加以省略，这在中原地区的汉传佛寺中不仅没有先例，甚至连设想也需要极大的勇气。

昙华寺公园在造园手法上，是将中国古典园林与云南地方民族建筑风格融为一体，结合得巧妙自然。

4. 昆明黑龙潭公园

黑龙潭公园位于昆明市北郊龙泉山五老峰下，这里古木参天，泉壑幽邃，修竹茂林，潭深水碧，景色幽深。民间传说有黑龙王潜藏于此，故称黑龙潭。在黑龙潭古木参天的丛林中，有一潭深水，泉水自地下涌出，潭以中间的石桥为界一分为二，分隔形成一清一浊、一深一浅二池，深池即黑龙潭，又名清水潭，碧泉若镜；浅池水色微黄，称为浑水潭。一清一浑，水色迥异，互不相融，似道家阴阳

图7-1-8（a） 昙华寺公园山门速写

图7-1-8（b） 昙华寺公园过厅

图7-1-8（c） 昙华寺公园罗汉堂

图7-1-8（d） 昙华寺公园庭院

各半的"太极"图案，形成"两水相交，鱼不来往"的异景奇观（图7-1-9）。

黑龙潭是有名的道教胜地，主要有上观（龙泉观）和下观（黑水宫）两组古建筑群，皆为明洪武二十七年（1934年）和二十八年所建（1935年），徐日暹为第一任道长。除了龙泉上观和下观建筑群外，黑龙潭公园的风景名胜区还有梅园、水景园、桂花园、精品园、杜鹃谷、红枫林和烈士墓等十余个景区。其中位于上观古建筑北面，东临三清殿，西至龙泉路，南接桂花园，北抵杜鹃谷的梅园最具特色，名为"龙泉探梅"，为昆明新十六景之一。清代嘉庆年间硕庆题联："两树梅花一潭水，四时烟雨半山云"，点出了黑龙潭风景名胜的主要景观特色。

明景泰四年（1453年），黔国公沐氏重修龙泉观，

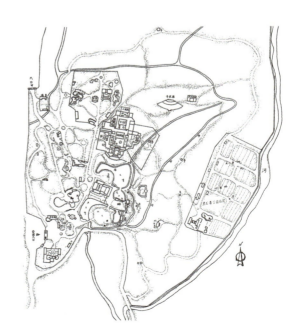

图7-1-9（a） 黑龙潭公园总平面图

图7-1-9（b） 黑龙潭公园门前广场

图7-1-9（c） 黑龙潭公园浑水潭

图7-1-9（d） 黑龙潭公园清水潭

清康熙二十九年（1690年），总督范承勋，巡抚王继文，按察使许宏勋又重修龙泉观。清光绪八年（1882年），总督岑毓英，巡抚杜瑞联再次重修。

上观龙泉观，始建于元，是一组结合山地灵活布置的道观，其由多重殿宇组成。当沿山拾级而上，至一圆弧形平台，从悬挂"紫极玄都"的山门牌坊开始，沿中轴线依次布置为雷神殿、北极殿（现为祖师殿）、玉皇殿和三清殿几座重要建筑。重重殿宇均配有殿和厢房烘托，加上其余的天君殿、三丰殿、斗姆阁、长春真人祠、通妙真人祠等，共同构成了有五进殿堂和十三个大小不同的院落（图7-1-10）。从空间层次来看，龙泉观分三层，由下

图7-1-10（a） 黑龙潭公园上观山门

图7-1-10（b） 黑龙潭公园黑水祠

图7-1-10（c） 黑龙潭公园三清殿

图7-1-10（d） 黑龙潭公园斗母阁

图7-1-10（e） 黑龙潭公园庭院

而上依山坡正脊中轴对称建成；第一层为祖师殿，东侧为真人殿；第二层为玉皇殿，东侧为文昌殿；第三层为三清殿。整个建筑群顺山势由南而北层层递升，建筑与院落相互融合穿插组合形成的建筑空间，统一中求变化，规整中显灵活，既主次分明，又彼此相呼应。

龙泉观除无灵官殿外，其道观总体格局基本上是按照中原道观规制兴建的。由于龙泉观为元时邱处机弟子宋披云首创，故在观中不仅特设祖师殿，而且将其设置在中轴线上作为主体核心建筑之一，取代了灵官殿的位置，这与其他道观稍有差异。

在龙泉观的核心建筑北极殿前，东侧有唐梅，西侧有明代茶花，居中是高大的宋柏，合称为黑龙潭"三异木"（图7-1-11）。

紧靠龙潭边修建的下观，称黑龙宫，黑龙宫由二院三进及两厢组成，建筑古朴幽雅，院落规整（图7-1-12）。正殿供奉龙王，配殿供水族等塑像，"文革"期间，塑像全毁，仅遗镶嵌在龙宫正殿墙上清康熙年间云贵总督范承勋游黑龙潭题咏碑记。

黑龙潭的上观和下观古建筑群，1993年11月被列为省级重点文物保护单位。

5. 昆明金殿公园

在昆明城市东郊的凤鸣山上，有明代兴建的道观太和宫，一般称之为"金殿"。据记载，金殿是明代云南巡抚陈用宾在明万历三十年（1602年）创建的。仿湖北武当山上十二峰的中峰——天柱峰的金殿形式建造，冶铜为殿，供奉北极真武大帝，并建砖城加以保护，取名太和宫。明崇祯十年（1637年）被移往大理宾川鸡足山。现在这个"金殿"为清初平西王吴三桂所铸。

始建于明代的昆明太和宫，俗称"金殿"，崇祀真武，由一天门、二天门、三天门、棂星门、太和宫、天师殿、真武殿（金殿）、文昌宫（三丰殿）、雷神殿钟鼓楼、魁星楼等为主体建筑，组成四宫十殿的庞大格局（图7-1-13），"自上帝以至诸真殿阁井井"。太和宫采用汉式城垣风格，小巧别致，且在宫前还设立了作为儒家文庙特殊标志的棂星门牌坊，这种道观布局在内地其他地方也不多见。

从山下的迎仙桥开始，沿山路蜿蜒拾级而上，依次经过三道"天门"，最后到金殿过棂星门，即

图7-1-11（a） 黑龙潭公园宋柏　　图7-1-11（b） 黑龙潭公园唐梅

图7-1-12（a） 黑龙潭公园下观大门　　图7-1-12（b） 黑龙潭公园下观内庭

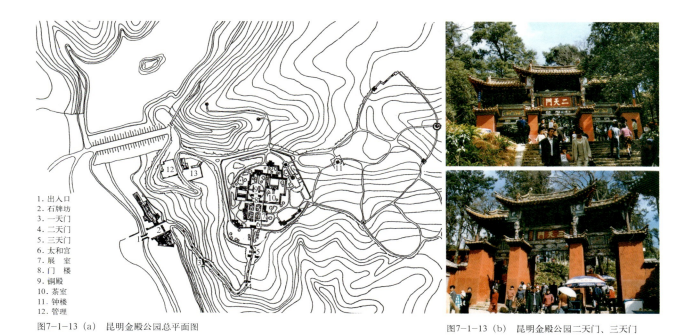

1. 出入口
2. 石牌坊
3. 一天门
4. 二天门
5. 三天门
6. 太和宫
7. 展　室
8. 门　楼
9. 铜殿
10. 茶室
11. 钟楼
12. 管理

图7-1-13（a）　昆明金殿公园总平面图

图7-1-13（b）　昆明金殿公园二天门、三天门

图7-1-14（a）　昆明金殿公园太和宫大门、棂星门

图7-1-14（b）　昆明金殿公园太和宫魁星楼

图7-1-14（c）　昆明金殿公园太和宫内院

图7-1-15（a） 昆明金殿公园第一天门　　　　图7-1-15（b） 昆明金殿公园金殿

见太和宫（图7-1-14）。这里松涛哗然，清荫宜人，铜殿精致小巧，尺度近人。殿中的瓦柱、墙屏、匾联和神像均系浑然一体的铜铸制品，金殿周围的栏杆系大理石雕成，温润如玉（图7-1-15）。殿的四周筑城，旁竖七星皂旗，通过巧夺天工的装饰，黄瓦白堞掩映于青山绿树间，尤为瑰丽，反映出三百多年前云南高超的冶炼技术，同时也为我们了解清初木结构形式及装饰提供了实物资料例证。经过扩建后的金殿公园还新增了茶花园、杜鹃园、水景园等园中园，成为迷人的风景名胜园林。

1982年2月，太和宫金殿等历史纪念建筑物，被列为国家级重点文物保护单位。

6. 武定狮子山公园

素有"西南第一山"、"滇中绿宝石"之称的武定狮子山，像一头雄踞的狮子，在蜿蜒起伏的丘陵中拔地而起。山中箐谷幽深，林木葱郁，且在进狮山的沿途就有很多自然的景点，如观日亭、蛇头岩、双笋峰、观音洞、"九曲黄河"、"曲水流觞"等，还有人工雕琢环境优雅的礼斗阁、月牙塘（图7-1-16）。

在茂密的山林中，坐落有一组森严而壮观的佛寺，名为正续禅寺。正续禅寺建于元代至大四年（1331年），是为正寺；后经印度有名高僧指空禅师的扩建，是为续寺。寺内大雄宝殿雄伟耸立，周围的亭院以及楼台亭阁，布局巧妙，工艺精湛，遍布于其间的各种碑刻、楹联出自历代名家之手，有丰富的文化内涵（图7-1-17）。在大雄宝殿前，生长着数株古松柏，据说已有上千年的历史，更为这座古刹增添了神秘的色彩。寺院扩建者指空禅师在滇中地区享有极高声望，他选中狮山作为传教圣地，并对寺院进行了匠心独具的扩建，使得这座滇中古刹顿时生辉不少。

正续禅寺后殿的藏经楼，依山而起，坐落在高大的台基上，几乎与狮山主峰融为一体。藏经楼又称为惠帝祠阁，为开间重檐歇山式屋面，整个楼阁屋宇高大轩敞，雄伟挺拔。在藏经楼的二层室内，供奉着建文帝朱允炆的坐像。在座前的两旁木柱上绕着木雕盘龙（图7-1-18）。

狮子山在明朝已成为滇中著名的旅游胜地，不少达官贵人、墨客雅士为狮山撰写的诗文楹联就广为流传。更因为有大明皇帝在这里出家做和尚的传说，吸引不少人来狮山浏览有关建文帝的楹联诗碑，观赏与建文帝传说有关的古迹，瞻仰惠帝祠阁建筑和位于其中的建文塑像，听"祖孙皆当和尚，叔侄却争江山"的传奇故事。

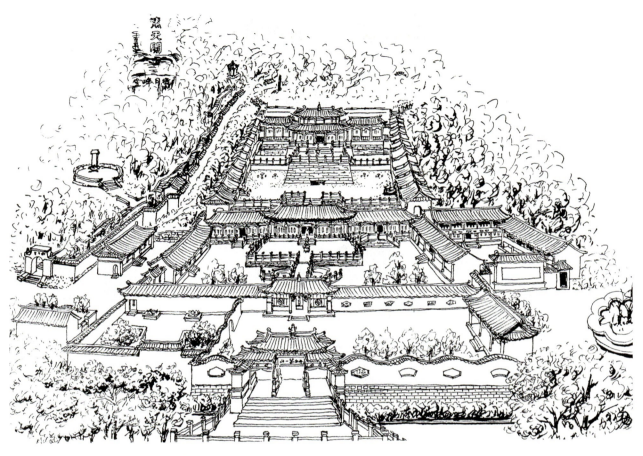

图7-1-16（a） 武定狮子山正续寺全景鸟瞰图（刘佩 刘玉明《云南古建筑白描》）

7. 通海秀山公园

通海秀山，西汉元鼎元年（公元前116年）时名青山，唐谓秀山，宋名普光山，元、明称玉隐山，清代又恢复了秀山之名，成为云南佛教圣地，民国二十六年（1937年）始名秀山公园。据《大明一统志》载，秀山是云南的四大名山之一，与昆明的金马山、碧鸡山、大理点苍山齐名。明代地学家徐霞客游秀山时留下了赞美秀山的诗名，清康熙时，云南按察使许弘勋在《通海邑去序》中称誉秀山为"秀甲南滇"（图7-1-19）。

相传汉武帝封庄蹻的后裔毋波为勾町王，始在秀山辟园林，建古刹，立亭园，后经唐、宋、元、明、清五个朝代千百年来的扩建修缮，逐步成为林木丰茂、文采斐然、闻名遐迩的风景胜地，至今尚存勾町王庙、三元宫、普光寺、玉皇阁、清凉台、涌金寺、白龙寺七大古建筑群体。1987年即被列为

图7-1-16（b） 武定狮子山山门

云南省第三批省级重点文物保护单位，2003年公布为国家级重点文物保护单位。

与通海县城城南紧密相连的秀山公园，经历沧桑，为"秀甲南滇"的游览胜地，且出城步行数百步即可登山。每登秀山，近观翠林芳草，聆听清泉

图7-1-17（a） 武定狮子山正续寺　　　　　　图7-1-17（b） 武定狮子山正续寺指空禅师塔与画像

 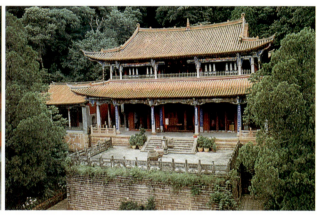

图7-1-18（a） 武定狮子山惠帝塑像　　　　　图7-1-18（b） 武定狮子山正续寺藏经楼

图7-1-19（a） 通海秀山公园登瀛桥　　　图7-1-19（d） 通海秀山公园普照寺大殿　　　图7-1-19（e） 通海秀山公园普照寺内院

图7-1-19（b） 通海秀山公园勾町王殿　　　图7-1-19（c） 通海秀山公园勾町王庙

图7-1-19（f） 通海秀山公园退思轩

图7-1-19（g） 通海秀山公园玉皇阁红云殿

图7-1-19（h） 通海秀山公园玉皇阁牌坊

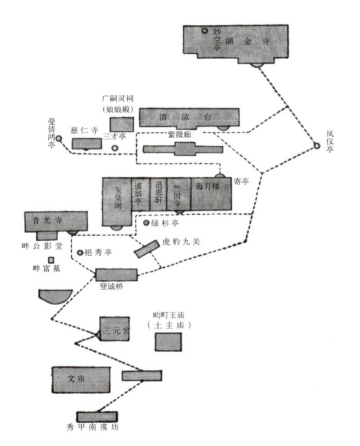
图7-1-20（a） 通海秀山公园建筑景点平面示意图（图片来源：段玉明《中国寺庙文化》）

图7-1-20（b） 通海秀山公园建筑群示意图

图7-1-20（c） 通海秀山公园大门

幽韵，远眺南山北湖峙对，万壑千峰笏立，云山烟霞岚绕，真乃仙韵无穷（图7-1-20）。山中禅院森森，曲径通幽。不仅有道家的三元宫、颢穹宫，佛家的清凉台、涌金寺等，还有儒家的海月楼、酌花楼，更有各朝代风格独异的楼台亭阁等建筑掩映其间（图7-1-21）。这些构建有致、古色古香的寺院楼阁，彼此和谐融洽，共同展示着秀山公园的多元文化积淀丰厚的自然与人文景观环境。

8. 宾川鸡足山公园

位于宾川县牛井镇西北炼洞乡境内的鸡足山，又名九曲崖、青巅山。其山势背西北而面向东南，"前伸三爪，后支一距"，即前列三峰，后拖一岭，形如鸡足，故名鸡足山。它是与五台山、峨眉山、普陀山和九华山齐名的中国佛教名山，成为以展示

图7-1-21（a） 通海秀山公园清凉台

图7-1-21（b） 通海秀山公园涌金寺

图7-1-21（c） 通海秀山公园涌金寺内院

图7-1-21（d） 通海秀山公园涌金寺山门

自然生态景观和佛教建筑文化为一体的佛教风景名胜区（图7-1-22）。

鸡足山是佛教禅宗的发源地，两千多年前，释迦牟尼大弟子饮光迦叶衣入定鸡足山华首门，奠定了它在佛教界的崇高地位。元、明两代，形成了以迦叶殿为主的8大寺71丛林。在鼎盛时期发展到36寺和72庵、常驻僧尼达数千人的宏大规模。鸡足山历代高僧辈出，唐代的明智、护月，宋代的慈济，元代的源空、普通、本源，明代的周理、彻庸、释禅、担当、大错、中锋，清末民初的虚云等，都是声闻九州的大德高僧。鸡足山千百年积淀了丰厚的历史文化内涵，明神宗颁藏经到山，赐紫衣圆顶；光绪、慈禧敕封"护国祝圣禅寺"，赐銮驾、紫衣、玉印等珍贵文物（图7-1-23）。

鸡足山素以雄、险、奇、秀、幽著称，以"天开佛国"、"灵山佛都"闻名，古人曾用一鸟、二茶、三龙、四观、五杉、六珍、七兽、八景来概括鸡足山的自然与人文美景，其中的八景指的是"天柱佛光、华首晴雷、苍山积雪、洱海回岚、飞瀑穿云、万壑松涛、重崖返照、塔院秋月"。登顶眺望，可东观日出，西望苍山洱海，南赏祥云，北眺玉龙雪山（图7-1-24）。明代旅游家徐霞客胜赞"奇观尽收今古胜"，"实首海内矣！"徐悲鸿赋诗"灵鹫一片荒凉土，岂比苍苍鸡足山"。

尤其值得一提的是"天柱佛光"和"华首晴雷"两处独特景观。游鸡足山不可不登金顶观日出，但需要登上数千级的石阶才能上到金顶，正如在祝圣寺里的一副对联云："退后一步想，能有几回来"这样富于禅意和哲理之言，道尽了登鸡足山的感受。"天柱佛光"即天柱山金顶寺为观佛光的最好去处，据说佛光常出现于"风止雨收"时。

"华首晴雷"为绝顶观云海处，指位于天柱山峰顶南侧的华首门，不仅因为该门独特的奇、险而闻名内外，还因相传它是释迦牟尼十大弟子之一的

图7-1-22（a） 宾川鸡足山全景示意图

图7-1-22（b） 宾川鸡足山

图7-1-22（c） 宾川鸡足山大门

迦叶守衣入定的地方，所以它在整个鸡足山享有举足轻重的地位，被佛教称为"中华第一门"。华首门宛若在笔直如削的天然绝壁上镶嵌的一道大石门，下临万丈深渊。门高40米，宽20米，上部圆形石崖挑出近3米，中间有一道垂直下裂的石缝把石壁分为两部分，"门"的中缝悬挂着距离大致相等的石，这就是"石锁"，檐口、门楣清晰可辨，酷似一道石门，游人至此，仰观峭壁危崖，直摩苍穹，猿猱难攀，摇摇欲坠；俯瞰幽谷深涧，云雾缥缈，深不见底，若置九霄。当年徐霞客攀登至此时描写道："仰眺祗觉崇崇隆隆而不见其顶，下瞰祗觉冥冥而莫晰其根，如悬一幅万仞苍崖图，而缀身其间，不辨身在何际也"。赞叹这里"双阙高悬，一丸中塞，仰之弥高，望之不尽"。华首门居高临下，夏秋之际，远处山谷雷雨大作，这里却晴日当空，雷声与闪闪电光从远处传来，在此碰壁后，回音反射，声震寰宇，空谷留音，被称为"华首晴雷"。

9. 巍山巍宝山公园

位于巍山县城东南面11公里处的巍宝山，南依太极顶、西邻阳瓜江、东连五道河、北与大理点苍山遥望，峰峦起伏，绵延数十里，前人认为山中有宝气放出，因而得名。

巍宝山以南诏发祥地和道教圣地而出名，是中国西南部的名山之一（图7-1-25），历代史籍均有

图7-1-23（a） 宾川鸡足山宾川虚　图7-1-23（b） 宾川鸡足山慧灯庵　图7-1-23（c） 宾川鸡足山迦叶殿　图7-1-23（d） 宾川鸡足山祝圣寺
大雄宝殿　　　大雄宝殿

图7-1-24（a）　宾川鸡足山　　　　　　　　　　　图7-1-24（b）　宾川鸡足山金顶寺

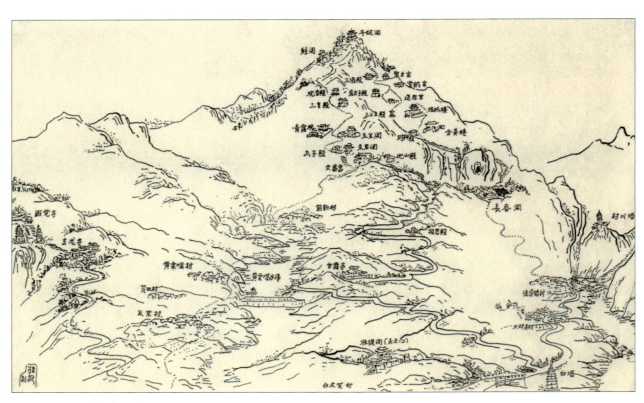

图7-1-25　巍山巍宝山全景示意图

记载。据胡蔚本《南诏野史·细奴逻》记载："唐太宗贞观初，其父舍龙，又名龙伽独，将细奴逻自哀牢山避难至蒙舍川，耕于巍山"。随后受建宁国白蛮王张乐进求的禅让建立了大蒙国，自称奇嘉王。明清时期，湖北武当山、四川青城山的许多道士进入巍宝山隐居修炼，收徒传教，先后在山中修建了准提阁、甘露亭、报恩殿、巡山殿、文昌宫、主君阁、老君殿、玉皇阁、三皇殿、观音殿、魁星阁、三清殿、三公主殿、财神殿、青霞观、灵宫殿、斗姥阁、培鹤楼、含真楼、长春洞等20多座寺观殿宇（图7-1-26）。鼎盛时期，山上居住有道人多达上百人。

分布在巍宝山山中的众多宫观建筑，依山就势，布局巧妙，总的体现了"道法自然"的特点。建筑出阁架斗，工艺精湛，雄浑古雅。雕塑形象逼真传神，雕刻壁画和图案丰富多彩，具有浓厚的宗教色彩和民族特色，其中在文昌宫内的文龙亭桥墩上留存的清代壁画"松下踏歌图"（图7-1-27），反映的是彝族打歌的欢乐情景，是一件珍贵的文物，评价甚高。

巍宝山分为前山和后山两个景区，景点有30多处。前山绵亘叠嶂，宫观多藏于密林之中，后山险峻陡峭，庙宇多依山势显建于岩壁之间。

分布在巍宝山主峰南北两侧的20余座建筑，除了有一些佛教寺院，如观音殿、甘露亭外，大量的是道教的宫观，其中以青霞观、斗姥阁、培鹤楼和长春洞的建筑规模最大。另外还有一座土主庙，名为巡山殿，其歇山式大殿中主祀的塑像，是南诏第一代土主神细奴逻，两旁站立侍者，文武各一，均穿彝族服装。巡山殿门前有几副对联，内容均与细

图7-1-26（a）巍山巍宝山培鹤楼院落

图7-1-26（b）巍宝山甘露亭

图7-1-26（c）巍山巍宝山圆明阁

图7-1-26（d）巍山巍宝山长春洞

图7-1-26（e）巍山巍宝山长春洞通名天宫

奴逻和南诏国历史有关，这与其他道教名山有别（图7-1-28）。在这些寺院宫观建筑群中，除了浓郁的宗教风格造就了"巍宝仙踪"之外，山中的奇景还形成了有名的巍山八大胜景：即"拱城远眺、天门锁胜、美人瞻云、龙池秋月、山茶流红、鹤楼古梅、朝阳育鹤、古洞长春"。有一副赞誉巍宝山风光的对联云："观此山，无峰不奇，无泉不冽，无寺不古，无树不翠，堪称清虚妙境；过斯境，有洞皆春，有鹤皆鸣，有霞皆青，有龙皆灵，确乃道教名山"。

10. 丽江五大喇嘛寺

还有在滇西影响较大的"十三林"中，丽江五大喇嘛寺名列榜首。这五大藏传佛教寺院久负盛名，不仅因为它们是参禅礼佛的精舍，而且也是可游、可居的园林建筑，可以说，丽江的五大喇嘛寺不是园林，胜似园林。其建筑风格和景观环境，像丽江白沙琉璃殿的壁画那样，融合杂糅了白族、纳西、藏族、汉族等民族多种不同的建筑风格形式，具体详见第九章的分析论述。

（二）城市园林

云南城市园林的数量也不少，发展势头为三类园林之最，但分布面相对集中，它的发展具有更大的普遍性和社会意义，它标志着追求园林风景的一种时代精神。在云南的城市园林中，除了昆明市的翠湖公园、大观楼公园、黑龙潭公园外，还有丽江的黑龙潭、白马龙潭公园、蒙自市的南湖公园、个旧市的宝华公园、景洪市的曼厅公园等，他们都是具有明显地方特色的城市园林。如今在时代的召唤下，城市园林正以前所未有的生命力，出现在云南全省的各中、小城镇中。

1. 昆明翠湖公园

翠湖公园位于昆明市区，面积22.1公顷，明以前，翠湖是昆明城外"赤旱不竭"、"清回秀澈、蔬圃居半"的一片沼泽，因"土人于中种千叶莲"，俗称"菜海子"。其湖面宽阔，可通滇池，即"昆明池水三百里，菜海子与之为一体"。又因翠湖东面竹林岛池中有9个泉眼，"九泉所出，汇而成池"故名"九龙池"（图7-1-29）。

明洪武十五年（1382年）沐英筑云南府城，把翠湖围入城内，挖河引水出城。清顺治十六年（1659年），吴三桂入滇，设藩王府于五华山，康熙初年吴三桂"填菜海子之半，更作新府"。清康熙十七年（1678年）和二十年（1681年），又先后改翠湖为"洪化府"和"承华圃"。清康熙三十一年（1692年），云南巡抚王继文于湖心岛中建湖心亭，在北岸建"来爽楼"，翠湖开始成为城内的风景区。清嘉庆元年，工部右侍郎蒋予蒲，迤南道刘钰及昆明倪士元、倪琇在湖心岛建"莲华禅院"，禅院西面设放生池，前后历时21年，从而形成"梵宇宏深，花木幽邃"的四重殿宇（图7-1-30），并延请永丰寺雨庵和尚在这里驻锡。

清道光十五年（1835年），云贵总督阮元倡捐筑堤，在放生池畔建观鱼楼，称"碧猗亭"，又称"濠上观鱼"；在莲花禅院南山门外南堤的基础上，贯通翠湖南北向长堤，堤北架"听莺桥"，堤南架"燕子桥"，中间架"采莲桥"，称之为"阮堤"。

清光绪十年（1884年），云贵总督岑毓英重修莲花禅院，凌士逸撰联："十亩荷花鱼世界，半城杨柳佛楼台"。同年于北岸建"经正书院"，系云南最高学府，民国年间改为图书馆和博物馆。

1919年，唐继尧主持修建了翠湖东西两向长堤，名"唐堤"，与"阮堤"在湖心亭相交。东西堤头建"双节坊"，堤东架铁桥，称为"卫东桥"，堤西架石桥，称为"定西桥"，并且还在东堤路侧建了"会中亭"（图7-1-31）。于是，阮堤和唐堤自然将翠湖公园划分为大小不等的4块水域。

在龙云就任云南期间，拆出莲花禅院，修建湖心亭建筑群，在湖心亭南北转角处建了两座三层的重檐八角亭。宽阔的院子，保留了原有的建筑格局，重现昔日"濠上观鱼"的历史景观。

现翠湖公园内由观鱼楼、水月轩、西南岛、湖心亭、竹林岛、九龙池等楼阁岛屿组成。两道长堤相互交错，以堤桥贯通园路引导，处处体现水景主题。堤畔柳树成荫，湖内轻舟飘荡，落花摇曳；岛

图7-1-27（a） 巍宝山文昌宫"松下踏歌图"

图7-1-27（b） 巍山巍宝山文昌宫

图7-1-27（c） 巍山巍宝山文昌宫文龙亭

图7-1-27（d） 巍山巍宝山文昌宫文龙亭手绘

图7-1-28（a） 巍山巍宝山土主庙大门

图7-1-28（b） 巍山巍宝山彝王殿

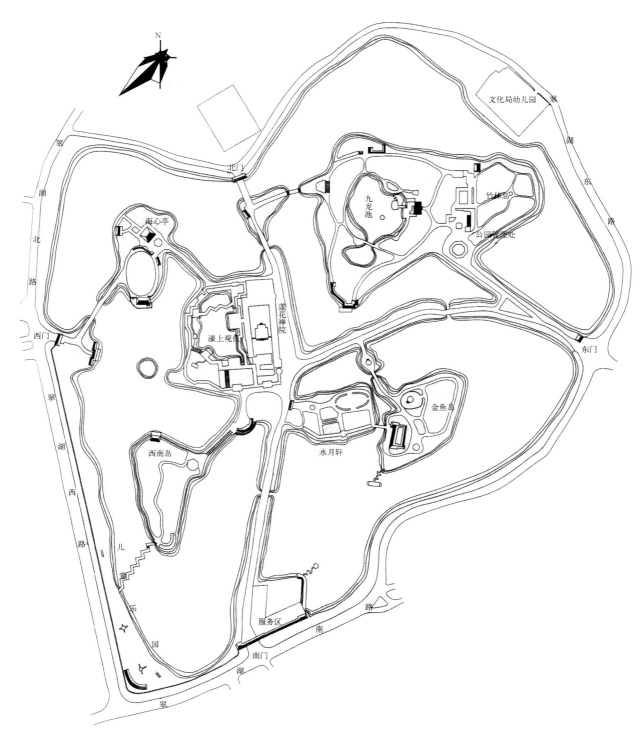

图7-1-29（a） 翠湖公园平面图（《昆明园林志》）

图7-1-29（b） 翠湖公园鸟瞰图

山修竹茂林，风姿绰妁，共同构成了亭、廊、楼、榭、桥、堤彼此有机组合、相映成趣的古典园林建筑环境。沿堤漫步，柳丝拂面。荷亭小息，风送飘香，翠洲徘徊，百花留人。

近年来，每年红嘴鸥定期光顾，飞临翠湖，更增加了人与自然和谐相处的景象，使"翠湖嬉鸥"成为昆明市内的又一大特色景观（图7-1-32）。

2．昆明大观楼公园

大观楼在昆明市西南，滇池草海的北滨，与滇池西岸的太华山隔水相望，古称"近华浦"。

明初，云南镇守国公沐氏曾在近华浦北面开辟过花园，称西园。清康熙二十年（1682年）湖北籍乾印和尚在近华浦"始创一庵区"，称观音寺。清康熙二十九年（1690年），云南巡抚王继文"相度地势，堪为公余栖息之所"，于是"拓茅港池"，种花植柳，并于清康熙三十五年（1696年）建楼二层，因该楼面临滇池，远瞻西山，揽湖山之胜，尽收眼底，遂取名"大观楼"。之后布政使佟国襄相继建华严阁、催耕馆、观稼堂、涌月亭、澄月亭、澄碧堂等许多亭台楼阁，同时还修筑沿湖港湾和湖中岛屿，形成浴兰渚、唤渡矶、涤滤湾、问津港、送客岛、适意川、忆别溪、舍丹亭、聚渔村等景观景点（图7-1-33），使近华浦"遂为省城第一名胜"。

清乾隆年间，寒士孙髯翁撰写了大观楼长联，共180字，上下联将大观楼四周景物与云南风云历史对仗，寓情于景，浑然一体（图7-1-34）。清咸丰六年（1856年），大观楼毁于兵燹。清同治五年（1866年），提督马如龙重建。1921年唐继尧将大观楼正式辟为公园。1930年将昆明状元楼外的3个白石峰墩移于前湖中，仿杭州西湖的"三潭印月"，形成楼前对景景观（图7-1-35）。

清道光八年（1828年），云南按察使翟锦观将大观楼由原来的二层重建为三层，使楼更加挺拔壮观。大观楼为木结构三重檐攒尖琉璃瓦建筑，建筑的外观形态稳重、端庄，形似西安大雁塔，从下向

图7-1-30（a） 翠湖公园放生池　　　　　　　　　　　图7-1-30（b） 翠湖公园观鱼楼

图7-1-30（c） 翠湖公园湖心亭

图7-1-30（d） 翠湖公园莲花禅院转角亭阁

图7-1-31 翠湖公园翠湖春晓、阮堤、唐堤

图7-1-32 翠湖嬉鸥景观

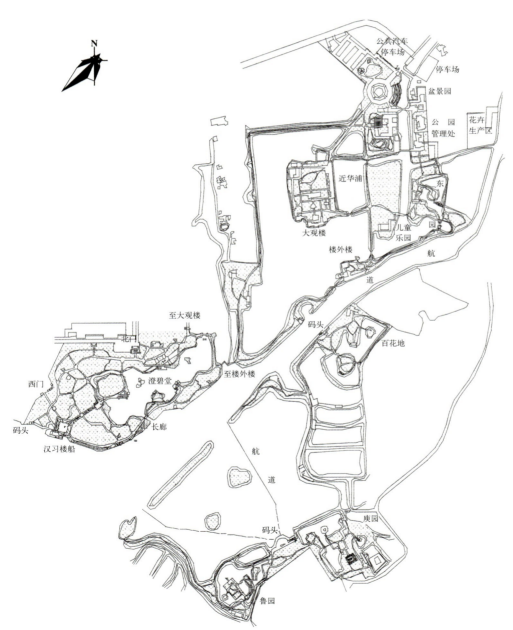
图7-1-33（a） 大观楼公园总平面图（《图片来源：昆明园林志》）

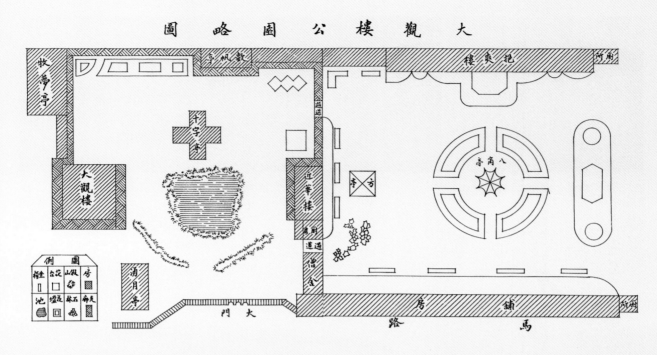

图7-1-33（b） 大观楼公园略图

图7-1-33（c） 大观楼公园写景

图7-1-34（a） 大观楼长联　　　　图7-1-34（b） 大观楼正面

图7-1-35（a） 大观楼对景

图7-1-35（b） 大观楼公园　　　　　　　　　　　　图7-1-35（c） 大观楼公园近华铺亭阁

图7-1-35（d） 大观楼南面水景远眺

上逐层向内收进，比例适度。而更重要的是濒临水边，与周围的自然环境结合得十分和谐，再加上长联的烘托，更加贴切。

大观楼灵活运用了中国古典园林艺术中丰富的"借景"原则，借园外的湖光山色、远山近水来延伸和丰富自己的空间视野，并且安排了一系列以水景为主题的景观景点，使虚幻多变、波光云影、山水清韵充实和加强了自身所处的环境特点。这实景与虚景的紧密结合，扩大了观赏者的审美范围，从而达到"物我同一"、情景交融的美妙境界，也正是这些景物和情感的融合，才使孙髯翁写下"海内第一长联"的佳句和郭老发出"果然一大观"的惊叹。

大观楼饱经沧桑，百多年来经过屡次维修，1983年被列为云南省重点文物保护单位，2012年又被列为国家级重点文物保护单位。

3. 昆明西山公园

位于昆明西郊滇池湖畔的西山森林公园，主要由华亭寺、太华寺、三清阁、龙门等风景点组成，分布在华亭山、太华山、太平山、罗汉山等山峰组成的峰峦间。远眺西山群峰，既像一尊庞大的睡佛，又似一个仰卧的少女，故有"卧佛山"和西山"睡美人"之称（图7-1-36）。明嘉靖年间，杨慎在《云南山川志》中赞道：西山"苍崖万丈，绿水千寻，月印澄波，云横绝顶，滇中一佳境也"。在明代，昆明西山就与通海秀山、巍山巍宝山、宾川鸡足山，合称"云南四大风景名山"。

整个西山是一个峰峦起伏、林木苍翠、涧壑流泉、云蒸霞蔚、百鸟争鸣与景色秀丽的森林公园，著名的华亭寺、太华寺、三清阁等寺院古刹和楼阁殿宇掩映其中。华亭寺创建于14世纪，寺内殿宇规模宏伟壮观，是昆明著名的佛教圣地。太华寺建于14世纪初，花木繁盛，幽香袭人，寺内的望海楼（即"一碧万顷楼"），是观看滇池日出的好地方。而三清阁和龙门是一组构建在西山主峰罗汉山悬崖峭壁上的建筑群，有九层十一阁。登上龙门，凭栏俯瞰，为百丈之悬崖峭壁；举目远望，海天一色，五百里滇池尽收眼底（图7-1-37、图7-1-38）。陈毅在游览西山时，曾赋诗《昆明游西山》赞道："昆明城，三月三，数万人，游西山。华亭怪，太华寒，龙门险，滇池宽。叹浩渺，嘉空阔，赞大观……"概况了西山风景的景观特点。

其中，具有九层十一阁的三清阁建筑群，随山就势、高低错落、灵活自如地修筑在罗汉山与挂榜山之间的悬崖峭壁上。罗汉山北连太华峰，南接挂榜山千仞削壁，削壁下是浩瀚的滇池。这里山崖险峻，石峰巉削，其间松柏苍劲，山花烂漫。而西山的龙门石雕工程，包括石道、古室、古栏、古窟、古佛等，也是西山公园胜境的精华所在（图7-1-39）。

元代，云南梁王在罗汉崖与挂榜山削壁交界处，筑避暑台，称"凌虚阁"，为罗汉山南庵景区，元末避暑台毁于兵燹。明宣德年间，沐氏捐资，无边禅师重修。明正德年间，了纯和尚在罗汉山北面结庵驻锡，称海崖寺。之后，摆渡村李应捐资扩建海崖寺，建弥勒殿，因山形如罗汉，又称为罗汉寺。明嘉靖年间，罗汉寺倾圮，道士赵炼在罗汉山

图7-1-36　昆明西山睡美人

图7-1-37（a）　俯览滇池

图7-1-37（b）　昆明西山远眺

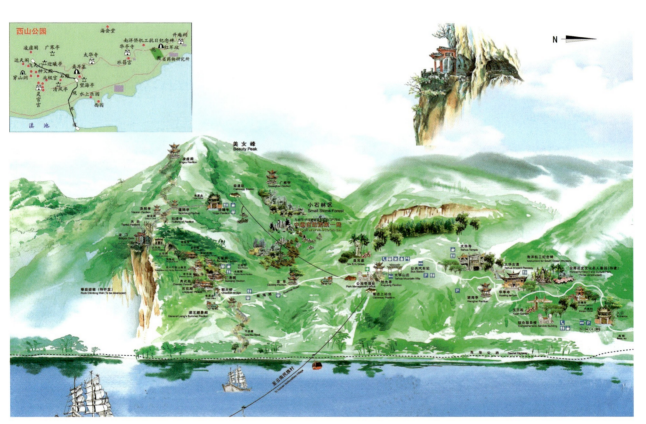
图7-1-38　昆明西山公园景点示意图

辟道观。明末，徐霞客《游太华山记》载其当时盛况：北庵有灵官殿、纯阳楼、玄帝殿、玉皇阁、抱一宫，"皆东向临海，嵌悬崖间"；南庵"其上崖更崇列，中止濚坪一缕若腰带，下悉陨坂崩崖，直插海底，其间梵宇仙宫，雷神殿、三佛殿、寿佛殿、关帝殿、张仙祠、真武宫次第连缀。真武宫之上，崖愈杰竦，昔梁王避暑于此，又名避暑台，为南庵尽处。"

清乾隆五十五年（1790年），道士杨来祥、何来昆募缘增修，改称"玉皇阁"。清道光年间，重修灵官殿、玉皇阁，增建斗姆阁、太清宫。以三清阁为中心，将罗汉山北庵11座大小不同的建筑，分9层贴缀在悬崖峭壁之上，构成松柏漾翠、层楼叠宇、危奇险峭的特殊景观。虽然从清代至民国年间，三清阁被屡次修葺，但均保持了原有的道观建筑风格。

另外，还值得一提的是昆明已消失的两个公

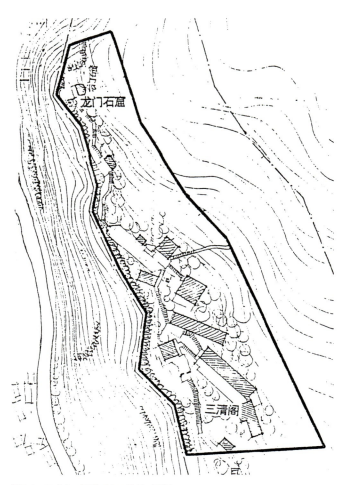

图7-1-39（a） 昆明西山三清阁平面图

图7-1-39（b） 昆明西山龙门悬崖

图7-1-39（c） 昆明西山公园建筑群

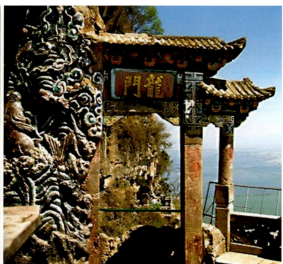

图7-1-39（d） 昆明西山龙门

图7-1-39（e） 昆明西山三清境牌坊与石雕

园：昆明金碧公园和古幢公园。

金碧公园遗址在今昆明金碧路省人民医院一带。过去，这里曾经是一个集游玩、展览、办公于一体的多功能公园。园内有商品陈列所，农林馆及水利局，实业司等建筑及留春、披风、话雨、望云、延月、浮香等亭。这众多的亭和植物组成的园中园成为金碧公园的两大特色。一些苹果、枣、梨、花红等常见果树和菊、梅等花圃，在园中作为造景主题，姿态入画、增添了园林的山野趣味（图7-1-40）。亭楼池沼参差错落，风景极佳，游人络绎不绝，革命忠烈杨秋帆先生铜像即耸立于内。

古幢公园原位于市区拓东路，建于1923年，园内以有古幢（大理国经幢）而得名。古幢建于公元12世纪，为全国重点保护文物。石幢呈锥形体，七级八面，高约8米。幢身刻有数百尊大小佛像，数十篇佛经，其工艺精美绝伦，富有立体感，虽经历千年风雨剥蚀，造像依然细腻传神，字迹遒劲如初，是滇中艺术之极品。

古幢公园内的建筑比重较少，仅置小亭及简易的纳凉、观瀑棚，古幢公园分为动、静两区，静区以葫芦池为中心，布置了竹林、松林、果林、茶花林、桂花林、杜鹃山及瀑布，极富自然野趣；动区以运动场为中心，布置了儿童徒步池、迎宾馆、纳凉棚，以适应城市生活的需求（图7-1-41）。如今古幢公园损毁，在其园址上建盖了昆明市博物馆，并将国家级重点保护文物古幢有效地保护起来，成为博物馆的一项重要展示内容。

4．丽江黑龙潭公园

位于丽江古城北端象山之麓丽江黑龙潭公园，俗称龙王庙，也叫玉泉公园，又名"玉水龙潭"、"象山灵泉"。黑龙潭内随山就势地错落布置着龙神祠、得月楼、锁翠桥、玉皇阁和后来迁建于此的解脱林门楼、五凤楼（均为原明代芝山福国寺建筑）、光碧楼（原为明代知府衙署）及清代听鹂榭、一文亭、文明坊等明清风格的古建筑（图7-1-42）。

丽江黑龙潭始建于清乾隆二年（1737年），并经清乾隆六十年（1795年）、清光绪十八年（1892

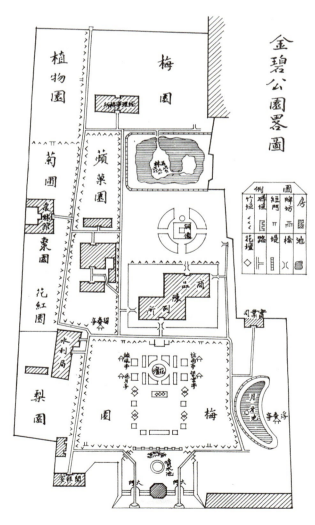

图7-1-40　金碧公园略图

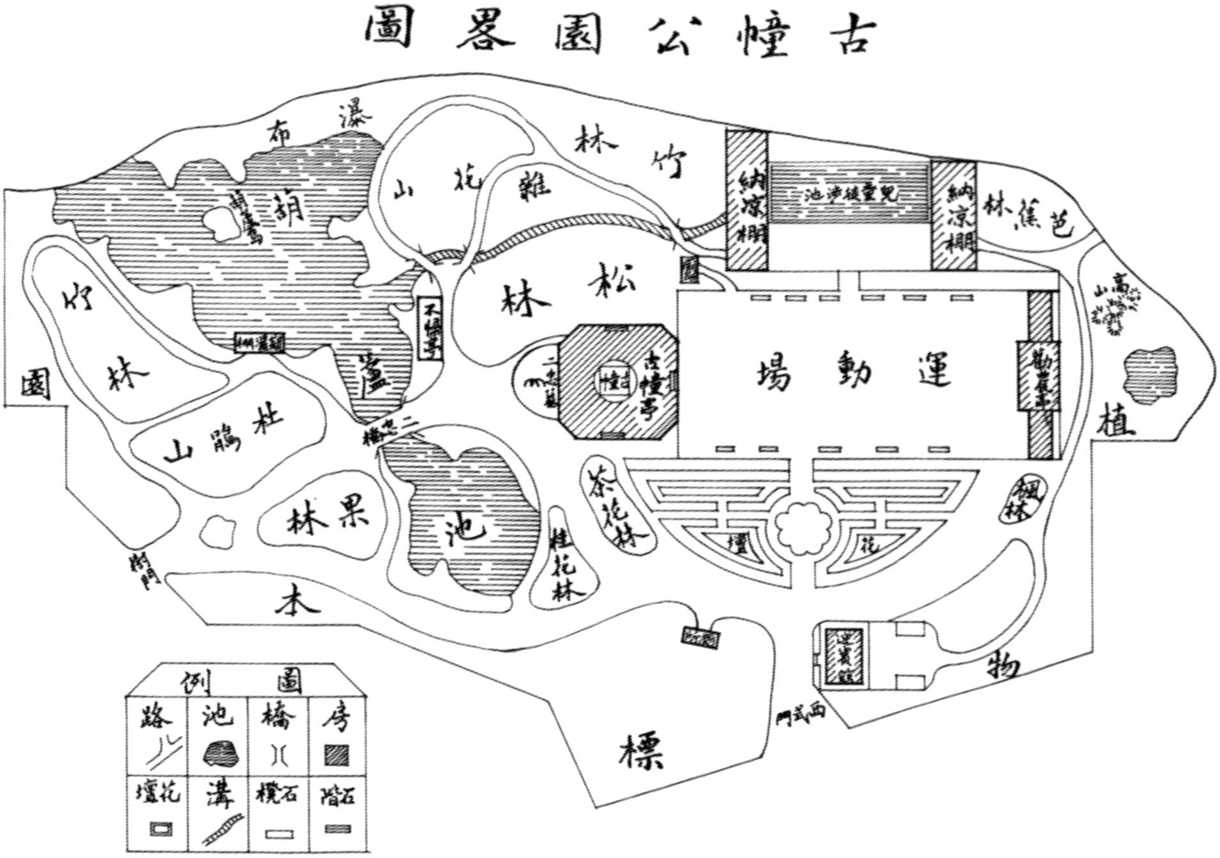

图7-1-41 古幢公园略图

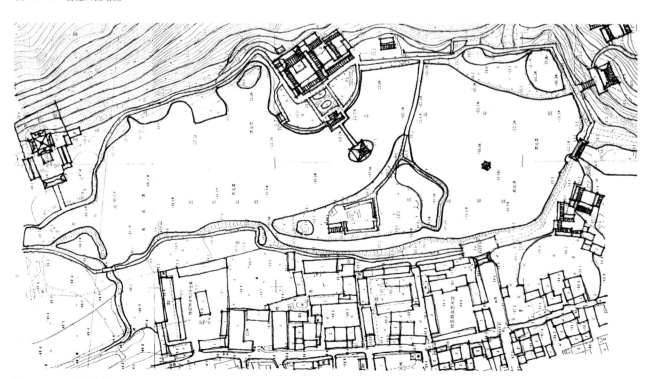

图7-1-42 丽江黑龙潭公园总平面图

年）两次重修。乾隆赐题为"玉泉龙神"，旧名玉泉龙王庙，因获清嘉庆、清光绪两朝皇帝敕封为"龙神"而得名，后改称黑龙潭。诗云："泉涣涣兮涟漪，问何时最是可人？须领略月到天心，风来水面；亭标标而矗立，看这般无穷深致，应记取云飞画栋，雨卷珠帘"。丽江黑龙潭以其"天生丽质"，名列《中国名泉》和《中国风景名胜》等书赞誉。公园内有面积近76万平方米的湖面，形状如一弯新月，湖中心有亭子，亭与湖岸另一侧有一珍珠泉出水口。

在丽江黑龙潭公园牌楼门口，设置有4尊威武雄壮的石狮，这4个石狮过去守护在木氏土司衙门前，1966年才迁移至此来守护玉泉。进入公园后往右，但见垂柳飘指，一潭澄碧，树底天光云影，树梢楼台隐现（图7-1-43）。沿龙潭右堤至锁翠桥，桥上有联云："惊涛撼树飞晴雪，未雨垂虹卧曲波"，生动地描绘了桥边的独特景致。往右边看，桥下的三孔飞瀑，水花四溅，涛声如雷，流向古城，玉水河畔，杨柳依依，浓荫蔽日。往桥的左边看，不远处一座五孔石拱桥，如长虹卧波一般，将潭水一分为二，桥前有玲珑俊美的一文亭，桥后有古朴挺拔的三重檐得月楼分别立于内外潭心，且得月楼四面临水，有桥与岸上相连。桥的右侧以像山轮廓为背景，居中远处则是在蓝天衬托下的玉龙雪山，倒影潭中，构成视觉层次丰富的秀丽美景和水天一色的天然图画，成为黑龙潭公园景观的精华所在（图7-1-44）。

得月楼始建于清光绪二年（1876年），楼名取自古人对联"近水楼台先得月、向阳花木早逢春"中的三字。1963年重建时，由郭沫若为该楼题写了匾额"得月楼"三字及两副对联，一副是集毛泽东诗词句："春风杨柳万千条，风景这边独好；飞起玉龙三百万，江山如此多娇"。另一副是郭沫若撰书的楹联："龙潭倒映十三峰，潜龙在天，飞龙在地；玉水纵横半里许，墨玉为体，苍玉为神"。全联仅30字，却道出了丽江黑龙潭自然风景的神韵，而且书法遒劲而洒脱奔放，为公园增色不少。每当风平浪静，潭水犹如镜面，将远处玉龙雪山倒影潭中，形成"雪山四万八千丈，银屏一角深插底"的奇景。象山半壁也映入水中，使黑龙潭山中有水，水中有山，山水相映，景色无比秀丽（图7-1-45）。

丽江黑龙潭公园及园中的古建筑群，2003年被公布为国家级重点文物保护单位。

而另外一个位于丽江古城内的白马龙潭公园，也是围绕着一潭池水，结合起伏变化的山地环境，局部点缀一组建筑院落和几处不同宽窄的花园平台，形成小中见大、自然有序的城市微型园林，并与公园门前流淌的丽江古城独有的"三塘水"融为一体，为市民与游客提供一处能够休闲小憩、闹中取静的园林环境（图7-1-46）。

5. 大理三塔公园

大理三塔倒影公园，位于崇圣寺三塔以南一公里处，公园坐北朝南，背靠崇圣寺三塔，其以园内的潭水能倒影三塔的雄姿而得名。进入公园大门后，迎面而立的便是一座完全由大理石砌成的照壁，照壁宽约6米，高4米多，颇具白族建筑特色，照壁中部是一幅巨大的由大理彩色花纹构成的天然山水画。

三塔公园占地27亩多，中心部分是一片10余亩左右的水潭，水潭呈椭圆形，潭水洁净清幽。三塔公园最有特色的是潭水碧绿如玉、清澈见底、水平如镜，能映出崇圣寺三塔的优美倒影，其倒影之清晰，常令游人叹为观止。此为借景之法，很好地将三塔之塔形连同苍山背景倒影潭中，构成一实一虚的对称景色，角度不同，倒影形态亦随之各异。而且三塔倒影之妙，不仅妙在阳光灿烂的白天，更体现在月光如水的夜晚，此时的三塔倒影格外清晰，塔影四周水中繁星闪烁，玉兔轻移，让人顿觉天上人间，只在一念之中，月映三塔的绝佳美景称得上是真正的"三塔映月"。正如古诗所赞："佛都胜概肇中堂，三塔嶙嶙自放光。苍麓湖蟠映倒影，此中幻相说空王"[②]。

三塔公园，是20世纪80年代由20世纪50年代末"大跃进"时修建的水库即积水潭衍生而来，它为刚劲挺拔、傲立千古的三座古塔镶嵌制作了一面能

图7-1-43（a） 丽江黑龙潭公园大门

图7-1-43（b） 丽江黑龙潭公园景观（来源：www.nipin.com）

一展倩影芳容的明镜，晶莹透亮，成为与水中三塔美景合影留念而怡然自得、流连忘返的绝佳之地，让屹立于苍穹的三塔美景增添了许多秀丽与优美。同时，在池边还广植银桦、雪松、垂柳等，四周有藤架、大理石桌凳、大理石长栏、小溪绕潭。在水池西侧还有高5米左右的大理碑亭，过亭沿曲廊行数米，可达水中的漾波亭，亭为六角形平面，雕梁画栋，朱红亭柱，与碧水蓝天辉映，令人心旷神怡（图7-1-47）。漾波亭南侧有一小岛，岛上塑有一对栩栩如生白鹤，水中倒影，人动影移，与漾波亭相映成趣。

三塔公园及三塔倒影，以其将大理的标志性象征——三塔与蓝天白云、日月星辰和苍山雪景及四时鲜花包涵融入其中的绝佳美景，令世人称奇赞

图7-1-44（a） 丽江黑龙潭公园锁翠桥

图7-1-44（b） 丽江黑龙潭公园玉带桥

图7-1-44（c） 丽江黑龙潭公园一文亭（来源：www.nipin.com）

图7-1-44（d） 丽江黑龙潭公园得月楼（来源：www.nipin.com）

图7-1-44（e） 丽江黑龙潭公园解脱林

图7-1-45（a） 丽江黑龙潭公园得月楼　　　　　　　图7-1-45（b） 丽江黑龙潭玉龙倒影

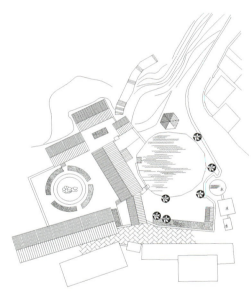

图7-1-46（b） 丽江白马龙潭公园大门　　　图7-1-46（c） 丽江白马龙潭公园花台

图7-1-46（a） 丽江白马龙潭公园平面图　　图7-1-46（d） 丽江白马龙潭公园内院

图7-1-47（a） 大理三塔倒影公园大门　　　　　　　图7-1-47（b） 大理三塔倒影公园漾波亭

叹，为大理增色添彩和扬名争光的亮丽风光，吸引数不胜数的中外游客到此观光游览和摄影留念。崇圣三塔和三塔倒影公园相辅相成、相互映衬而相得益彰，是最能代表大理形象的重要人文景观和美丽象征。

6. 蒙自南湖公园

南湖公园位于蒙自县城南，纵横数里，开发于明隆庆元年（1567年），现已有四百余年历史。整个公园以水面为主，由瀛洲亭、菘岛、军山三组岛屿及掩映在其中的楼阁、亭桥等不同建筑组成自然优美、布局灵活的水景公园，并以菘岛和览胜楼为中心，将东边瀛洲亭和南边军山的景观共同构成一个变化丰富的整体（图7-1-48）。

南湖公园在布局上有明显的动观、静观之分，以中堤为界，分湖为东西两个区域，东为静观区，西为动观区。东区湖面小而玲珑，湖岸曲折有变，地形起伏，叠石理水，设曲径通幽的园中园；西区湖面宽阔，天光云影，游者视野开阔，湖上泛舟，远山倒映水中，船行其间，有"船在山中行，桨在天上撑"的动观效果。菘岛是游人较集中之地，岛上广植花木，以赏为主。在菘岛南面，通过桥廊将布置于湖中的一座八角形平面重檐攒尖顶"览胜楼"联系在一起，登高望远，近可观赏对岸的卧波桥和军山景观，远可眺望蒙自城市山水风貌（图7-1-49，图7-1-50）。军山设动物角，增添野趣；与军山相连的三岛分别安排鹤苑、鹿苑、孔雀苑，彼此用石板曲桥、三亭拱桥、石拱廊桥相连接，使湖面景物平添无限姿色。南湖公园自然条件优越，湖面广阔，一倾碧波，湖光山色，沿湖四周绿树环抱，如此绮丽的风景，在全国县级城镇中并不多见。

7. 腾冲叠水河瀑布

谈到城市公园，不能不提到腾冲叠水河瀑布，其就在县城的西南角，是腾越旅游文化园的一个游览片区，为腾冲十二景之一的"龙洞垂帘"。叠水河瀑布高46米，是全国仅有的城市火山堰塞瀑布，瀑布崖壁上排列着奇妙的柱状节理群（图7-1-51）。

叠水河瀑布的河流是由北而南贯穿腾冲坝子的大盈江，水流至此突然从巨大的断层崖壁上跌落而下，形成了"不用弓弹花自散"的雄奇壮丽景观。在瀑布飞泻的崖顶，巨石蹲立，若龟似鳖，形态各异。距瀑布水口仅数十步，有石桥横卧其上，名为"太极桥"③。该桥为双孔石梁平桥，桥中设菱形石墩，墩上建方形攒尖石亭，小巧玲珑。石亭斗状盖

图7-1-48（a）蒙自南湖公园平面图

图7-1-48（b）蒙自南湖公园瀛洲亭

图7-1-49（a） 蒙自南湖公园

图7-1-49（b） 蒙自南湖公园桂堤拱桥（来源：www.nipin.com）

图7-1-49（c） 蒙自南湖公园揽胜楼

图7-1-50（a） 蒙自南湖公园闻一多纪念亭

图7-1-50（b） 蒙自南湖公园卧波桥远眺

 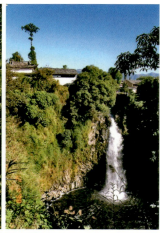 

图7-1-51 腾冲叠水河瀑布

图7-1-52（a） 腾冲叠水河瀑布太极桥　　　　　　　　　　　　　　　　　　图7-1-52（b） 腾冲叠水河瀑布太极桥碑刻

顶，内顶镌"太极图"，亭外石匾镌刻"观瀑"二字。在桥墩的一侧刻有"民国二年九月滇西都督、大理提督张绍三文光创建，李根源书"等字样（图7-1-52）。信步桥上，临空观瀑，桥下激流奔驰，破青崖，披白练，形如银河倒泻，雪喷云飞；又若万马驰骤，玉漱飞鸣，山谷应声，数百步外即闻，无不惊心动魄。瀑布产生的水汽蒸腾，日光射影，常现五彩虹霓；珠沫四溅，如同牛毛细雨，飞洒周围，常年不停。当地人士多用"龙洞垂帘"、"久雨不停"来概括瀑布的景观特点。

瀑布对面，一峰独起，山巅之上修建有一座观瀑楼台，这是在明代嘉靖年间由永昌太守严时泰建造，万历年间蒋子龙一度扩建的一组合院。从太极桥前沿中峰而上至山门，山门正面为北洋军阀政府总统黎元洪题额"龙光台"楷书3字，背面为著名书法家吴昌硕书写的篆书"龙光台"3字，古朴挺秀，为书中佳品。过山门，石径三曲，至半圆形的观瀑台。台前有石栏凭借，中有巨松垂盖，下有石桌石凳可以小憩。历代骚人墨客、文人雅士，常在此凭栏观瀑饮酒赋诗，并留下了不少诗词歌赋。过观瀑台，拾级再上进入合院，院内两厢走廊壁端嵌有石刻多方，书有关龙光台的诗文，都是名人学士佳作。如：《杨慰化洞垂帝》、刘晋康《叠水河瀑布》、王昶《大盈江观瀑记》、吴昌硕《登龙光台观大盈江瀑布歌》等。还有著名的清光绪进士、郡人寸开泰撰写的206字长联（图7-1-53）。

8．景洪曼听公园

位于西双版纳景洪市东南方的曼听公园，占

图7-1-53（a） 龙光台大门台阶

图7-1-53（b） 龙光台内院

图7-1-54 景洪曼听公园

地面积约400余亩。公园内既有山丘、河道及保存完好的500多株古铁刀木林等植被，又有民族特色浓郁的人文景观。曼听公园是西双版纳最古老的公园，当地傣族习惯称为"春欢"，意为"灵魂之园"，以前曾是傣王御花园，而今是个供市民与游客观光的天然村寨式公园，园内设有民族文化广场、藤本植物区、热带兰圃、孔雀园、放生湖、佛教文化区、植树纪念区、茶园文化区等八个景区，集中体现了傣族的"王室文化、佛教文化和民俗文化"三大主题特色。

当进入曼听公园大门时，首先映入眼帘的是一座纪念周恩来总理的纪念建筑，居中是周恩来总理身着傣装，左手端水钵，右手持橄榄枝参加泼水的全身铜像，铜像左边是泰王国公主种下的两株象征中泰友谊的菩提树（图7-1-54）。

在公园的佛教文化区，先后修建了圣洁的曼飞龙笋塔、西双版纳总佛寺瓦叭洁和精美的景真八角亭等模拟造型，以及四角亭、六角亭、傣族萨拉亭等设施。在这里，游人可以通过一系列的进香、拜佛、栓线、放生等佛事活动和参观贝叶经，领略浓郁的南传上座部佛教文化。公园旁是曼听傣族村寨，这些共同形成了公园、村寨和佛寺三位一体的游乐点。漫步在公园里，你会油然而生回归自然之感，深切感受天然与人工巧妙的结合，让人赏心悦目，心旷神怡。

9. 德宏梦巴拉西公园

建筑物高大雄伟，造型为三角尖塔式风格，葫芦形门洞，民族特色浓郁，金碧辉煌，掩映在油棕、

图7-1-55 德宏梦巴拉西公园

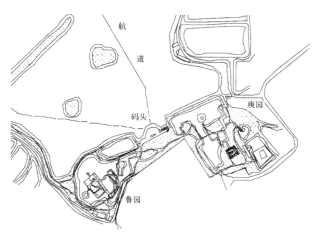

图7-1-56 昆明鲁园、庚园平面图

翠竹之中,景色如画,令人神往,是中外旅客观赏之地,被列为省级名胜风景区之一。其北侧建有古雅的白龙亭,是傣族泼水节的标志;南侧高高耸立着"目脑示栋",是景颇族目脑纵歌节的标志,使人一进门就留下深刻的印象。宫内最壮观的建筑物是"周恩来总理纪念亭",基座为四面八方形,大理石栏杆。设有20门户,用金黄色陶瓷盖成四面多层次重檐屋面,叠阁形的亭塔。28只陶瓷金孔雀,错落有致地装饰在飞檐上。亭高27米,整座纪念亭鲜明地表现出民族建筑艺术特点。有用汉文、傣文、景颇文刻写的横额和亭纪,告诉人们:1956年12月,周恩来总理和贺龙副总理出国访问期间,同缅甸联邦共和国总理吴巴瑞一行,专程莅临芒市,主持两国边民联欢大会。周总理亲切接见了德宏州的领导干部和各族人民代表,谆谆教导人们要不断加强民族团结(图7-1-55)。

（三）私家园林

人类早期园林活动的形式之一,是先民们在宅旁屋后以及公共活动地上植树绿化,种植瓜果菜蔬。院落绿化及花厅的出现,是园林向着艺术的、审美的方向发展的结果。在大理白族传统民居中,房屋中间围成较大的天井庭院,并在庭院中的照壁前修建各式花台,种植花木,台前及两端再放可移动的石墩,于其上陈列盆栽花木。在建水和石屏一带的大型民居花厅中,中央置池养鱼,院中一隅置假山,并广植花木,头项绿荫如盖的葡萄藤,建筑、山水、林木俱全,更具景观价值。

云南私家园林的大量出现多集中于明清时期。由于历史上云南在政治、经济、文化上都不发达,达宫显宦和爆发富商仅是社会上很少一部分人,而文人阶层出现又相对较晚,数量也少,从而导致了云南私家园林的数量不是很多,能保留至今是的更是寥寥无几,且呈现微型化、局部化的园林绿化,如传统民居的院落、花厅等。由于数量少,面积规模小,加上以往关注重视的不够,并没有形成主流,现在的私家园林几乎消亡殆尽。

1. 昆明鲁园、庚园

位于昆明滇池草海湖畔的鲁园、庚园,南与大观楼公园的楼外楼及大观西园隔河相望,西面远眺西山,三面临水,视野十分开阔(图7-1-56)。

鲁园为国民政府军长鲁道源的私家花园,庭院小巧别致,曲径通幽,宁静典雅。组成园中景观的湖塘曲桥、假山花坛、亭廊军长等,具有江南园林建筑特点,步入其中有世外桃源之感。园内靠后临滇池水边,有一栋法式的砖石建筑,湖中曲桥以石砌筑,边围铁栏。在桥的右侧,还有一石舫靠与湖边,是模仿北京颐和园的石舫造型所建,并在石舫的尾部建有方形亭阁(图7-1-57)。"文革"中因省委四办进驻鲁园,停止对外。1982年经修葺后才又对外开放,并在保持原有庭院的基础上,融入了

图7-1-57（a） 昆明鲁园法式建筑　　　　　图7-1-57（b） 昆明鲁园石舫亭阁

现代园林景观艺术。

庾园在鲁园东侧，原为昆明旧市长庾恩锡的私家花园，园在的主体建筑为中式土木结构的2层楼房，称为"红楼"，北门左侧原有砖木结构的"枕湖精舍"建筑1栋（图7-1-58）。园内水面较宽，其上架有二孔石桥和曲桥各一座，另有两棵近百年的龙柏相对立于原祠堂门前。"文革"期间，园内的"枕湖精舍"和祠堂等建筑被拆除，修建了5栋砖木结构平房。1985年按照要求修葺曲桥和亭子，恢复对外开放。之后又征地修建步道、花卉草坪，将鲁园与庾园连城一体，使园内的小桥流水、亭台轩馆与青山绿水相映成趣，成为大观楼公园南园的组成部分，是供游人观赏、陶冶性情、静养安居的好地方。

2．安宁楠园

位于安宁市的楠园，是由同济大学中国古典园林建筑师陈从周先生按苏州私家园林风格设计的。因园内的亭、阁、厅、廊等建筑均使用名贵"楠木"建造，故名"楠园"。这一个"小而精"的园林杰作，不仅体现了陈教授的造园之"法"，更是我国古典园林理论在云南的具体实践与体现（图7-1-59）。

楠园虽小，却充分体现了苏州园林的精巧雅致，通过结合地形设置院墙，将整个楠园划分为大大小小七八个小院落，每个小院落均自成一体，相互联系。其中的小山湖水馆是位于园中院落的水阁建筑。它一半建在水面上，在台基的衬托下鲜明突出。小山湖水馆的屋顶为歇山卷棚式，屋身前后两面开敞，两侧是墙体，整个建筑外形呈现柔和秀婉、轻快流畅的艺术风格美。

楠园春廊与苏州网师园的射鸭廊形制相似。春廊与假山隔湖相望，即富有左转右折之曲，又有高低起伏之曲，而且二者有和谐的结合。廊的前部起伏平缓自然，后段则有明显的幅度。这条水廊依墙而建，从平面看是波形的，从侧面看也是波形的，是一条优美的波浪线。而且在春廊中部拐角处建一厅名曰"楠亭"，与春廊相互衔接，互为补充（图7-1-60）。

陈从周先生在说园中讲："我总觉得一个地方的园林应该有那个地方的植物特色，并且土生土长的树木存活率大，成长得快，几年可以茂然成林。它与植物园有别，是以观赏为主而非以种多斗奇。"[②] 细品楠园的植物你会发现，它们均为土生土长的植本土植物，成活率高，成长快，几年可茂然成林。

楠园内外，植竹颇多，围墙内外，小院一角，清韵之境不可少竹。这正是陈教授的匠心独运之处。

3．建水朱家花园

朱家花园坐落在建水城内建新街一侧，建造于清光绪末年，为富绅朱谓清兄弟的家宅和宗祠。整

图7-1-58（a） 昆明庚园　　　　　　　　　　　图7-1-58（b） 昆明庚园入口

个花园坐南朝北，占地约2万平方米，建筑空间格局呈"三纵四横"的布置，为建水典型的"三间六耳三间厅附后山耳"、"一大天井四小天井"的传统住宅形式并列联排组合而成的建筑群体，共计有大小天井42个（图7-1-61）。左侧沿街设13间"吊脚楼"与后面两院的"跑马转角楼"相连通。右侧为家族祠堂，祠堂前有水池，池边有石栏维护，水上有戏台、亭阁、庭荫花木等。

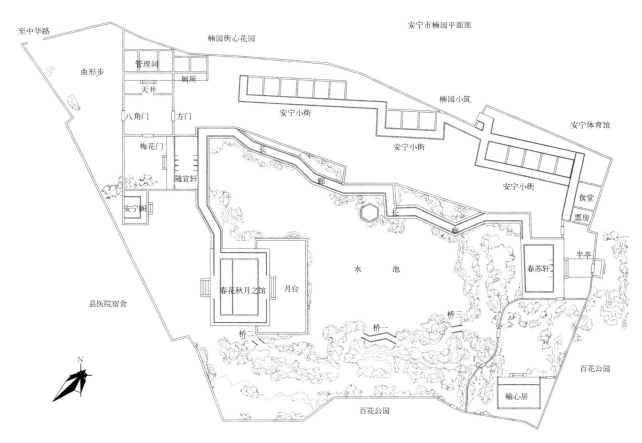

图7-1-59　安宁楠园平面图（图片来源：《昆明园林志》）

图7-1-60（a） 安宁楠园景观（图片来源：http:qcyn.sina.com.cn）　　图7-1-60（b） 安宁楠园秋景（图片来源：http:qcyn.sina.com.cn）

花园的正前方为三大间花厅，花厅前为花园，透空花墙，左右对峙。花墙的左右两侧为小姐绣楼，自然分隔为东园、西园（图7-1-62）。朱家花园是一座典型的滇南私家园林和祠宅，其格局内雅外秀、精美高雅，形制规整而井然有序，庭院厅堂布置灵活多变，院落层出迭进，空间层次丰富，景观环境清幽、变化无穷。其规模之大在国内实属罕见，充分体现了内地文化与边疆地方文化的相互结合与应用，具有较高的建筑艺术价值。

4．建水张家花园

位于省级历史文化名村建水城西团山村的张家花园，是本村规模最大、最具表征性的一户有庭院和花厅的传统民居宅院。张家花园建于清光绪三十一年（1905年），占地面积约3500平方米，是由一个居中为"三间六耳倒座下花厅"的三进套院主体与右侧的"三坊一照壁"三合院及左侧的花园

 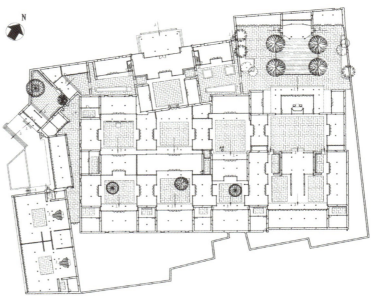

图7-1-61（a） 建水朱家花园总平面图　　图7-1-61（b） 建水朱家花园一层平面图

图7-1-61（c） 建水朱家花园鸟瞰图

祠堂三部分横向组合成的民居建筑群，其规模仅次于朱家花园。张家花园全院有大小天井14个，构成了变化丰富的建筑空间形态（图7-1-63）。

其中，花园祠堂一院的设置与其他合院有所不同，这是该宅院的特色与精华所在。花园祠堂部分为一进的宽敞庭院，正房是五开间的卷棚祠堂建筑，檐廊宽敞的祠堂就坐落在2米多高的台基之上，威严而尊贵。两层三开间的绣楼厢房侧立两旁，绣楼采用开敞通透的挑廊与祠堂敞廊相呼应。祠堂正前方有一方宽阔水池，水池边以石栏围护。此院内广植花草树木，一派生机盎然（图7-1-64）。

另外，张家花园的特色还体现在其建筑的细部装修和装饰上。宅院内的房屋四壁和建筑梁枋、花格门窗、柱础、须弥座台基等部位，不仅细部装饰形式繁多、富有哲理，且做工极为考究，加上门窗墙面上的各种诗词楹联、书法绘画、雕刻等装饰，使封闭的宅院内处处表现出充满伦理道德的浓郁文化氛围。如花厅的楹联题道："庭有余香谢草郑兰燕桂树，家无别物唐诗晋字汉文章"，横批"庭生玉树"。张家花园是建筑质量好、保存较完整、文化层次高的民居建筑群。

5．大理张家花园

位于大理点苍山圣应峰麓观音塘北旁张家花园，是由大理民间建筑艺术匠师，园主张建春投资并亲手创意设计、倾心缔造的民居建筑文化艺术之园。花园由6个空间大小不同的院落形成"L"形空间组合，6个院落各领风骚，分别表现出彩云南现、海棠春雨、鹿鹤同春、西洋红院、瑞接三坊及四合风的景观特点。风花雪月，四时常春，在张家花园几个高起的空中楼阁，东可观鸡山日出，北看玉龙隐仙，南瞻彩云南现，西仰苍山瑞雪。同时在园中看蓝天白云，听寺院钟声，品白族人居，享佛国妙香。

作为国内最漂亮民居之一的张家花园，一承大理白族传统民居的历史积淀与建筑特色，把白族传统民居宅院与私家花园园林相结合，形成居与园的

图7-1-62（a） 建水朱家花园大门

图7-1-62（b） 建水朱家花园祠堂戏台

图7-1-62（c） 建水朱家花园内院照壁

图7-1-62（d） 建水朱家花园内院

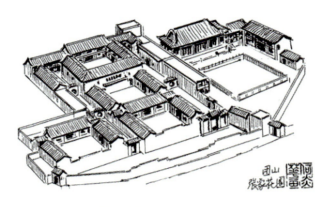

图7-1-63（a） 张家花园鸟瞰图

图7-1-64（a） 张家花园三段式大门

图7-1-64（b） 张家花园圆门

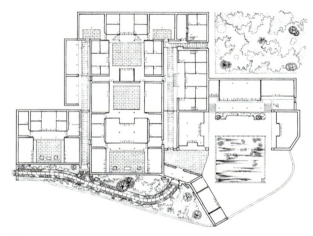

图7-1-63（b） 张家花园平面图

图7-1-64（c） 张家花园祠堂院落

交融，成为体现大理风、花、雪、月山水架构大环境中的园中之园（图7-1-65）。

6．大理中和镇永馥花园

白族人民爱好花木，住房院内或房前屋后种植花草树木。大理中和镇永馥花园原是私家园林的一部分，现存下来的除有三间房屋的聚坐式室内茶座外，绝大部分是露天茶座，花木围绕，绿树成荫，攀藤植物、绿篱等把花园分隔成许多组幽静的雅座空间，三五成群的友人汇聚于独特的绿丛环绕中品茶畅谈，别有风味。永馥花园后来成为群众闲时饮茶聊天的公共场所，当地人称之为"花园茶社"。

7．大理西云书院花园

书院建筑的建造与兴盛，与"士"的活动休戚相关，尤其是与思想文化的发展更为紧密相连。大理西云书院作为一种具有综合功能的文教建筑，其组合方式是"礼"的秩序和"乐"的和谐相互结合的典型。陶冶性情是中国传统教育的重要手段之一，因而书院的花园便是作为园林出现（图7-1-66）。教学是严肃庄重的，故讲堂、斋舍、藏书楼一般都按中轴对称布局来体现"礼"的秩序感，而作为师生休息和陶冶性情的花园部分则完全是寓着"乐"的审美意义。

图7-1-65（a） 大理张家花园内院照壁

图7-1-65（b） 大理张家花园内院

图7-1-65（c） 大理张家花园鸟瞰图（图片来源：《云南艺术特色建筑物集锦-下》）

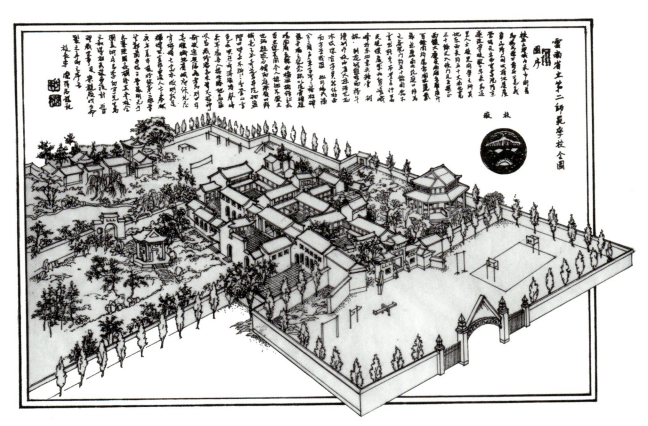

图7-1-66 西云书院鸟瞰示意图

第二节 隐喻市井的名人故居

一、云南名人故居的分布

根据现已被公布的国家级、省级文物保护单位名录有关数据初步统计，目前，云南省共有名人故居77处，其中国家级综合文物保护单位9处，省级文保单位19处，市县级文保单位49处。尽管统计数据结果并不能完全覆盖云南省内所有的名人故居，但基本上反映了云南省名人故居的分布特点（表7-2-1）。

云南名人故居分布统计一览表　　表7-2-1

名人故居分布	滇中地区昆明	滇西南地区腾冲	滇西北地区大理	滇南地区	滇东北地区	合计
数量（处）	45	4	13	8	7	77
百分比（%）	58%	5%	17%	10%	10%	100%

从上述统计数据分析可以看出，云南名人故居分布在昆明地区的数量最多，其余故居分布集中在各个名人的出生地、故里和长期生活的地方等。而各地方上遗存的名人故居，绝大多数也是聚集在交通比较发达、文化交流较为频繁的地区。昆明地区的名人故居又主要聚集在昆明市的文明街、巡津街与翠湖周围一带。特别是在抗战期间，作为大后方的重镇昆明，成为沿海和内地大批军工和民用工矿企业的迁建之地，极大地促进了昆明工业生产的发展。同时，内地大批高等院校及文化科研单位的迁入，如中央研究院史语所、中国营造学社、北平研究院以及由北京大学、清华大学和南开大学组成的国立西南联合大学的到来，形成"留滇九年，凡所以导扬文化，恢弘学术者无不至，一时文教之盛，遂使昆明屹然为西南文化中心"。

构成云南名人故居的这种分布特点，主要的形成原因具体如下：

1．导向性：主要是在文化和交通方面的导向性，从上文表格中数据表明，名人故居的分布主要集中在文化交流相对频繁和交通比较发达的地区。

2．文化性：名人故居分布密集的地区，都是一些与汉文化交流频繁的地区，且受汉文化的影响较大，如昆明、大理、保山、石屏、建水、会泽等地（表7-2-2～表7-2-6）。在历史上，这些地区往

滇中昆明地区名人故居一览表　　表7-2-2

故居名称	时代	地址	级别	名人类别	备注
升庵祠	明	昆明市西山	省级	文人	纪念馆
卢汉公馆	近代	昆明市翠湖南路4号省接待办	省级	军事	二层西式别墅
聂耳故居	民国	昆明市昆明甬道街73号、74号	省级	艺术	纪念馆，修葺复原"一颗印"四合院
朱德旧居	1922年	昆明市五华区水晶宫小梅园巷3号，红花巷4号	省级	政治	中西合璧二层楼房，中式四合院
得意居（蔡锷）	清末	昆明市金碧商城内	市级	军事	四合院、局部三层，1998年修葺
鲁园（鲁道源）	民国	昆明市大观园公园南园西侧	市级	军事	二层中式传统建筑一幢，西洋建筑一幢
袁嘉谷旧居	1911年	昆明市翠湖北路5号	市级	文化	局部三层中式四合院

续表

故居名称	时代	地址	级别	名人类别	备注
戴丽三旧居	民国	昆明市	市级	科技	
灵源别墅（龙云）	1932 年	昆明市海原乡海源寺布村	市级	军事	中式四合院
严济慈、蔡希陶旧居	1932 年	昆明市植物研究所	市级	科技	三开间平房
熊庆来、李广田旧居	1937 年	昆明市云南大学内	市级	科技	纪念馆，二层独栋西式楼房
冯友兰旧居	1938 年	昆明市龙头村	市级	文化	东岳宫偏殿
北门书屋（李公朴旧居）	1942 年	昆明市北门 68～70 号	市级	爱国人士	两层中式砖木结构楼房
陆子安府邸	1930 年	昆明市翠湖南路 18 号	市级	政治	西式洋楼
梁思成、林徽因旧居	现代	昆明市	市级	文化	纪念馆
闻一多、朱自清旧居	现代	昆明市	市级	爱国人士	"一颗印"合院
周培源旧居	现代	昆明市山邑村	市级	科技	二层三开间楼房
华罗庚旧居	现代	昆明市	市级	科技	"一颗印"宅院
白鱼口磊楼	1935 年	昆明市	市级	政治	二层西式别墅
杨氏公馆（杨茹先）	民国	昆明市华山东路黄河巷 37 号	市级	军事	西式二层洋楼
胡志明旧居	民国	昆明市	市级	政治	二层中式楼房
王九龄故居（翠湖 1923）	民国	昆明市翠湖北路 3 号	市级	政治	"一颗印"宅院
周钟岳旧居	民国	昆明市	市级	文化	
范石生旧居	民国	昆明市	市级	军事	
惠家大院	民国	昆明市	市级	文化	合院
钱南园故居	民国	昆明市	市级	文化	后修复
曾恕怀别墅	民国	昆明市北京路花园街	市级	政治	二层西式别墅
西园别墅（卢汉别墅）	1939 年	昆明西山太华山麓碧鸡镇山邑村	市级	军事	法式别墅
石房子别墅（李希尧）	1937 年	昆明市北京路茶花公园	市级	政治	西式二层洋楼
马家大院（马鉁）	民国	昆明市文明街小银柜巷 7 号	市级	政治	二层中式四合院
朱子英别墅	民国	昆明市北京路 444 号	市级	政治	三层西式别墅
王炽旧居（钱王）	民国	昆明市文庙直街 103 号	市级	经济	仅存最北二层，正方转角楼
张子玉旧居	1920 年	昆明市崇仁街 7 号	区级	经济	二层四合院

续表

故居名称	时代	地址	级别	名人类别	备注
何氏宅院（将军楼）	1919年	昆明市富春街83号	市级	军事	两层四合院
震庄迎宾馆	1942年	北京路514号	市级	军事	西式洋楼组群
潘光旦故居	民国	昆明市	市级	文人	合院
李培天府邸	1935年	昆明市盘龙路25号	市级	政治	中西合璧洋楼
卢汉温泉别墅	民国	安宁市	市级	军事	西式别墅
龙山别业（李根源）	民国	安宁市温泉镇	市级	爱国人士	毁损严重，原为合院民居，有上下两院
冰心默庐	清	呈贡县人民武装部院内	县级	文化	纪念馆，只保存正房一幢，后修葺复原四合院原貌
费孝通故居	清	呈贡县	县级	文人	闺阁
张天虚故居	近代	呈贡县龙城镇龙街	县级	文化	"一颗印"临街宅院
南荔草堂	民国	普宁县方家营	县级	文化	一层为中式合院，风格简朴

滇西南地区名人故居一览表　　　　　　　　　　　表 7-2-3

故居名称	时代	地址	管理单位	级别	名人类别
艾思奇故居	1911年	腾冲县	艾思奇故居管理所	省级	爱国人士
李根源故居	民国	梁河县	民间管理	省级	爱国人士
李根源故居	1947年	腾冲县	李根源故居管理所	省级	爱国人士
梁金山故居	民国	保山县	梁金山后裔	市级	爱国人士

滇南地区名人故居一览表　　　　　　　　　　　表 7-2-4

故居名称	时代	地址	管理单位	级别	名人类别
熊庆来故居	清	弥勒县	县文管所	国家级	科技
聂耳故居	近代	玉溪市	市文管所	省级	艺术
楚图南故居	清	文山县	私人房所	省级	文化
袁嘉谷故居	清	石屏县	县文管所	省级	文化
张冲故居	1933年	弥勒县	县文管所	省级	军事
柯忠平故居	清	广南县	县文管所	县级	文化
李恒升故居	民国	石屏县	县文管所	县级	经济
闻一多故居	1938年	蒙自市	县文管所	市级	爱国人士

滇西北地区名人故居一览表　　　　　　表 7-2-5

故居名称	时代	地址	管理单位	级别	名人类别
杨士云七尺书楼	清	大理市	喜洲文化站	国家级	文化
张若畴旧居	明	大理市	喜洲文化站	国家级	经济
杨源大院	清	大理市	喜洲文化站	国家级	经济
赵廷俊大院	清	大理市	喜洲文化站	国家级	经济
张仕程大院	清	大理市	喜洲文化站	国家级	经济
严子珍大院	民国	大理市	喜洲文化站	国家级	经济
董澄农大院	民国	大理市	喜洲文化站	国家级	经济
杨品相大院	民国	大理市	喜洲文化站	国家级	经济
尹樊官大院	民国	大理市	喜洲文化站	国家级	经济
杜文秀帅府	清	大理市	市博物馆	省级	政治
周保中故居	清	大理市	市文管所	省级	军事
王复生、王德三故居	清	祥云县	县文管所	省级	爱国人士
李宗黄故居	清	鹤庆县	私人	县级	军事

滇东北区名人故居一览表　　　　　　表 7-2-6

故居名称	时代	地址	管理单位	级别	名人类别
唐继饶故居	清	会泽市	市文管所	省级	军事
刘尧民故居	清	会泽县	县文管所	省级	文化
窦垿故居	清	师宗县	私人	省级	文化
龙云故居	1932 年	昭通市	县文管所	省级	政治
浦在廷故居	民国	宣威县	县文管所	省级	政治
罗炳辉故居	近代	宣威县	县文管所	省级	军事
马文仲故居	清	师宗县	县文管所	县级	军事

往都是与汉文化交流非常密切的地区。

3. 差异性：主要体现在城镇社会经济发展的差异上，由于名人故居大多隐居在城镇中，且占有良好地理位置。近年来随着城镇旧区大规模的更新改造，使得部分名人故居被拆毁或被改建为商业项目。没有得到相应的保护，而遗存于城郊、县乡的名人故居，特别是坐落在农村地区的名人故居，因为乡村的发展较为滞后，尽管得以保存，但其保存状况并不容乐观，破坏损毁现象也十分严重，由于重视不够得不到应有的保护，即便获得修缮，也不遵循修缮保护的要求，比如建筑及其环境的原真性。

二、云南名人故居的特点

云南名人故居的形成，主要集中在明清至新中国成立前约150年的时期内，这一时期的中国建筑，正处于由旧建筑体系向新建筑体系转型的初期阶段，即由与农业文明相关联的建筑体系向工业文明下的建筑体系转型，明显呈现出新旧两大建筑体系并存的局面，是中国建筑史上的一个承上启下、中西交汇、新旧交替的过渡时期。既有新城区、新建筑紧锣密鼓地快速转型，也有旧的乡土建筑依然慢吞吞地延迟转型；既交织着中西建筑的文化碰撞，也经历了近、现代建筑的历史搭接。在这样的历史环境背景下，原本相对保守的云南民居建筑得到了蓬勃的发展；云南的名人故居也呈现出多种建筑形态多元共时并举的发展模式，既有对传统民居建筑形式的延续，也有对新建筑体系的探索实践。

名人故居的分类因对名人的分类不同而各异，但从建筑类型来看，云南现存的近代名人故居，基本上是以传统的中式合院民居建筑为主，少量由于受到西方建筑文化影响形成的中西合璧式或是西洋式的建筑。从保护级别则可以将名人故居划分为国家级、省级文物保护单位及登记非文保类名人故居，其中属于文物保护单位的名人故居又可以分为国家级、省级、市县级。

（一）传承古韵的中式院落

名人故居既是名人的居所也是纪念名人、记录历史的场所。作为地方传统民居建筑形式的一种典型代表，具有特殊的历史意味，反映了地域文化的建筑特点，并且因居住者特殊的历史身份和文化背景，使得这类民居建筑更加明确地体现出时代文化的变迁、传承和发展。

云南的名人故居，其建筑风格与空间形态组合，有很大一部分表现为各地方的传统合院民居，或是对传统民居的延续和借鉴，而这种借鉴主要是对云南本土传统汉式合院民居的传承，且与云南传统的地方民居相符合，分为合院式与独立式两大类。

1. 合院式

云南的名人故居，大都承袭了其所在地的传统民居形式。如分布于滇中地区的名人故居，基本采用"一颗印"民居形式，大部分外地名人到昆明之后，除极少数人自建住宅外，大多数是通过借用或者租住当地的居民住房解决居住问题，如华罗庚、闻一多、朱自清故居等。且"一颗印"传统民居是昆明地区最常见也最具特色的民居建筑。分布于其他地区的名人故居，也是普遍采用当地的传统民居形式，如大理的"三坊一照壁"、"四合五天井"、石屏的"四马推车"等合院民居。

（1）华罗庚旧居：位于昆明普吉街陈家营村的华罗庚旧居，整个建筑空间形态为昆明地区典型的"一颗印"民居院落，并且是横向拼连的多院落格局，每个院落的建筑平面都是"三间四耳倒八尺"的传统格局。其中，居中的院落与东边院落紧靠的正房、耳房，其木梁柱构架是相连一体的，西边的院落则自成一体，并以土坯墙体加以分隔，很有地方传统民居建筑的代表性特点，是研究昆明地区传统民居建筑不可多得的实物例证（图7-2-1）。

据载，抗战时期，清华大学的许多教授都分散居住在昆明普吉街附近村落，包括华罗庚的恩师杨武之也住在陈家营附近的龙院村。1938年华罗庚回国后到昆明西南联大任教，华罗庚一家在离校不远的黄土坡村租房居住，随后迁居陈家营，与闻一多一家共住。当时，闻一多一家租住于陈家营杨家宅院内。杨家宅院是昆明地区典型的"一颗印"民居，即四合院结构建筑，两层楼，楼下为炊房、堆放杂物及养牲口，楼上住人。闻家住正房楼上的3间。在华家搬过来后，闻一多腾出一间给华家，因为中间没有墙，只好挂条床单隔开。闻、华两家相处甚洽，形同一家人。对此，华罗庚曾赋小诗一首，记述了居住于陈家营村的生活工作状况和心境："挂布分屋共容膝，岂止两家共坎坷；布东考古布西算，专业不同心同仇"。

（2）闻一多、朱自清旧居：位于昆明市区翠湖东侧西仓坡与钱局街交叉口，为典型的"一颗印"式民居，平面形制为"三间两耳倒八尺"，其中在入口部分的处理上做了些变化，增加了一个小院作为入口的引导空间，在小院的一侧加建了一个一层高的附属建筑（图7-2-2）。这种入口的处理与一

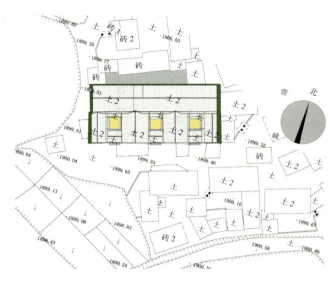

图7-2-1（a） 华罗庚故居总平面图

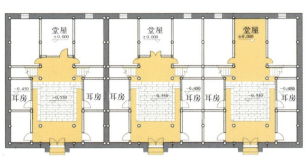

图7-2-1（b） 华罗庚故居一层平面图

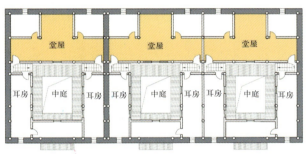

图7-2-1（c） 华罗庚故居二层平面图

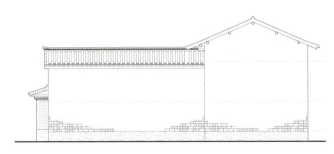

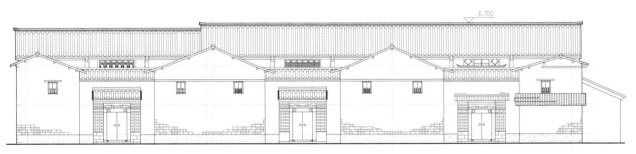

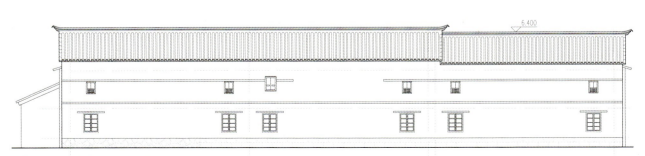

图7-2-1（d） 华罗庚故居立面图

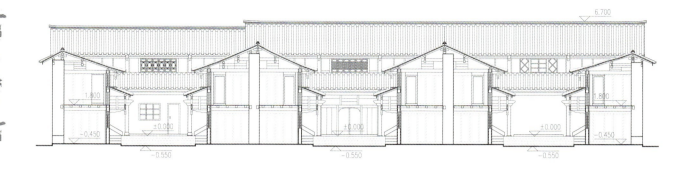

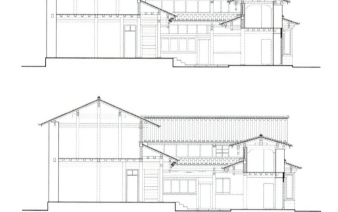

图7-2-1（e） 华罗庚故居剖面图

图7-2-1（f） 华罗庚故居鸟瞰图

般的"一颗印"有所区别。

当时在昆明的外地名人除极少部分来滇后自建住宅外，大部分外地名人都是通过借用或者租住当地住房解决居住问题，因此整体建筑风格比较朴素，无太多富丽堂皇的装饰。

（3）王九龄故居：王九龄，字竹村，号梦菊，云南省云龙县石门镇人。王九龄故居位于翠湖北路3号，宅院建于1930年。经2003年大修，保存较完好。王九龄故居宅院占地面积约1400平方米，建筑面积约800平方米。为坐北朝南的二层砖木结构的"一颗印"式传统民居建筑，采用硬山瓦顶。两厢屋顶为三坡水，走马转角跑马廊，故居户外风景优美能很好的欣赏翠湖风光，通透的廊子使建筑显得轻巧美观。建筑外墙涂黄色涂料，局部用石条点缀。整个建筑布局合理，结构轻巧（图7-2-3）。

现在已经被改造为餐厅。

（4）袁嘉谷旧居：位于昆明翠湖北路5号的袁嘉谷旧居，是袁嘉谷在1911年辛亥革命爆发、清王朝灭亡后，返回云南，在友人的资助下建造。故居建筑平面及外观布置按照当时昆明流行的中式合院建造方式，既改良型"一颗印"住宅。

此故居是一座规整典型的四合五天井院落，具有鲜明的云南地方传统民居特色。该合院坐北朝南，由前厅、东西厢房及正房围合而成。正房五开间，中三间为三层，采用歇山顶，其余厢房均为两层，合院的二层由走马廊相互连接（图7-2-4）。袁嘉谷故居为土木建筑结构二进式院落，因为袁嘉谷是石屏人，所以在故居的设计上融入了滇南石屏、建水地区合院建筑常见的布置方式；由大门进入前院再进入主天井，院落比较宽敞明亮，区别于

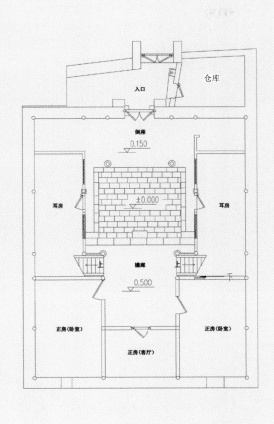

图7-2-2（a） 闻一多故居一层平面图

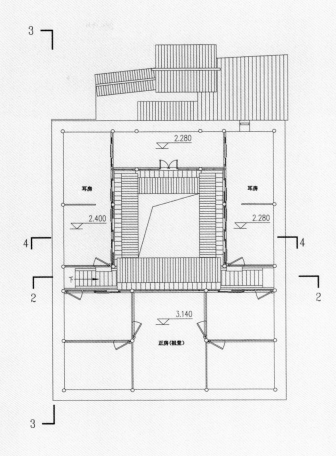

图7-2-2（b） 闻一多故居二层平面图

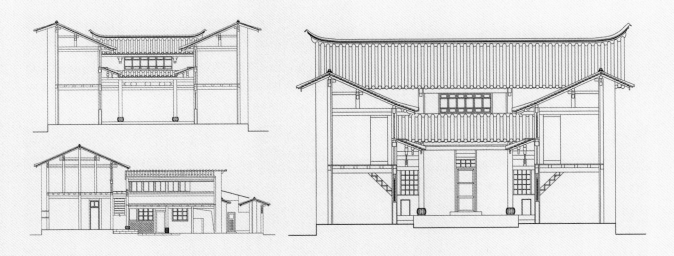

图7-2-2（c） 闻一多故居剖面图

图7-2-3（a） 王九龄故居（翠湖南路3号）

图7-2-3（b） 王九龄故居内院（翠湖南路3号）

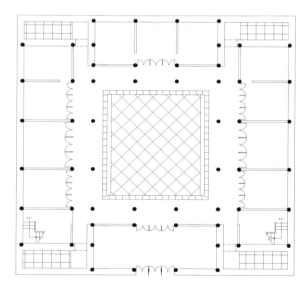

图7-2-4（a） 昆明袁嘉谷故居平面图

图7-2-4（b） 昆明袁嘉谷故居大门

图7-2-4（c） 昆明袁嘉谷故居前院

图7-2-4（d） 昆明袁嘉谷故居里院

图7-2-4（e） 昆明袁嘉谷故居益寿楼

图7-2-5（a） 昆明袁嘉谷故居外形　　　　图7-2-5（b） 昆明袁嘉谷故居屋顶

图7-2-6（a） 石屏袁嘉谷故居大门　图7-2-6（b） 石屏袁嘉谷故居内院　图7-2-6（c） 石屏袁嘉谷故居天井院落　图7-2-6（d） 石屏袁嘉谷故居厢房

图7-2-6（e） 石屏袁嘉谷故居正房　　　　图7-2-6（f） 石屏袁嘉谷故居正房堂屋

昆明传统"一颗印"小天井低矮狭小的做法。里院为四合院，使用了大理地区常用的走马转角楼。建筑合院空间布局中轴对称，除主天井外，另设4个漏角。正屋悬匾为"卧雪堂"楹联语云："座里光前花萼瑞，堂明气象燕呢春"。

袁嘉谷故居是一处融合了云南各地区传统民居特色的合院建筑，建筑风格博采众长。其建筑形态保存较完好，是昆明中式合院建筑的代表（图7-2-5）。

另外还有一栋位于石屏县异龙镇南正街22号袁嘉谷故居。始建于清光绪九年（1883年），1994年对故居修复，作为袁嘉谷故居陈列馆，对外开放。现为石屏县文管所的办公楼兼袁嘉谷故居陈列馆。

建筑坐西朝东，为石屏传统清代木结构四合院民居。占地面积695.8平方米，建筑面积875.9平方米，故居由大门，二门，内院上下层，正房，厢房，书房和厨房等组成。大门向东，上下堂屋呈坐南朝北向。由大门而进是一条通道，内分上下两堂屋，中间是天井，照壁已被拆除，左右有耳房（图7-2-6）。

袁嘉谷故居为石屏传统"四马推车"建筑平面布局方式。这一种石屏地区特有的合院形式。它的规格严谨，做工精细，从木构架技术到细部装修都继承明代建筑遗风。"四马推车"是一进两院式的院落，两进院落之间不与过厅连接，而是由墙分隔出两个院落空间。

（5）李根源故居：李根源是我国著名的政治家、军事家、社会活动家，其故居位于梁河县九保古镇右安街，建筑群占地面积1101.81平方米，建筑面积714.3平方米，于民国元年复修，是一幢典型的四合院两照壁滇西民居建筑，由门房、厅房、正房、马房、畜房及院落、花园等组成（图7-2-7）。故居座东南向西北，为四合院土木结构瓦屋顶单体建筑，周围有民房。正街边原有三开间面楼一幢，后由一屏照壁相隔为前花园，接着是一幢三开间厅楼，其右间为大门，余为书室、马房。继而是正方形中心大院，左右建三开间厢楼各一幢，设一级石板台阶。左厢后是条型院落，在其后是三开间楼房，作库房用。中心院上五级台阶是三开间正房，设暖阁家堂，两次间为宿舍。左右耳房分别为仓房和厨房。正房后是花园四周土墙封闭，后墙建照壁一屏。整个建筑布局合理，使用得当，具有典型"一正两厢房带花厅"式的传统建筑特点（图7-2-8）。

另外，在腾冲和安宁两地的李根源故居，其建筑风格也与当地的传统民居格局类似。

（6）严子珍故居：严家大院为云南著名商人严子珍的故居，是由多院落串联叠加而成的五进合院民居，自北而南分别是大小两个"三坊一照壁"院落，两个"四合五天井"院落和一院独立的三层西式别墅共五院组成（图7-2-9）。建筑空间组合形式变化多端，既聚集传统的大理地区的合院模式的精髓，又包含了新思潮下的西洋建筑，整个建筑群中西合璧，精美奢华。

由合院南北向的中轴线进入严家大院，入户门设在东北角上，主房坐西朝东。以一座小"三坊一照壁"合院为整个建筑群的序幕。入户门第形式繁复翘角飞檐，其屋面筒瓦设"三滴水"形式精致雍容，门扇采用花鸟题材的木刻，尽显边疆民族的清新淡雅。继续通过南面过厅或"走马转角楼"式的过廊，进入第二进院落"三坊一照壁"院落，与第一进院落建筑形式相同，但在规格上更加宏大，建筑设计者巧妙地利用重复手法的心理暗示，预示着接下来的将进入建筑的高潮部分。

继续穿过过厅便是建筑群的主体部分一座明亮简洁"四合五天井"院落，这是整个建筑群的主题，院落气势宏伟，二层"走马转角楼"装修精美，彩画栩栩如生。这里有两个"四合五天井"重复在空间布局上，用叠加法再一次巩固建筑院落，给人宏大精美的感觉（图7-2-10）。严家大院的门、横披、板裾、耍头、吊柱、走廊栏杆等构件均雕刻繁复精美，整个建筑群均采用两层三开间的木

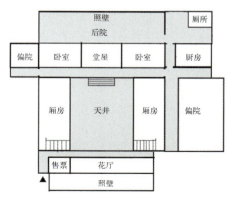

图7-2-7（a） 梁河李根源故居平面图

图7-2-7（b） 梁河李根源故居沿街照壁

图7-2-7（c） 梁河李根源故居大门

图7-2-8（a） 梁河李根源故居正房

图7-2-8（b） 梁河李根源故居厢房

图7-2-8（c） 梁河李根源故居花厅

图7-2-8（d） 梁河李根源故居花厅室内

图7-2-8（e） 梁河李根源故居花厅二楼

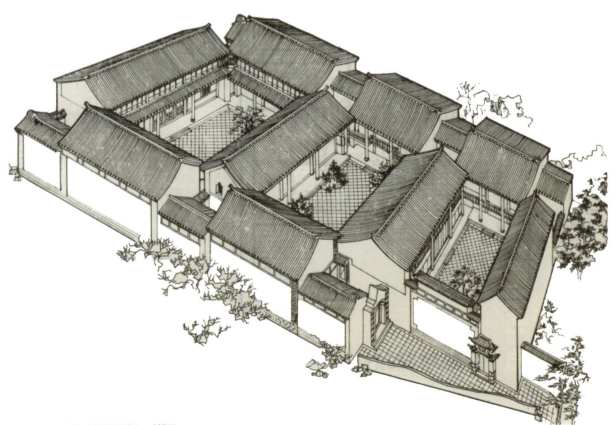
图7-2-9（a） 严子珍故居平面图、透视图

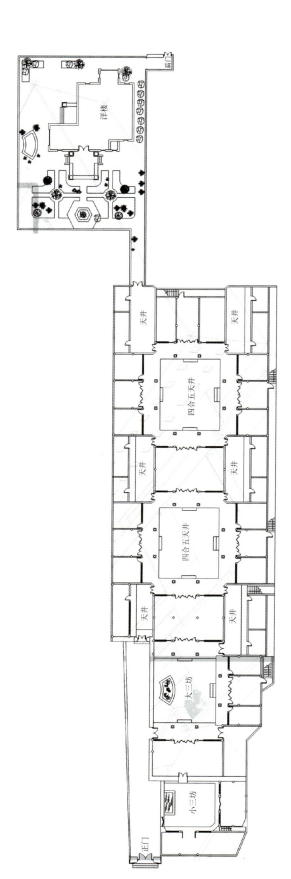

图7-2-9（b） 严子珍故居平面图

图7-2-10（a） 严子珍故居大门

图7-2-10（b） 严子珍故居外形局部

图7-2-10（c） 严子珍故居内院照壁

图7-2-10（d） 严子珍故居内院

质框架体系，几进院落合起来组成大理地区合院的最高规格"六合同春"。

最后建筑群以一栋与整体风格迥异的西式洋房结尾，该西式别墅继承了当时的复古主义思潮，白墙红边，三层砖石结构。云南名人故居除昆明外，采用纯西式建筑风格的民居并不多见，严家大院后花园的这处小洋楼，佐证了大理文化的开放性和包容性。

（7）王复生、王德三故居：该故居位于大理祥云县王家庄，是云南省红色教育基地，现为王复生、王德三博物馆，故居属当地传统木结构民居院落，建于民国时期。前、后院为小花园，两层土木结构，建筑设计巧妙，一架楼梯跑两院通四楼，建筑风格平实而雅致。建筑前院为一典型"四合五天井"，后花园为"三坊一照壁"院落，但在建筑二层无走马廊连接，建筑造型极其古朴，无过多修饰（图7-2-11）。

（8）张冲故居：张冲故居有两处，一是位于弥勒县东山镇、建于清光绪后期的，民国年间遭火灾，1933年重建，故居坐东朝西，为四合院土木结构，双斜面屋顶楼房（图7-2-12）。大门朝北开，门墙用条石砌筑，顶端和下部雕刻有花鸟兽等吉祥图案。大门为士大夫花门制式，大门楼上有瞭望孔，大门两侧设有射击孔，门前备有上马石和下马石。主房三间，左右两耳房夹一对厅，东正屋和西对厅各三间。堂屋内原设有火塘、供桌。楼上通常不住人，用于储藏粮食和堆放大件物品。二是位于泸西县城子古村的张冲故居，为云南地区典型的"土掌房"传统民居。平面形式为三合院布局，建筑尺度小巧，与山地地形结合紧密，立面为退台式土掌平顶，建筑造型质朴粗犷（图7-2-13）。

（9）熊庆来故居：位于弥勒县朋普镇，建于清代末年，坐西朝东，整个建筑群占地1055 平方米，入户门北开，门前置照壁。大门为大夫第花门，雕

图7-2-11（a）王复生、王德三故居大门

图7-2-11（b）王复生、王德三故居照壁

图7-2-11（c）王复生、王德三故居庭院

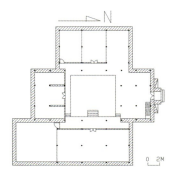
图7-2-12（a）弥勒张冲故居平面图

图7-2-12（b）弥勒张冲故居立面

图7-2-12（c）弥勒张冲故居内院

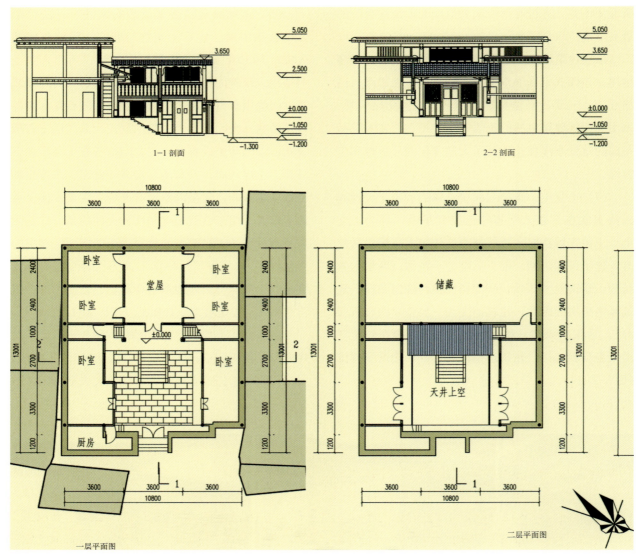

图7-2-13（a） 城子村张冲故居平面立面、剖面图

图7-2-13（b） 城子村张冲故居外形

梁画栋。故居有大门、中门、书房、客厅、耳房、正房、厨房、寿堂、祠堂等组成，院落围合大小五个天井。正房为重檐硬山顶三开间，面阔12米，进深10.5米，通高8.5米，现作陈列室使用，存放、陈列熊庆来部分著作和手迹等。耳房亦为三开间，面阔11.3米，进深5米。客厅及其耳房为单檐歇山顶，耳房做书房使用，有书法字画装饰，整个建筑雅致朴实（图7-2-14）。

（10）李恒升故居：位于石屏县异龙镇为民巷3号的李恒升故居，坐北朝南。与石屏传统民居形式

"四马推车"格局不同的是,其建筑平面由2个四合五天井平面组合而成,且在大天井左右厢房两侧,还单独设置联系前后两个漏角的小天井,整个院落布局严谨规整,庭院井然(图7-2-15)。建筑木构梁枋、门窗装饰、雕刻彩绘工艺精湛,装饰内容以花鸟鱼虫、历史人物、民间传说、历史名著故事等为题,形态丰富,寓意深刻(图7-2-16)。

李恒升与民国初年在个旧办锡起家。石屏、个旧、昆明、香港等地皆有其商号和房产,成为石屏的一个知名富商,当时曾有"临安马成,石屏李恒"之说。李恒升不仅热心桑梓公益事业,不惜捐资兴办地方教育,同时还在抗日战争时期慷慨解囊、支援抗战,并最终为彝、汉两族的和谐共处付出了宝贵的生命。

(11)昭通龙云故居:留存在昭通的龙云故居,始建于1930年,与龙云家祠相邻,组成一个完整的建筑群。龙云故居在建筑空间的布局上,以主庭院为中心来组织院落和建筑,中心庭院较大,在建筑群的四个角上设置漏角天井,这种布局类似大理四合五天井(图7-2-17)。因为其功能复杂性(兼居住与防御功能),这样的平面更能使建筑功能处理得当,并且适应于昭通的气候特征,即夏日的通风纳凉和冬季的充分日照。因居住关系和立面要求,正房和倒座均设阁楼,阁楼山部设圆形小窗,檐部设窗,对通风、隔热和保温均有较好地调节作用。正房、两厢和倒座均前出廊,各房交通联系便捷,并可避风雨。故居建筑群的外界面由院墙和后檐墙围合而成,而后檐墙开窗较小,窗上设置铸铁栏杆,有利于建筑的防卫性。单体建筑间以山墙相隔,增强了建筑群的防火性。龙云故居在建筑形式上基本采用昭通传统民居合院建筑的组织形式,在此基础上加设了两处碉楼以起防御作用(图7-2-18),这与主人的军事将领和政治家的身份有密不可分的联系。

2. 独立式

云南独立式的名人故居相对较少,建筑风格简单朴实,主要是抗战时期内地的一些爱国人士、学者、艺术家转移到云南时居住的建筑,如严济慈故居、蔡希陶故居、冯友兰故居等。其中有代表性的当属梁思成、林徽因故居。梁思成、林徽因一家,于20世纪30年代在昆明居住过一段时间。其故居位于官渡区龙泉镇龙头村内,是由梁思成夫妇借当地村民空地自己设计建造(图7-2-19)。故居建筑造型极其朴实,为一栋三开间的悬山顶平房。故居的建筑形式及取材均采用昆明普通民居的制式,房屋主体结构为木构架,墙面为碎石夯土及土坯砌筑而成,卧室起居室等主要生活用房铺木地板并简易吊顶。唯一与昆明当地民居显著区别的是起居室北面有一尺寸不大的壁炉和烟囱。应是梁思成夫妇在北方生活习惯所设置,由于昆明天气因素,当地民居没有这一设施,壁炉在昆明民居中出现尚属首例。

通过梁思成、林徽因故居的研究可以发现,其故居就是当地(昆明)最为简单普通的民居形式,其名人故居保护的价值更多地体现在名人精神的传

图7-2-14(a) 弥勒熊庆来故居平面图

图7-2-14(b) 弥勒熊庆来故居大门

图7-2-14(c) 弥勒熊庆来故居内院

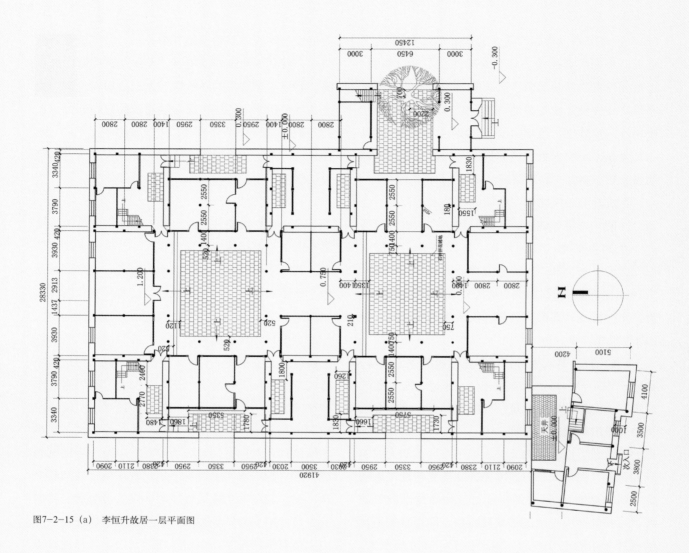

图7-2-15（a） 李恒升故居一层平面图

图7-2-15（c） 李恒升故居东、西立面图

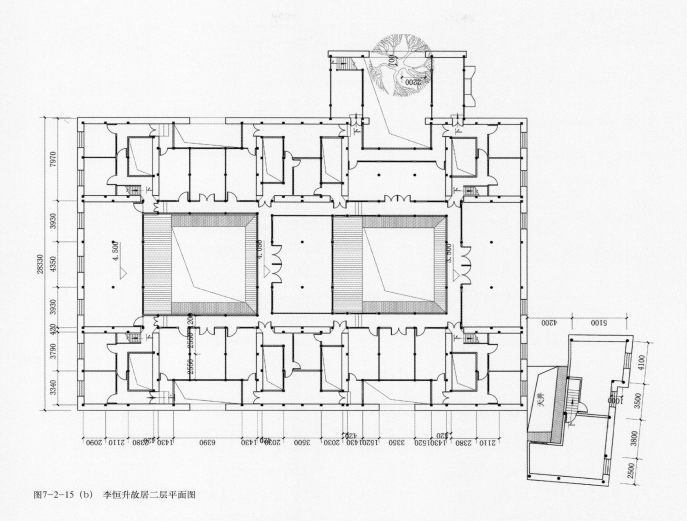

图7-2-15（b） 李恒升故居二层平面图

图7-2-15（d） 李恒升故居南、北立面图

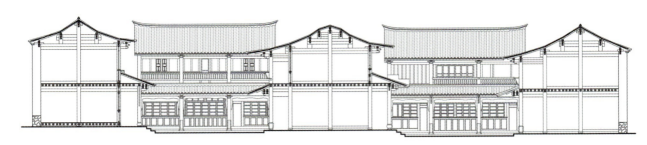

图7-2-15（e） 李恒升故居后院剖面图

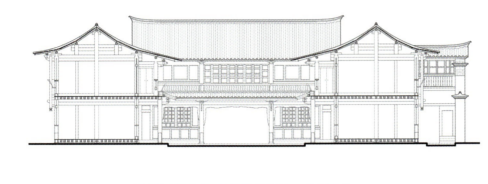

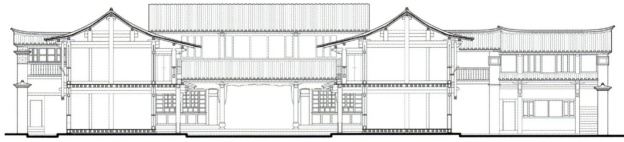

图7-2-15（f） 李恒升故居前院剖面图

图7-2-16（a） 李恒升故居门窗木雕　　　　　　图7-2-16（b） 李恒升故居内院天井

图7-2-17　昭通龙云故居

图7-2-18　宅院西北角门前的碉楼

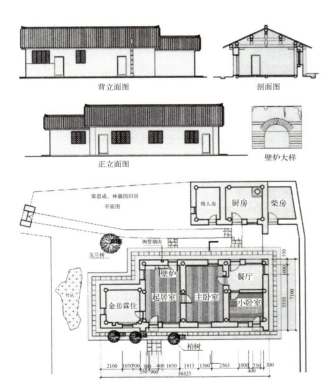

图7-2-19（a）　梁思成、林徽因故居平面、立面、剖面图

图7-2-19（b）　梁思成、林徽因故居鸟瞰图

承及文化历史研究的方向。

此外，还有少数位于沿街店铺或是前店后宅的，如昆明聂耳故居、胡志明旧居等。

（二）融贯中西的混合风格

在中外建筑文化碰撞的形势下，中国近代建筑出现了各种形态的中西交汇建筑形式。潘谷西先生认为总的可以概括为两大类：一类是中国传统的旧建筑体系的"洋化"，另一类是外来的新体系的"本土化"。在云南名人故居建筑中的表现，第一类型主要是传统建筑形式融入一些西式元素，其建筑空间布置的根本形式依然是在旧建筑体系下进行的，如灵源别墅、得意居等。而第二种类型则是中、西元素大刀阔斧的融合再创造，建筑的空间布局脱离原有的旧建筑体系。

1. 灵源别墅：灵源别墅位于海原乡海源寺村，比邻古刹海源寺，背山临水，环境清幽，取"水不在深，有龙则灵"的寓意，故名灵源别墅。灵源别墅建筑风格以传统的"四合五天井"合院形式为主，辅以西式元素。整个建筑群在建筑外立面的设计上采用了很多中西杂糅的设计手法，设计形式不拘泥于传统的设计风格。

灵源别墅的主体建筑，是在传统合院的基础上借鉴了很多官式建筑的做法构成的。整个建筑群中轴对称，建筑层层叠加，营造出巍峨壮丽的氛围，隐隐体现主人的身份地位。建筑的前厅和正堂均采用面阔五间的单檐歇山顶做法。前厅台阶两侧立有石狮子一对，前廊由四根西式石柱支撑，处理手法别致，区别于传统的柱式构件。穿过前厅是建筑群的主天井，建筑坐西向东。正堂建于一米高的台阶上，提名"燕喜堂"。燕喜堂有面阔三间的殿式抱厦，屋顶飞檐翘角，由六根雕饰有龙腾彩云图案的石柱支撑。石柱前排四根，后排两根。石柱的雕刻精美，龙在云间若隐若现，非常生动，雕刻手法高超，工艺精湛。正堂的天花、斗栱、梁柱彩画图形精美，色泽艳丽，净显富贵之气（图7-2-20）。在抱厦飞檐处有两根细铁柱，造型上显得不太协调，应当是后期为建筑结构稳定而加设。柱基是精美的石狮，这种处理手法在昆明地区不多见。合院的门窗采用西式做法，均安装玻璃，使整个建筑的室内空间明亮许多。

灵源别墅的建筑风格掺杂了官式建筑、传统民居、西洋建筑等多种元素，这样的组合在云南的民居建筑中比较少见，特别是官式建筑规格的引用在云南民居建筑中更是不多见。

2．得意居：得意居（原蔡锷旧居）位于昆明市金碧路金马碧鸡坊内步行街的西北角，是昆明最具特色的传统"一颗印"民居建筑的变化发展形势。得意居始建于清末，整座建筑坐北朝南，主房及两边厢房为三层，南房为两层，构成"走马串角楼"的建筑形式，是典型的天井布局（图7-2-21）。建筑风格古朴典雅，高台阶，石门墩，红门楼，青砖灰瓦更显庄重大方。

该建筑屋檐下彩绘山水烟云，大门墙角磨砖对缝，须弥座雕饰古朴，莲柱式石雕大门，花瓶式露台凭廊，更辅之以精美石雕花台、鱼池、柱础。院墙之影壁"福""寿"遥相呼应。砖雕小平玲珑剔透，门窗、挂落、额坊、梁头皆雕饰有凤串牡丹、兔含香草、鹤鹿同春、葡萄松鼠、鸳鸯荷花等，令人目不暇接。院中额匾楹联均为书法名家所撰，其内容之高雅，雕工之精细充分体现了诗词艺术、书法艺术、雕刻艺术在得意居人文环境中的有机融合。整体建筑风格集中西建筑示范精华之大成，实

图7-2-20（a）灵源别墅前厅

图7-2-20（b）灵源别墅正堂

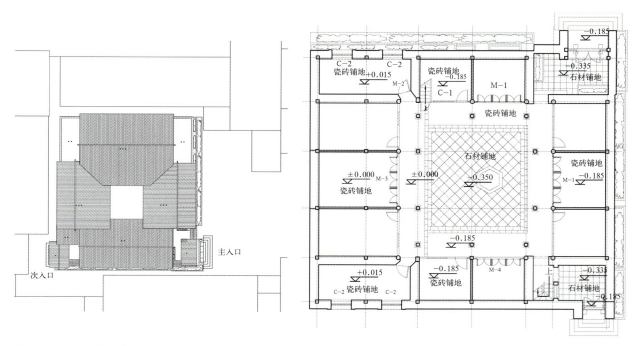

图7-2-21（a）得意居总图、一层平面图

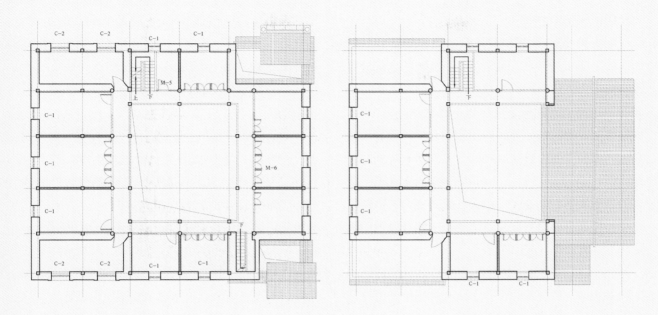

图7-2-21（b） 得意居二、三层平面图

图7-2-21（c） 得意居东、南立面图

图7-2-21（d） 得意居西立面图、剖面图

为昆明传统民居之佳作。

得意居建筑平面方正紧凑，既吸纳了"一颗印"的平面布局特点，也借鉴了白族传统合院民居的空间形式，建筑内院的二层由走马廊联通正房与耳房，是昆明大理两地民居建筑风格融合的产物。同时在建筑的门窗、外墙转角和阳台栏杆等局部处理上，融合了西洋建筑风格的常见做法，特别是在东门的门头造型设置上，有砖石拱券、山花浮雕等，其建筑细部构造做工精美细腻，室内装饰彩绘图案栩栩如生（图7-2-22），属于中西合璧式的民居合院建筑代表。

3. 艾思奇故居：艾思奇是中国著名的马克思主义哲学家、教育家和革命家。其故居位于腾冲县侨乡和顺，建于1911年，建筑面积931平方米，是一幢中西合璧的二层砖木结构的四合院民居，由正房客堂、居室、书房、庭院等组成。正房为两面带檐廊的四坡顶，左接一花厅（图7-2-23）。

正房前厅有一石砌圆形拱门，圆拱门两边设有带花漏窗的八字引墙与厢房山墙连接，引墙前置台立石柱，拱门前施弧形踏步，顶上设为露天交通平台。圆拱门青藤缠绕，素雅别致。空间上将四坊围合的天井庭院分隔为前后两部分，但形式上有一反传统的照壁墙单一实面的做法，由中做成圆形拱门，形成前后空间相互对望的景观，视觉上有变化、有联系。而更特别的是，门上布置的平台，功能上为两侧厢房及正房二层的交通关系枢纽，与二层环廊组成走马转角之形，不需再上下楼便可走至二层各个房内，同时又做成一个绿化平台（图7-2-24）。

在故居的西北角，结合后花厅不规则的地形设了一个阳台，用材及造型均为西式处理，铁质栏杆、旋转楼梯。艾思奇故居的通栏串楼、外墙砖石、门窗做工精细整体风格吸收了西式与中式建筑的精华。该建筑最与众不同之处是其大门的设计，入口的大门设在厢房与对厅相交处，与整个建筑的朝向扭转45°，进门后立有一屏风以遮挡外部视线。充分与地形完美结合，体现了我国近代建筑匠人的巧思。

（三）接纳夷风的西式洋楼

19世纪末20世纪初，随着滇越铁路的开通和西方殖民势力的入侵，给云南的政治、经济、文化带来了巨大的推动作用。由此沿滇越铁路传入昆明的西方建筑思潮，特别是法国文艺复兴晚期的建筑形式，也给云南本土传统的合院民居建筑带来了强烈的冲击。对于西洋建筑文化的传入和对昆明近代建筑的影响，蒋高宸先生曾将昆明近代建筑的发展历程分为三个阶段：第一阶段（1899年以前），即以1899年法国在昆明建立领事馆为标志，标志着云南

图7-2-22（a）得意居西式大门　　图7-2-22（c）得意居正房　　图7-2-22（d）得意居正房一层门窗

图7-2-22（b）得意居内院

近代建筑史的开端；第二阶段（1899~1928年）是随着外国强权的入侵，西方近现代思潮在昆明的蓬勃发展时期；第三阶段（1928~1949年），作为抗日后方受到文人学者的交流、近现代建筑思潮对云南本土民居产生影响。是故，当时的文人、富商、政界名流受其影响，争相模仿建造，使法式风格的西洋建筑在这一时期成为时尚，极为盛行。这样的名人故居有卢汉公馆、曾恕怀别墅、杨茹先府邸等（图7-2-25）。

云南法式建筑风格的名人故居，其建筑特征主要表现为：平面布局多为"一"字形，建筑立面造型采用对称布置；建筑结构多为两层或三层的砖木结构或砖混结构；建筑立面的造型处理多强调横向划分，有时分层设置凸出的方形壁柱，且建筑的外墙面常作浅黄色粉刷，在转角处一律用白色隅石或"包包石"作锯齿形镶砌，与墙面形成颜色和材料质感的鲜明对比；建筑的门窗洞口成为重点装饰的部位，门窗洞口的顶部处理有楣式、弓形拱式和半圆拱式三种，洞口外侧两转角处也用白色块石作锯齿形镶砌，窗盘和拱高部分相应作突出粉刷墙面处理，形成一个框子。有的门窗洞口还处理成壁盒式，甚至还带有山尖、涡卷或柱式等样式。建筑屋顶为坡屋顶时，使用红平瓦，出檐较深，檐下有三角支架支撑出檐。采用平屋顶时，常用宝瓶栏杆代替压檐墙。

1. 卢汉公馆：卢汉公馆位于翠湖南路4号，是卢汉居住生活和重要的办公场所，与其在青莲街的老宅相邻，故又被称为卢汉新公馆。建于20世纪40

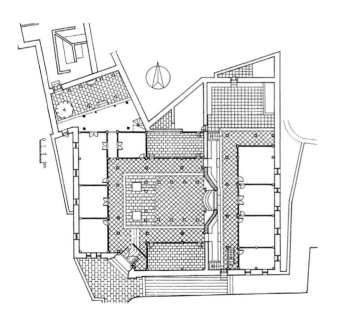

图7-2-23（a） 和顺艾思奇故居一层平面图

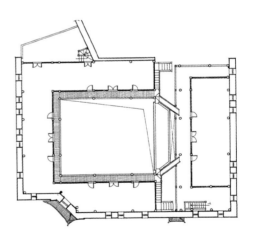

图7-2-23（b） 和顺艾思奇故居二层平面图

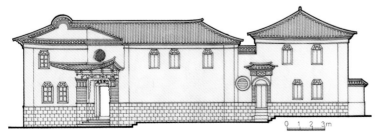

图7-2-23（c） 和顺艾思奇故居南立面图

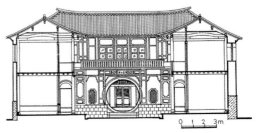

图7-2-23（d） 和顺艾思奇故居剖面图

图7-2-24（a） 和顺艾思奇故居鸟瞰图

图7-2-24（b） 和顺艾思奇故居内院

图7-2-24（c） 和顺艾思奇故居阳台

图7-2-24（d） 和顺艾思奇故居圆拱门

年代后期，由陆根记营造厂建设。现为云南省政府接待办公室。作为昆明地区保存较为完好的砖石结构住宅之一，卢汉公馆的建筑风格，明显深受近代西方建筑思潮的影响，建筑造型是对法国古典复兴式和哥特复兴式的简化模仿（图7-2-26）。具有鲜明的时代特征，是20世纪40年代云南西洋式民居建筑的典型代表。

卢汉公馆共包含两栋西式洋楼，均为砖木结构，部分采用钢筋混凝土结构。一号楼为两层陡坡硬山平瓦小洋房，红瓦白墙，灰色"包包石"作锯齿形镶砌墙角包边，二层露台用宝瓶栏杆，门窗洞口采用壁龛式处理手法。建筑形态挺拔体量尺度近人，典雅大方。建筑的外形处理、屋顶及门窗细部线脚作法，均呈现出明显的法式建筑风格。公馆的建筑平面为"L"形，主体部分为对称布置，基本没有任何中式元素（图7-2-27）。石构件多有浮雕装饰，室内配有壁炉，内装饰全部采用进口柚木。主次卧室及餐室皆有落地式门窗与阳台相通。室内装修繁冗精美，有大量的壁炉及彩绘的玻璃墙。二号楼的建造风格与一号楼有

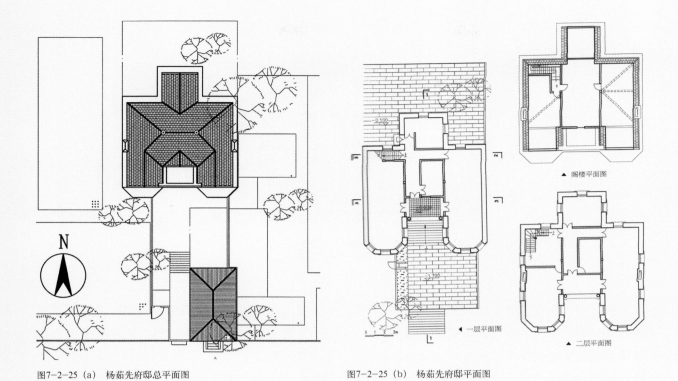

图7-2-25（a） 杨茹先府邸总平面图

图7-2-25（b） 杨茹先府邸平面图

图7-2-25（c） 杨茹先府邸立面图

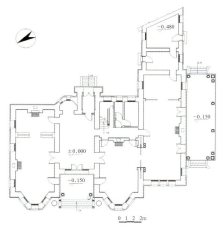

图7-2-26（a） 卢汉公馆平面图　　　　图7-2-26（b） 卢汉公馆立面图

些许区别，二号楼建筑体量比较敦实，同一号楼比较，更显厚重朴实，采用四坡红平瓦屋顶，屋檐较深。建筑墙体刷浅黄色涂料，一层全部用深色砖石贴面，深浅对比使建筑更加稳重，也通过不同材质的对比使得建筑立面更加丰富生动。门窗样式简洁无窗套。壁炉烟囱的处理使建筑形态富于变化，建筑外观和谐美观。

这一时期近代中国的西式建筑样式是什么样的？它是在模仿中前进的，我们很难将它们归类到底属于那种风格，但是我们从它们身上能找到或哥特式、或古典主义样式、或文艺复兴样式、或巴洛克样式的影子，会是一些元素、一道门、一道窗、或更小的元素，或是建筑的比例等，更有甚者是采用折中主义风格囊括所有这些元素。

图7-2-27　卢汉公馆立面

2. 西园别墅：西园别墅是卢汉在郊区的别墅，位于昆明市西郊西山森林公园景区，依山傍水，背靠西山南麓面临滇池，环境高雅恬静，风景优美。临湖眺望昆明市区，有良好的景观视线。建于1939年，现辟为接待国内外贵宾的宾馆。别墅有两重院落，外院由湖堤组成，有接待客房20间，经大门进入林荫道可抵达内院。内院内植有各种观赏树木花卉，主体建筑位于内院中心（图7-2-28）。

别墅主体建筑为二层砖木结构，部分使用钢筋混凝土结构，木屋架。两坡顶灰色平瓦屋面，屋面坡度较陡。建筑形式仿照英国都铎式（Tudor Style）住宅式样，是对传统的哥特式和文艺复兴风格的折中处理，屋顶为陡峭的双面坡顶。平面布局以带有壁炉的客厅为中心，对内经过较宽敞的走廊，同餐厅、客厅相连；对外经过多扇落地式门窗，与室外露台相通。平面呈不对称的"十"字形，楼梯间设在"十"字的中部。外墙面粉刷，墙角及窗框均用青石镶嵌，细部雕饰精致，室内红木地板、墙裙，装修考究。建筑保存完好。

作为昆明西洋建筑风格的代表，该建筑对研究近代西方建筑思潮、对云南建筑的影响有深远的意义。无论是在建筑史上，还是在对外来文化的吸收与传承上，都表明了近代云南建筑文化对外呈现的开放与包容。

3. 震庄迎宾馆：震庄迎宾馆位于北京路514号，始建于1942年，占地面积约三万平方米。是一组中西式建筑构成的庭院，包括8栋样式别致的西洋式小楼，宫殿式主体建筑、戏台、水榭假山及书库等，宾馆内有大面积莲池供观赏（图7-2-29）。

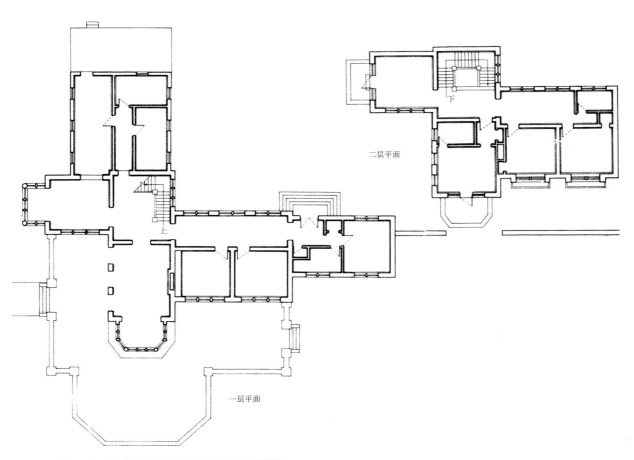

图7-2-28（a） 西园别墅平面图（图片来源：《昆明近代建筑总览》）

图7-2-28（b） 西园别墅立面图（图片来源：《昆明近代建筑总览》）

图7-2-29 昆明市震庄宾馆平面图

新中国成立后多次修缮翻新，现为云南省接待国家元首和重要宾客的国宾馆。乾楼、坤楼、瑾楼均为平顶砖石结构，土黄色外墙。震庄迎宾馆建筑群对西式元素的运用，不仅体现在单体建筑上，同时也运用在庭院的规划布置上。"乾楼"前有一长方形喷水池，水池窄长中复古喷泉。喷水池的建筑规整，富有几何美感，很得西式园林遵循严谨、对称、几何关系的精髓。

本章从园林建筑与名人故居两个方面进行了梳理分析，从中可以看出，云南本土园林不论是寺观园林、城市公园还是私家园林，都依从其所处的自然环境，加以局部和少量的人工建筑点缀，或以山林取胜，或以湖水取胜，皆显得自然而然，质朴开朗，成为风光秀丽的独特园林景观。而遍布与云南省内的诸多历代名人故居，大多数客观地展现出与各地方传统民居建筑风格相同的特点，或者所是地方传统民居中的典型代表。而少数则在受到外来建筑文化的影响下，通过学习和借鉴，有限地反映出对外来建筑风格文化不同程度的吸收与接纳，形成融合地方传统合院建筑特点与西洋建筑特色的中西合璧式建筑，甚至完全是西式建筑风格的洋楼。

注释

① （明）监察御史姜思濬《昙华寺住碑》。
② （清）杨炳锃《三塔倒影》。
③ 据《腾冲县志》载："民国元年松园王姓设织机欲借水力，凿其石，石内现太极图，识沸腾"。时邑人张文光为协都督，捐款建石桥，名曰"太极桥"。

云南古建筑

第八章 其他建筑

云南关隘、石窟、墓葬分布示意图

1. 盐津石门关
2. 宣威可渡关
3. 富源胜境关
4. 禄丰炼象关
5. 盈江万仞关
6. 巍山鸟道雄关
7. 安宁法华寺石窟
8. 剑川石钟山石窟
9. 昆明西山龙门石窟
10. 聂耳墓
11. 赛典赤墓
12. 雄辩法师墓
13. 陈佐才墓
14. 薛大观墓
15. 唐继尧墓
16. 腾冲国殇墓园

云南戏台、门坊分布示意图

1. 江西会馆戏台
2. 周城村戏台
3. 古生村戏台
4. 武曲村戏台
5. 寺登街戏台
6. 段家登戏台
7. 泸西武庙戏台
8. 富源胜境关界坊
9. 昆明金马碧鸡坊
10. 建西团山村门楼
11. 腾冲董官村门楼
12. 丽江科贡楼
13. 弥勒"三代一品封典"石牌坊
14. 黑井孝节总坊
15. 和顺贞节牌坊
16. 河西节孝坊
17. 广南节孝坊
18. 新格勒节孝坊
19. 和顺百岁坊
20. 晚街百岁坊
21. 诰赠郑黄氏题名坊

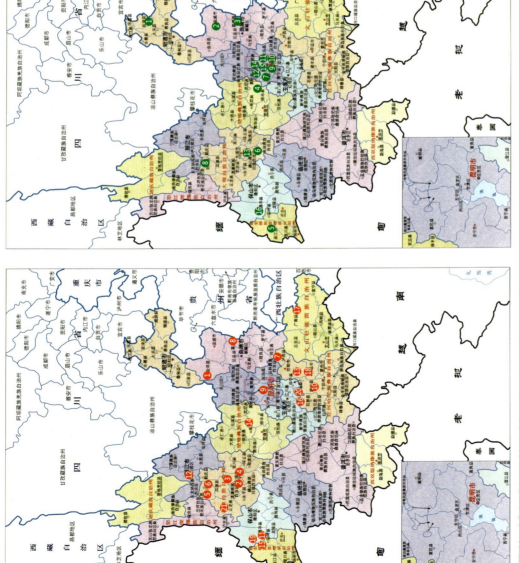

（地图引自：中华人民共和国民政部编. 中华人民共和国行政区划简册2014. 北京：中国地图出版社，2014.）

第一节　云南戏台建筑

流传于各地民间的音乐戏曲，作为一种地方非物质文化物象，它们既是民众艺术形态的生活，又是生活形态的艺术。遍及云南各地众多的古戏台建筑，就成了承载各类不同民间音乐戏曲的表演场所。它们以草根的力量焕发出顽强的生命力，使日常生活与仪式生活联系在一起，共同构成了维系一些地方民族乡村社会生活与民众交往的特殊场所，形成了别具一格的建筑形态和独特的文化生态景观。

一、社交怡情的民间舞台

在儒家"礼乐"文化的影响下，形成一种"乐极和、礼极顺"的社会风尚，加之云南各民族与生俱来就有热爱歌舞表演的集体性，因而在过去时代，在许多地方上有钱的乡绅，常常在私家宅院修建戏台，一来体现一种社会贤达的身份，以此自娱、遣兴，修炼一种"成教化、助人伦"的人生境界；二来以乐会友，以实现"为人生而艺术"的生命飞扬。如楚雄黑井镇的武家大院、建水的朱家花园戏台、楚雄的金鸡戏台、弥渡的密祉戏台、保山市隆阳区的金鸡乡古戏台、大理的周城戏台等。大凡民俗节令，这些地方就成了欢乐的海洋：既有民众组织的舞龙、耍狮、唱戏、对调子，通过自发性的聚会，造就了一方水土特有的一方风雅，表现出一派其乐融融的和谐住区生活景象；也有供商贸团体往来聚会、消遣娱乐而修建的会馆戏台，以达到他乡故里友好交往、增强情感沟通的目的。如个旧云省会馆戏台、会泽县江西会馆戏台等。

还有另外一类颇具云南地方特色的戏台，即是遍布云南城乡各地的神庙戏台。千百年来，云南多种本土与外来宗教崇拜传播交流促成了种类繁多的地方宗教建筑，并在这类宗教建筑中修建戏台，既为了强化教义的阐释和传播，加强宗教的象征性和祭祀性，同时也借此加强了对具有共同信仰的民众相互之间的沟通联系，在敬神娱神之后，也要娱人。正如大理民谣所唱的那样：城隍庙，真热闹，天天在烧香，天天有戏唱。

云南大理白族素以"兼容并蓄"的文化心态，在悠远的岁月里创造出了特色鲜明的"洱海文化区"，把白族独特的诗性才情以特有的方式传撒在苍山脚下与洱海之滨。古戏台正是白族民众人文情感记忆的载体之一，作为从远古人类祭祀的高台演变而来的戏台，始终在影响着白族民众对美的体验与认识。作为一种和谐文化的心理空间，戏台建筑之于白族民众，就好像是天上人间的渡桥和神人鬼三界交融的纽带。戏台作为民间艺术的摇篮，其符号化空间所具有的阐述功能，对白族民众审美心理产生着重要作用。古戏台不仅陪伴白族民众度过了千古悠悠的漫长岁月，直到今天，古戏台仍以顽强的文化生命力，支撑着白族民众现实的生存意义，以一种物理、生理和心理之间具有的对应关系，给人们带来感应天地神灵和喜怒哀乐的情感释放。

伴随着对本主崇拜的推崇，在清代中期至民国初年，喜好戏曲之趣和兴建艺术表演场所之习俗，在大理一带蔚然成风，洞经乐会也十分普及。尽管因各地各村镇经济发展水平彼此不同，使本主庙的建造有的辉煌气派，有的比较简陋，但通常都是村里较好的建筑。

本主庙的格局常以白族民居四合院为基础，同时借鉴了佛教和道教道馆庙宇的建筑布局，构成由大殿、配殿、戏台、门楼（或戏台和门楼合一）、照壁、碑亭、天井、厨房等组合的完整建筑院落。有的本主庙还另设有花园、假山、鱼池、石拱桥等环境景观。

对不少村落的本主庙而言，一般由大殿、戏台及厢房组成四合院，形成戏台在前、大殿在后，两者相对而立的空间格局，并且还在本主庙的主要入口处设置较大的广场。广场连接村内主要道路，并种植景观树（神树），组成别具特色的景观。遇有祭祀庆典或集会活动时，内院外场均为主要活动场所。

一般在白族民众祭祀本主神、举办庙会时，总

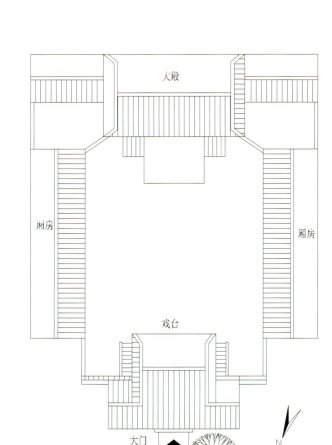

图8-1-1（a） 本主庙的格局

要举行一些耍龙舞狮、唱调戏曲等，因此，戏台多和祭祀本主的庙宇建在一起。但也有一些村落的本主庙和戏台是分开的，分别建造在不同的地点，自成一体（图8-1-1）。如大理周城有两座本主庙，分别建在村落的南部和北部，而戏台则建在村落中部的东面。

（一）戏台的形制结构

戏台建筑平面格局一般呈"凸"字形，凸出的部分就是戏台，通常都是面向各庙宇的内院，且在戏台下边设置交通门道，这样便充分利用了空间和门楼。在戏台上层中间置屏板，左右各设置一道门，分别题为"出将"和"入相"，为演员的出场和入场之路。戏台后部还有一大间房，是演员们化妆、休息的地方。

就其戏台建筑形制来看，通常除了一面留出作后台，其他三面都向观众开放，也有少量的是一面开敞，且面宽较宽（图8-1-2）。其与周围的空间关系，从不自我封闭，也没有太大的围护起来的内部空间，舞台空间面积小、简单、缺少变化，但是，戏台对室外空间的利用是令人惊叹的，它通过舞台本身的开放，把有限的舞台内部空间引向无限的环境空间，其利用空间的方式灵活多变。广场、草坪、天井、街旁空地，甚至包括房屋的两侧厢楼都是戏台的舞台空间由内向外的自然延伸。

（二）戏台的造型装饰

戏台建筑在外观造型上多采用"大屋顶"、"高台基"的样式，屋顶造型变化多样，较常见的是单檐歇山式，在这个基础上又加以丰富、变化。为了保护木构架及墙体、屋顶，戏台出檐一般都比较深远，有的还利用斗栱出挑和斜搭出的廊檐，因而使戏台屋顶的曲线更显得翘曲陡峭。

戏台的屋脊往往在居中处塑以宝塔，或以各种聚宝盆式样收顶，也有塑成二龙戏珠状的。正脊与戗脊上则造各种塑像，有戏曲人物、神话人物或各种动物形象，还有的在檐下缀以小铜铃，风吹铃响，声送远近，给人以无尽的遐想。戏台台前的两立柱上则镌有对联，称楹联，或诗或词，其内容或

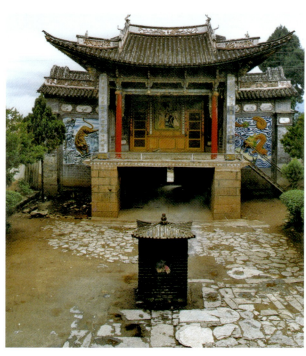

图8-1-1（b） 本主庙戏台

图8-1-2 会泽金钟山戏台及观众

贴近戏曲，或点示环境，都恰到好处，颇有画龙点睛的作用。

戏台的台基往往以土石垒砌。台基把戏台的挑角翼然的艺术形象衬托得更加明亮突出，尤其是在夕阳的余晖中，人们可以看到它那由屋顶的反翘举折所形成的天际线是那么柔和飘逸，所造成的艺术境界是那么深远悠长。

戏台在建筑艺术上令人赞叹之处，还在于它的细部装饰，在大屋顶、高台基的基本造型之外，戏台的建筑艺术形象主要是由细部的装饰表现出来的。其屋脊、壁柱、梁枋、门窗、屏风，包括细小的构件如檐板、斗栱、雀替、耍头等都具有艺术的修饰，或雕刻或彩绘。戏台的天花顶板上还绘有诸如"二十四孝"、"梁祝"、"西游记"等古典国画和书法题诗等。在戏台左右两面"八"字形的墙壁上，常有"蛟龙出海"、"猛虎下山"等浮雕作品。

大理本主庙戏台经过能工巧匠的精心处理后，使整座舞台建筑显得富丽堂皇，在整体上造成一种绚丽夺目的艺术效果。

（三）戏台的类型特点

对于早期的古戏台，统称为"万年台"或"草台"、"露台"，所以，一些不甚正规的班社，往往被称为"草台班子"。这种"万年台"带有临时的性质，有如宋元时期的勾栏、瓦舍。以露台为代表的戏台样式是中国古代广场戏台的主体。除了露台外，云南现存的戏台样式可分为庙宇戏台、魁阁戏台、广场戏台和过街戏台几种。按照戏台与庙宇门楼、殿堂等主体建筑的关系，其常见的具体设置又可分为门楼式戏台、独立式戏台与组合式戏台三种。

1. 庙宇戏台

即采用组合形式，在庙宇的大门或殿堂背面加建戏台，如与大门结合即为门楼式戏台，把戏台和大门连为一体，将戏台底部架空作为出入口，二层三面开放的戏台主面与大殿相向而对。这类戏台目前保存较多，它的演出活动与宗教的祭祀活动关系较为密切，戏台面向大殿神像，主要出于娱神、酬神等原因，如会泽县的万寿宫（江西会馆）戏台、赫神庙（贵州会馆）戏台、弥渡铁柱庙内院戏台、腾冲一中校园内的财神庙戏台均为此类型（图8-1-3）。如与庙宇大殿相连组合的戏台，有在大殿明间后座出挑为戏台的，如昆明白塔路的盐隆祠戏台等；也有在大殿明间后单独建亭阁式戏台的，如会泽县的寿佛寺（湖广会馆）戏台（图8-1-4）。

建有戏台的庙宇，除供奉龙王、城隍或佛道神像外，在白族地区较为突出的则供奉地方保护神"本主"，如剑川金华城隍本主庙戏台、沙溪石龙村本主庙戏台、大理红山本主庙戏台、黑井大龙祠入

图8-1-3（a） 会泽万寿宫戏台

图8-1-3（b） 腾冲一中校园财神庙戏台

图8-1-3（c） 弥渡铁柱庙内院戏台

口戏台（图8-1-5），多数供奉的是当地群众的保护神"大黑天神"；下关宝林寺除供奉龙王外，还供奉有当地的本主斩蛇英雄"段赤城"。

2. 魁阁戏台

这类戏台一般与魁星阁建筑组合在一起，其组合方式主要是把魁星阁的二层正中向前凸出的平台作为三面开放的表演戏台，魁星阁二层明间两侧的空间则作为戏台的辅助房间。在戏台顶是三层，设有神龛条案，塑有魁星金身。如剑川沙溪古镇的寺登街戏台、段家登戏台等，都是与魁星阁组合在一起的（图8-1-6）。

3. 广场戏台

一般建在当地村子中心或庙宇前的广场上，采用独立式布局，戏台三面开放。舞台利用自然坡度或四围高台地形，居中建盖，便于多数观众看戏，如大理市的周城村古戏台、古生村戏台、塔登村戏台、武曲村戏台等（图8-1-7）。

4. 过街戏台

一般建于村中道路的正当中，台下可供行人或过往车马进出，呈三面开放式。戏台利用道路的倾斜坡度，便于群众看戏。如师宗县的保太古戏台（图8-1-8）。

除以上几种形式外，还有建水县朱家花园的水榭戏台，这种水榭戏台还能起到隔离观众与舞台的作用（图8-1-9）。

二、不同戏台的建筑特色

1. 江西会馆戏台

在滇东北会泽古城的江西会馆内，有两处戏台建筑，其中最有特色的是门楼戏台。戏台为穿斗抬梁混合式歇山顶结构，前檐开山门，楼层作戏台。前檐三重，后檐五重，檐下有装饰性的密集型斗栱挑檐，挑檐中设一神龛，内供福、禄、寿三星。屋顶前后共有42只翼角，造型别致，设计精巧，有如仙鹤展翅，凌空飞翔。戏台面阔16米，高13.6米，可供较为大型的民间传统戏曲演出。在戏台的台口雕刻有"八仙过海"图案，室内各种装饰性木构件

图8-1-4（a） 会泽寿佛寺戏台

图8-1-4（b） 昆明盐隆祠戏台

精雕细刻，舞台设彩绘实景装置，中间一月亮门，正中悬挂阳刻篆书的"乐府仙宫"木雕匾额，两面为阳刻隶书的"玉振"、"金声"匾额。顶部置八方藻井和井字天花人物彩绘图案，造型别致，设计精巧，可谓独具匠心，美不胜收（图8-1-10）。

此外，在江西会馆的西跨院室内，则是一个真正具有现代表演性质的戏台，平面布置为梯形，是一个可容纳观众500余人的小剧场，楼厅还设有包间。

2. 周城村戏台

建于清光绪二十一年（1895年）的周城村戏台，位于喜洲镇周城村中部，现保存完好。戏台坐东向西，前有近50米长、宽的四方街广场，场中有2棵高约20米，胸径3.5米的大青树。戏台正面对着村中的交通要道，背面距214国道20余米。

图8-1-5（a） 凤仪城隍庙戏台

图8-1-5（b） 大理红山本主庙戏台

图8-1-5（c） 剑川金华城隍本主庙戏台

图8-1-5（d） 沙溪石龙村本主庙戏台

图8-1-6（a） 沙溪段家登魁阁戏台

图8-1-6（b） 沙溪寺登街戏台

戏台的平面为"凸"字形，前台三面敞开，后台四面土墙封闭而开小窗，前后台之间以木板屏风隔开，留左右两扇小门。前台高2米，宽9.15米，戏台开敞的台深5.5米。后台宽13米，进深3米，右侧有台阶上下。整个戏台的前台为抬梁式歇山式屋顶，高约8米，后台为大理地区常见的民居建筑与照壁的组合形式（图8-1-11）。

3. 古生村戏台

位于大理市湾桥乡古生村中部，坐西向东，戏台距西面的古生村本主庙约80米。戏台中间的广场东西长80米，南北宽35米，南北通大理沿海大道。

戏台平面呈凸字形，台基高1.8米，宽7.7米，前台深5米。前后台之间以木板屏风隔开，设左、右两道小门，分别题为"出将"和"入相"，为演员的出场和入场之路，台后部还有一大间房，是演员们化妆、休息的地方。戏台两侧后台西墙上都有堆塑花卉，在两边耳墙中的圆框内有堆塑青龙（左）白虎（右）图案，已部分损毁。

整个戏台的建筑立面为凸出开敞的歇山式屋顶与照壁墙体的组合造型，立面构图均衡对称，主次分明（图8-1-12）。

图8-1-7（a） 古生村戏台

图8-1-7（b） 塔登村戏台

图8-1-7（c） 周城村戏台

图8-1-8（a） 师宗县保太古戏台

图8-1-8（b） 师宗县保太古戏台木雕细部

图8-1-9 建水朱家花园水榭戏台

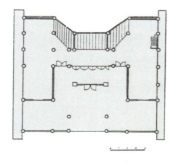

图8-1-10（a） 会泽江西会馆戏台平面图

图8-1-10（b） 会泽江西会馆戏台

图8-1-10（c） 会泽江西会馆戏台内部装饰

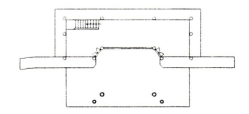

图8-1-11（a） 周城村戏台平面图

4. 武曲村戏台

位于大理市海东乡武曲村中部，坐西向东，前面有20米见方的小广场，广场四周为民房。戏台平面呈"凸"字形布局，上部为木结构建筑，下部为台基。台基高2.1米，前台宽5.5米，台深5米，后台三开间，宽9.5米，深2米，前后台之间原有隔板及小门，现已不存。上部结构为抬梁式歇山顶建筑，始建于清嘉庆二年（1818年），是大理市现存最古老的戏台。

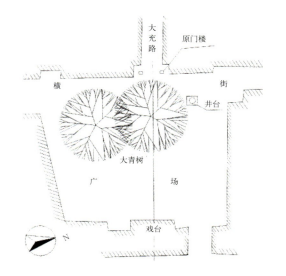

图8-1-11（b） 周城村戏台与四方街

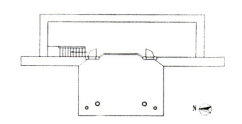

图8-1-12（a） 古生村戏台平面图

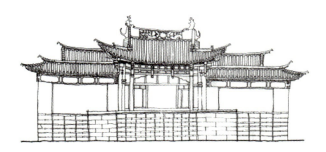

图8-1-11（c） 周城村戏台立面图

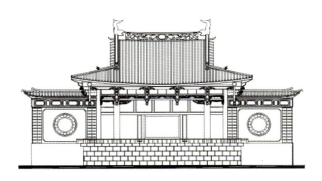

图8-1-12（b） 古生村戏台立面图

图8-1-11（d） 周城村戏台

图8-1-12（c） 古生村戏台

图8-1-13（b） 沙溪寺登街戏台

图8-1-13（a） 沙溪寺登村戏台　　　　　　　　　　　　　　　　　　　　图8-1-13（c） 沙溪寺登街戏台（细部）

5．寺登街戏台

位于剑川县沙溪古镇寺登村四方街的戏台，是与魁阁合而为一的组合式戏台。即在魁阁二层正中向前方凸出一个平台作为表演区，魁阁的二层空间则成为戏台的辅助场所（图8-1-13）。为了符合演戏要求，把魁阁的构成方式进行如下变化：

第一，由方形平面变成矩形平面，在戏台两侧各伸出一间耳房，供演员化妆和休息使用；

第二，将魁阁建筑形态总体加高，并增添了层高为2米多的顶层空间，以提升戏台表演区高度，便于观赏；

第三，在与戏台屋顶标高相近处，缩小平面成方形，作为供奉魁星、文曲星的阁楼空间。戏台位居寺登村四方街东面正中，正面与沙溪兴教寺大门相对，两者建在同一中轴线上，中间隔着四方街集市广场与大榕树相互呼应，据说这样神仙们坐在庙里就可以看大戏了。该戏台和兴教寺同为寺登街的核心建筑。

寺登街戏台呈"凸"字形平面，魁阁正中高四层，两侧耳房高三层。正前方的戏台虽然只有架空层和表演区两层空间，由于顶棚作了藻井装饰，使戏台屋面标高增加，正因如此，魁阁才额外出现第三层紧促的夹层空间，使两侧耳房的屋面檐口有足够高度伸展于戏台屋面之上，使这一组面积不大的建筑屋面檐牙交错，层叠错落，出现14个飞檐翼角（图8-1-14）。同时又将各檐角角梁尾部雕饰成展翅飞翔的凤鸟形态，尤显轻盈。从构图如此简单的平面衍生出造型体量如此繁杂的古建筑，让人对沙溪白族工匠独到的创造力和精巧的建筑技艺叹为观止。

寺登街戏台各层题有不同时期的横匾、对联，最上层的横匾为"文光射斗"，其顶层供奉有脚踩鳌头、手拿金笔和墨斗的魁星。鳌是传说中的龙王九太子，沙溪白族一直将过境的黑德江认为是鳌的江，魁星脚踩鳌头意味着只有文人才能压鳌低头，尊重文人才能制住鳌不能兴风作浪，保一方百姓平安。

6．段家登戏台

从建筑的外观形态上看，段家登戏台与寺登街戏台看似相近，其实在具体做法上有诸多不同之处，主要区别如下。

（1）魁阁高三层，自上而下，分别为3.97米、4.12米、2.11米。第二、三层空间宽敞适度，寺登街戏台的魁阁虽然四层，高10.56米，仅比段家登的魁阁多出0.36米，其1.8米的夹层空间并无多大用途。

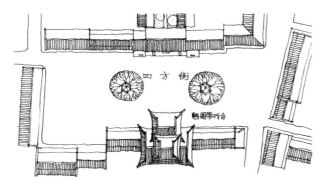

图8-1-14（a） 沙溪寺登街四方街与戏台（宾慧中绘）

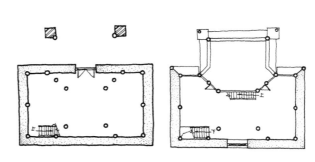

图8-1-14（b） 沙溪寺登街戏台平面图（宾慧中绘）

图8-1-14（c） 沙溪寺登街戏台屋顶平面图（宾慧中绘）

图8-1-14（d） 寺登街戏台立面图（杨惠铭绘）

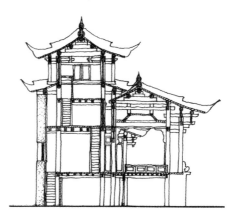

图8-1-14（e） 沙溪寺登街戏台剖面图（宾慧中绘）

（2）段家登戏台的天花无藻井，屋面与魁阁二层檐部连成一体。虽然减少了设计、施工的难度，但在建筑造型上却没有寺登街戏台那般精美。

（3）段家登戏台平面略呈"十"字形，魁阁中间的后山墙外凸1米，让背面造型做成带瓦檐的照壁形式。因为魁阁位于村口高地上，背对村口，后墙设计成照壁既利于传统的堪舆之说，又丰富了村落景观（图8-1-15）。如此一来，这个建筑共有16个檐角飞挑墙头，如翼舒展。

（4）段家登戏台的木构架及彩画、细部等做工精美。魁阁及戏台部分的屋架有驼峰、雕花垫板等做法，风格古朴。戏台后的太师壁向内凹成"八"字形，并有不同纹样的镂空窗花装饰，使舞台空间增加了纵深感，更显华美。太师壁两侧开门，右边为"出将"门，左边是"入相"门（图8-1-16）。

寺登街和段家登的戏台均建于清嘉庆年间（1796～1820年），重修次数及保留完好程度以寺登街戏台为优，这得益于寺登村四方街繁荣的经济收益。

在长期的发展过程中，戏台逐渐成为白族村镇中居民平常聚会、节假日欢庆的公共场所，村中有文艺才能的民间艺人登台演奏洞经古乐、民族舞蹈，演唱滇剧和白族民歌，使整个村镇的民众融进舞的世界、乐的海洋，戏台也因此成为村民心目中休闲、娱乐的场所，成为民族传统节庆日各种文艺会演庆祝的中心。

乡村戏台，既促进农村经济，又丰富了农民们的文化生活。会馆戏台，则促进了行业商会同乡族人的商贸联谊与社交情感，在欢庆的节假日里，戏台的宗教功能就更为世俗化。这时戏台既是戏剧表演的活动场所，又是人与鬼神"交往"、"接触"的精神场所……

7. 泸西武庙戏台

建于明万历四年（1576年）的武庙，是泸西县"三庵六阁七寺八庙"中的"八庙"之一，至今已有400余年历史。其建筑规模和地位仅次于泸西文庙，是当地文物中的重要瑰宝之一。泸西武庙现存大门、大殿、戏台、两耳、两庑，保存状况基本完好。其中，与大门在同一中轴线上的武庙大殿，殿为单檐歇山式屋顶，殿前有往前凸出的戏台。台廊深3米，上部卷棚天花。整个殿和戏台融为一体，建于高约2米的石基上，使大殿和戏台在前面宽敞的院子中显得极为壮观（图8-1-17）。

8. 金鸡村古戏台

金鸡村古戏台是保山保存最完整、年代最久远的古戏台，至今仍是当地老百姓自编自演戏曲的大舞台（图8-1-18）。金鸡村古戏台位于金鸡村文庙街西段与季平街交接处，始建于清光绪年间，民国初期重建，为金鸡村主要戏剧活动场所，占地面积130平方米，单层歇山式阁楼，楼面中凸边缩，呈"凸"字形，戏楼向前伸出，面向中心街场，两侧耳房缩后而建。楼上为戏台，楼下为街门。戏楼背西面东，为抬梁式结构，主戏台前飞檐垂柱、内壁诗画装饰，雕梁画栋，具有浓郁的艺术氛围。

9. 老太庙戏台

老太庙戏台是宾川县现存年代最早、保持最为完好的戏台，仿大理民居门楼"三叠水"形式，总长18米，高3米，正中戏台进深10米，内设左右两台室，门头分写"甲歌"、"乙舞"。戏台中部天花藻井呈八角形，彩绘八仙过海，中间太极八卦，藻井周围有山、水、花、鸟、神兽、果品等各类图案，美妙绝伦，技法精湛（图8-1-19）。戏台前檐两柱原挂有楹联一对："天下事无非是戏，世间人何必当真"，正中横联："民欢乐之"，背后山墙竖

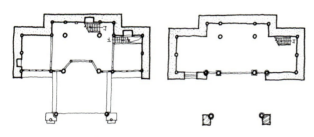

图8-1-15（a） 段家登戏台平面图

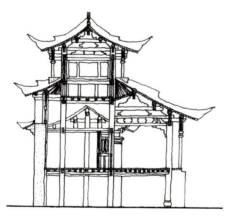

图8-1-15（b） 段家登戏台剖面图

图8-1-16 段家登戏台

图8-1-17 泸西武庙大殿戏台

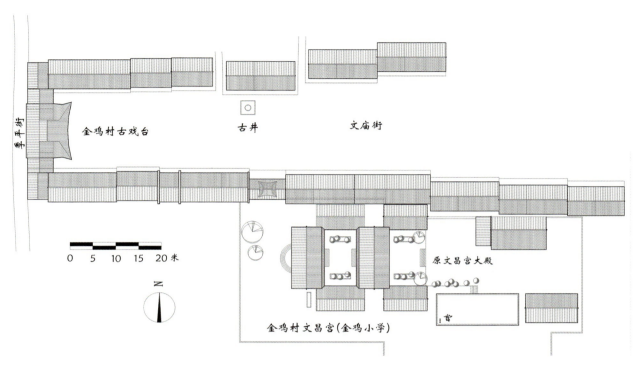

图8-1-18（a） 金鸡村古戏台平面图

图8-1-18（b） 金鸡村古戏台

图8-1-19 宾川老太庙戏台

向排列"耜村胜境"四个大字，现已字迹不清。戏台两边对称耳壁墙各长5米，三层斗栱层层出挑，墙下飞檐塑有立体燕窝纹理，正中圆形图案，左为龙鱼献瑞图，书写："三级浪中鱼龙献瑞，九霄云外珠宝呈祥"；右为虎镇山冈图，书写："尚武精神野蛮气象，自由物色独占英雄"。戏台因年久失修，毁坏严重，屋顶坍塌，彩绘掉落，但仍能从其飞檐起翘的屋顶、层层出挑的斗栱、形制完善的藻井、气势恢宏的耳壁，想象出昔日的辉煌景致。

戏台前有一长方形小广场，可容纳百人，靠近老太庙方向有莲花池两口，沿戏台与老太庙中轴线对称分布，池中泉水清澈，可灌溉良田千亩。周围绿树成荫，鸟语花香，有道是："不想修成活神仙，快乐生活在人间；祥云彩虹桥上等，云空皓月返人间。"

10. 观音阁戏台

位于滇西名胜之一的永胜县壶山灵源箐，箐中环境清幽，有20余座明清建筑。其中的观音阁戏台建于清代，为单檐歇山顶，戏台高2.4米，面宽5.2米（图8-1-20）。历代香火旺盛，每逢观音诞辰，必有大戏演出。

图8-1-20 永胜观音阁戏台

图8-2-1（a） 富源胜境关界坊

图8-2-1（b） 富源胜境关界坊匾牌1　图8-2-1（c） 富源胜境关界坊匾牌2

第二节　云南门坊建筑

牌坊，一种中国特有的门洞式建筑。千百年来，牌坊繁衍发展，不仅遍及华夏城乡，而且还远涉重洋，屹立于异国他乡的许多地方，被视为中华文化的一个典型标识。牌坊不仅建筑结构自成一体、别具造型风格，而且集雕刻、绘画、匾联文辞和书法等多种艺术于一身，熔古人的社会生活理念、封建传统礼教、道德观念、古代的民风民俗于一炉，展现出其瑰丽的艺术魅力、很高的审美价值和丰富深刻的历史文化内涵。

牌坊滥觞于汉阙，成熟于唐宋，至明清达到登峰造极，并从实用衍化为一种纪念碑式的建筑，被极广泛地用于旌表功德、标榜荣耀，不仅置于郊坛、孔庙，而且用于宫殿、庙宇、陵墓、祠堂、衙署和园林前及主要街道的起点、交叉口、桥梁等处，景观性也很强，起到点题、框景、借景等效果。

随着以程朱理学为代表的儒家思想、封建伦理意识的普及和深入，明清时期，牌坊的发展达到了鼎盛，出现了大量多种形式的牌楼门坊。而且有些牌坊，已经成了统治阶级麻痹人民思想、维护统治的一种独特形式，如各地的节孝坊、功德坊。

一、界定内外的标志门坊

作为空间段落和内外分隔界定的标志性牌坊，一般多立于交通关隘处，如城镇的主要入口和街市道路的分界口。

1. 胜境关界坊

位于富源县城东南中安镇胜境关村中的胜境关界坊，始建于明景泰四年（1453年），界坊东西坐向，三开间3门12楹柱，通面宽14.5米，通进深5.3米，高12米，三叠式重檐歇山式屋顶，檐下设多踩斗栱，正中匾额书"滇南胜境"4字（图8-2-1）。界坊地处云贵交界处，面向贵州一方，山土多为黑赤，多雾。而面向云南一边，土多赤褐，常晴。东西仅一岭之隔，景观如此不同（图8-2-2）。杨慎在《滇程记》中称："西望，山平天豁；还观，则箐雾瘴云，此天限二方也"。这一奇观早已广为传颂。

2. 金马碧鸡坊

位于昆明市三市街与金碧路交叉口中轴线上的金马碧鸡坊，高12米，宽18米，雕梁画栋，精美绝伦，具有鲜明的地方特色。东坊名为金马坊，西坊名为碧鸡坊。北与纪念赛典赤的"忠爱坊"相配，形成"品字三坊"，成为昆明闹市胜景；南与建于

图8-2-2 富源胜境关界坊细部

图8-2-3 昆明金马碧鸡坊

图8-2-4（a） 保山板桥镇北门楼

图8-2-4（b） 建水团山村北面入口门坊

图8-2-4（c） 腾冲董官村东面入口门坊

南诏的东西寺塔相映，见证和显示了昆明古城的文明历史。另外据居民传颂，金马碧鸡坊的独特之处还在于某个特定的时候，会出现"金碧交辉"的奇景（图8-2-3）。

3．村落入口门坊

一般而言，建于村落或关隘主要出入口处的门坊，既有标志性特点，也有防卫性特点，与其说是门坊，不如说是缩小的城楼，居中开设门洞供平常的交通进出，非常时期可以关闭。如现今建水团山村东、南、北三个方向各建有一座的入口门坊、腾冲董官村东面的入口门坊、保山板桥镇北面的入口门楼，都是三开间、两进深的二层门楼，居中明间的门楼又高出两次间，屋顶常设为歇山或硬山形式（图8-2-4）。

二、丰富多彩的门坊形式

就建筑材料而言，一般分为石制门坊和木制门坊两类。就其建造的意图来说，又可分为功德牌坊、贞节牌坊、家族牌坊和特殊门坊几类，且门坊的建筑形态、式样丰富多彩，建构工艺精湛。不管是哪种门坊，因其为独立建筑，也都具有明显的标志作用。

（一）功德牌坊

功德牌坊，一般为历史上的某人记功记德而立，或是为昭示家族美德或功业而立的独立建筑，体现着家族先人的道德境界或丰功伟业，是家族血脉高贵的物证。

在功德牌坊中，首先当数位于滇南弥勒市虹溪镇东门街中段的"三代一品封典"石牌坊，该石牌坊建于清光绪二十六年（1900年）。系原云南省弥勒县虹溪镇人王炽因在中法战争时捐巨资支援抗战、效忠清朝廷有功，受清朝廷敕封准予建坊旌表，由王炽出资请通海名匠建造。整座牌坊雕刻精美，造型雄伟，2003年被列为省级重点文物保护单位（图8-2-5）。

"三代一品封典"牌坊占地面积64平方米，高10米，宽6米，为四柱三间三重檐仿木石构建筑，三重檐歇山顶屋脊上有吻兽，檐下施斗栱和龙的石雕造型，在牌坊柱脚须弥座石墩上有四对石雕狮子夹柱而立。坊头正中有一块镂空的石龙盘抱的直匾，上书"圣旨旌表"，下面坊间嵌匾一块，阴刻楷书"三代一品封典"。牌坊石柱上镌刻有名流和达官题书的三副对联，正中一联曰："铁索架飞龙，九重褒义来丹诰；绣章膺鷟鹤，三代荣封树锦芳"。乃诰授奉直大夫、翰林院吉士加三级罗瑞图撰、滇黔使者兼巡抚松藩所书。

左边一联："铁索系飞虹，咸占利涉；纶音勒石柱，宏奖公忠"，是云南按察使司全茂绩撰书。右边一联："是为仁里，坊表所式；非独私门，门第之光"，为诰授中宪大夫知府四川补用同知直隶州赵藩撰、督学使者桂林张建勋书。

王炽出身贫寒，白手起家，一生以利聚财，以义用财，以儒治商，乐善好施，以惊人的经商天赋和不懈的努力，终于成为一代"钱王"，他创设的同庆丰、天顺祥票号，其分号遍及重庆、昆明、北京、上海、广州、香港等15个省市，均通汇兑，盛极一时。英国《泰晤士报》曾对百年来世界最富有的人进行统计，排在第四位的便是王炽，他是唯一一名榜上有名的中国人。

（二）贞节牌坊

贞节牌坊，多为宣传封建伦理道德，表彰地方贞节烈女而立，如云南楚雄黑井古镇的节孝总坊，就是清朝末年由慈禧太后下令建造的，表彰本地的节烈妇女。

1. 黑井节孝总坊

位于黑井古镇五马桥边的节孝总坊，为建于清光绪二十七年（1901年）的一座牌楼式牌坊，是经皇帝钦准恩赐，由黑井、琅井、元永井三地的灶绅（制盐专业户）共同捐资，为87位忠于亡夫永不改嫁的贞节妇女树碑立传的"贞节牌坊"。这座牌

图8-2-5 弥勒"三代一品封典"石牌坊

坊全由本地产的红砂石建造，其构造之复杂、做工之精巧、造型之庄重、雕刻之精美，都堪称云南之最，即使在全国范围内也堪称精品。牌坊上方中央是雕刻精美的皇上圣旨"玉玺旌表"，石柱铭刻着文人骚客的诗句，赞颂寡妇们"从一而终"的生前操德。黑井的贞节牌坊最独特的是上方两边飞檐般的石雕凤凰压在龙的上面，这也是大清国皇太后慈禧"垂帘听政"的时代特征（图8-2-6）。

2．和顺贞节牌坊

过去，由于和顺古镇的男人常年在外经商，为了延续祖宗香火，通常在他们外出经商之前由家长做主娶妻成家，等妻子怀孕后再离开家乡。外出的男人或几年甚至十几年不回家，或客死他乡，受封建礼教束缚的妻子只能在家独守。所以，在和顺镇的贞节牌坊和守志楼特别多，有当地民谣唱道："有女莫嫁和顺郎，才当新娘便成孀，异国黄土埋骨肉，门口巷子立牌坊"（图8-2-7）。

图8-2-6（b） 黑井节孝总坊剖面图

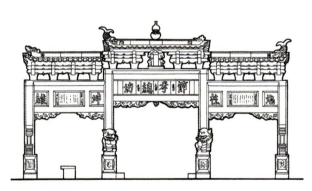

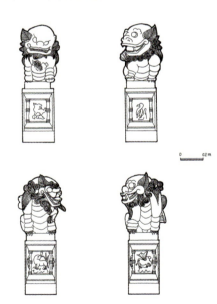

图8-2-6（c） 黑井节孝总坊石狮图

图8-2-6（d） 黑井节孝总坊

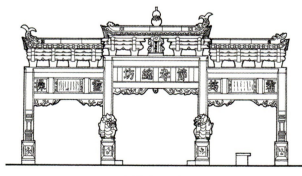

图8-2-6（a） 黑井节孝总坊立面图

图8-2-7 和顺贞节牌坊

图8-2-8 河西节孝坊

3. 河西节孝坊

位于通海县河西古镇河西村三台山东麓的节孝坊，为三开间牌楼式石构牌坊，清嘉庆二十四年（1819年）为表彰戴氏终贞守节而建。牌坊坐西向东，高5.6米，宽6.1米，进深2.1米。牌坊斗栱、檐口均以青石雕刻而成，雀替雕刻为鱼龙图案。在牌坊的东西两面须弥座上立有石狮，牌坊正中石刻隶书"圣旨旌表"，下刻"节孝"二字，过坊上额各镌刻"云南省临安府河西县儒学教谕"、"云南布政司"等所题颂词。整座牌坊造型美观，雕刻技艺精湛（图8-2-8）。

4. 广南节孝坊

位于广南县城西街中段的节孝坊，横跨街道，建于清光绪三十二年（1906年）。牌坊为青石仿木结构样式，高6米，宽5米，左右须弥座墩上，前后皆有伏卧的石狮。其屋顶为歇山屋面，四角上翘，正脊透雕花草图案。整座牌坊造型美观，雕刻技艺精湛，结构严谨，局部保存完好（图8-2-9）。

图8-2-9（a） 广南节孝坊立面、剖面图

图8-2-9（b） 广南节孝坊

5. 新格勒节孝坊

位于开远市小龙潭街道老马寨村新格勒村的节孝坊，为三开间牌楼式石构牌坊，建于清道光十四年（1834年）。牌坊坐北向南，高6.03米，宽6.62米，牌坊屋顶呈庑殿形式，螭吻高啄，檐下以石栱支撑。牌坊居中明间檐下镶"奉旨旌表"楷书石刻涂金字体，周环精雕石龙三条。额枋间嵌匾一块，两面皆阴刻楷书"节孝"二字，一侧题铭"道光十三年三月十三日吉旦"，落款"节孝妇伍刘氏立"；一侧题铭"道光十四年三月二十三日奉圣旨旌表"，落款"武生伍楷妻刘氏立"。两根石柱上刻楹联："节标丹管垂青史，坊表贞操荷圣恩"。在牌坊石柱须弥座上前后夹石狮、石象各一对，须弥座束腰雕刻"富贵花开"、"衣锦还乡"等吉祥图案。整座牌坊造型美观，雕刻技艺精湛。牌坊两次间枋上亦各嵌匾一块，两面阴刻"行此梁媛"、"清同巳妇"（东），"筠松节柏"、"弗誓鸬歌"（西）楷书字体。

6. 旌表节孝坊

位于建水县新房村田坝间的旌表节孝坊，建于清宣统元年（1909年），是本村村民为贞洁女子刘傅氏守节而建的四柱三间五楼式石质牌坊建筑。牌坊通体为青石质，东西向，高约8米，面阔6米，进深2.2米，石刻斗栱装饰，正中枋额上阴刻"旌表节孝"四字，坊前坊后须弥座上，立有石狮、石象，石柱两侧雕刻有"二龙抢宝"、"双凤朝阳"等图案和吉祥纹饰，牌坊顶部有宝顶和吻兽。整个石坊造型别致，工艺精湛，气势宏伟，奇巧大方，是建水石质牌坊中的精品之作（图8-2-10）。

7. 贞寿之门坊

位于玉溪北古城贞寿之门坊（图8-2-11）。

（三）家族牌坊

家族牌坊多为标志科举成就，或为光宗耀祖之用而立。

1. 和顺百岁坊

在滇西腾冲和顺古镇，有四座百岁坊，分别为：水碓李德贵妻百岁石牌坊，尹家坡刘宅院落内用青石精工砌成的一道二层圆拱空廊石坊，贾家坝贾李氏百岁木牌坊，东山脚许廷龙百岁木牌坊。百岁坊是和顺人家长寿的象征，也是和顺一景。其中，贾李氏百岁木牌坊中门门楣有云南省都督蔡锷题书"民国人瑞"匾额，水碓村李德贵妻石牌坊上有云南省主席唐继尧题写的"天姥峰高"。和顺共有牌坊九座，可惜均毁于"文化大革命"，改革开放后，新建、恢复了和顺顺和、文治光昌、冰清玉洁、盛嬹幽光四座牌坊（图8-2-12）。

2. 晚街百岁坊

位于通海县杨广镇杨广村晚街村的百岁坊，为三开间牌楼式石构牌坊。牌坊坐南向北，明间前后置石狮两对，居中的石匾雕刻"昇平人瑞"，并刻有"御赐"印字。明间石柱内侧刻对联："身阅四朝甲子，眼观五代儿孙"。东次间北面刻字"四圣宠伦"，南面刻字"北斗光悬南极星"；西次间北面刻字"百岁荣封"，南面刻字"齿德俱尊"，晚街百岁坊为通海保存完好的石牌坊之一，具有重要的历史和艺术价值（图8-2-13）。

3. 诺邓黄氏题名坊

原为明代五井提举司衙门旧址，后为黄氏家族科举题名坊，镌刻有明中叶至清乾隆年间黄氏家族

图8-2-10　旌表节孝坊

图8-2-11　玉溪北古城贞寿之门坊

历代举人、进士功名（图8-2-14）。

（四）特殊门坊

特殊门坊是指在宗教寺庙中，具有特殊象征意味的门坊。如立于文庙的金声玉振坊、太和元气坊、棂星门、礼门义路坊、洙泗渊源坊、德配天地坊、道冠古今坊、由兹圣域坊，以及其他寺庙的入口门坊等。如进入文庙前的棂星门，主要用于祭天、祀孔。棂星原作灵星，即天田星，为祈求丰年，汉高祖规定祭天先祭灵星。宋代则用祭天的礼仪来尊重孔子，后来又改灵星为棂星。

云南现存文庙建筑49处，其中仍保存有棂星门的16处。在文庙棂星门的设置上，除建水文庙、石羊文庙的棂星门为三开间单檐歇山顶抬梁式建筑，且四柱均伸出屋面呈"乌头门"形式之外，其余多数皆设为四柱三间三叠式重檐歇山屋顶的牌楼式门坊。而把棂星门设置为四柱三间石牌坊的有昆明文庙、广南文庙、黑井文庙、弥勒文庙等多个。在棂星门前设有华表石雕柱的有通海文庙，门后设的有宜良文庙、江川文庙。还有一些文庙在这个位置就只设一座文明坊，如凤庆文庙则将其设为龙门坊。

1. 木构棂星门

建水文庙棂星门，为三开间单檐歇山顶抬梁式建筑，青色筒板瓦屋面，通面阔14.6米，进深3.6米，高6.8米。现存门楼式建筑为清乾隆五十年（1785年）重建。建水文庙棂星门四棵中柱穿脊而出，柱顶上罩有明代盘龙青花瓷罩，下段裸柱上刻有木制雕龙。中经柱又名通天柱，源于宋代大儒朱熹有感"孔教真理能通天，无所不包，无所不能"。

石羊文庙三开间的棂星门为殿式建筑，前后有

图8-2-12　和顺百岁坊

图8-2-13　晚街百岁坊

图8-2-14　诺邓黄氏题名坊

图8-2-15 江川文庙的棂星门

图8-2-16 剑川文庙棂星门

较浅的檐廊，明间设门，且两中柱伸出歇山顶屋面（实际上是硬山屋顶）呈"乌头门"形式，与建水文庙棂星门柱头类似，有木制雕花装饰物。

宾川文庙临街的棂星门，四柱三间，三叠式重檐歇山屋顶，棂星门两侧紧接八字红墙。

景东文庙的棂星门气宇轩昂，其平面形制是前后双柱设置为一个进深的重檐歇山顶木结构，琉璃瓦项，明间有斗栱八攒七层。其与后面的大成门及两厢收缩围合成一个联系前后空间的内庭院。

石屏文庙棂星门为四柱三间的木构牌楼，三开间居中明间正面为"棂星门"，背面为"洙泗渊源"，左右两次间分别为"德配天地"和"道冠古今"。三叠水式的单檐歇山屋面由层层出挑的斗栱支撑，明间柱子前后高大的石构须弥座和抱鼓石直到柱头梁枋。现经过恢复重建，将"礼门"、"义路"两门坊移至棂星门两侧，共同形成一组建筑形态变化丰富的门坊群。

澄江文庙的棂星门，是一座三开间四柱式木石牌坊，三叠式琉璃瓦顶。高13米，宽15米，门坊正中书"棂星门"，左右分别书"金声""玉振"四字。3米高的石雕须弥座上，正面托着1.5米高的大石狮一对，背面托着同等高的石麒麟一对，雕工精细，威武庄严。"棂星门"的屋檐高度为开间的2倍多，且两次间叠落的屋顶翼角几乎占据了明间的2/3，使其整个建筑外形高敞，屋顶组合紧密。

江川文庙的棂星门，为四柱三间牌楼式，中为通道，左右两侧为木栅栏隔断，是江川文庙建筑的佼佼者。相较其他文庙同形式的棂星门，江川文庙的棂星门与一般四柱三间的牌楼式门不同，它的平面设置其实是有前后檐柱和中柱两间进深的殿式建筑，只不过将明间的屋面断开、抬高，再把高出的部分处理为歇山顶屋面，使之在有进深感的同时，建筑立面造型得到强化和突出（图8-2-15）。

剑川文庙棂星门为牌楼式建筑，大梁、楼面以及两壁都绘有富含白族特色的图画（图8-2-16）。

通海文庙高大雄伟的"文明坊"，就坐落在向上走37级台阶之后的平台上。该坊建于清雍正十一年（1733年），四柱三间牌楼式建筑，单檐歇山顶叠落屋面，面阔15.9米，高11.6米，飞檐双重，斗栱密集交错（从坐斗至耍头共出挑8层），建筑工艺甚为精湛。门坊两侧对称设立有两棵青石基座的高大石柱，柱头蹲置石狮一个，有云龙头花纹和云日花纹的两翼，形似华表状。

河西文庙的"文明坊"，四柱三间砖石木混合结构，宽13.5米，高8米。牌坊为三叠式单檐歇山琉璃瓦顶，檐下斗栱密集，明间两木柱被立于须弥座上前后两对称的狮子夹住，两次间为砖柱（图8-2-17）。

宜良文庙的"文明坊"，为三间四柱的三叠

图8-2-17 河西文庙文明坊

图8-2-18 宜良文庙文明坊

式木构牌坊，在文明坊的左右两侧，分别布置有一对砂石华表，柱体是镂空雕刻的"祥云盘龙"，并与位于泮池之前的"大同门"相呼应（图8-2-18）。

诺邓文庙前有"棂星门"，这是滇西地区现存最大也是最古老的木牌坊，始建于清初，四柱三楹、飞檐斗栱，又叫"腾蛟、起凤"坊（图8-2-19）。

在巍山文庙大成殿之后，还设置有独特的亭阁式"雁塔坊"。"雁塔坊"为三叠式单檐歇山顶牌楼建筑，檐下设斗栱，翼角飞展，"雁塔坊"明间为圆形门洞，两次间四面开敞并于前后设置美人靠，建筑尺度较为宜人（图8-2-20）。

2. 石构棂星门

昆明文庙棂星门为三门四柱式石牌坊，各门之间的圆柱上有蟠龙抱桃浮雕图案，工艺精巧，形象生动，左右为"礼门"、"义路"（图8-2-21）。

广南文庙棂星门石坊，为四柱三开间青石结构，须弥座上前后各有伏卧翘首的石狮，栩栩如生。石坊上刻有"棂星门"匾额，左右两边横额前、后分别刻有"腾蛟"、"起凤"，"鱼跃、鸢飞"八字。与此相同的还有弥勒文庙遗存的棂星门，只是门楣上的石刻匾额有所区别。

黑井文庙的棂星门，又称太平坊，为四柱式乌头门，全由当地红砂石构成，宽9米，高5.7米，门

图8-2-19 诺邓文庙腾蛟牌坊

下的须弥座上，四狮护基，四鼓（抱鼓石）拱卫，石枋横梁，并于3个开间的横梁上，居中又设置尺度小巧的石雕歇山屋顶，屋顶与其下的两组石雕斗栱连为一体。该坊建于明崇祯年间，废于清康熙年间，后于嘉庆时重建（图8-2-22）。

凤庆文庙的棂星门是三间四柱的龙门石坊，明间坊额前后书"龙门"二字，两次间前书"汉江"、"秋阳"，后书"金声"、"玉振"。龙门石坊后紧接着棂星门，棂星门为三叠式歇山屋顶，斗栱飞檐。

另外，在建水文庙的四门八坊中，其中的礼门坊和义路坊，也是石构牌坊，同样具有浓厚的地方建筑特色。

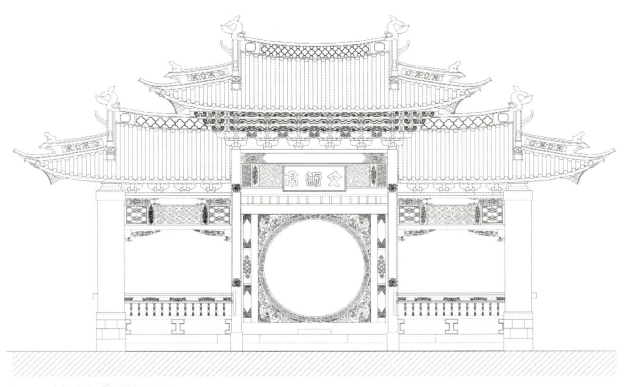

图8-2-20(a) 巍山文庙雁塔坊立面图

图8-2-20(b) 巍山文庙雁塔坊

图8-2-21(b) 昆明文庙棂星门

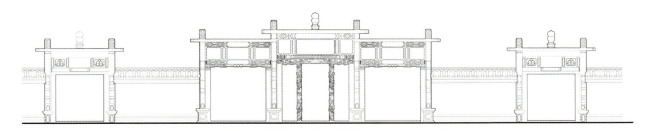

图8-2-21(a) 昆明文庙棂星门立面图

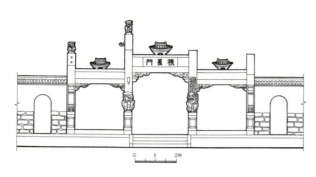

图8-2-22（a） 黑井文庙棂星门立面图

图8-2-22（b） 黑井文庙棂星门

第三节　云南关隘石窟

一、联系内外的古道关隘

关在古代是一个伟岸的概念，像玉门关、阳关几乎就是北方丝绸之路的代名词，在盛唐诗人的吟诵中千古不朽。而南方丝绸之路上有历史记载的数十座雄关，我们也许熟悉昆明的碧鸡关、大理的龙尾关（下关）、通海的曲陀关，但这些关隘早已消失。当沿着两千多年的古道去找寻，人们会发现，仍然存在着几座雄伟的关城，默默伫立于青山之间，依旧被当年的明月照耀着。

山风掠起，草木婆娑。回望迤逦穿行在大山深处的古道，回望暮霭岚雾中屹立的关隘，那首熟悉的老歌又一次在耳畔回荡："长亭外，古道边，芳草碧连天。晚风拂柳笛声残，夕阳山外山……"

1. 盐津石门关

位于滇东北云川交界处的盐津县豆沙乡石门村的石门关，大自然的鬼斧神工劈就了"锁滇扼蜀"的雄关天堑，为四川进入云南的交通要道，因其对岸壁立千仞的石岩，被关河一劈为二，形成一道巨大的石门，锁住了古代滇川要道，故又称"石门关"。除此之外，尚有石门关古驿道（长约350米，宽1.7米）、石门关古城堡、观音阁、三观楼石塔、石门村摩崖题刻、悬棺葬等文物古迹。

据史料记载，这条古老的商道早在公元前3世纪就已开凿，秦汉时谓之"五尺道"，足见道路之狭窄，汉唐时代相继遣官员对"五尺道"进行延伸并加宽至"广丈余"，又称"唐蒙道"和"石门道"。路面虽然有所拓宽，但仍然十分险峻。唐人著述道："从戎州（今宜宾）南十日程至石门，石门东崖石壁直上万仞，下临朱提江流，又下入地中数百尺，唯闻水声，人不可望，西崖亦是石壁，傍崖亦有阁路，横阔一步，斜三十余里，半壁架空，欹危虚险……"南丝路东干线段之险峻可见一斑。

盐津石门关的古城堡，又叫关楼，位于石门村西100米处，袁滋题记摩崖[①]旁。它是五尺道上"锁钥南滇，扼守西蜀"的重要关隘，关内为中原地界，关外则为蛮夷之地，其关楼始建于唐，毁于清，后重建，1983年重修。关楼建于古驿道上，用条石砌筑，下宽上窄，呈方锥形，总高15米，面宽、进深4.5米，中开券门，城门上题刻"石门关"三字（楚图南题书），古道就从关楼门洞中穿过[②]（图8-3-1）。

2. 宣威可渡关

可渡关位于宣威市杨柳乡可渡村至旧城村，汉唐时期由川黔入滇的石门道，北由威宁入境，经可渡关、倘塘铺，经炎方入曲靖境。其中可渡关一段全长约10里，宽2米左右，路面用毛石铺筑，有的留着较深的马蹄印。在古驿道沿线，至今还保存有南

图8-3-1（a） 盐津石门关古驿道

图8-3-1（b） 盐津石门关古镇

图8-3-1（c） 盐津石门关关楼

关门、炮台、烽火台、诸葛大营等遗址，还有明清时期修建的众多寺庙和戏楼、马店，可渡河上的可渡石桥（三孔石拱桥）、河北岸翠屏崖壁上镌刻的"高山流水"、"水流云在"以及渡口巨石上的"飞虹仁鹤"四个石刻大字等文物古迹（图8-3-2）。

过去经由外省入滇的"大道"从贵州的高山上蜿蜒进入云南，第一邑便是宣威。官道在汹涌的北盘江面前被阻断了，有人望河兴叹，有人沿江踏勘。执著的踏勘者终于在荆棘密布的北盘江畔寻找到了一处可以渡河之地。遥想当年，那些辛苦的先人们，定然是来不及擦去脸上的汗珠，便已高声欢呼："这里可渡，这里可渡！"可渡一名因此而产生。

位于可渡村内的可渡关，关址是一座小城，南北长200米，东西宽110米，平面布局呈椭圆形，其中西南段墙基尚存20余米，为夯土墙心，外包砂质条石镶砌的墙面。位于村南的南关门，门外还有1.5公里长的一段古驿道。现存的石砌关门宽3.7米，高3.5米，进深为4.3米。据清道光《宣威州志》载："可渡关城建于明洪武十五年"（1382年）。

这里历史人文景观和自然风光交织，站在制高点鸟瞰可渡，雄关盘踞，河流蜿蜒，古道隐约。古驿道从头道河入南关门，穿过旧城，而后成"之"字形盘山直上山坡。这是云南境内现存的路程最长、历史最悠久、保存最完好的古驿道，全长5公里，宽约2米，位于可渡乡至旧城观音堂之间。早在两千多年前，丝绸之路的马帮铃声就响彻在这深山峡谷，"弹丸岩邑，南通六诏，北达三巴，东连金筑，行旅冠囊，络绎辐辏，孔道也。"《中国文物地图集》这样描述道："可渡关驿道是先秦和汉唐时期由川黔入滇的石门道之一段……全长约600公里，其中可渡关一段约10里，宽2米左右。"

3. 富源胜境关

胜境关位于富源县城东南中安镇胜境关村中，在滇黔交界处的宣威岭山脊上，既是云贵山，也是由黔入滇的必经之路，有"全滇锁钥"之称。因老黑山南北纵贯100余公里，山势陡险，唯胜境关山势较低，而且有一条驿道通向贵州，所以这里便

图8-3-2（a） 宣威可渡古村

图8-3-2（b） 宣威可渡关北关门

图8-3-2（c） 宣威可渡关南关门

图8-3-2（d） 宣威可渡旧城

是古代由黔入滇的重要关隘。胜境关又称界关，元代开辟滇黔驿道，始设宣威关，明清时期又陆续建立了胜境关界坊、石虬亭、石龙寺、遗爱坊、滇南胜境哨、公馆、碉楼、关隘、驿站等景观与设施，现存建筑有胜境关界坊、石虬亭、胜境关隘、胜境关关城、胜境关西炮台、胜境关大路碑及龚家路记石刻等（图8-3-3）。

关口立有一座关隘牌坊，坊匾上书"滇南胜境"，故名胜境关。牌坊高约12米，宽12米，楹柱涂金绘彩，重檐翘角，雄伟壮观。界坊始建于明景泰年间，后经多次修葺，现仍保存完好。

自古入滇有三条道：灵关道（由川西入滇）、五尺道（又名石门道，由昭通入滇）和胜境关（由黔西入滇）。自元代以来，胜境关一直是中原内地数百年间由黔入滇的第一个重要关隘，被称作"入滇第一关"。胜境关不仅是文化积淀厚重的历史见证，也是自然气候的分界线，故有"山界滇域、岭划黔疆，风雨判云贵"神奇景观的说法，在这雄奇界关上，不仅有以天为界的牌坊，以气候为界的石狮子，而且还有以地为界的小溪，以色为界的泥土，形成了迥异的两种景象。

完好的古驿道一直通到了胜境关城楼外，一出城楼，驿道走势忽然变化，从平坦的地势直接变成盘嵌在险壑山丘的半山腰上，从城楼外向里望，山涧陡峭的古驿道更加烘托出胜境关关隘城楼的威严雄浑。"一夫当关万夫莫开"，在此地得以诠释。胜境关城楼之下即是万丈峡谷，在城楼上即可远眺崇山峻岭，一览无遗。想必当年此关也是固若金汤、把守森严的重要关隘，要不怎么会选在如此险峻的地势之上呢？

4．禄丰炼象关

从昆明通往滇西的古道上要经过"九关十八铺"，第一座关隘是碧鸡关，第二座是老鸦关，第三座就是炼象关。如今，前两座关早已不存，只留下地名供人查考，仅存有着"扼九郡咽喉，实西迤之锁匙"之称的炼象关，几经风雨，仍然在禄丰县的羊老哨坡脚下巍然耸立，为迤西古道留下点点痕迹，不至于完全泯灭在历史的苍茫之中。

位于楚雄彝族自治州禄丰县腰站村的炼象关，为滇西古驿道上的重要关隘，据清光绪《罗次县志》卷一记载："旧设土流巡检，崇祯十六年（1643年）建石城一围，辟四门，西门外建重关

图8-3-3（b） 富源胜境关城楼正面　　图8-3-3（c） 富源胜境关牌坊古街

图8-3-3（a） 富源胜境关关外古道　　图8-3-3（d） 富源胜境关石虹亭与驿站

楼"。另据现存东门的民国石刻碑载，现东门城楼和重楼修于民国12年（1923年）。很明显，从关口至关尾，炼象关东西长534米，共建有五座关楼，一座石拱桥和数十家盐商庭院，实为罕见。炼象关古驿道宽2米，用当地坚硬的青石铺就，经多年风雨剥蚀后依然可清晰看到当年马蹄留下的印痕。现存东西城楼、衍庆桥、腰站戏台等文物古迹（图8-3-4）。

在炼象关东西城楼之间的古驿道上，曾经有两座过街重关楼和一座青砖城门楼。

东城楼高10米，墙面宽26米，为条石砌筑。城门的门洞过道长10米、宽2.7米、高3.3米，门洞额书"炼象关"3字，门洞上原有重檐城楼一座，为木构重檐歇山屋顶，高15米，现已不存。

西城楼高7米、宽10米，券门洞高3.1米、宽2.7米、门洞道长10米，城楼已毁。

从东城门洞进入关后50米，是一座关楼，名"过街楼"，过街楼也是3层建筑，飞檐翘角，气势恢宏；在关内再行200米，又一座关楼，名"西门楼"；距离西门楼50米处是"重关楼"，这是出关的通道，"重关楼"外还建有"登门楼"。

当进入过去存留下的古宅，发现几乎进深都达100多米，3个四合院，走马串角楼格局，院内雕龙画凤，镂空雕门窗工艺精湛。

图8-3-4（a） 禄丰炼象关村落　　图8-3-4（b） 禄丰炼象关内街　　图8-3-4（c） 禄丰炼象关城楼

5. 巍山鸟道雄关

鸟道雄关，即位于滇西巍山彝族回族自治县内的隆庆关隘口。在隆庆关上，立着一块明万历年间镌刻的石碑"鸟道雄关"③，这是4个笔力雄健的魏体大字，石碑宽1.7米，高0.7米，厚0.1米。隆庆关是古代"西南丝绸古道"人马驿道的重要通口，海拔2700米（图8-3-5）。

据清康熙《蒙化府志》记载："隆庆关在府城东，高出云表，西有沙塘哨，望城郭如聚，东有石佛哨，西山如峡，八郡咽喉。"巍山处于"南方陆上丝绸路"和"茶马古道"两条古道交会处，曾经是茶马古道滇藏段中重要的枢纽之地。"养马户经下关之帮以蒙化（巍山）者为最多，凤仪、弥渡、大理等次之……蒙化不仅为驮马之生产地，亦且为其集中地，倘有需要，即万匹亦可招致之，盖附近各属之马帮，可向蒙化集中也。"从巍山往南，经景东去思茅、版纳；往西南，称为走夷方老路，在现在小湾电站的神舟渡过澜沧江去往临沧，然后出缅甸；往西到凤庆的鲁史镇，经青龙桥过澜沧江，去往保山、德宏；往东沿鸟道雄关，经弥渡、祥云到昆明；往北就是下关、大理。在古语里，先人们曾经说："西当太白有鸟道，可以横绝峨眉巅"、"鸟道乍穷，羊肠或断"、"世人休说行路难，鸟道羊肠咫尺间"等。从这些诗句中，不难体会"鸟道雄关"的雄奇。

早在明清时期，隆庆关就是茶马古道的重要关隘，每天有大量的马帮从这里经过，至今从关口被马蹄长年累月踩踏磨得极为光滑的石头以及石头上深深的马蹄窝，不难想象当年热闹的场面，山间马帮的铃铛声仿佛还在耳畔回响。如今，古老的马帮已离我们远去，沿着这条驿道迁徙的只有那些鸟类，它们仍然不远万里地重复着一年一度的南迁与北徙。

6. 盈江万仞关

位于盈江县勐弄乡以南约1000余米处的龙门寨旁的山顶上，建于明万历二十一年（1593年）。据《滇志》卷五《建设志》载："万仞关在吊桥猛山（今盈江勐弄），台周长三十丈，台高二丈八尺，楼高七丈三尺。所控制港德、港勒、迤西。"

相传在明万历年间，为巩固边防，云南巡抚陈用宾在今盈江、陇川、瑞丽边境要塞设置了八关九隘驻兵防守。八关分上四关和下四关，上四关是神户关、万仞关、巨石关、铜壁关；下四关是铁壁关、虎踞关、汉龙关、天马关。由于清末的丧权辱国，下四关在百余年前归入缅甸，仅余盈江县境内的上四关还在中国境内。随着时代的变迁，这些雄关早已失去了它们本来的作用，甚至连面目都已被热带丛林所吞噬，留下的仅仅是一个无人探望的地名和一块遗址碑。但它们正如圆明园一样，见证着中华民族曾经的耻辱以及抵抗外来侵略的不屈精神。

万仞关关卡建在一座小山峦上，面向群山，四野尽收眼底。现关门已毁，顶部整体坍塌，门洞通道保存较好。两壁砖体高约4米，宽约3米余，进深约6米。遗有"天朝万仞关"门额石刻一方，阴刻阳文楷书，苍劲有力。哨楼建于关门左侧的山顶部，坍毁的方形基址尚存留有部分长条石、砾石及城砖，房屋基址范围内遍布残砖断瓦（图8-3-6）。

如果说北方丝绸之路"一片孤城万仞山"的玉门关是春风难度的话，那么南方丝绸之路上的万仞关则是岁岁年年都被春风笼罩着，热带丛林把曾经的边陲雄关隐遁得无影无踪，只剩下饱经沧桑的

图8-3-5　巍山鸟道雄关

图8-3-6（a） 残存的"盈江万仞关"石匾

图8-3-6（b） 盈江万仞关

图8-3-7（a） 昆明地藏寺经幢造像（引自《南诏大理国雕刻绘画艺术》）　图8-3-7（b） 禄劝密达拉三台山摩崖造像（引自《南诏大理国雕刻绘画艺术》）

"天朝万仞关"几个石刻大字还在讲述着历史。

二、奇镌巧凿的石窟造像

石窟，是佛教文化的产物，作为古老云南历史见证代表之一的云南石窟与摩崖造像，始凿于南诏，盛于大理国时期，晚至清代，已有1000余年历史。其记录着云南厚重的佛教文化与其他宗教文化，无论从题材内容还是艺术风格，都具有浓郁的地方特色，体现了云南民间工匠在雕刻、建筑、绘画、造型等方面的智慧和才能。它是研究云南文化不可缺少的重要组成部分，更是中国乃至世界珍贵的物质文化遗产，深刻地影响着一代代的后人。

云南石窟与摩崖造像，主要分布在洱海地区和滇池地区，具体分布点主要有：剑川县的石钟山石窟、金华山摩崖造像，晋宁县的将军庙摩崖造像，安宁市的法华寺石窟，禄劝县的密达拉三台山摩崖造像，大理市的挖色石窟、喜洲镇的古佛洞造像，昆明市的西山龙门石窟、地藏寺经幢造像，蒙自县的龙门洞石窟、缘狮洞石窟，普洱市的翠云观音洞造像，维西县的咱尼生生洞造像等10余处，总计大小造像500余躯（图8-3-7）。

作为一种宗教造型艺术，石窟的题材以宗教内容为主，但云南的石窟造型艺术不仅是宗教内容，还包括南诏宫廷生活、白族本主崇拜、彝族土主崇拜及民间俗神等诸多具有浓厚地方特色的内容。尽管石窟的佛教造像以汉传佛教的释迦牟尼佛、菩萨、天王、罗汉、金刚等造像为范本，但同时兼有佛教密宗的梵僧、阿嵯耶观音、大黑天神、明王，道教的玉皇、天君、三清、八仙，以及民间俗神关圣帝君、赵公元帅、土地、城隍、山神等造像，这种造像题材的多样性，在一定程度上也反映出云南各民族宗教信仰的多样性特征，反映出云南石窟的地方化、民族化特点。

云南石窟与摩崖造像的窟龛形制可分为以下三种类型：

一是佛殿窟，石窟的门楣多饰有人字形帷幔，窟外有仿木构架建筑的多重窟檐、立柱、柱础和台基，窟内凿坛，坛上正中雕主尊和夹峙，左右侧壁刻辅像。该类型见于剑川石钟山石窟石钟寺区和昆明的西山龙门石窟。

二是方形或圆拱形的浅龛石窟，素面无装饰，龛内开凿低坛或无坛，或刻单尊，或刻多尊造像。该类型见于剑川石钟山石窟狮子关区、沙登箐区、大理挖色石窟、安宁法华寺石窟。

三是摩崖造像，或依崖壁内薄雕或阴线刻像，该类型见于剑川石钟山石窟狮子关区、沙登箐区、剑川金华山、晋宁将军庙、禄劝密达拉三台山等处。

图8-3-8（a） 安宁法华寺石窟

图8-3-8（b） 安宁法华寺石窟菩萨像

云南的石窟与摩崖造像的题材主要分为三大类：一是佛教题材；二是本主、土主崇拜题材；三是道教题材。特别是以佛教题材为主的石窟，在云南占据主导地位，不但数量较多，而且即便是在本主、土主崇拜的石窟中，除了部分体现本地崇奉的本主、土主外，仍然是以表达佛教神系人物的佛像居多。

（一）佛教题材石窟

安宁法华寺石窟：位于安宁市城东约5公里处的小桃花村洛阳山麓崖壁上的法华寺，原名睡佛寺，唐天宝初年（公元742年），阁罗凤以其子阳瓜刺史凤伽异兼领安宁，始建法华寺。后有宋代大理国公主段氏于乾德三年（公元965年）重修法华寺并于摩崖凿十八罗汉佛像；清康熙四十四年（1705年），当地州守再次重修法华寺，并修建禹王碑、接引殿、真空亭等；清乾隆四年（1739年）又再重修该寺。另据清雍正《云南通志》载："法华寺在城东十里洛阳山，宋大理段氏建"。清咸丰七年（1857年）寺毁，现唯留存摩崖石窟4区、4窟，共29龛，且多数为一龛一佛。

第一窟，在东崖壁右方，雕刻有地藏菩萨与观音菩萨像，各高1.5米（图8-3-8）；

第二窟，在东崖壁左方，共雕刻有16罗汉造像，分别排列为上、中、下三层，因遭毁坏，大多残缺，窟下石壁刻有"晚照"两个楷书大字，以表示清代安宁八景之一的"法华晚照"；

第三窟，在罗汉崖壁之南，原有造像三窟，居中一窟雕有"释迦牟尼苦行图"佛像，另二窟已无法辨认；

第四窟，在第三窟西南地势较高的崖壁上，为石窟中最完整的一窟，窟内雕有释迦牟尼涅槃像，俗称卧佛，长4.2米，宽4.5米，高1.95米（图8-3-9）。

法华寺石窟是继剑川石钟山石窟之后的第二大石窟，整座石窟以禅宗造像为主，而且造像风格古朴，雕刻技法娴熟，尤其是对卧佛像的雕刻，刀法细腻，体态庄严肃穆，艺术造诣很高，对研究云南的佛教艺术及民俗有重要的价值，1965年即列为云南省级重点文物保护单位。

（二）本主崇拜石窟

在云南石窟中，"本主崇拜"题材所具有的白族古代文化内涵，不仅体现了宗教的世俗化，而且也反映了石窟艺术的地方性，以此而独殊于中国其他石窟造像题材，最典型的就是剑川钟山石窟。

位于剑川县城西南石钟山的石钟山石窟，又名剑川石窟，因山上有如钟巨石而得名。石钟山山峦起伏，怪石嶙峋，山上的红砂石成龟背状裂纹，如狮似象，石窟就分布在地势险峻、地貌奇特的红砂石质的悬崖峭壁之间（图8-3-10）。据有关文献和现存题记记载，开凿始于晚唐年间（即南诏劝丰祐天启十一年，公元850年）的石窟，经五代、两宋止于大理国段兴智盛德四年（1179年），

图8-3-9（a） 安宁法华寺石窟罗汉像　图8-3-9（b） 安宁法华寺石窟卧佛像

历经300多年的逐步开凿而成，享有"西南敦煌"的美誉。

石窟主要包括石钟寺区的8窟、狮子关区的3窟和沙登箐区的5窟，总计有16个雕刻精细、形象生动、内容独特、地方民族色彩浓郁的石窟，共有造像139个。石窟中最早的造像就是在南诏天启十一年（公元850年）完成的，其后还有大理国时期的不少造像。显然，开凿于公元9世纪中叶至12世纪后半叶的剑川石窟，是南诏和大理国时期遗存的少数民族石窟。

剑川石窟的造像，大多是栩栩如生的佛教人物像，其中有愁面观音、甘露观音、细腰观音、阿傩、迦叶、文殊、普贤、八大名王、多闻天王、增长天王等（图8-3-11）。这些石窟造像大都雕刻精细、形象生动、富有个性。它们共同反映出南诏和大理国时期该地区的佛教发展情况（表8-3-1）。

图8-3-10（a） 剑川石钟山全景示意图

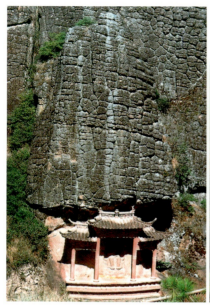
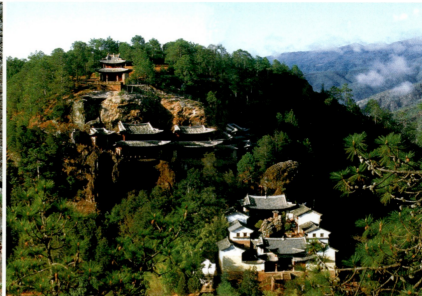

图8-3-10（b） 剑川石钟山石窟（引自《南天瑰宝——剑川石钟山石窟》）　图8-3-10（c） 剑川石钟山石钟寺建筑群

剑川石窟造像分类特点一览表　　　　　　　　　　　　　　　　表 8-3-1

区域分布	造像名称	造像属性分类	造像特点
石钟寺区第1窟	南诏王异牟寻及众臣	本主崇拜、宫廷人物	浮雕与圆雕
石钟寺区第2窟	南诏王阁罗凤及众臣	本主崇拜、宫廷人物	浮雕与圆雕
石钟寺区第3窟	地藏王菩萨	汉传佛教	浮雕与圆雕
石钟寺区第4窟	华严三圣	汉传佛教	浮雕与圆雕
石钟寺区第5窟	维摩诘说经	汉传佛教	浮雕与圆雕
石钟寺区第6窟	八大明王	汉传佛教	浮雕与圆雕
石钟寺区第7窟	甘露观音	阿吒力密宗	浮雕与圆雕
石钟寺区第8窟	"阿姎白"	原始生殖崇拜	阴刻
沙登箐区第1窟	释迦佛群组	汉传佛教	浮雕与圆雕
沙登箐区第2窟	阿嵯耶观音	阿吒力密宗	浮雕与圆雕
沙登箐区第3窟	一佛二弟子	汉传佛教	浮雕与圆雕
沙登箐区第4窟	天王、大黑天神像	阿吒力密宗	浮雕与圆雕
沙登箐区第5窟	阴刻梵僧	外国僧侣	阴刻
狮子关区第1窟	南诏王细奴逻全家福	本主崇拜、宫廷人物	浮雕与圆雕
狮子关区第2窟	浮雕梵僧	汉传佛教	浮雕与圆雕
狮子关区第3窟	波斯国人	外国僧侣、世俗人物	浮雕

图8-3-11（a） 石钟山石窟华严三圣（引自《南天瑰宝——剑川石钟山石窟》）　　图8-3-11（b） 石钟山石窟天王石雕像（引自《南天瑰宝——剑川石钟山石窟》）

另外，在剑川石窟造像中以细奴逻、阁罗凤、异牟寻三代南诏国主像，最具有少数民族艺术的代表性，如石钟寺区第1窟的"异牟寻议政图"、第2窟的"阁罗凤出巡图"和狮子关区第1窟的"细奴逻全家福"，真实地记录了当时南诏宫廷的政治生活。使人们能够领略1000多年前南诏王者、官员、侍从的衣冠相貌、器物用具、建筑以及风俗信仰等，它们既是南诏时期的艺术珍品，也是研究南诏时期政治、军事、文化、服饰、风尚的珍贵民族史料。

石钟寺区第2窟的"阁罗凤出巡图"，石窟高、宽各约1.5米，一共雕有16个人，它是剑川石窟群中雕刻人数最多、场面宏大、布局均匀的石窟。该石窟的形状为厅堂式，厅堂中央的龙头椅上，盘坐着头戴高冠的南诏王阁罗凤，右侧结跏趺坐的是其弟阁陂和尚，在他们的左右，簇拥着14个披虎皮衣、插牦牛尾的武士，他们都是大鼻子、宽嘴唇、圆圆脸，身上肌肉发达、装束紧牢。王座两旁还有飘动的旌旗，表现出南诏王出行的场面。这个石窟的造像场景，是将1000年前南诏宫廷生活的真实写照，栩栩如生地呈现在人们的眼前（图8-3-12）。

在狮子关区的第1窟，雕刻的同样是南诏王造像。这个石窟高0.6米，在石窟的平座上雕有5人，其中国王戴着高冠、蓄着胡须，旁边面肤丰满的王后戴着莲花冠，在他们的中间坐着1个小孩，左右两侧各站了1个孩子，在座后还雕刻有屏障和帐幔。屏障上石刻题记表明，这是南诏早期首领细奴逻的全家福造像，而这种全家福造像在石窟艺术中是很少见的。

在石钟寺区，从第3窟到第7窟全是佛像，而且因南诏、大理国时期传入云南的佛教主要是密宗派，所以石窟中很多是密宗佛像。其造型优美，雕刻精致工整，线条细腻，是剑川石窟艺术的代表性作品。

第5窟的观音雕像，身体前倾，目光俯视，双眉微蹙，人们都称她为愁面观音。她的背景石崖上还点缀着儿童、樵夫、老人、琴师等世俗人物。

第6窟的八大明王、沙登箐区第4窟的天王像等，都以夸张的手法塑造了脸部扁平、宽鼻闭嘴、怒目而视、头戴宝冠的人物形象。此外，还有几处印度僧人的造像，它们大都深目高鼻、头顶结发、身披袈裟、持着拐杖，有的还携带着一只狗。这些威严、活跃的五官表情，明显带有藏传佛教艺术的痕迹。

图8-3-12　石钟山石窟南诏王议政图（引自《南天瑰宝——剑川石钟山石窟》）

图8-3-13　石钟山石窟明王石雕像（引自《南天瑰宝——剑川石钟山石窟》）

第7窟的甘露观音，束发戴珠冠、双耳坠珠环、挂缀铃项圈璎珞、背部和手腕装饰以钏镯，不仅体态端庄，面部肌肉丰满，而且容貌秀丽尊贵，唯美的身躯和手姿都表现出宁静感，被誉为中国石刻中"东方的蒙娜丽莎和维纳斯"，她的造像艺术具备唐宋时代典型的佛教雕刻风格（图8-3-13）。

剑川石窟是南诏、大理国时期的雕刻艺术，汇集云南少数民族雕刻艺术的精华，并受中原、藏族、南亚以及西亚等文化的影响，其风格与内地的石窟艺术有异曲同工之妙。在南诏、大理国时期，白族是这一地区的主体民族，所以可视它为白族的雕刻艺术，它和内地石窟艺术既有紧密联系，也表现有浓厚的地域民族特色。它的雕刻大多采用立体圆雕和浮雕相结合的手法，背景部分基本都运用线刻，这些都表现了云南白族人高超的艺术水平。

作为云南省规模最大的石窟群，剑川石窟至今保存完好。早在1961年，该石窟就被国务院列为全国首批重点文物保护单位。

（三）道教题材石窟

开凿于清代乾隆年间的昆明西山龙门石窟，尽管只有三窟，但却是云南最大的道教石窟。西山龙门石窟分三次开凿，历时72年完工，由吴来清、杨汝兰、杨际泰三人，分阶段组织石匠开凿出来。第一次开凿始于明嘉靖年间（1522~1566年），在峭壁上开凿"凤凰御书处"，俗称"旧石室"。窟高2.7米，宽3.14米，深2.72米，窟室中有石桌，可容10余人围坐。在窟外的上缘岩壁上浮雕"凤凰衔书"，

图8-3-14 西山龙门石窟慈云洞观音像

图8-3-15 昆明西山龙门石坊

取意于黄帝"河献图,凤衔书"的故事。第二次开凿始于清乾隆四十六年(1781年),由吴来清主持,历时15年完成,从旧石室起沿石崖经"普陀胜景"坊,依危崖绝壁开凿一螺旋隧道抵达"慈云洞",临空一侧傍山开窗。在"慈云洞"窟内雕送子娘娘坐像,高0.82米,头戴束发金箍,身着道袍(道教观音像),左右壁雕刻青龙、白虎,室内所有造像及家具等饰物,均依岩石或圆雕或浮雕造就。室外有月台石栏供游览者观赏、远眺滇池的浩渺烟波(图8-3-14)。第三次开凿分两段进行,前段由杨汝兰主持,于清道光二十至二十九年(1840~1849年),开通了"慈云洞"至"达天阁"旁的绝崖隧道,该道称为"云华洞",长约30米;后段由杨际泰主持,开凿龙门至"达天阁",龙门为一石坊,高2.83米,宽1.55米,额匾为"龙门"二字,雕刻于清咸丰三年(1853年)(图8-3-15)。过龙门进入达天阁石室,窟高2.3米,宽4.2米,深2.35米,其内有圆雕魁星1尊,提斗执笔,足踏鳌鱼,形象生动自然。另

图8-3-16 昆明西山龙门石窟文昌、魁星、武帝

外,在窟室左右还雕刻有文昌、武帝坐像,后壁浮雕八仙过海,侧壁刻和合二仙、青龙、白虎,窟外顶部刻南极仙翁等,内容丰富,布局有致。全室采用圆雕、浮雕手法,利用天然崖壁巧妙构思,精雕出道教神仙22尊,吉禽瑞兽28只以及仙山琼阁、神台香供等形象(图8-3-16)。

这条石窟是沿悬崖绝壁,由人工一锤一凿完成的,包括其中的石刻、平台、龙门石坊、石室、楹

图8-3-17　昆明西山龙门石窟

图8-3-18　蒙自龙门洞石窟

联、神像、顶棚、室壁、神案、香炉、烛台、供品等，不仅工程浩大、艰巨，且石窟的结构布局合理，刻工精细优美，反映了古代工匠高超的智慧和雕刻技艺，与全国同类的石窟相比，表现出"险"、"绝"、"奇"的特点（图8-3-17）。

此外，体现道教题材石窟造像的还有蒙自龙门洞石窟，该洞窟高约10米，宽15米，洞内高敞明亮，在怪石丛中依岩雕刻道教题材造像4躯。面对洞口正中的大岩石则雕成体态魁梧、双目炯炯有神的关圣帝君坐像，高2.8米，在关帝像左侧5米的石壁上雕赵公元帅立像，右侧3米与7米处分别雕有2个武士立像，当地人称为关平和周仓像（图8-3-18）。

蒙自的龙门洞石窟，造像雕刻手法有剑川石窟的遗风，但其雕刻技艺却更加娴熟，遗风纹饰刻线简练，疏密有致，表现的人物形象生动逼真。

第四节　云南古井、陵墓

一、充满生命之源的古井

对于一般居住在古城古镇的人们来说，古井应该是再熟悉不过的景物。特别是在未通自来水的地方，这一个曾对各地方人们生存、定居、发展起着决定作用的特殊物质形态，如今随着城乡社会的快速发展和自来水的普及使用，除少数地方或少数几口水质特好的古井仍在利用外，其余大多数的井及其使用功能几乎被人们渐渐淡忘了。亦或是在很长时间内司空见惯的缘故，许多古井多被熟视无睹。

不言而喻，水是生命之源，但凡有水之处，必定是生机盎然。在远离江河、湖泊的广大乡村、城镇，为了满足日常生活用水的需要，挖井取水是最常见的。有井就有水，有水就有定居生活，继之而来的便是发展壮大，于是"井"便成为广大传统乡村、古城古镇必不可少的重要生活设施。这些遍布古城古镇和传统村落的水井，不仅是百姓生活之源，也是维系古城古镇人们生存的生命之源，可以说，正是有了水井，古城古镇才得以发展繁荣，而城市的发展又进一步保障了水井的继续存在。

再看看那些被历史与生活打磨得光滑透亮的井台，被汲水绳索勒磨出道道痕迹的井圈，就像一种有灵性的东西，向人们展示着逝去的昨天和人与井的故事，那已不再是一个有水的深洞，而是一种生命的源泉，一种精神的化身。

另外，"井"与"市"还有比较紧密的历史渊源关系，人们也经常听到或说到，市井生活、市井容貌、市井小民一类的说法。关于市与井的关联来历，据考，"市"者，买卖之所也，城不可无市，无市则"民乏"，故曰"城市"。"古之为市也，以其所有易其所无者。"指的就是作为贸易场所的"市"，这是由于人类社会分工的出现、工商业的发展，需要固定或稳定地从事工商业活动的区域，"市"及与之相关的其他有特殊意义的场所才应运而生。特别是到了清代以后，随着村镇的扩大、商贸的发展和人口的增多，许多历史城镇逐渐成为一个个喧闹的市井。

而在中国的文字中，把凿地取水的深穴称之为井，为保护水井壁体不致坍塌而设置方框的井干栏木，其结构正如古老象形文字所描写的"井"或"其"的形象。至于后续的"画井为田"、"八家共一井"、"九夫为井"等，则是由井田的划分演绎出的里邑和国家的制度，即与方整井田的格局十分相像的城市或乡村街巷的划分，实际上是城内呈"井"字形的特定区域。

其实，早在汉代以前人们就已经把市肆称之为"市井"了，"俗言市井者，言至市鬻卖须与井上洗濯，令鲜洁，然后市。案二十亩为一井，今因井为市。""于未有市，若朝聚井汲水，便将货物与井边货卖，故曰市井"。"古者相聚汲水有物便卖，因成市，故曰市井"。虽说市井与水井本是不同的两个概念、两种场所，但以井边作为货物交易的地方，或许就是城镇最早出现的市场形态之一。后来市场的形态变化了，而井的功能与形态依旧，井边的各种劳作行为及人与人交往的方式仍然在延续。至今，在云南一些历史文化城镇和诸多传统村落仍在使用着一些实实在在的水井，并在井边展现出丰富而又彼此不同的生活情境。

在许多地方的古城古镇中，井不仅是取水的深穴，伴随着取水和用水的生活需要，人们还在这个深穴的周围进行着这样那样的民俗活动，同时为满足活动时的要求，不断地对井的周围环境作了不同的处理，或立碑，或建庙，以特定的表征物赋予其相应的文化内涵，从而形成了一个个具有特定功能和意义的空间场所。而井边所展现的是各种行为活动、生活景象，其意义也已远远超出单纯的取水、用水的实用功能。那一个个不同形态的井台，既反映出一定地方的生活用水特点，也反映出某种历史印迹和历史意味。

作为旧时广大城乡居民用水的唯一来源，井眼有大有小，井水有深有浅，井边有井台井圈的，也有与地面平齐无任何围栏的。若论井的形式则有方井有圆井，且以圆井者居多，甚至还有半圆的。若论井眼的数量，又有单眼井、双眼井、三眼井和多眼井之分，但不管分几个眼井，井上有几个井台井圈，底都是相通的。若从使用的角度而言，则又可分为私家用井和公共用井两类。私家用井一般开凿于住宅庭院内，以确保家庭生活之需；而公共用井则往往开凿在街边、巷边相对开敞、人口较密集的地方，或是水质好、取水方便的地方，而且有些公用古井，往往先于城市而存在，像建水流传着一副诉说名井的对联："龙井红井诸葛井，醴泉渊泉溥博泉"，指的就是建水古城的西门大板井（溥博泉）、小板井（渊泉）、东井（醴泉）等各个大小、现状不一的水井。而遍布于云南各地城镇中的古井，不仅成为当地人们的生命之泉，更像无数永不休眠的眼睛，清澈而默默地注视着这座座古城、古镇、古村落几百年的沧桑与兴衰荣辱，见证着一代代人生活的辛酸苦辣。

1. 单眼井

单眼井是使用最广泛和最常见的一种井形，几乎遍及各地方的聚落、城镇、街巷或民居院内。单眼井有半圆形、圆形、方形、多边形（图8-4-1～图8-4-3），井口有大有小，井边根据水面的深浅，设有井台或无井台，井台大者用石质栏板围砌，小者常用单个的石井圈架于井口，少数用砖砌，便于居民取水时起到一定的安全防护作用。而使用的石质井台井圈也通常有方、有圆或多边形，但井眼都是圆形。

其中，最著名的单眼井当数位于古城西门外的

图8-4-1（a） 半圆水井

图8-4-1（b） 半圆形水井（建水双龙桥半圆井）

图8-4-1（c） 半圆形水井（建水西山寺渊泉）

圆形大板井（图8-4-4），其名称出自《中庸》"溥博渊，而时出之"。朱熹注："溥博，周遍而广阔也"。该井井口圆形，直径2.7米，丰满如月。井栏高50厘米，厚12厘米，由于经年久月的取水摩擦，已变得圆润光滑，一尘不染。大板井的井水清澈透亮，取而复满，经久不涸，其井和水质，名列井水古城水井之首，有"滇南第一井之美誉"。民间也有"先圈大板井，后建临安城"和板井"水味之美，甲冠全滇"的说法。而且大板井不仅仅是一个有水的坑洞，它与古城一样还承载着丰富的文化生活内容。与之媲美的是"渊泉"小板井，又称为"小节井"（图8-4-5），其井栏直径1.9米，高50厘米，厚14厘米，并在井的一侧设有两开间二层硬山屋顶的龙王庙。小板井被列为建水第一凉水井，旧志记载说："井水甘冽，四时不绝"，民间也有"小节井前喝凉水，一点一滴凉心头"之说。

单眼的方形井相对较少，如在建水城东南纸房巷的玉洁井、位于建水新房村185号民居正门前的四方井，还有芒市勐戛村的双龙井（图8-4-6）。其中新房村的四方井由四块完整的青石支砌而成，近似正方形，边长为1.3米，井栏高50厘米，井栏厚12厘米。井水清澈甘甜，水质较好，井旁有龙王

图8-4-2（a） 圆形水井（鹤庆菩提寺菩提井）

图8-4-2（b） 圆形水井（建水朱家花园水井）

图8-4-2（c） 圆形水井（团山村水井）

图8-4-2（d） 圆形水井（巍山民居院内水井）

图8-4-2（e） 圆形水井（砖砌井台）

图8-4-2（f） 圆形水井（宜良河沟村路边水井）

神位碑和重修四方井碑记。

2. 多眼井

主要是针对地面井台井眼的多少而言，包括有双眼、三眼和多个井眼的水井。双眼井有被称为"昆明第一井"的吴井，建水古城北正街头的诸葛井、绞车巷的二眼井、太史巷的双胞井、灶君寺街的双眼井、小麦厂新井和田家街新井等（图8-4-7）。建水马军乡的子母井和田军营的醴泉，是两个井眼大小不同且井眼之间存在一小段距离的二眼井，小井带有井台（图8-4-8）。还有建水西庄高营村的石梁方井，也是二眼井（图8-4-9）。三眼井有建水古城的建新街古井和东林寺街的东林寺井（图8-4-10）。其中东林寺井的三眼井栏为连体形，而建新街古井的三眼井栏是2个连体，1个独立拼合在一起。

四眼井有建水古城东南关帝庙街街口的新井、城内东北角的龙井和城东郊的四眼井（图8-4-11）。特别是关帝庙街街口的新井，有4个分离的井栏，各高52厘米，厚12厘米，直径58厘米。据掘井碑文记载：此地"居民繁多，水井鲜少，尤为常忧"。故郡人萧致忠、杨聚五等与天王寺住持净亮商议，决定在天王寺后一侧掘井一口，同时还在井侧建一龙王庙，烧香祭祀，祈求龙王爷保佑水源充足。

另外，在香格里拉建塘古镇大龟山脚下的日月井，是一组共有5个井眼组合的多井眼水井。日月井对称布置，左右两边分别是一方一圆的双联水井，居中为八边形水井（图8-4-12）。正是因为有了这组日月水井，才使香格里拉建塘古镇不断发展至今日之格局规模。

3. 三塘水

在滇西地区常见的浅水井形，像丽江古城内现存多处使用的独特水井，当地人形象地称为"三塘水"。这是当地居民巧妙地将一井分为三塘，科学合理地利用井水的智慧与创作（图8-4-13）。"三塘水"水面标高呈递降之势，由高处往低流。第一塘设于出水处，水面较高，为饮用水；第二塘用于

图8-4-4　建水西门圆形大板井

图8-4-5　建水小节井

图8-4-3　多边形水井（建水团山六边形水井）

图8-4-6（a）　建水东林寺街施家方井　　图8-4-6（b）　红井街方井

图8-4-6（c）　芒市勐戛村双龙井

图8-4-6（d）　腾冲玉泉园方形水井

淘米、洗菜；第三塘作洗涤衣物用。这样，一水三用，洁污分开，人人遵守，成为丽江古城最具人性化、人情味的一大景观特色。其中比较完整的有古城光义街"三塘水"和白马龙潭寺门外的"三塘水"（图8-4-14、图8-4-15）。

4. 亭阁井

在滇南许多少数民族村寨里，还有一个个造型别致的水井和井亭，即在方形或圆形的水井上方加建石构的亭阁，三面围护，一面开敞（图8-4-16）。与其说是井，还不如说是大的盛水缸、盛水

图8-4-7（a） 建水北正街诸葛井

图8-4-7（b） 建水田家街新井

图8-4-7（c） 建水小麦厂新井

图8-4-8（a） 建水马军乡子母井

图8-4-8（b） 建水田军营醴泉

图8-4-9 建水西庄高营村石梁方井

图8-4-10（a） 建水东林寺井

图8-4-10（b） 建水建新街古井

图8-4-11（a） 建水东北角龙井　　图8-4-11（b） 建水古城关帝庙街街口新井　　图8-4-11（c） 建水古城关帝庙街街口新井环境

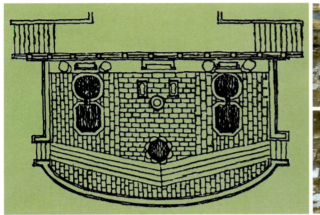

图8-4-12（a） 建塘古镇大龟山脚下的日月井平面图　　图8-4-12（b） 建塘古镇大龟山脚下的日月井

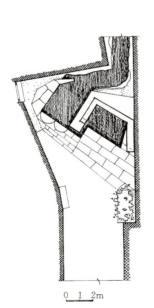
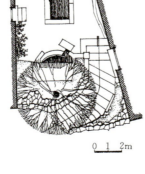
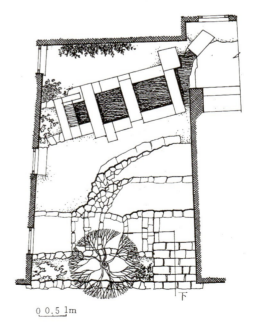

图8-4-13（a） 丽江古城七一街"三塘水"平面图

图8-4-13(b) 丽江古城七一街"三塘水"

图8-4-14(a) 丽江古城光义街"三塘水"透视小景

图8-4-14(c) 丽江古城光义街"三塘水"圆井

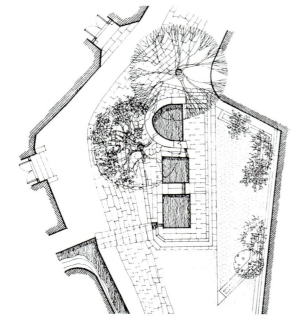

图8-4-14(b) 丽江古城光义街"三塘水"平面图

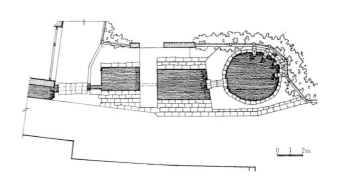

图8-4-15(a) 丽江古城白马龙潭外"三塘水"平面图

图8-4-15（b） 丽江古城白马龙潭外"三塘水"

图8-4-15（c） 丽江古城白马龙潭"三塘水"圆塘

图8-4-16（a） 芒市勐戛村大龙井

图8-4-16（b） 瑞丽傣族石构井亭

图8-4-16（c） 瑞丽弄岛村落石构井亭

图8-4-16（d） 西双版纳傣族村寨塔形井亭

图8-4-16（e） 西双版纳傣族南传佛寺水井

图8-4-16（f） 西双版纳傣族水井亭

图8-4-17 瑞丽银井村一寨两国水井

亭,并在井内设置台板和摆放着长短合适的取水竹筒,既方便村民和过往的行人取水饮用,井上的亭阁还有效地保护水井不易受到外围的污染,在保证水质洁净的同时,形态各异的井亭也构成了村落具有标志性和民族特点的景观小品,更有像瑞丽银井村处于国界上的一寨两国水井(图8-4-17)。

在云南许多城镇,还有许多各式各样的水井,不仅满足人们取水用水的需要,更在于是村民彼此之间信息传播、交流和沟通的特殊场所。如在滇西和顺侨乡村落外弯弯曲曲绕村流淌而过的陷河上,零星地设立有一座座古朴美丽的水井凉亭,构成和顺一种独特的风景线,亭上飞檐瓦顶,亭下有四面围合的光滑石栏、石板,清澈见底的水从石板下淌过,鱼儿在亭柱下悠游……这些井亭可说是出门的和顺男子们专门为在家的女人们修造的"公益",为女人们每日取水用水、洗菜淘米、洗涤衣物时遮风挡雨,蔽日乘凉(图8-4-18)。它像男人宽厚的胸膛,总想着为女人遮风挡雨,总想全部装下女人的委屈,走入井亭就像走进出门男人的心,在默默无言的空间中去感受一份温婉的体贴和化骨的柔情。

"水不在深,有龙则灵"。凡有水井的地方,必定有祭祀龙王的圣坛存在,大到一座庙,小到一块碑,还有直接就叫做龙井的,不拘大小,不论繁简,总点燃着一些未灭的香火。显然,在过去的时代,因受到自然灾害侵袭和道家思想文化的影响,人民普遍存在着龙神的文化心理,因而每开挖一口水井时,都要在井旁边建一座龙王庙,或砌一龙王神龛、或立一龙王石碑定时烧香祭拜,祈求龙王爷保佑水源丰足,永不干枯(图8-4-19)。看着今天用现代科技手段处理过的纯净水、矿泉水之类招摇过市的大小城镇,龙王爷仍然坚守在它固有的岗位上,受人礼拜,这是一种民俗,也是人们对自然恩赐回报的一种表白。为了保持水源的清洁,水井也得到了人们精心的养护。

水井提供给人们的是一个人与自然和谐共存的平台,多少年来,人们靠着这些大小不一的水井生活,且每天从井中汲水挑水是每个家庭的要务。不论是早晨还是傍晚,许多古井至今依然还在发挥着它的功用,默默地奉献给与之陪伴的人们。而当你看到有人在井边洗濯,不时传出阵阵欢声笑语时,你会被其真实的生活情景,人与人之间、人与环境之间其乐融融的亲和场面所感染。这种基于传统街巷、井台场所所呈现的独特气氛,常常能唤起人们一种特殊的爱乡恋土的历史情感,人们需要这种情感,这在高楼林立的都市中是难以寻觅的(图8-4-20)。

据地方志记载:仅在建水古城,就有许多开挖的公用水井,其中比较著名的有大板井、小节井、玉洁井、月牙井、龙井、珍珠井、半天井、永宁井和涌莲井等,形态各异。同时还有以井命名的街巷,如涩水井街、红井街、大板井巷、搅车井巷等。以寺庙命名的水井有东林寺井、指林寺井、大兴寺井等。

以上仅仅是管中窥豹,形式多样的水井还远不止这些,我们也许可以从水井与周边场所这一有限的生活空间及人们在井边的行为活动、社区交往,深切体味到特殊的市井文化。

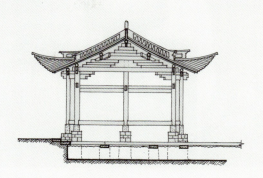
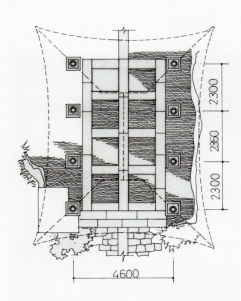
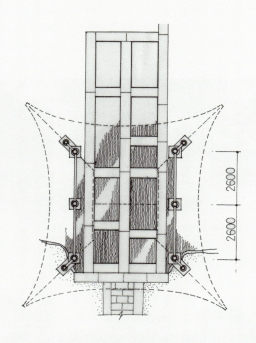

图8-4-18（a） 腾冲和顺洗衣亭1平面图、剖面图　　　　图8-4-18（b） 腾冲和顺洗衣亭2平面图、剖面图

图8-4-18（c） 腾冲和顺洗衣亭

图8-4-19（a） 建水东井祭祀神龛　　图8-4-19（b） 建水小节井祭祀神龛　　图8-4-19（c） 通海古城水井祭祀神龛　　图8-4-19（d） 通海兴蒙乡水井烧香亭

图8-4-20（a） 大理村落古井取水场景

图8-4-20（b） 建水古城四眼井取水场景

图8-4-20（c） 建水小节井取水场景

图8-4-20（d） 腾冲小西油灯庄村口井边盥洗场景

二、记述历史人物的陵墓

墓葬是人们埋葬遗体的方式，在古代人们视死如生。因此，在墓葬中陪葬死者生前所用的物品，于是墓葬中的物品就成为当时文化的见证和载体，为后人认识过去的历史和展现当时的政治、经济、文化、科学技术和工艺美术提供了实物资料。云南已发现最早的墓葬是新石器时的墓葬，如元谋大墩子墓、宾川白羊村墓等。

（一）墓葬类型特点

从墓葬的建筑类型来看，大致可分为土坑墓、瓮棺葬、石棺葬、石砖室墓、火葬墓、崖墓、悬棺葬、历史人物墓和其他墓葬等。

土坑墓分属于新石器时代、青铜时代和铁器时代，是使用较为广泛、延续时间较长并最容易被发现的墓葬，多为长方形竖穴，个别为椭圆形竖穴。新石器时代的土坑墓以元谋大墩子、宾川白羊村和南华孙家屯为代表，均是竖穴土坑墓；青铜时代的土坑墓最多，以晋宁石寨山、江川李、呈贡天子庙、官渡羊甫头古墓群为代表，并根据墓葬中出土的随葬品所反映的文化特点，把云南青铜文化分为滇池地区、滇南地区、滇西地区、滇西北地区等几个不同的区域文化；铁器时代的土坑墓多属于东汉和明清时期，一般地面有明显的封土堆。

瓮棺葬即以陶瓮为棺，仅在元谋大墩子、宾川白羊村新石器时代遗址和剑川沙溪鳌凤山墓地中发现。瓮棺葬除个别是成人二次葬外，绝大多数是婴幼儿葬。

石棺葬即以石为棺，主要分布于滇西北、滇北地区的迪庆藏族自治州、大理白族自治州、和楚雄彝族自治州等地，且因地区不同和年代不同，其用石和结构方式有所不同。

石砖室墓即石或砖砌筑墓室，于墓室中置棺和随葬品的墓葬。从东汉时期延续至清代，多为豪门富者之墓，且一般都在地表覆盖有大型的封土堆。

火葬墓发现于云南大部分地区，最早的是东汉墓，多数是唐宋和元明时期的墓，以剑川沙溪鳌凤山墓、曲靖珠街八塔台墓、大理下关大丰乐墓、泸西和尚塔墓为代表。这是唐代至明代在云南流行的一种墓葬方式，即在人死之后用火焚烧，捡出大块骨头贴上金箔，或写上梵文咒语放入罐中，盖上盖子置入掘好的地坑，与烧灰一起埋入坑中，有的再于其地面上立经幢或石碑，且常常形成大型的墓葬群。

崖墓是把墓穴凿于崖壁或山崖之上，这种墓葬主要分布于滇东北的昭通地区，盛行于东汉时期。崖墓由墓道和墓室组成，墓室又分为单室、双室和多室墓。

悬棺葬则分布在滇东北昭通地区的永善、盐津、威信等县，以盐津豆沙、威信棺木岩为代表，特点是在临江临河的悬崖峭壁上放置棺木，其棺葬又分为穴葬与悬葬两种。

（二）历史人物墓葬

历史人物墓是汉晋以来在云南较有盛名的人物墓葬，有的经发掘后确认，并公布为各级别的文物保护单位。在云南，与地面建筑形态有关的，多数也是历史人物的墓葬。这些历史人物的墓，多数是单墓，有少量是双墓、三墓和群墓，它们共同诉说着不同历史时期的故事。由于立于地面的墓体较为常见，本书中仅选取个别实例加以论述。

1. 聂耳墓

坐落在昆明西山太华寺与三清阁之间山坡上的聂耳墓，墓地坐北向南，北依青山，南览滇池，呈月琴状，占地1200平方米。墓前道上的24级石阶，示意着聂耳24岁的青春年华；7个花台呈琴品状，象征着音乐的7个音阶；主体为琴盘，墓穴处于月琴盘的发音孔上，圆形，直径3.8米，用24块墨石叠砌而成，暗喻聂耳24岁的生命历程，在墓道南端的琴盘顶部，并列7块晶莹墨石组成的环形墓碑，分两行横刻郭沫若手书的"人民音乐家聂耳之墓"。墓的前方有汉白玉雕刻的聂耳立像一尊，高3.2米，作沉思状态（图8-4-21）。整个墓地设计新颖，构思精巧，既富有特点，又显得庄严大方。墓地周边有一片缓坡，植苍松翠柏，使墓地环境庄重肃穆，清幽宜人。近年又在墓穴后增建刻有国歌曲谱、万里长城唤起民众的浮雕墙面。

1988年，公布为全国重点文物保护单位，1992年命名为云南省爱国主义教育基地。

聂耳原葬在高峣至华亭寺之间公路西侧上方，墓系青石镶砌，简单朴素，墓前原有徐嘉瑞撰写的"人民音乐家聂耳之墓"石碑及墓志。1954年，人民政府进行修缮时，由郭沫若重撰碑文。1980年，根据广大人民群众的要求，重建新墓，迁葬于此。

2. 赛典赤墓

赛典赤墓位于昆明市北郊松华坝马家庵村旁山坡上，墓体为长方形围石封土堆墓，下部砌石，上部封土，长2.6米、宽1.4米、高1.8米，在墓的右前方另外还有一墓，传为其子纳速拉丁墓，形制与之相同。

另外在昆明城东区民航路五里多小学校园内，还有一座长方形砌石墓，称为赛典赤·瞻思丁纪念冢，墓长2.3米、宽1.3米、高2.7米，顶为青石雕成的砖瓦形，墓体四面镶碑石。正面刻有汉文"元咸阳王瞻思丁墓"8字，分4行直书，背面为蒙文碑刻。左右两侧，一边刻着《元史·赛典赤·瞻思丁传》（节录），另一边刻有袁嘉谷撰书的《重修咸阳王陵记》。1983年公布为云南省文物保护单位（图8-4-22）。

这座陵墓，是为纪念元代初年云南最高行政长官赛典赤·瞻思丁而修的纪念冢。元初，由于"委任失宜"，云南矛盾重重，政波迭起，生产荒废。元世祖忽必烈，选用为人谨厚的赛典赤，以"平章政事（次丞相）行云南中书省事"。

由于赛典赤治滇有方，政绩突出，令人追慕。百姓常去陵前瞻拜凭吊。后世想有所作为的云南官吏，也常将他作为效法的楷模，从中汲取有益的经验。康熙年间曾维修过赛典赤墓，植树培土，建筑堂庑。游人至此，常兴感慨，每有诗作。

3. 雄辩法师墓

位于昆明市西郊筇竹寺后山的雄辩法师墓，建于元大德年间，为砖砌喇嘛塔式墓，通高3.5米。墓基台略呈方形，高0.5米，边长约2.1米。台基上为须弥座，上置覆钵式塔体，塔高1米（图8-4-23）。与此类似的覆钵式塔墓，还有位于大理感通寺内的担当和尚墓。

4. 陈佐才墓

位于巍山县庙街乡山塔村东盟石河边的陈佐才墓，属石棺墓。即在一块天然的巨石上凿坑为棺，再用大石板作棺盖而成。整个石棺长11米、宽8米、

图8-4-21 聂耳墓

图8-4-22 赛典赤墓

高2.8米，墓坑长2.64米、宽0.85米、深1.4米，巨石上还刻有悼诗10余首。清乾隆四十四年（1779年）刻墓志，记述陈氏的生平事迹（图8-4-24）。

5. 薛大观墓

在昆明市黑龙潭公园的龙潭旁边，修建有明末昆明诸生薛尔望（字大观）一家的合葬墓（图8-4-25）。清顺治辛丑年（1661年），吴三桂穷追明永历皇帝，薛尔望闻永历皇帝败走缅后，认为"不能背城战，君臣同死社稷，顾欲走蛮邦以苟活，不重可羞耶！"便告其子薛之翰，"吾不惜七尺躯为天下明大义"，其子言"大人死忠，儿当死孝"。而其母亦对儿媳说："彼父子能死忠孝，吾两人独不能死节义耶！"其侍女抱幼子问曰："主人皆死，何以处我？"大观曰："尔能死，甚善。"于是"五人偕赴城北黑龙潭死……大观次女已适人，避兵山中，相去数十里，亦同日赴火死"④。

后人将其全家尸骨合葬于龙潭畔，在薛墓祠起云阁上有康熙年间许宏勋撰写的一副对联："寒潭千载洁，玉骨一堆香"。清陈鹍《游黑龙潭》诗曰："山葬翠一门，水光澄千古。忠魂伴梅花，寒香袭净土。"都是指薛大观墓而言，这种忠义之士是在实践着"有生身甚重者，身也；得轻用者，忠与义也。后身先义，仁也；身可杀，名不可死，志也……义在与在，义亡与亡"⑤的封建伦理道德准则，足见儒家伦理道德思想在云南地区的影响之深。

6. 唐继尧墓

位于昆明市圆通山公园内的唐继尧墓，为圆形围石封土堆墓，于1930年动工修建，1930年竣工。这是一座融合了希腊式、威尼斯式、哥特式及拉丁式的多种建筑艺术风格，与中国传统陵墓建筑组合在一起的大型墓，占地约1500平方米，属国内为数不多的几座大型陵墓之一，墓体外形蔚为壮观。唐继尧墓通高约9米，其中墓径为22米、周长约68米，墓前部分的柱廊碑阁，有14根石柱分7开间对称设置。柱廊宽17.68米，柱高4米、通高6米，墓基座高1.35米。碑阁内嵌立碑文9块，正中外凸一间为唐继尧墓碑，高2.68米，宽1.05米，上面阴刻"会泽唐公冥赓墓"7个大字，上部有二龙抢宝雕饰，碑侧刻有陈荣昌书石联："功业须当垂永久，风云常为护储胥"。墓碑两侧还镶嵌着8个石碑，这8个石碑，分别刻着1916年护国战争期间被推举为护国军务院抚军长，大总统黎元洪的授勋令；孙中山大元帅1924年关于推举唐继尧为广州军政府副元帅的文件，以及周忠岳为唐继尧写下的长篇墓表。以上这些内容，就是对唐继尧一生中最精彩、最辉煌人生岁月的表达（图8-4-26）。

图8-4-23 雄辩法师墓

图8-4-24 巍山陈佐才石棺、墓碑

图8-4-25 薛大观墓墓碑

图8-4-26（a） 唐继尧墓速写

据说墓室内除了唐继尧的灵柩外，其他陈设一如他生前的书房布置，明代的黄梨木太师椅，花梨木大书桌上放有文房四宝——端砚、泾宣、湖笔及徽墨，檀木柜上放有琴、棋、书、画等唐继尧生前钟爱的物品，尽显儒雅之风。

唐继尧墓的主体顶部，树木葱郁，形成了一个绿色墓冠，更好地衬托着前面的廊柱式石碑阁，形成明显对比，在肃穆绝美中展示着历史的伤痕和风雨的沧桑。在墓前神道两旁立有3米高石狮一对和华表等构筑物，今天我们看到的这个墓园建筑和石雕碑刻，均出自当时国内一流的石工高手，据说当年为了使碑面及石雕表面晶莹锃亮，还使用了白银打磨技术。

7. 腾冲国殇墓园

位于腾冲县城西南1公里的叠水河畔的小团坡下，1945年，国民政府为了纪念滇西抗战胜利和安葬腾冲战役阵亡将士而建。

1944年5月，中国远征军第二十集团军强渡怒江，发起滇西大反攻，于9月14日收复腾冲，共歼灭敌军6000余人，远征军阵亡将士8671名，盟军（美国）阵亡官兵14名。

腾冲战役结束后，辛亥革命元老、时任云贵监察使的爱国人士李根源先生，即倡导修建阵亡将士公墓，由政府筹集专款，爱国华侨捐资，远征军第

图8-4-26（b） 唐继尧墓

二十集团军少将参谋长孙啸凤监修，于1944年冬开工，1945年7月7日"卢沟桥事变"8周年纪念日落成。占地面积5.33万平方米，建筑面积1000平方米。集楚辞之篇名，题为国殇墓园。

墓园坐南向北，于中轴线上依次布置有大门、忠烈祠、纪念塔及烈士墓等主体建筑。其中大门为牌楼式建筑，门外墙呈"八"字形，门楣上嵌有李根源题书的"国殇墓园"四个楷书大字石刻。忠烈祠为殿堂式木构建筑，面宽五开间，进深四间，重檐歇山屋顶，四周带外廊，门楣上悬挂于右任题书的"忠烈祠"横匾，祠两檐中间有蒋中正题书的"河岳英灵"横匾，祠内正面为孙中山先生遗像及"革命尚未成功，同志仍须努力"、"天下为公"等题词（图8-4-27）。两侧墙体嵌阵亡将士题名碑刻76方。

图8-4-27（a） 腾冲国殇墓园东厢

图8-4-27（b） 腾冲国殇墓园忠烈祠

在忠烈祠后为相对高度31米的圆锥形小团坡，坡顶建有二十集团军光复腾冲纪念塔，塔体为方形实心砖石砌筑，逐级收分，通高约10米，由塔基、塔身、塔标三部分组成。塔标上镌刻有远征军第二十集团军总司令霍揆彰题书的"远征军第二十集团军攻克腾冲阵亡将士纪念塔"，在以纪念塔为中心坡体的四周，自下而上小碑林立，呈放射状均布立着8行排列整齐的烈士墓碑，共有3346通，碑上刻有烈士的姓名、籍贯、军衔、职务，碑下均葬有阵亡官兵骨灰罐（图8-4-28）。墓园大门西侧筑有一座圆形的"倭冢"，与小团坡英烈遥对，既暗示侵略者的惨败，又令世人勿忘国耻。在国殇墓园的空地上遍植松、柏、栗、竹，林下绿草如茵，阶沿多置盆花，环境清幽肃穆，令凭吊者胸襟若洗。

以上墓葬，不论是考古发掘的各时期、各类型的古墓，还是对云南历史发展有贡献的名人墓，也

图8-4-28 腾冲国殇墓园纪念塔

不论是单体的还是群体的，它们都以独特的表达方式，见证与述说着云南不同地方社会发展演进的历史故事。

本章分别对云南的戏台建筑、门坊建筑、关隘建筑和石窟、古井、陵墓作了简要的梳理分析，尽管它们不是建筑的主流，或是与其他建筑共同组合一起，但其表现出的地域建筑特点仍然比较明显，不论是在建造技艺方面，还是在建筑文化内涵方面，都包含着丰富的历史文化信息，有的甚至成为一个聚落城镇的标志性景观，潜移默化地影响和传承着各地方的社会生活方式与人文价值。

注释

① 唐贞元十年（公元794年），袁滋奉命出使南诏，册封异牟寻为南诏王，途经石门，为纪其行，刻下了袁滋题记摩崖，名斐中外。题刻内容有"滇南第一关"、"津枢纽"、"佑我民生"、"勤政爱民"，皆阴刻楷书。

② 石门关始建于隋朝，以前有一尺二寸厚的两扇门，除有人值守关门外，楼上也驻有重兵，可谓"一夫当关，万夫莫开"，今人将石门关称为"险关"。每逢将士出征，家人便会守候在石门关，翘望着亲人归来，石门关又被人们称为"情关"。门一关，门杠一顶，中原和边疆两边就被隔绝了。特别在唐朝天宝年间，南诏叛唐爆发天宝战争后，石门关就被关闭了，一关就是40多年。直到袁滋受命赴南诏去册封异牟寻，石门关才又重新打开。

③ "鸟道雄关"石碑是明代万历年间刻写的。鸟类专家们认为，这是世界上到目前为止发现的唯一最早、最古老的关于"鸟道"的记载。在每年9月中旬至10月中旬，"鸟道雄关"浓雾缭绕，会有数以万计的候鸟从这里飞过，飞到缅甸、印度等地过冬。而且还容易在这里迷失了方向，相互碰撞，发出各种鸣叫声，形成"鸟吊山鸟道雄关"奇观。经专家考察，这里既是西南古丝绸之路的驿道，也是候鸟迁徙的咽喉通道。

④《明史·薛大观传》卷279，《二十五史》第10册，第8555页。

⑤《新唐书·忠义传》上卷191，第5946页。

云南古建筑

第九章 古建筑技艺

第一节　云南古建筑技艺精华

梁思成先生曾说过，建筑的显著特征之所以形成，有两个主要的因素：一个是缘于环境思想之趋向，另一个则属于实物结构技术上之取法与发展者。木架结构是中国古代建筑的传统结构方式，以木为梁柱形成间架，分承建筑上部的所有荷载。木架结构具有：结构富于力学原理、形制富于伸缩原则的两大优点，"其结构之系统、形式之派别，乃其材料环境所形成"。"但建筑之基本结构及部署原则，仅有缓和之变迁，顺序之进展，未受到其他进展之影响"。故能"数千年来无遽变之迹，掺杂之象，一贯以其独特纯粹之木构系统，随我民族足迹所至，树立文化表态，都会边疆，无论其为一郡之雄，或为一村之僻，其大小建制，或为我国人民居处之所托，或为我政治、宗教、国防、经济之所系，上至文化精神之重，下至服饰、车马、工艺、器用之细，无不与之息息相关"。中国始终保持以木材为主的建筑材料，故其形式为木造结构之表现。并且中国古代的匠师既重视对传统经验的传承，又忠实于对材料的运用，使中国传统木构技术因历代之演变，乃形成遵古之艺术，产生出最高的美术风格。

通常，传统木构建筑建立，是在平行的两组木构架之间先用横向的枋和檩联络成为"间"，然后由2～3间乃至若干间，沿着开间方向排列为长方形平面组成一座房屋。除此而外，这种木构架结构还广泛地运用于三角形、正方形、五角形、六角形、八角形、圆形、扇面、万字形、田字形及其他特殊平面的建筑形式和多层的楼阁与塔等的建造之中。

云南地区的古建筑技艺，总体上虽难以和中原汉族先进的建构技术相比拟，但其自身的技术处理和在吸收、融合中创造出新的建筑技术，同样绽放出夺目的光彩。

"中国木构架结构体系经过三千年的发展，由简陋到成熟、复杂，再进而趋向简练的过程是很明显的"。刘敦桢先生的这句话，在对某一个遗存的木构建筑实例进行分析研究的时候，既要利用好宋《营造法式》和清《工部工程做法则例》这两把标准的"尺子"，又要用活这两把"尺子"；既要从时间的纵向上看出后一时期的木构技术与前一时期的木构技术相比较会有何变化发展，或是继承延续；同时也要从时间的横向上看到中心区的木构技术与边缘区的木构技术相比较会有何普遍性和特殊性。从这个角度出发，可以结合相关实例来对比分析处于边缘地区的云南古建筑木构技术的一些地区特征。

一、平面格局

（一）兴教寺平面布置

剑川沙溪兴教寺，其大殿及中殿均为明永乐十三年（1415年）之遗构，在构筑方法上既有许多相似之处，又各具特色。因为剑川兴教寺一直作为"阿吒力"密宗寺院，从未遭重大灾害后重建或大规模改建；因而大殿和中殿同时保留了明永乐年间剑川木构技术的原真性，历经五百年走到今天，这在云南古建筑群中是罕见的。加之"阿吒力"密宗文化信息在寺院中的集中反映，使兴教寺具有特殊的文化价值和历史地位。

1. 平面柱网：兴教寺大殿面宽五间进深四间，设副阶周匝。大殿主体实际是面三进三的一个完整空间。室内无柱，当心间两缝梁架跨三间达7.5米（图9-1-1）。

2. 室外台明：大殿室外台明低矮，高约48厘米。地面在近期修理时重新铺过地墁，水泥方砖铺地粗糙而失古韵。唯周围一圈压阑石为旧有石板。杨延福老先生在《漫谈兴教寺》一文中记载："内槽十二个金柱脚，皆施地栿相连"，而今已成历史。

副阶檐柱无梭柱卷杀做法，但均有明显的侧脚。檐柱当心间至末间在前檐生起6.5厘米，后檐生起9.5厘米，两山生起6.5厘米。若取平均值，五间生起7.25厘米。按宋《营造法式》规定"五间生起四寸"，六等材四寸折算成12.8厘米（宋1尺取32厘米），与7.25厘米相差较大。说明大殿下檐有生起，但升高平缓。

殿身柱及副阶柱所用柱础不同。殿身柱础全部

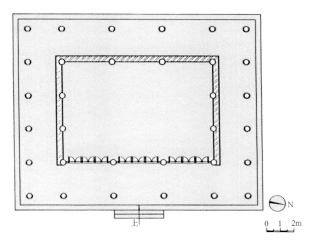

图9-1-1（a） 兴教寺大殿平面图

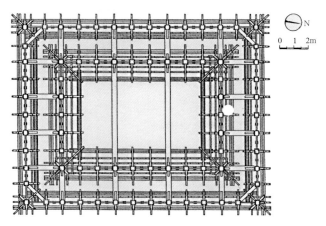

图9-1-1（b） 兴教寺大殿仰视平面图

被埋没，副阶柱础露明部分为鼓形。据当地传统柱础及山门柱础形状推测，副阶柱础被埋入地下的部分为鼓镜形。殿身柱础的高度和形状应与副阶柱础埋入部分相同，为鼓镜柱础。殿内后墙柱础为高长的圆柱形，础高使这四根檐柱长度稍短，可能与曾经贴墙设置佛龛而简单处置柱础有关。

（二）指林寺大殿平面布置

始建于元代的建水指林寺，其大殿平面近方形，殿身面阔三间进深三间，带副阶周匝围廊的重檐歇山屋面，是"减柱法"[①]技术处理的典型例证，32棵圆柱于四周排列成双行，形成面阔五间进深五间的柱网布局，大殿创造了无柱的室内空间，即在12.9米×10.9米的面积上没有一根内柱，4棵中柱已被省去。内柱上檐通过45°折角大梁与上金檩，五架梁经三层相互转接联系承托屋顶，既加强了大殿上檐严密的组织结构与完整，又使举架较高的屋顶净跨逐层缩减（由13.3×11.3—10×8—7.2×8）。建水指林寺大殿上檐斗栱内侧栱翘伸长，承托转接后的梁檩，分担了四攒高昂斗栱的负重，使得上檐屋顶出檐深远，既平衡了内侧栱翘分担的屋架压力，又极富装饰性（图9-1-2）。与此做法相同的还有大理圣元寺观音阁和鹤庆文庙大成殿。

指林寺大殿前的须弥座月台较为宽大，周围设重台石栏围护，分三面上下。其中，在位于月台中

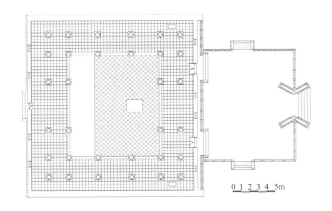

图9-1-2（a） 指林寺大殿平面图

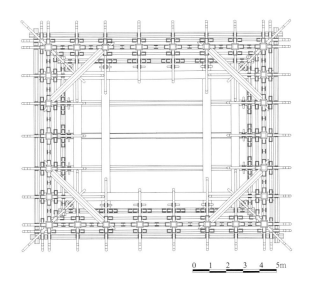

图9-1-2（b） 指林寺大殿仰视平面图

轴线上台口还设置有一开的入口门坊，单檐歇山顶出檐深远，门坊柱子前后有石雕石狮和抱鼓石镶嵌，区分出方位主次。

（三）法明寺大殿平面布置

位于宜良县框远镇寿山路东段的法明寺，始建于南诏时期。据清乾隆《宜良县志》载："法明寺，唐僧摩伽陀建，胡敬德重修，明天启二年重修。""万历间又大修"。现存建筑为明天启二年（1622年）重修的。法明寺坐系向东，原有10殿1阁1塔，附属建筑120多间，现仅存大殿与佛塔。法明寺大殿的平面布局较为独特，二层重檐歇山顶的正殿平面呈正方形，面阔和进深都是三开间，室内供奉有高大的三身佛像，两侧墙壁处理为规整排列的方形千佛龛，使殿内空间显得窄而高，横向视角不开阔。正殿平面柱网明间开间较宽，为6.45米，比3.2米的两次间开间两倍还多（图9-1-3）。

同时，在正殿的四周还布置了一圈类似"附阶周匝"的回廊，正面为开敞的前廊，其余三面封闭。与常规大殿的门扇开启不同，进出大殿室内的正门分别对称开设在左右两次间和梢间，正面居中并不开门，只在后面开设一道。前后廊的进深设置较宽，前廊进深1间4.2米，后廊进深2间4.8米，而两山间的设置与正殿的次间宽度接近，为3米，且前廊梢间的柱网与正殿梢间的柱网形成错位设置，沿走廊两端加了1.3米。这种平面布置是按照始建时的布置，还是在后续重修、大修的改建，确未见记载，但从现存大殿的梁柱结构来看，应是保持了重修时的结构构架。

（四）安宁文庙大成殿平面布置

始建于元大德六年（1302年）的安宁文庙大成殿，明永乐元年（1403年）再建，是云南保存完好的元代古建筑之一。大殿坐北向南，面宽五开间，进深三间，通面阔16.6米，通进深12米。大成殿内的柱网布置有"减柱"、"移柱"做法，具体减去了殿内明间前面的2棵金柱，后面的2棵金柱则再向后移了近1米，使顶部形成的藻井更接近方形，同时也加强了室内空间的中心感，突出供奉孔子塑像的神

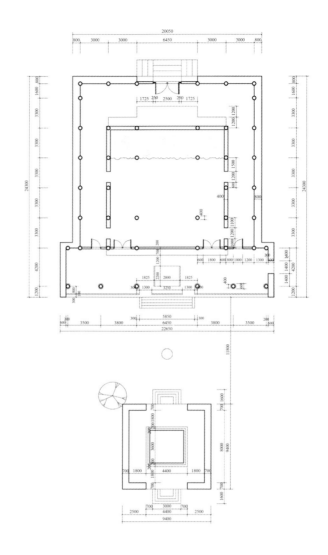

图9-1-3　宜良法明寺大殿平面图

龛。安宁文庙大成殿的后檐廊处理也很特别，一是在后金柱的位置，全部被后金墙封住，与后檐廊并不直接相通；二是在后檐廊的两边梢间，同样也以厚度相通墙体和山墙相连围成为一开间的凹槽，与常见的檐廊和两边山墙连通的处理方式决然不同（图9-1-4）。

（五）真庆观紫薇殿平面布置

重建于明宣德十年（1435年）的昆明真庆观是昆明城区最多的道教古建筑群，其正殿紫薇殿，单檐歇山顶屋面，抬梁式木构架，通面宽五间20米，通进深四间16米，但与一般的殿堂布局不同，在五开间面宽的柱网尺度布置上，处于梢间的柱间轴线

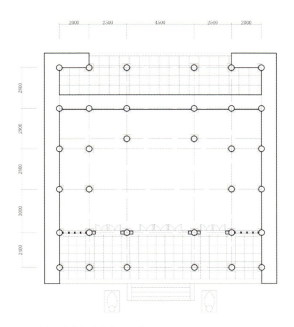

图9-1-4（a） 安宁文庙大成殿平面图

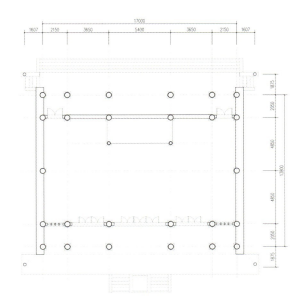

图9-1-5（a） 真庆观紫薇殿平面图

图9-1-4（b） 安宁文庙大成殿室内梁架

图9-1-5（b） 真庆观紫薇殿室内斗栱

尺寸较小，它不是依次递减，自然过渡，而是采用一个接近与前后走廊开间的尺寸，且在大殿后金柱的位置，对应地开设有通往殿后院落的2道门，仿佛像在室内两山设走廊。同时，在殿内明间后金柱前，加设2棵小柱，支撑上部构置的方形覆斗藻井。在两侧山墙之外，前后对称4棵纤细的戗檐柱，以支撑出挑深远的戗脊大角梁（图9-1-5）。

二、构架特征

（一）兴教寺大殿木构特点

从兴教寺大殿草架侧样中，可明显看出副阶、殿身的关系明朗，各构件交接清晰，大殿构架组织有序。

1. 普拍枋：上下檐柱头均置普拍枋，断面为扁长形，与阑额构成"T"字形断面，是宋代木构的特有形式。角柱上普拍枋相交出头，做成扁平的菊花头装饰，其下阑额亦出头支承普拍枋。

2. 阑额、由额及屋内额：下檐阑额断面12.4厘米（b）×27.6厘米（h），高宽比约为2.2∶1，阑额下无其他穿枋构件。上檐阑额、由额断面细小，仅宽8.8厘米。阑额高28厘米，由额高23.6厘米，长宽比约为3∶1，已类似于穿插枋。

殿身檐柱中上部各柱之间穿插一道屋内额，可称为"横枋"。横枋首尾相连，入柱半径深，与上檐的阑额、由额形成三道室内圈梁。又在横枋上于柱侧各加小短柱一根，进一步加强结构刚度。殿身檐柱与额枋共同组成整体框架，以多重措施增强大殿结构稳定性。横枋、由额、小短柱之间形成一个个近似方形的画框，在考虑结构作用的同时兼顾装饰艺术效果。不能不让人折服于古人高超的设计能力和构筑技巧。

3. 梁栿及蜀柱：各构架的平梁、四椽栿、六椽栿断面近似鼓状形，即以圆木上下略微削平制成，加工简易。下檐柱头铺作所承的乳栿及劄牵，在交入殿身檐柱的端头处，两侧内凹砍杀出半椭圆形切面。梁端宽度减为梁身宽度的三分之二，与榫头断面更接近，有助于减弱错榫断裂的梁端剪力，同时增加梁栿造型的美观。这种手法在云南明代时期较为盛行（图9-1-6）。另有典型实例为滇南建水县东城门楼（朝阳楼）上的副阶梁栿，其建筑年代为明洪武二十二年（1389年），与兴教寺大殿为同时代遗构。

上檐柱头铺作承挑六椽栿、四椽栿，四椽栿上又立蜀柱二根，承平梁及上平槫。平梁上再以脊瓜柱承脊槫，脊瓜柱的两侧用合踏支撑并稳固。这些做法常见于明清时期。

4. 椽：大殿上檐各椽每架平长相同，为1.25米。椽径8厘米。依椽平长布置各槫及相应山面各柱位置，随之决定了梁栿的长度，符合宋《营造法式》规定。副阶檐椽通长，使得下檐屋面平面无反宇曲线。上下檐的檐椽上均无飞子，脊槫上亦不置扶脊木。

5. 屋面举折：大殿上檐屋面进深六架椽，前后橑风槫心距8.95米，举高2.15米。举高与前后橑风槫心之距为1∶4.16，比宋《营造法式》中图示"大木作举折之制"1∶3.5的举高更平缓，因而屋面出檐深远，形体舒展，风格古朴。

6. 歇山收山：兴教寺大殿歇山屋面基本无收山，体现了歇山顶以悬山四周加披檐而成的初衷。能于两山面可见脊槫、上平槫之出际，并钉以搏风板，悬鱼惹草已脱落。这样的山面处理属唐宋早期手法。明清时期的歇山顶山墙面做法，往往以山花板封实之后，再于板外糊泥挂砖交止于搏脊，山花平整呆板，与早期山面做法相比，失去了层次丰富的空间感。

7. 大殿木构架：兴教寺大殿室内无柱，空间高敞完整。重檐歇山顶，山面不做收山，槫枋出际并施以搏风板保护。

大殿屋面举势尤为平缓，举高/前后橑风槫心距为1∶4.16，举折高度小于宋《营造法式》之规定，有唐风遗韵。

大殿副阶外檐柱有明显的侧脚和平缓的生起，保留侧脚、生起的宋式风格，此类做法在中原地区元明之后已很少见。

殿身檐柱中部加施穿枋一圈，其上又于各柱两

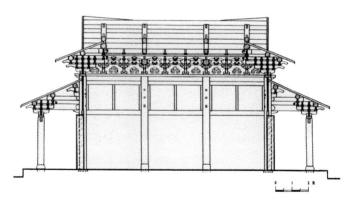

图9-1-6（a） 兴教寺大殿剖面1（图片来源：宾慧中《云南元明时期的殿堂建筑实例研究》）

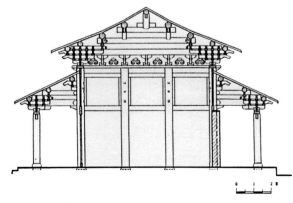

图9-1-6（b） 兴教寺大殿剖面2（图片来源：宾慧中《云南元明时期的殿堂建筑实例研究》）

侧立竖枋支撑上部阑额及由额，同时成为壁画外框。穿枋、阑额及由额形成殿身三道闭合圈梁，增强屋架整体刚度，使兴教寺大殿木构架历经五百年来大小地震而无损。

副阶之乳栿、劄牵端头内凹砍杀入殿身檐柱，并与丁头栱、角梁等在檐柱内侧穿榫出柱，方形榫头纵列于檐柱中部。四椽栿及平梁上以蜀柱承槫，未施驼峰。槫下紧贴随槫枋木一根，无襻间斗栱。这些均为明代以后的木构特征。

上下檐斗栱均起重要承载作用，且斗栱的体量不小，下檐铺作高约为柱高1/3，但跳头多为偷心造，所以，斗栱虽高大却不显雄壮气魄。上、下檐斗栱铺作内跳数多于外跳数，且各跳跳长不均，完全取决于其上部所承槫的所在位置。在下檐转角铺作内施抹角梁，以减弱下檐角部剪切力带来的变形因素。

上、下檐铺作均无散斗，交互斗尺度同齐心斗。各斗之耳、平、欹高度比例不合宋《营造法式》中4∶2∶4的规定。铺作用材之尺度难寻规律，不合宋代《营造法式》"材契之制"的模数规定。上、下檐铺作跳头上有雕饰横栱——"卷涡瓜子栱"或"羊角瓜子栱"，栱短，两端无散斗。

（二）指林寺大殿木构特点

指林寺如同兴教寺一样，殿内金柱全无。它所运用的减柱手法与中原地区宋、元时期流行的"减柱造"意义不同。中原地区古建筑的"减柱造"做法，通过加大梁栿断面及长度来实现减少金柱目的。而云南殿堂木构体系出现的大空间，是运用新构件形成新构架所致。

指林寺大殿檐柱普拍枋上的各柱头铺作，均与新增梁栿构件交织，以传承各品梁架及其上部屋面的重量。上檐铺作层于四角分别增设45°的抹角梁，搁置于上檐次间柱头铺作的第一跳跳头之上，抹角梁断面呈鼓状形式，高为两材两契。这四朵柱头铺作第三跳跳头上悬挑一个由四根断面肥大的梁栿交合而成的方形平面框架，是一组新构件。方形平面框架四个角支承在上檐四根抹角梁中央，其作用是横挑屋面四品梁架悬跨大殿室内上空，由此达到减柱的效果，形成高敞的殿堂室内空间。这是云南工匠对源于中原木构技术的创造性发挥，并在创造的过程中充分考虑了云南地方建筑抗震的客观需求（图9-1-7）。

与此类似的还有位于大理圣源寺南边的观音阁，重檐歇山顶的观音阁建筑主体梁架结构也十分独特，其为简明清晰的殿堂式格局，不但斗栱宏大，在观音阁上檐的四角，也同时加设了抹角梁，以增加屋面的刚度和抗震性能。

指林寺殿身檐柱中部设一圈闭合的屋内额，作为中间框架的圈梁，与柱头阑额、由额一起加强殿身柱间的刚度，并且在由额与屋内额之间贴檐柱侧壁立竖枋，形成一个个矩形画框，内饰壁画。这种做法与兴教寺大殿同出一辙，可能是明初云南殿堂构架处理的常用手法。

大殿上、下檐普拍枋与阑额形成"T"形断面。殿内四椽栿上置驼峰两朵。重檐歇山顶之山面收山很小，山面板至檐柱中线距离约有一跳长。山面构架及山花做法为后世改造而呈清式风格。

从实际测绘数据来看，指林寺大殿屋面的起坡平缓，前后橑檐枋心距为12.7米，举高为3.3米，举折高跨比为1∶3.85，比宋《营造法式》规定的举高1/3略高。

（三）圆通寺大殿的木构特点

始建于唐的昆明圆通寺，正门内，道路修广，古柏参天，为境颇幽。经牌坊、渡小桥，有敞殿五间，其北凿方池，中建八角亭一座，南北各以石桥三孔连接，而池之周围，行廊周匝，绕至池北，与大雄宝殿左右衔接。布局甚奇，为他处所不易见。大殿负山面池，前辟月台，甚为宏敞。自山门至此，全体部局，不以普通梵刹。殿为重檐歇山式，面阔五间，进深显四间，下檐外绕以走廊，所施斗栱，极仿佛河南中北部常见手法，其为清构无疑，但殿身斗栱较为简洁，内部梁枋彩画，与东梢间北面壁画一样，构图设色，显非近代之物，岂如匾额所题，此殿重建于康熙己酉八年（1669年），重修

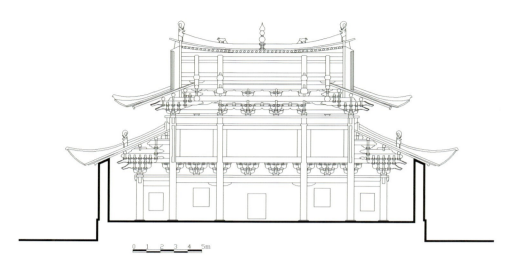

图9-1-7（a） 指林寺大殿横剖面图

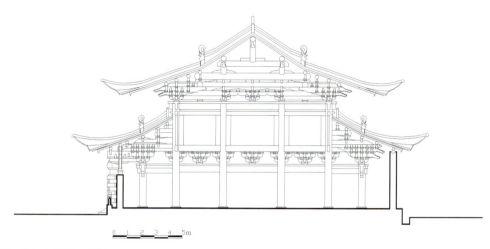

图9-1-7（b） 指林寺大殿纵剖面图

图9-1-7（c） 指林寺大殿屋顶梁架

于嘉庆己巳十四年（1809年），而下檐走廊，乃嘉庆重修时所构筑？

殿内一部分佛像的佛座，如石须弥座与木造佛座，东西塑壁下部观音变相十余尊，一部分香案，又确系明代遗物。

下檐走廊之柱，颇粗巨，上端施雀替，托于额枋下，比例尺度略大，与上檐不一致，下檐斗栱七踩，外出三昂，昂嘴向上反曲。前端做成卷鼻形，年代较新。其第三跳昂端，未施厢栱，直接托于挑檐枋下，又坐斗与第一、二跳十八斗上，皆出平面45°之斜栱，后尾交于正心缝上，坐斗后尾出三跳，上施粗短之秤杆，撑于金檩下，极类清初河南北部之结构法。

下檐博脊与上檐额枋之间，插入雕空华版一列，供殿内通风采光。

上檐斗栱在坐斗外侧者，为五踩重翘，但内侧增为四跳，翘之宽度，柱头科与平身科相等，其余结构、卷杀、俱属明式，比较下檐，截然异观。

殿内明间和次间，于前、后金柱之间，每间均覆于天花，天花之下，承以九踩四翘斗栱，其材契比例，与外檐略同。其第一、二跳为计心造，第三、四跳为偷心造，托于井口枋下，内额下置雀替及三幅云。于后金柱间建扇墙一堵，墙之南北，有石砌须弥座，东西各尽三间之阔，转角处雕力神一尊，其圭脚、莲瓣与束腰部分所刻之花纹，构图描线，确出自明人之手，其上木制佛座，雕饰甚繁，而法度严谨，无纤弱之病，座上诸像，迭经涂饰，略失原形，以其作风判之，疑皆为明代之遗物（图9-1-8）。

结构上，此殿绝非南诏原物，亦非元延祐年间所建，已甚明显，以式制衡之，其殿身梁柱，上檐内外斗栱，内部须弥座及佛像等，皆与明成化重修记录，较为接近。而其下檐走廊之年代，不能超越清康熙以前，亦极显著之事实。

（四）曹溪寺大殿木构特点

安宁曹溪寺，寺院居于凤城山腰，坐西向东，入寺门南转，经圆门，折向西登天王殿，四天王塑像似清初遗物。自天王殿后沿左右爬山廊，绕登中殿，其布局方式极似姚安诸寺。正中大雄宝殿，面阔三间重檐歇山，梁思成先生曾疑为南宋建造，其大殿实建于元，而非南宋遗构，证据如下：

1. 下檐斗栱材契及角额出头处所刻花纹驼峰式样，外拽枋下口镌刻壶门式花纹等，确类似明代手传。

2. 下檐第一跳华栱，较其上层稍大，高24厘米，宽16厘米，与辽、宋建筑接近，但以上部分，材契比例稍小，乃罕见部分。

3. 梁、柱断面，与圆形接近，为元代建造最明显之证据。

4. 上檐斗栱比例式样，与下檐有异，似明代修改。

5. 门窗隔扇，似明或清初遗物。

6. 上部梁架与上下檐椽、檩乃最近抽换。

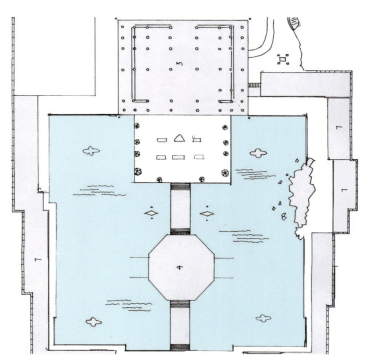

图9-1-8（a） 圆通寺大殿平面示意图

图9-1-8（b） 圆通寺大殿两山柱础

图9-1-8（c） 圆通寺大殿前廊柱础

正殿下檐斗栱之材高24厘米，几乎与辽代的独乐寺观音阁接近，并在华栱下加施"替木"，阑额表面刻长方形装饰（一朱二白），皆北宋以前之手法，不能不谓元代木建筑中之特例（图9-1-9）。此殆云南辟处边疆，式样变迁恒较中原诸省稍迟，故其元代木建筑，往往酷类中原南宋所见，而明中叶以前者，亦类元代遗物也（在时间上，约晚百年至一百五十年）。

三、斗栱构造

（一）佛教寺院大殿斗栱

1. 兴教寺大殿斗栱

1）下檐斗栱铺作：兴教寺大殿下檐柱头铺作以乳栿和剳牵与大殿檐柱相连，从檐柱出蝉肚绰幕支承乳栿，各剳牵上面自檐柱出丁头栱承一圈槫子，支承副阶下檐椽。在各铺作间栱眼壁的正中施交互斗一个。铺作层以罗汉枋、正心枋、栱眼壁等相连为井干壁体式的有机整体。

转角铺作内跳施45°抹角梁，与两侧栱眼壁在平面上组成等腰三角形构图，利用三角形结构稳定不易变形的原理来增强角部刚度。外跳的第一跳向外出华栱，其中与抹角梁平行的一缝抹角华栱，随45°走向斜角抹梁，交互斗亦随梁做成菱形，以取得调和一致的外观。这样的铺作构造十分巧妙精美（图9-1-10）。

2）上檐斗栱铺作：上檐铺作当心间两架六椽栿从柱头铺作栱眼壁出，各边以第二跳华栱相承，可缩短净跨距。柱头铺作第三跳头承四椽栿，将平梁及屋顶重量传递给檐柱。转角铺作构造类似下檐。

3）兴教寺大殿的下檐斗栱：兴教寺下檐斗栱的补间铺作，明间及次间各两朵，梢间一朵，山面各间有一朵，斗栱排列有序而疏朗。补间铺作外出一跳内转两跳单抄单下昂，内跳第二跳跳长减半。

下檐铺作正心处无槫，此做法极为少见。外第一跳华栱偷心，以交互斗承枋及橑风槫，不施令栱。华栱上置由昂（殿中各昂匀为假昂）。里第一跳华栱上承瓜子栱，与其上罗汉枋作雕花相连。瓜子栱两侧无散斗，剜刻成卷涡状，栱高用足材。这里将其称为"卷涡瓜子栱"。里第二跳华栱（外跳为由昂）以交互斗承衬头枋。

4）大殿的上檐斗栱：兴教寺大殿上檐斗栱立于普拍枋上。正、背面每间补间铺作两朵，两山各间补间铺作一朵。

上檐铺作外出单抄双下昂，里转三跳华栱承中平槫。内外第一、二跳每跳长均等，内跳第三跳跳长较大。因为第三跳需跳至中平槫所在位置，以保证每架椽平长相等。同时内跳的第三跳中线与山面次间之补间铺作中线相重合，即此中线为山面次间之纵中线。

在补间铺作内跳第二跳华栱头上有类似"卷涡瓜子栱"的小横栱，栱端外翘如羊角，姑且称其为"羊角瓜子栱"，栱高足材。上檐栱眼壁及柱头铺作做法类似下檐（图9-1-11）。

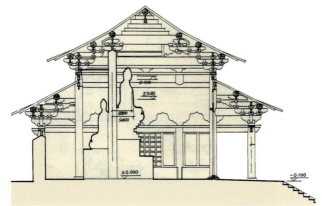

图9-1-9（a） 曹溪寺大殿剖面图1（图片来源：《曹溪寺文集》）

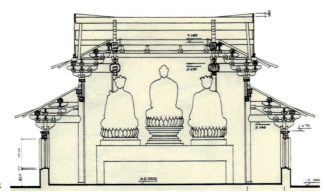

图9-1-9（b） 曹溪寺大殿剖面图2（图片来源：《曹溪寺文集》）

图9-1-10（a） 兴教寺大殿下檐斗栱

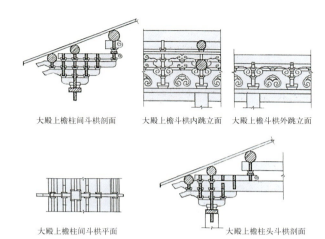

大殿上檐柱间斗栱剖面　大殿上檐斗栱内跳立面　大殿上檐斗栱外跳立面

大殿上檐柱间斗栱平面　　大殿上檐柱头斗栱剖面

图9-1-11（a） 兴教寺大殿上檐斗栱大样图2（图片来源：宾慧中《云南元明时期的殿堂建筑实例研究》）

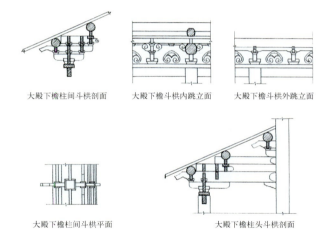

大殿下檐柱间斗栱剖面　大殿下檐斗栱内跳立面　大殿下檐斗栱外跳立面

大殿下檐柱间斗栱平面　　大殿下檐柱头斗栱剖面

图9-1-10（b） 兴教寺大殿下檐斗栱大样图1（图片来源：宾慧中《云南元明时期的殿堂建筑实例研究》）

图9-1-11（b） 兴教寺大殿上檐斗栱

2. 曹溪寺大殿斗栱

始建于宋安宁曹溪寺大殿[②]，抬梁式木构架结构，斗栱雄浑粗大，内下檐为五铺作重栱计心造。上檐内六铺作三杪计心造，有宋元遗风（图9-1-12）。

从斗栱高度与柱子高度的比例来看，曹溪寺大殿斗栱为43.8%。唐代为40%～50%，宋为30%，元为25%，明为20%，清为12%。

从斗栱自身来看，曹溪寺大殿斗栱出跳不多，但尺度硕大，而且排列疏朗，具有明显的结构承力作用。明间补间有两个铺作，次间补间只有一个铺作，而且柱头铺作与补间铺作基本一致，无明显差异，具体分析还有以下一些特点。

1）上下檐的斗栱规格、做法：一般而言，对寺院大殿这种重檐建筑，其上下檐的斗栱在规格和做法上应是相同的，可曹溪寺大殿，上檐斗栱明显地小于下檐斗栱，具体做法上也不相同（图9-1-13）。首先华栱、泥道栱截面不同，在不同位置的枋截面更是五花八门（表9-1-1），这一切无疑表明，这种材分制的模数体系概念在曹溪寺大殿中没有反映出来，更没有被贯穿于整座建筑的建设之中。这种情况，应属于曹溪寺大殿自身的特点。

在宋式建筑中，殿堂一类的建筑，常带有副阶之制，且宋《营造法式》中规定，一般副阶的用材等级，往往要比殿身用材的等级小。简单讲在重檐大殿建筑中，就是上檐斗栱要比下檐（副阶）斗栱用材大一些，但曹溪寺大殿却恰好相反。

曹溪寺大殿上、下檐斗栱中枋的截面尺寸表（高 × 厚）　　　　表 9-1-1

上檐斗栱	185×90	190×90	220×80	155×70	330×80
下檐斗栱	215×105	215×90	220×113	160×75	

（单位：cm）

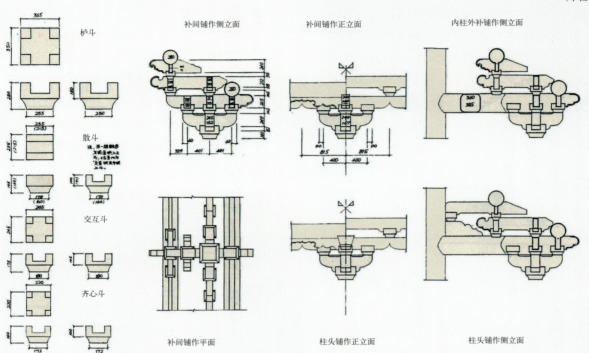

图9-1-12　曹溪寺大殿下檐斗栱（图片来源：《曹溪寺文集》）

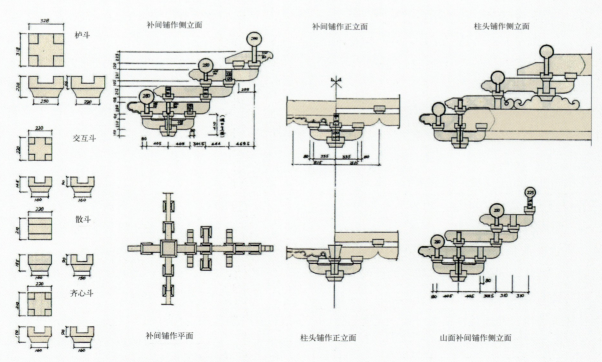

图9-1-13　曹溪寺大殿上檐斗栱（图片来源：《曹溪寺文集》）

2) 斗栱之制，一般是里外同跳，关于这一点，明清建筑，绝无例外；至于宋朝建筑，则有斗栱减跳的做法。宋《营造法式》中规定："若铺作数多，里跳恐太远，即里跳减一铺或两铺。"换言之，宋朝建筑斗栱外跳数应绝对大于或等于里跳。然而曹溪寺大殿的情况正好相反，无论是上檐或是下檐，其斗栱的里跳数都远大于外跳，对这个问题，作者以为，虽然都是减跳，但做法的不同，将产生根本上的差异，不能将大殿的减跳与宋《营造法式》中的减跳混为一谈。

3) 在宋式建筑中，斗栱截面有单材与足材之分，足材的截面尺寸要大于单材，这种概念，当然是出于结构方面的考虑，故宋《营造法式》中规定，华栱为足材栱。而在曹溪寺大殿中，却找不到相应的做法证明这一点。前面提到，曹溪寺大殿上、下檐的斗栱做法不一，具体说，就是在下檐斗栱中，在华栱、泥道栱与坐斗之间，出现了一种形似"替木"③的特殊构件（图9-1-14），这一构件相当罕见，分析起来，笔者以为有两种可能，其一是对"足材"概念的变形做法。然而，考虑到上檐斗栱没有出现相同的做法，所以这种做法推测的可能性不大。其二，可能是单纯地从装饰角度出发，因为斗栱外面只出一跳，形状较为简单，而这一构件虽然不大，可置于建筑尺度较低矮的下檐柱头，却在很大程度上丰富了下檐斗栱的造型和近观的视觉效果。而由于上檐较远，如将这样的处理置于上檐，可能体现不出什么效果，所以在上檐上就没有做。

图9-1-14　曹溪寺大殿下檐斗栱（在华栱和泥道栱下施"替木"）

或许这种推测的可能性要大一些。另外，在大殿下檐斗栱的鸳鸯交首栱上，也出现了替木。

3. 德丰寺大殿斗栱

1) 姚安德丰寺大殿的内檐斗栱的泥道栱用材较高，比其他的栱高出4～5cm，用于增加斗栱下部的承载能力；

2) 内挑枋雕如意头，第三跳正心瓜栱雕窝云，为北方明代建筑所少见；

3) 在斗栱最外跳枋上作雕刻，是云南省内常用的手法，使外观显得格外的精致。

4) 昂的处理，自斗耳外斜出，从外部看具有真昂的形态意味。

另外，德丰寺大殿内檐铺作外出三跳假昂，内出四跳华栱，除外第三跳及内第四跳偷心，其余各跳均重栱计心造（图9-1-15）。各构件的具体尺度见表9-1-2、表9-1-3：

德丰寺大殿内檐铺作各构件尺度表　　　　　表9-1-2

构件名称	高	厚	长
泥道栱	22.5	12.5	86.6
内第一、二、三跳瓜子栱	18.6	11.6	86.6
头昂	22.5	12.5	121.0
二昂	18.6	11.6	189.7
三昂	18.6	11.6	267.0
耍头木	18.6	11.6	306.2
衬方头	18.6	11.6	195.0
栔	7.5	—	—
各跳罗汉枋	18.6	11.6	随间广

（单位：cm）

德丰寺大殿外檐铺作各构件尺度表（单位：cm）　　　　表9-1-3

构件名称	高	厚	长
泥道栱	20.2	12.5	86.2
华栱	20.2	12.5	78.1
令栱	18.0	11.6	86.2
内跳罗汉枋	18.6	11.6	随间广
外跳罗汉枋	15.5	7.5	随间广
栔	7.5	—	—
耍头木	18.6	11.2	128.0
衬方头	18.6	11.2	58.3

注：表9-1-2、表9-1-3引自：宾慧中《云南元明时期的殿堂建筑实例研究》

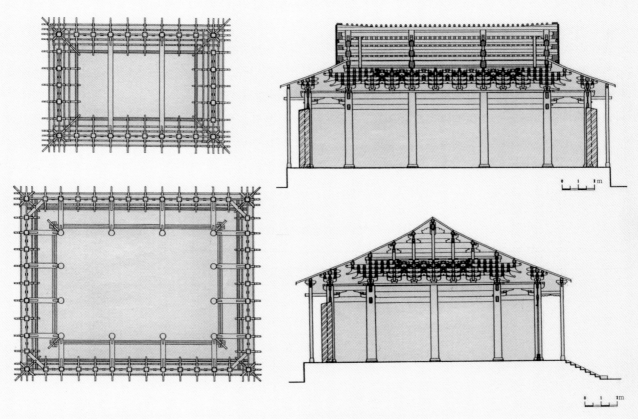

图9-1-15（a）德丰寺大殿仰视平面图　　　　图9-1-15（b）德丰寺大殿剖面图

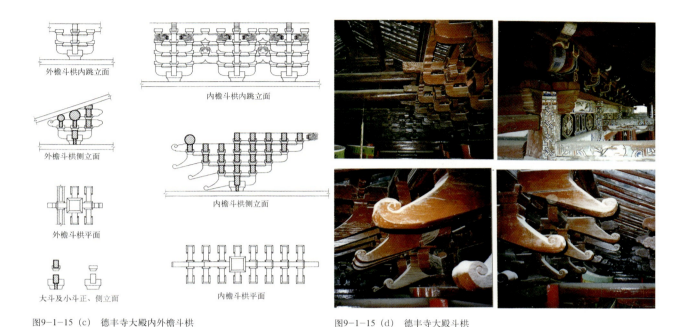

图9-1-15（c） 德丰寺大殿内外檐斗栱　　　　图9-1-15（d） 德丰寺大殿斗栱

4. 指林寺大殿斗栱

重檐歇山顶的指林寺大殿，上檐所施的斗栱体量宏大，用材粗壮，排列疏朗，非常注重其结构承重功能。斗栱排列在明间施补间铺作两朵，次间一朵。上檐斗栱向外出二跳单抄双下昂，里转出单抄三跳计心造。与外出双昂对应的内里两跳，依次做成不规则的异形形状栱头，华栱均用足材。从上檐斗栱的外出来看，泥道栱上的慢栱两端相连构成鸳鸯交首栱，在慢栱上对应泥道栱头的散斗也设一个散斗。最上层无令栱及耍头，或者说直接就把耍头做成昂嘴形式，到转角处与耍头对应的位置自然就成为由昂设置。而令栱也就设成为挑檐枋，承托其上的挑檐桁（图9-1-16）。

大殿下檐所施斗栱的铺作总高相当于外檐柱高的一半以上。下檐斗栱铺作外出三跳单抄双下昂，里转出三跳三抄华栱计心造，且下檐斗栱铺作的外瓜栱还做成线刻花饰，最上层的令栱也与外瓜栱等宽，所有华栱均为足材栱。对于大殿附阶廊柱上所

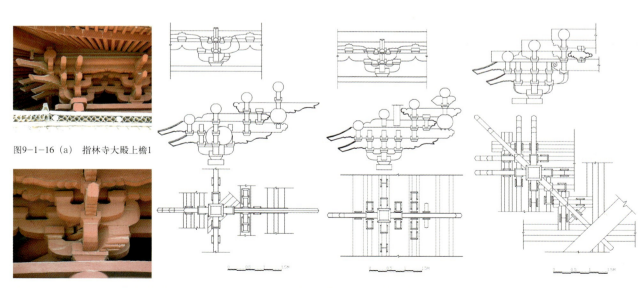

图9-1-16（b） 指林寺大殿上檐2　图9-1-16(c) 指林寺大殿上檐柱头铺作　图9-1-16(d) 指林寺大殿上檐补间铺作　图9-1-16(e) 指林寺大殿上檐转角铺作

施斗栱，则主要是采用建水地方做法的花饰米字形斗栱，当地俗称"八方交"，栱材用料较小，斗栱花饰形态丰富，与梁枋上的花纹彩绘装饰融为一体（图9-1-17）。

5. 法明寺大殿斗栱

宜良法明寺大殿上檐的斗栱很特别，斗栱无昂，只有两层向外出挑的华栱，而顶上最外一层也没有设令栱，为典型的双杪五铺作偷心造斗栱，整个大殿斗栱为单材栱，但用材粗壮。除了在明间设两朵斗栱，其余每个柱头均施一朵。法明寺大殿上檐斗栱"是研究明代古建筑稀有的实物"（图9-1-18）。

6. 丽江皈依寺大殿斗栱

建于明代的丽江皈依寺正殿，殿内明间上部亦构藻井，由于藻井面积太大，特将明间梁架二缝移于左右次间，而在殿身四禺另施转角大梁四根承之，极其富于审美特色。皈依寺正殿的殿柱比例粗矮，其下柱础式样，介于宋元时代的"櫍"与明清时期的"鼓镜"之间，代表了西南地区过渡时期的柱础式样。柱上额枋狭而高，平板枋薄而宽，胥存宋、元矩矱。皈依寺大殿正面各装佛像木雕屏风一扇，图案精美，雕刻精细，佛像与卷云之间为透空雕，技术处理很别致。

走廊之斗栱，内、外侧皆仅一跳，外侧之翘，

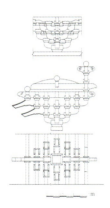 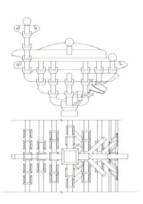 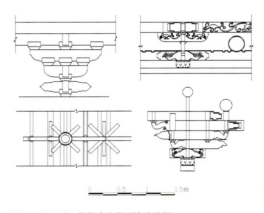

图9-1-17（a） 指林寺大殿下檐补间铺作　　图9-1-17（b） 指林寺大殿下檐斗栱图1　　图9-1-17（c） 指林寺大殿下檐斗栱图2

图9-1-17（d） 指林寺下檐斗栱

图9-1-17（e） 指林寺下檐米字斗栱1　　图9-1-17（f） 指林寺下檐米字斗栱2　　图9-1-17（g） 指林寺下檐"米"字形斗栱转角

图9-1-18 宜良法明寺大殿上檐斗栱

直接承载挑檐枋，枋之下缘，刻如意纹，为元代以来滇省建筑通行之法。唯此殿正心缝仅施栱垫板一枚，板甚厚，雕作如意纹，则不常见。内侧跳头上，足以三幅云与麻叶头相交。

殿身斗栱，内、外侧皆出三跳，第一跳无瓜栱，以如意头式雕饰，与外拽枋联为一体，另于坐斗左、右角，各出斜栱一缝，上施三幅云。第二跳以三幅云代替瓜栱，其上施十八斗以承外拽枋。第三跳直接托于外拽枋及井口枋下。正心缝无瓜栱、万栱，与走廊相通，唯垫栱板所雕如意纹，易空雕为剔地起突。

7. 琉璃殿与大宝积宫斗栱

对丽江白沙琉璃殿的斗栱，刘敦桢先生评述说：此殿外观分为上、下二层，下层之檐，覆于走廊上，上层乃殿身金柱所延长，冠以歇山式屋顶……。下檐斗栱三踩单翘，外出一跳。但正心瓜栱比例过长，疑经后代修改。上檐七踩三翘。第一跳施三幅云托于前，承外拽枋，另于坐斗两角，各出斜栱，上置斜三幅云，达外拽枋下。第二跳仅施三幅云一具，承外拽枋。第三跳直接承于挑檐下，无厢栱。就今日已知资料，国内建筑以三幅云代瓜栱者，仅见于北平明长陵之屏门，其以斜三幅云承托外拽枋，无有早于此殿者（图9-1-19）。

丽江大宝积宫的平面亦为正方形，每面三间。"殿内置金柱四根……。殿之外观，重檐歇山造。下檐斗栱五踩重翘，上檐七踩三翘，但仅正面斗栱与琉璃殿相似，其余三面则骈列甚密，且于座斗左右出斜栱，重叠交搭，构成网目形如意式斗栱"（图9-1-20）。

8. 大理圣元寺观音阁大殿斗栱

圣源寺南边的观音阁，是由圣源寺原来的钟楼改建而成的。阁内除塑有国内较为少见的男身黑须黑眉观音大士金身塑像之外，重檐歇山顶的观音阁建筑主体梁架结构，十分独特，其为简明清晰的殿堂式格局，不但斗栱宏大，上檐四角还加设了抹角梁，以增加屋面的刚度和抗震性能。而北边的神

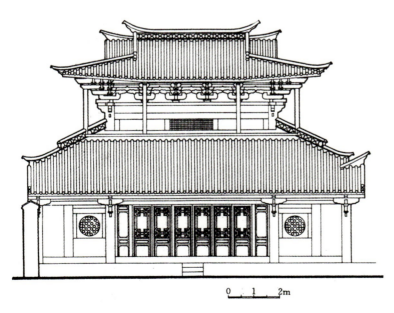
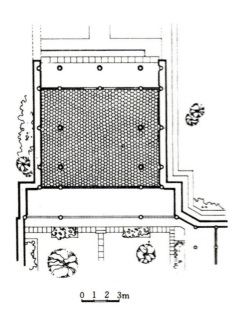

图9-1-19（a） 丽江琉璃殿平面、立面图

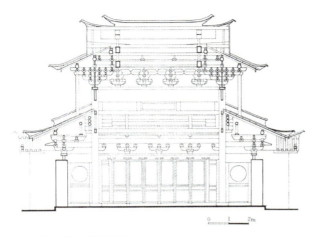

图9-1-19（b） 丽江琉璃殿剖面图

图9-1-19（c） 丽江琉璃殿

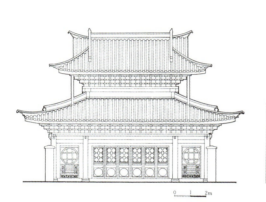

图9-1-20（a） 丽江大宝积宫平面、立面图

图9-1-20（b） 丽江大宝积宫室内藻井

都，则是现今大理坝区内诸多寺院中香火最旺盛之处，其院内布局和崇拜偶像设置，明显地反映本地区典型的白族本主庙建筑特色（图9-1-21）。

（二）道教宫观大殿斗栱

1. 真庆观紫薇殿斗栱

由老君殿、紫薇殿和真武殿等建筑组成的真庆观，除紫薇殿外，其余均为清代遗构。居中的正殿紫薇殿面阔五间，进深十架，显四间，但在平面上，东西梢间与南北二间各宽2米，似周匝之廊，与北平智化寺如来殿同一方式。外檐斗栱五踩重昂，材高18厘米，宽12厘米，断面比例3∶2。比例较大而式样亦极为简洁，与河南武陟县法云寺大殿印象略同，斗栱后尾所施菊花头、六分头及上昂用斜线二道，俱类似智化寺万佛阁，唯材栔较诸后者稍大（图9-1-22）。其上搭牵外端刻作驼峰形状，

则系宋人之遗法，非明代北方建筑所有，穿插枋前端伸出檐柱外，雕成麻叶云形式，乃南方通行方法，唯平板枋前端平直截割，当保存原宋代矩矱。

内檐斗栱七踩三翘重栱造（清一色六铺作），所承上部天花全部遗失，仅明间斗八藻井保存尚佳，按九宫八卦设计，井内小斗栱皆微型如意式，繁密华丽，备极神巧，殆受南方建筑的影响（图9-1-23）。明间七架梁下，承以云形雀替，花纹雄建，不愧为明代之佳作。明间及次间额枋彩画之纹样，亦属明式。

2. 保山玉皇阁大殿斗栱

位于太保山东麓的玉皇阁，原为毗卢阁、迎辉楼，明嘉靖二十四至三十八年（1545～1559年）改建为玉皇阁，清康熙二十六年（1687年）重修。玉皇阁主体建筑为回廊式三重檐歇山顶楼阁，建筑构

图9-1-21（a） 大理圣元寺观音阁仰视平面图

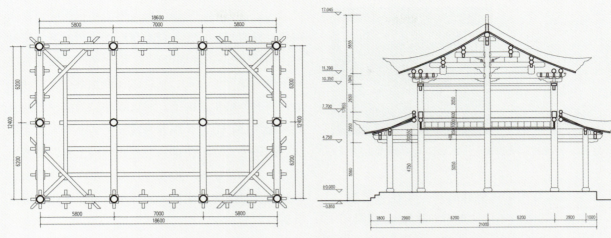

图9-1-21（b） 大理圣元寺观音阁剖面图

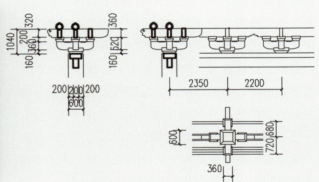

图9-1-21（c） 大理圣元寺观音阁斗栱

图9-1-21（d） 大理圣元寺观音阁斗栱大样

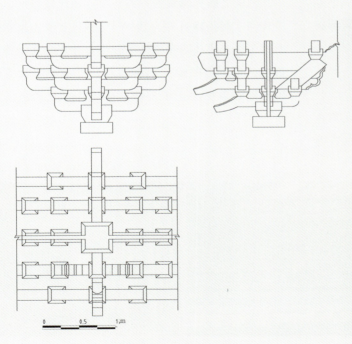

图9-1-22（a） 真庆观紫薇殿外檐斗栱大样图

图9-1-22（b） 真庆观紫薇殿前檐斗栱

图9-1-22（c） 真庆观紫薇殿室内清一色六铺作斗栱

图9-1-23（a） 真庆观藻井平面图　图9-1-23（b） 真庆观紫薇殿室内藻井

架采用穿斗式与抬梁式混合结构。在柱头梁架之间，各层檐下设置有不同的翼形斗栱相互连接，并在三层的檐内渐收穹顶与覆斗形八角藻井相连，顶部绘有太极图。对比保山玉皇阁的室内藻井与昆明真庆观紫薇殿内藻井，其两者区别主要在于藻井的深度与形态有所不同。玉皇阁的藻井通过两层的方形退收，直接收为八角形，再向中心收至顶部的太极图，由中心向四周形成的发散性很强，且位于藻井最下层的出挑斗栱也不相同，一边有斜栱出挑，一边没有，另外两边是大梁，并不是正方形构图。而紫薇殿的藻井则是四面对称的正方形，藻井的深度相对较浅，从而构成方圆之间的有序变化。

保山玉皇阁外檐所设的斗栱，总体上用材都相对较小。在三重檐下出三跳施七踩重昂，昂嘴形如象鼻，向上翘曲，二重檐下出两跳施五踩带翼形斜栱（图9-1-24）。

（三）儒教文庙大殿斗栱

1. 安宁文庙大成殿斗栱

始建于元大德六年（1302年），明永乐元年再建的安宁文庙大成殿，是云南保存完好的元代古建筑之一。其大殿前后檐下与室内的斗栱雄浑，粗大疏朗，极有气势，为斗口重昂形制，用材均为足材栱。明间设2朵，次间设1朵，梢间无。前檐斗栱出双下昂五铺作计心造，里转六铺作重栱出三杪计心造，殿内为殿堂式梁架，所设置斗栱为清一色的三跳六铺作计心造，其栱卷杀式样完全遵照宋式营造法（图9-1-25）。在排列整齐的斗栱上方设置方格藻井。不论是建筑外形尺度，或是室内斗栱梁架结构处理，虽然建于明代，却基本保留了元代建筑之风格。

2. 楚雄文庙大成殿斗栱

楚雄文庙大成殿面阔五间，进深三间，重檐歇山屋顶，大成殿正面的下檐斗栱粗大，排列疏朗。下檐斗栱仅施三踩单翘，上檐则为五踩重昂（表9-1-4）；明间施平身科二攒，次间一攒，比例雄建，昂尾卷杀亦无变态形状，惟外拽枋雕刻为如意头，与正心缝仅施正心瓜栱，乃为明代滇省通行手法。整个大成殿室内梁柱构架结构清晰，色彩丰富（图9-1-26）。脊下题明成化五年（1469年）鼎建，可信。

3. 鹤庆文庙先师殿斗栱

鹤庆文庙先师殿的外檐斗栱应用比较特别，下檐为品字科五踩斗栱（表9-1-5），上檐为品字科七踩斗栱，栱头的卷杀弧度较小，并在坐斗出异形斜栱，上下檐的耍头出挑较长，外形类似尺寸比较宽厚的象鼻昂，里外拽瓜栱均为雕花云栱（图9-1-27）。

图9-1-24（a） 保山玉皇阁大殿上檐二层斗栱　　图9-1-24（b） 保山玉皇阁大殿上檐三层斗栱　　图9-1-24（c） 保山玉皇阁大殿室内藻井

楚雄文庙大成殿下檐平身科各斗实测尺寸统计表（单位：厘米）　　　　表9-1-4

名称	斗口宽	总高	斗耳高	斗腰高	斗底高	斗腰长宽	斗底长宽
坐斗	14	27	11	5	11	45×45	33×33
十八斗	9	14	4.5	5	5.5	21×21	14×14
槽升子	9	14	4.5	5	5.5	21×21	14×14

鹤庆文庙先师殿下檐斗栱各斗实测尺寸统计表（单位：厘米）　　　　表9-1-5

名称	总高	斗耳高	斗腰高	斗底高	斗腰长×宽	斗底长×宽	斗口宽
坐斗	19.1	4.8	3.5	10.8	31.4×30.4	19.6×18.0	13.8
十八斗	11.3	4.2	1.8	5.3	21.6×21.6	13.8×13.8	13.8

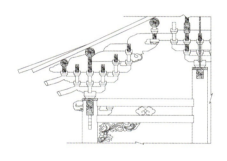

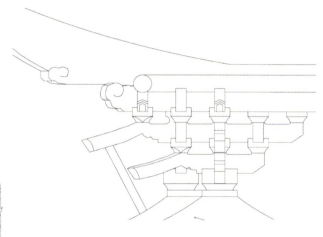

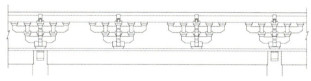

图9-1-25（a）　安宁文庙大成殿外檐斗栱大样图

图9-1-25（b）　安宁文庙大成殿室内斗栱

图9-1-25（c）　安宁文庙大成殿外檐斗栱正面

图9-1-25（d）　安宁文庙大成殿外檐斗栱

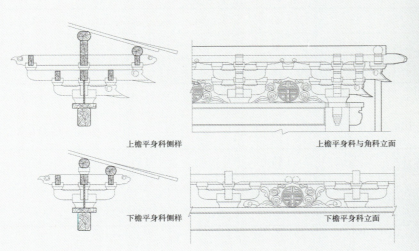

图9-1-26（a） 楚雄文庙大成殿上下檐斗栱大样图

图9-1-26（b） 楚雄文庙大成殿上檐斗栱

图9-1-26（c） 楚雄文庙大成殿下檐斗栱

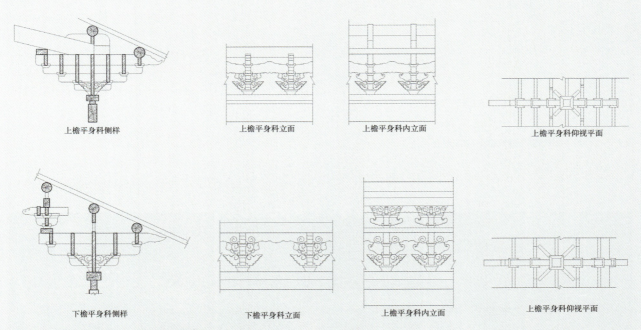

图9-1-27（a） 鹤庆文庙先师殿上下檐斗栱大样图

图9-1-27（c） 鹤庆文庙先师殿下檐斗栱

图9-1-27（b） 鹤庆文庙先师殿上檐斗栱

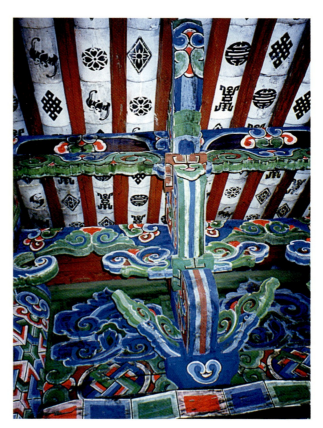

图9-1-27（d） 鹤庆文庙先师殿室内梁架斗栱

图9-1-27（e） 鹤庆文庙先师殿花瓣形斗栱

4．牟定文庙大成殿斗栱

在牟定文庙大成殿重檐歇山屋檐下设置的上、下檐斗栱组合比较独特，主要体现在上、下檐斗栱、前后檐斗栱及两山面斗栱的做法均不相同（表9-1-6、表9-1-7）。如正面上檐斗栱为品字科七踩（图9-1-28），在明间与两次间各设2朵，梢间无。下檐斗栱为品字科五踩，但栱头都做成象鼻昂形态，且在下檐斗栱的坐斗还出45度木雕花朵形斜栱，仰视为具有云南地方建筑特色的米字栱，在明间设4朵，两次间各设3朵，两梢间各设2朵。而其他三面的上檐斗栱为品字科五踩，下檐斗栱为品字科三踩，同样栱头也是做成异形处理，不是柔和弧线形的卷杀，而是仿佛像昂一样向外挑的尖嘴形（图9-1-29）。五开间的大成殿，最边上的两梢间比较窄小，前后檐的斗栱排列疏朗，为常见的品字科三踩斗栱，且平板枋下两额枋之间留空的间距较宽。

5. 建水文庙大成殿斗栱

重建于明弘治年间建水文庙大成殿面阔五间，进深三间，单檐歇山式屋顶，具有明显的明代建筑风格。全殿由20根整块青石柱支撑，大殿前廊檐左右两边的2棵戗角柱，为透雕云龙石柱。殿身檐下施单翘双下昂斗栱，明间设置4朵，两次间各设置3朵，梢间设1朵（表9-1-8、图9-1-30）。

牟定文庙大成殿下檐正面各斗实测尺寸统计表（单位：厘米） 表9-1-6

名称	斗口宽	总高	斗耳高	斗腰高	斗底高	斗腰长宽	斗底长宽
坐斗	5	17	4.5	4.5	7	30×29	20×20
十八斗	5	7	3	1.4	1.6	15×13	9×9
槽升子	5	7	3	1.4	1.6	15×13	9×9

牟定文庙大成殿下檐背面及两侧面各斗实测尺寸统计表（单位：厘米） 表9-1-7

名称	斗口宽	总高	斗耳高	斗腰高	斗底高	斗腰长宽	斗底长宽
坐斗	12	26	9	5	12	46×34	39×24
十八斗	12	12	3	3	6	22×22	12×12
槽升子	12	12	3	3	6	22×22	12×12

建水文庙大成殿正面七踩双昂平身科实测尺寸统计表（单位：厘米） 表9-1-8

名称	斗口宽	总高	斗耳高	斗腰高	斗底高	斗腰长宽	斗底长宽
坐斗	9.5	21.5	7.5	6.5	8.5	31.5×30	18.0×18.5
十八斗	9.5	11.5	4.5	2.5	4.5	16.5×16	8.5×8.5
槽升子	9.5	11.5	4.5	2.5	4.5	16×16	8.5×8.5
三才升	9.5	11.5	4.5	2.5	4.5	18×18	9.5×9.5

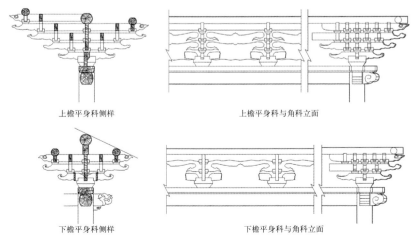

图9-1-28（a） 牟定文庙大成殿清式斗栱大样图

图9-1-28（b） 牟定文庙大成殿上檐正面斗栱

图9-1-28（c） 牟定文庙大成殿下檐花瓣形斜栱

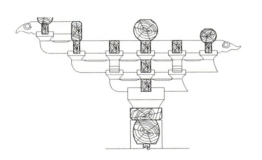

上檐平身科侧样

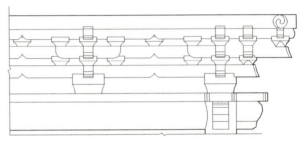

上檐平身科与角科立面

下檐平身科侧样

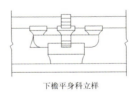

下檐平身科立样　　附：大成门平身科立面

图9-1-29（a） 牟定文庙大成殿明式斗栱大样图

图9-1-29（b） 牟定文庙大成殿上檐山面斗栱

图9-1-29（c） 牟定文庙大成殿下檐山面斗栱

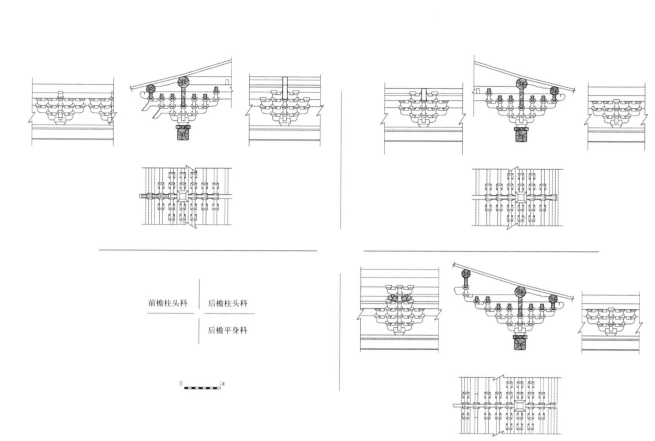

前檐柱头科 | 后檐柱头科
后檐平身科

图9-1-30（a） 建水文庙大成殿前后檐斗栱大样图

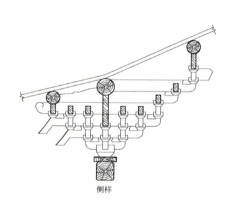

侧样　　内立面

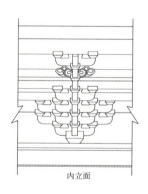

图9-1-30（c） 建水文庙大成殿梁柱斗栱

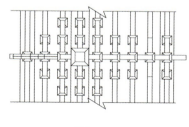

仰视

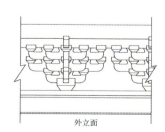

外立面

图9-1-30（b） 建水文庙大成殿前檐斗栱大样图

四、装饰艺术

（一）雕塑艺术

对任何雕塑作品而言，其具有两重标准。雕塑家可以不顾及作品的社会作用（这一点对建筑来讲至关重要）；雕塑家也可以不必顾及作品的物质标准，而根据这一标准，其大小要与人体大小的均值相关。但是，雕塑家必须专注于作品的精神意义和个人情感方面的价值。

一件雕塑作品需占据一定的空间。它没有任何可用作标示其轮廓的空间。尽管雕塑作品可以固定地点和内部空间，或者也可以用来反映向某一遥远的和值得向往的物体，但它未必需要定位。雕塑作品适宜安放在各种观赏空间，从理论上讲，人们可以从任何角度、任何位置和任何距离来观赏它。

在中国，佛道二教的神像，通过精心选择材料和精致的工艺被赋予灵性和生命。传神理论既运用于绘画，同时也体现在宗教造像的理论与实践上。顾恺之，这位"传神"理论的提出者，在佛教的造像上，能做到使神像体现出神的智慧与精神。

1. 筇竹寺五百罗汉

在艺术上，筇竹寺的五百罗汉，除体现写实与浪漫相结合，大胆夸张和尽显幽默，单体与群体的相互映衬，精细入微又大气流畅等独到处之外，诸罗汉呈现的造型可谓异常生动、千姿百态，个个呼之欲出，表现出作者精深的艺术造诣。在整体布局方面，动静结合，疏密相间，各种类型的组合聚散有序，有的在倾心交谈，而有的欣然相顾，有的正成群结队，相邀而行。在雕塑手法上，采用了镂空和圆雕技艺相结合，刀法劲健利落，色彩丰富而搭配典雅，对所表达的人物和环境、器物和衣饰的折叠、扭转和穿插细致而逼真（图9-1-31）。

2. 正续寺五十三参

在武定狮山正续禅寺的大雄宝殿背后与藏经楼两侧，对称设置有45米长的爬山廊。长廊依地势高低而顺势起伏错落，琉璃瓦屋面，像两条金龙，将大雄宝殿和藏经楼联系在一起，围合成院。两侧的爬山长廊里，每两个一组依次排列，共塑有56尊高约1.8米左右的泥彩坐姿塑像，就是"即身成佛"的五十三参。"参"为参拜之意，即"五十三参，参参见佛"。这些泥彩塑像，大小与真人相似，形态各异，神情逼真，惟妙惟肖，喜怒哀乐七情尽现，千姿百态风韵万种，既有浓郁的佛教意味，又有强烈的生活气息。在这些塑像中，有的凝视静坐，若有所思；有的怒目圆睁，振臂扬威；有的雍容华贵，富态融融；有的精干清瘦，风骨铮铮，朴实生动，栩栩如生，是难得的艺术珍品。而五十三参也是正续寺所独有的一大特点（图9-1-32）。

3. 曹溪寺罗汉与三大士

在曹溪寺的山门外两侧，分别塑有2个面目狰狞的金刚力士。天王殿内塑有四大天王塑像，在天王殿两侧各设置4间爬山廊，沿石阶而上，直通钟鼓楼。在每一间爬山廊内各塑2尊一组的罗汉塑像共16尊，同时在钟鼓楼的底层也塑有2尊，两廊之间设六角形韦陀亭。在重檐歇山顶的大雄宝殿室内

图9-1-31　邛筑寺五百罗汉群

图9-1-32 正续寺五十三参

供奉的三身佛像背后，还遗存有南宋木雕的南海三圣像（图9-1-33）、明代脱纱西方三圣像和铜铸大黑天神像。特别是南海三圣雕像，其背光高大，花饰丰富，圣像体态丰盈，面目祥和，颇具唐宋雕像遗风，且木雕工艺精湛，具有较高的史料价值和艺术价值。与此雕像风格较为接近的，还有供奉与姚安德丰寺大殿内的释迦牟尼佛像、大黑天神像及达摩祖师像（图9-1-34）。

（二）绘画艺术

在宗教艺术中，似乎最能令艺术家和观众感兴趣的是绘画艺术。关于佛教绘画、耶稣受难和圣母升天的绘画，可以说是难以计数；而《圣经》中的每一个故事，也几乎被人从许多不同的角度绘制成画。由于不同的人物和事件如此频繁地出现在绘画之中，致使某些图案、符号等被人们普遍采用。尽管宗教事物和宗教事件经常被描绘于绘画之中，尽管某些绘画是在教会赞助下或是在宗教场合下完成的，但这些事实并不足以说明这些绘画不是世俗作

图9-1-33（a） 曹溪寺大殿三身佛像

图9-1-33（b） 曹溪寺南海三圣像

图9-1-34 释迦牟尼佛像、大黑天神像达摩祖师像

品或被圣化的作品。一幅绘画之所以是宗教绘画，它必须体现、并表明上帝是蕴于空间之中的，而且无论是在整体上，还是在部分上又是与之有别的。然而，真能做到如此的绘画却凤毛麟角，人们并非经常从宗教艺术的角度去从事绘画。

宗教绘画使人们看到的，往往是受上帝影响或作用的某种存在空间。宗教绘画正是那种可以无限延展的光明的化身，它通过相对隐晦、可分和稳定的东西而形成一个系统的整体。假如画家与观赏者一样，要使作品展现和表明上帝是无所不在的，那么现代抽象绘画则应该特别适宜作宗教艺术。

至今，在云南地区一些著名的佛教寺院中，仍然保存着许多较为完好的表现宗教题材的壁画，这些壁画以娴熟和独特的绘画技法，为我们展示出其所表达的宗教人物故事和宗教氛围。

1. 汉传佛教绘画

1）兴教寺壁画：在云南，剑川石宝山石窟雕刻非常著名，从石窟精美娴熟的雕刻技艺中，我们可明显看出，在南诏大理国时期的雕刻艺术水平已达到相当的水准，并深受唐宋风格的影响。如同雕刻艺术，南诏、大理国时期的绘画艺术也有很造诣，为后期绘画艺术的创新和发展作了深厚的铺垫。

剑川兴教寺大殿幸存十余幅壁画，其用笔、铺色、人物造型与上述画卷有颇多相似之处，可谓白族画师一脉相承之笔法，是现今残存于云南大理地区明代白族绘画之珍品。

兴教寺大殿的墙身四壁，以柱间大额枋、穿枋及檐柱交织成若干方框形墙面，如同画框。这些方框中原来均满铺壁画，室内外几十幅艺术品将兴教寺大殿装饰得金碧辉煌，蔚为壮观，颇有密宗寺院色彩斑斓、光鲜热闹的氛围。兴教寺大殿壁画的内容，均以展示云南"阿吒力"密宗的佛像、佛事图为主，一些佛经故事中亦有宫室人物穿插。如南无降魔释迦如来佛会图：图中人物众多，上界天神，人间信徒，下界妖鬼呈动态围绕正心坐莲台的释迦佛祖，托显出佛祖高大，华贵的尊身和降控世界、沉稳慈悲的无边法力。画面构图注意轻重缓急之势，动静相衬；着色绚丽，彩绘描金，笔墨酣畅（图9-1-35）。

2）丽江白沙壁画：位于丽江白沙的琉璃殿和大宝积宫，是一座三进院佛教建筑的前殿和后殿，是著名丽江白沙壁画的重要分布地，壁画至今还保存完好，共有12幅，最大的高2.07米、宽4.48米。更引人瞩目的是，丽江白沙壁画还突破了宗教题材的局限，热情地描绘了世俗生活，赞颂世俗生活。例如大宝积宫佛传画中的织布、捕鱼、舞蹈的情状，具有鲜明的云南地方民族特色。普门品经故事画中的官吏、差役、刽子手、旅行人、罪犯等，是明代社会生活的写照（图9-1-36）。

这些壁画，除了少数在清代重修时被改绘过之外，大多数都是明永乐至万历年间（1403~1620年）陆续绘制的，是由汉、藏、纳西等民族的画家与东巴

图9-1-35　剑川兴教寺大殿壁画（图片来源：剑川-梦与激情抵达的地方）

图9-1-36　丽江白沙大宝积宫室内壁画（图片来源《丽江白沙壁画》）

教弟子和道教弟子共同合作完成的，不仅是各民族文化交流的结晶，也是各民族人民共同劳动的成果。

2. 南传佛教绘画

在滇西南的傣族、布朗族等民族地区，南传佛教的寺院都有绘画创作的传统。绘画一般是在寺院初建之时由僧侣创作的，多数绘制在佛寺的建筑物上或墙壁上，成为壁画；有一些则绘在布帛之上，系佛教信徒为施舍功德而制作并捐献给寺院的供品。与南传佛教在当地的广泛传播同步，佛寺绘画于元、明时期较为兴盛，在一些规模较大、保持较好的南传佛寺里，至今仍然留存着近百年来大量题材丰富、技法精湛的壁画作品。

这些壁画题材广泛，内容丰富，不仅具有突出的地方民族特色，还对内地及东南亚佛教文化作了相应的容纳。其中大部分壁画都是宣扬因果报应、劝善惩恶的佛经故事。画面描绘出世间众生或因生前善事、喜布施，死后升入天堂享福；或因生前不礼佛、多作恶、死后被打入地狱受苦的直观场景。在西双版纳的南传佛寺的壁画中，除了佛教故事外，还有描述民间传诵的故事和叙事长诗，有傣族人民日常生活、劳动、狩猎、出征及送葬等场面，有与傣族人民物质和精神生活相关的动植物，如孔雀、大象、凤凰、金鹿以及谷物、水果、花卉等（图9-1-37）。在德宏、临沧等地，甚至佛寺壁画中还出现了《西游记》和《封神演义》故事里的一些人物和内容。

南传佛寺里的绘画，构思十分精巧，比如在一个画面上，构图不受时间和空间的限制，常常是将一个总的故事情节以及它的来龙去脉，完整地表现出来，而且主次分明、疏密得当，让人一目了然；对人物的刻画，既保持了造型的精美准确，又按情节进行了适当的夸张变形，故而能产生出浪漫而强烈的视觉效果。如常见的《天堂地狱图》，地狱神面貌狰狞，一些生前作恶的人，正在地狱受到各种各样的、与其罪恶相应的酷刑厉法，画面震慑人心（图9-1-38）。

在绘画手法上，大多采用了中国传统的彩墨画技法，毛笔勾勒、单线平涂，使得线条既完整流畅又生动活泼，画面显得十分干净洗练；色彩的使用注重搭配和协调，一般是采用明亮的金色，再以饱满的石青、石绿、朱砂、明蓝、褚黑及粉白等矿物质颜料填彩，运用冷暖、黑白和色块大小等的对比，使整个画面富有节奏动感，并透露出鲜艳、自然和谐之美。此外，还重视画面整体的装饰，大量采用了傣族民间剪纸艺术的造型图纹，山水花草、飞禽走兽，无一不栩栩如生，其衬托之下的画面更具韵味和情趣。

南传佛寺的绘画，还有一种珍贵的"金水画"，它是傣族、布朗族、德昂族和阿昌族等南传佛教流行地区独特的绘画（图9-1-39）。金水画的制作方式比较独特，用料也十分讲究。绘画方法是先将画面的衬底全部涂成暗红色，运用剪纸法镂空显示所需图案，并将图案平贴在衬底上，然后再往图案中涂饰金粉，除去剪纸后，一幅色泽浓重而富丽的画

图9-1-37 佛经故事

图9-1-38 日常生活故事

面即呈现出来。金水画的图案一般为佛像、佛塔、亭阁、藤蔓花卉，也有几何图形，既可绘制在墙壁和梁柱之上，也可绘成经书、佛幡等供奉、垂挂。南传佛教的寺院绘画，充满了傣族等少数民族人民的聪明智慧和美好理想，极富民族特色和乡土气息，多年来在当地社会文化生活中占有重要位置，也在中华民族的艺术殿堂里熠熠生辉。

3. 藏传佛教绘画

藏传佛教壁画、唐卡和酥油花，是藏传佛教文化艺术殿堂里的三颗明珠，其制作精美，寓意高深，为世人所瞩目。

藏传佛教壁画多集中在寺院，所表现的均为佛教内容。有名目繁多的佛像、菩萨像、金刚护法神像及传教祖师像；有各种说法图、庙宇图、神山圣地图、佛经故事图及民间神话传说图等。这些壁画的绘制有严格的艺术规范，在大小尺度、构图方式、描线深浅及颜料色彩等方面，都要求与佛经的内容相吻合。

藏传佛教壁画在表现手法上一般有两种类型，即对显宗内容和密宗内容的描述各有其特点。显宗的绘画显得较为祥和、仁慈及悲怜。如端坐于莲花座上释迦牟尼佛、弥勒佛、菩萨等主体形象皆庄严而光灿，花边、花环和五彩瑞云怀绕四周，给人以慈祥庄严之感。密宗图案体现的则是善静而威武，营造的是神秘而浪漫的氛围（图9-1-40）。如大白伞盖度母、大威德金刚、双身金刚萨、时轮金刚和胜乐金刚等。

还有一类是对诸护法神及怖畏金刚的描绘，其大多面相狰狞愤怒，身饰各式法器，极具威慑力，能产生一种神秘莫测的恐怖气氛，如马头金刚、吉祥天母等。与其他佛教壁画不同的是，藏传佛教各派的祖师及高僧大德，如宁玛派教祖莲花生、萨迦

图9-1-39 南传佛寺"不同部位的金水画"

图9-1-40（a） 宁蒗扎美寺壁画

图9-1-40（b） 松赞林寺壁画

图9-1-40（c） 维西寿国寺壁画

法王八巴思、噶举派祖师米拉日巴、格鲁派创始宗喀巴等大师的肖像也占了壁画一席之地。

在藏族民居中表现的壁画，也常以佛教内容为主，但一般仅绘一些简单的图案，其中以宝瓶、宝伞、胜利幢、吉祥结、法轮、妙莲、金鱼和右旋海螺组成的八瑞相图最为常见，既保持了藏传佛教绘画的传统技法，画风简朴，色彩单纯而厚重，笔法遒劲而简练，显出无比之庄重；同时又注意吸收内地绘画的精长之处，线条挺秀流畅，色彩和谐，造型精当，更显栩栩如生，可谓是藏民族优秀传统文化中的经典作品。

另一种藏传佛教绘画的特殊表现形式——唐卡（图9-1-41），其为卷轴画的藏语译音，一般悬挂于寺院大殿的列柱上和佛像前，也有的挂在家庭经堂的柱子或墙壁上。画面的内容十分广泛，有众佛、神、菩萨、教祖的画像，有佛经故事和历史事件，还有天文图像、各种教义喻意物品和符号等，画面的用色也十分鲜艳，对比强烈，格外醒目。

图9-1-41 唐卡坛城

第二节 云南古建筑的地域特征

成熟的地方古建筑必然反映中国建筑的普遍性，然而在建筑史的研究中，如果只强调对于普遍性的认识，往往会掩盖或忽略对个性特色的深入研究。因而，对地方古建筑的研究，有必要根据其独特的自然和人文背景，在普遍性的基础上探讨其特殊性所在，对诸如个性特色的研究，常常是把研究推向深化的重要途径，这也是研究不同地方古建筑的目标之一。对于云南古建筑的研究探讨，也必然关系到对象的地域性问题这一重要因素。可从自然和人文两方面来说，一方面，由于云南地域环境和自然条件的不同，导致内地汉族先进的木构建筑技术在传播过程中，其传播时间有前有后，传播的影响力有大有小，表现出对各种类型古建格局和形制的遵从有多有少，并且在建造具体的古建空间场所时，形成了彼此不同风格的建筑技术和艺术，体现出鲜明的地域性和独创性。

对于地域建筑的研究，应有部分和整体两个方面的意义。就部分而言，表现为建筑的地域性；从整体而言，则是不同地域之间建筑总体发展的不平衡性。如果忽略建筑的地域性和地域之间的不平衡性，是很难把握不同类型的建筑本质的。对地方古建筑的地域性研究，应作为完善和丰富建筑史研究的一种方法和途径。

一、地域性特征

任何一种建筑类型的存在，都有其宽广的原因，所以才会以其特定的建筑形式和材料建立在特定的地点，这里先将这些原因罗列出来，可使问题变得更加清晰。

1）自然地理原因：有经纬度、自然的地形地貌、地表形态特征、气候情况、资源植被情况、地质情况、地理的历史变迁；从建筑发展历史来看，人类建筑发展的最初阶段，自然地理环境因素对建筑形式、营造方法的影响要比人文环境起更大的决定性的作用。换句话说，在自然条件相似、生产力和技术发展水平相等的条件下，不同的原始民族可能会构筑出相同形式的建筑，这也就是为什么不同地区、不同民族的居民建筑会表现出众多相同或相似的特征，其主要原因是在营造技术极为落后和低下的情况下，建筑形式更受制于自然条件。随着各民族社会生产力的发展，对外的文化交流学习，社会人文环境对建筑的影响才日益扩大，使各地区的建筑个性和差异逐渐突出。

2）国家民族原因：什么民族、什么国家？国家的历史变迁、历史上的民族冲突、国家制度及其历史变迁、物质文明的现状及历史变迁；对于国家民族而言，"民族不仅是自然环境的产物，更主要的是一个精神文化的实体，它由具有共同的观念、共同的文化，追求同一目标的人们组成"。每个民族，都是人们在历史上经过长期发展而形成的稳定共同体，都有其特定的文化。宗教建筑由于是为满足不同民族宗教信仰和崇拜礼仪的专门活动空间，更是在各民族不同信仰的背景下展现出多彩纷呈的面貌。

3）语言文化原因：原来的语言语种，现今的语言、语种的影响，原来的宗教、现今的宗教及大众哲学、音乐、绘画的来源和特征、衣食特征。

4）建筑技艺原因：建筑空间形态的现状及所受周边的影响、建筑材料的选择和运用范围、各种建筑形式、建构技艺的运用及其历史原因，并且自然地理环境所形成的具体地形地貌和建筑材料，也为建筑的地域性表现提供了前提条件。

如果对以上问题有了充分的了解，那么对于了解一座地方古建筑或是某种类型的宗教寺院就会相当清晰。从而也能体会到，为什么建筑会有文脉？同样信仰的是佛教、道教或儒教，为什么各个地方的寺庙建筑会有如此大的地区差异？不论在建筑总体布局上，还是在建筑的外部空间形式和内部的装饰布置上，亦或是在建筑材料的选择和运用上，都有彼此不同的表现，或许可从以下分析中得出答案。

二、民族性特征

总的来看，云南古建筑的民族性在许多方面表现是与地域性密切相关的。如今，尽管地域性的建筑空间随处可见，彼此借用甚至抄袭，但每一个客观具体的场所，它只能处于某处特定的环境和相应的地形、气候，并与此处的人（各个地区不同的民族）有关。因为人的不同、民族的不同、各民族宗教信仰和审美认识的不同，才会产生出如此丰富多彩的各类型古建筑形态。

比如从国家民族来看，早期中国人理解的佛教，实际上并不那么准确和完整。一开始，人们把佛陀也只当作一个神仙来供奉，把佛教当作能解除困厄、驱使鬼神、让人长生不老的宗教来信仰。可以看出，佛教的中心内容是判断人世是一个苦难世界，人生处在不断的轮回之中。其宗旨说明，因为有善恶报应，所以要期待拯救与解脱。这与现实生活中人们普遍的忧患意识恰好对应，也与人们关于生活伦理和社会秩序的普遍价值观念相吻合，所以它很快就吸引了很多的信仰者，普遍接受了它的价值观和生活观。在很多历史典籍里，可以明显地看到佛教对民众的影响，其中最重要的，就是佛教关于世界、人生和自然的种种道理，开始进入了中国普通信仰者那里，这些思想是：

1) 它使信仰佛教的中国人从追求"贵生"（即长生），转到追求"无生"（即出世）；

2) 从相信"承负"，到相信"报应"；

3) 它的善恶标准与内容，由于容易受中国传统文化思想的影响，相当于扩大了儒家理论，因此，它有着维护传统社会秩序的意义；

4) 它在少数拥有坚定信仰的人那里，确定了一种与现实利益无关的信仰与崇拜。

从地方民族来看，尽管崇奉的都是佛教，但由于民族信仰和价值取向不同，才会有汉传、藏传和南传之分，甚至在每一种大的信仰体系之名下，又根据具体教义的不同，出现多种不同的宗教派别。民族众多是云南省最突出的一个地域特点。每一个民族，都是人们在历史上经过长期发展而形成的稳定的共同体，都有其特定的文化。而每种地域文化，也必定是居住在该地域多个民族文化的复合体。宗教寺院作为各个民族物质文化的表现形式之一，从其建筑空间所构成的形态、尺度、功能、材质、色彩、开合度等普遍性方面，自然会伴随着民族文化、民族信仰的不同，表现出彼此的不同。这或许就是在同一个地方能有多种不同教派共存的原因所在。

佛寺道观或是其他宗教建筑，都是人们举行不同宗教活动的专门空间场所，对于僧侣和拜佛的大众信徒来说，寺院的殿堂内外都是一个客观的、潜在的环境。在这一客观环境当中所产生的各种行为模式与行为手段以及它们所产生的关系是其重要的组成。人们求伸拜佛的动机、期望，和具体行为不同，他们对潜在环境的利用方式及程度也不同。所以在不同的地区，对于不同的民族信仰群体，哪怕是在受汉文化影响较大的地方，也会在可能的情况下，做出一些有针对性的地方选择，以满足当地民众的行为习惯相关和心理趋同，以此反映出不同的民族特性。

在人类文化积淀过程中，有一个十分重要的领域，那就是"审美"。人和外界自然的审美关系，伴随着实践关系和认识关系而产生、发展，并逐渐独立出来，结出丰硕的审美之果，从而反过来丰富一个民族文化内容的发展，表现出一个民族不倦追求的精神。

人对建筑是有感情的，凝注于建筑外在的形象中的目的，是人赖以生存和繁衍的生活需求。从建筑文化层面上说，建筑的情感表达比其他艺术更直接。因为人们对建筑的情感来源是直接的，即对生活本身的情感，无论是房屋的制造，还是对环境的认同，甚至语言思维的形成都孕育着人类的形式感，孕育着人们对活动对象及创造物的特殊情感，事实上，建筑反映的就是生活。

有什么样的文化，就有什么样的审美。在一种文化中，如果语言思维是其最基本和核心的部分，那么审美则是其升华和最显露的部分。所以审美实质上是以确定的外观形式，表达一种民族文化内在的深刻意义。通常在意义被形式化的过程中，审美便被升华了。不仅有功利性，也有非功利性；不但是具体的，也是抽象的。这种确定的外观形式，构成了审美的外显性。云南不同地方的古建筑，除了受到自然环境和建筑材料、建构技术的限定之外，更多的则是体现出不同民族的审美取向。

比如滇中姚安县的龙华寺，俗称"活佛寺"，是一座体现白族建筑文化的汉传佛寺。该寺不论在寺院的总体格局上，还是在建筑单体形式的表达上，均反映出了浓厚的白族传统建筑特色。

龙华寺原址名卧佛庵，位于姚安县城北12公里光禄镇的龙华山上，寺北深峡下悬，峡外危峰高峙，外映重峦。龙华寺始建于蒙诏世隆时期，即后唐天佑年间（公元907-923年）。据清郡人河南光山县蔡龙松所撰《重修龙华山活佛寺碑记》载："有日夜间，因有神僧到此拜佛，半夜即去，由此大理僧人智聪即结庵于此，勤修戒律，开山创寺，后人称之为古刹。"元宪宗三年，元世祖忽必烈率军攻灭大理国，大理相国高泰祥逃回姚安调集三十七部兵力抵抗元军，兵败被俘后被杀于五华楼。高泰祥的第七个女儿痛恨国破家亡、兄弟离散，便到卧佛庵削发为尼。云南平定后，高泰祥之子高长寿任姚安军民总管府总管，念妹妹善良贤德，于是重修庙宇再塑金身，并把"卧佛庵"改为"活佛寺"。

明初，有商崖禅师至此开设佛堂念佛，各地名僧云集于此，使龙华寺成为滇中地区的佛教圣地之一。活佛寺历了经康熙五十七年（1718年）和光绪二十年（1894年）的两次焚毁，但两次大火都未涉及大悲殿（圆通楼）及后轩，后邑人马驷良及住持觉安再建，重建时基址未动，按原样修复，故圆通楼及后轩仍为明代建筑。

龙华寺境地幽胜，建筑庄严雄伟，具有明显的中轴线，虽为古代官式建筑，但却有十分浓厚的地方民族特色。在中轴线上依次排列有山门、照壁、钟鼓楼、天王殿、水池、碑亭、两厢、正殿。除此之外，还有两耳、后轩、圆通楼及大小房屋百余间（图9-2-1）。寺外古柏参天，青翠碧绿，是县内至今保存较好的古建筑群之一。

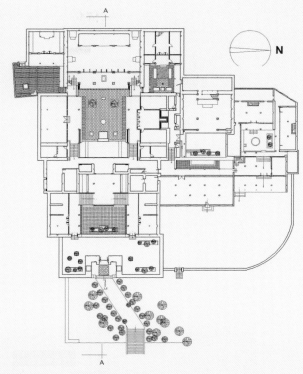

图9-2-1（a） 姚安龙华寺总平面图

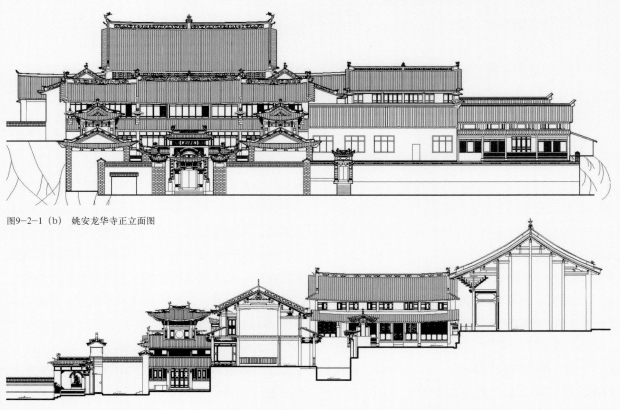

图9-2-1（b） 姚安龙华寺正立面图

图9-2-1（c） 姚安龙华寺总剖面图

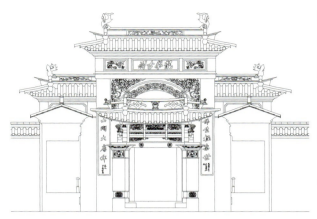

图9-2-2（a） 姚安龙华寺山门立面图

图9-2-2（b） 姚安龙华寺山门

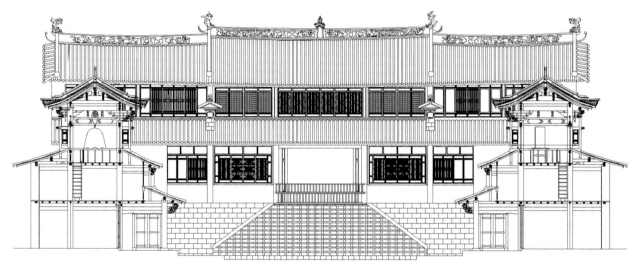

图9-2-3（a） 姚安龙华寺天王殿立面图

龙华寺山门为"门"形牌楼式建筑，门楼两侧有清人由云龙题书楹联一副："佛生极乐世，山辟大唐年"，横额为"龙华古刹"，再两侧分别有向外凸出的佛龛，内塑两个金刚坐像。与一般的佛寺相比，龙华寺山门口凹龛内设置的两金刚塑像，其模样却类似西域人样，头上有包头且满脸黑胡，手中所持法器亦非常见的金刚杵。整个山门造型独特，建筑尺度宜人，极具白族传统民居特色（图9-2-2）。入山门后迎面是一片照壁，上有"南无阿弥陀佛"六字，其后为一长方形小院。外形就像白族传统的"三坊一照壁"民居形式，由照壁两端开设的小门再入第二院，第二院也是长方形小院，院子两端布置有左右对峙的三重檐歇山顶钟、鼓楼，楼阁高耸，造型别致。由两侧拾级而上，即为天王殿，或称为过厅，因过厅前面高差大，后面又设有水池，故其前后均设有美人靠凳，在过厅的两次间分塑四大天王。天王殿两山面另加耳房与钟鼓楼紧密联系，共同组合为"门"字形的平面构图。两者高差有一层，可从天王殿山面的耳房通道直接进入钟鼓楼的二层，极为巧妙的利用了地形的高差变化（图9-2-3）。钟、鼓楼的建筑形式处理，是在两层三开间厢房的明间向上突出一个方形的歇山顶阁楼，两阁楼相对向内院开设圆窗。

天王殿后有一潭南北长约10米、宽约5米的水池，池水清幽，可观游鱼。水池两侧又设两个花台，正中为一佛龛，龛内塑一偶像，称为"菩提女",乃是大理相国高泰祥之女。龛两侧为清人赵鹤题联,曰:"灭国痛流离视元段兴亡帝业侯封成泡影;出家全孝义参法王得度名山佛子铸金身",横额为"果正菩提"。沿水池两侧再上台阶即为正殿院落,院落四角设4个花台,内植金桂、翠柏、玉兰等植物,院落居中靠近水池处有一碑亭,与塑"菩提女"的佛龛借助地形高差合二为一,融为一体,面对大殿一面塑韦陀像。亭两侧有碑,其一为记载龙华寺古刹的传说与毁建历史(图9-2-4)。

从院落两边的厢房走廊上数级台阶即为正殿,正殿面阔五间,进深四间,前檐走廊宽敞,边缘以大理石雕屏栏镶嵌,整个正殿屋宇高敞,巍峨壮观。殿内居中三间塑有高大的三世佛盘坐在莲台上,两侧文殊、普贤、达摩、紧那罗、阿难、迦叶菩萨像,均为清代遗物,庄严肃穆。佛龛系木质雕刻,砖雕、石雕遍布其建筑的各个部位,为省内其他建筑所罕见。

随着印度佛教的传入,印度婆罗门教和印度原始宗教(或泰、缅原始宗教)的影响也不同程度地渗入。虽然后两者在傣族地区尚未发现,但印度的神祇却成批地出现,并被识别出来。这些神祇可分为两大部分:一部分是为佛教服务的,如各种护法神,这是人为宗教的成分,但在云南南传佛教的佛殿中,却没有这些护法神的位置,一般只能在殿外空旷的地上供养;另一部分是属于自然神崇拜的,如日、月、山、水、树神等,这是原始宗教的成分,并非佛教属系的神祇,对它们的祭祀和供养一般也在佛殿外,故将其归入印度诸神,统称为"丢瓦拉","丢瓦拉"无偶像,仅设一草亭供奉之,这些具体的做法,都是地方民族选择所致,或者说是民族化的结果。

三、兼容性特征

不同文化、不同宗教之间,因观念和信仰的不同,有时两者是水火不相容的。但在云南,许多地区反映不同文化和宗教信仰的寺庙或是其他古建,往往以其特殊的场所环境和开放的姿态,对其他文

图9-2-3(b) 姚安龙华寺钟楼

图9-2-4(a) 姚安龙华寺韦陀亭

图9-2-4(b) 姚安龙华寺厢房走廊

化、其他宗教或是同一种宗教的其他教派给予极大的包容、兼容，形成彼此协调的共存局面，甚至在同一寺院中，各敬各的神，各拜各的佛，从以下的分析中得到例证。

（一）不同宗教之间的兼容

隋唐以来，随着"三教合一"现象的日益明显，诸教混融的情形开始频繁出现在佛寺文化中。至明清时期"三教"彻底混融，道教众神在对"齐天大圣"无可奈何的时候，可以搬来西天佛祖，而锭光佛、观世音等，也可摇身一变而成为道教众神中的燃灯道人、慈航道人。于是许多佛教禅院的大雄宝殿雕饰就出现了《释迦说法图》、《渔翁渡佛国》、《唐僧师徒西天取经图》、《赵公明骑黑虎收合和二仙图》、《八仙过海图》、《西厢记》、《诸葛亮设空城计》等融合"三教"的内容。

如在昆明官渡区六甲渔村，有一座建于明代的兴国寺，俗称"高庙"，后经清末、民初两次大修，其大殿内的彩塑主要系清光绪年间（1875-1908年）的遗物，少数为明代作品。所供奉的塑像正中为送子观音，左为真武大帝，右为文昌帝君。塑像后面上壁悬塑仙山琼楼、云乡洞府，下壁则为海潮宝岛、龙宫虹桥。其间遍布佛道诸神138尊，大者盈尺，小者寸半。壁顶中为释迦牟尼，左为道德天尊，右为灵宝天尊。其下五色祥云托着两尊护法神将，左为韦陀，右为灵官。左右山崖分塑坐于青狮的文殊菩萨和坐于白象的普贤菩萨。另外还有一对坐于青狮、白象的道人，即道教的文殊真人和普贤真人。其他十八罗汉与八洞神仙悠游林下，四大天王并八大天君肃立云端。大殿东壁塑真武大帝修行降魔的本生故事，西壁塑岳飞、魁星等英雄杂神。整个大殿雕塑佛道一体，布局精巧，是中国佛、道合一雕塑中极为难得的典型。

以名山胜景作为依托形成的寺院建筑，明清以后也表现出"三教合一"的时代特色。以云南通海秀山为例，由山脚而上，依次建造有文庙、土主庙（昀町王）、三元宫、普光寺、玉皇阁、竺国寺、清凉台、广嗣灵祠、慈仁寺、涌金寺等大小不同的寺

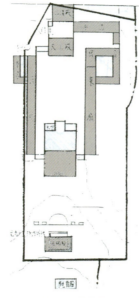

图9-2-5（a） 晋宁盘龙寺总平面示意图

图9-2-5（b） 晋宁盘龙寺山门

图9-2-5（c） 晋宁盘龙寺大雄宝殿

院建筑组群。寺院的性质涉及儒、佛、道三教以及原始宗教诸教，"三教合一"的特色更加明显。而且云南很多的大型寺院，诸如晋宁盘龙寺、武定狮山正续禅寺也都是佛道同参。

如晋宁的盘龙寺，现存主体建筑有山门、天王殿、大雄宝殿、祖师殿、财神庙、三皇宫、药师殿等，均为清乾隆、道光年间遗存。沿山势次第上升，参差互见。盘龙寺的其他殿宇有庙，有阁，有观，有庵。既不纯为释，也不全归道，其中供奉有佛祖、天神等释、道、儒三教诸神，尤以盘龙祖师殿、药师殿、观音殿香火最盛（图9-2-5）。寺院建筑或一院分为两进，或一殿仅只三楹，或建一楼，或构一阁，大都是随地势营造，无一定的规划布局却很有特色。

武定狮山的正续禅寺，狮子山雄踞武定县城西，其集雄奇古秀为一体，荟萃自然和人文精华于一身，有"西南第一山"之美誉，并跻身"佛教八小名山"之列。正续禅寺古建筑群就坐落在狮子山顶部东侧，整座寺院坐西向东，背靠一座百余米高的峭壁，依山势高低建于一处较平缓的斜坡上，掩映在参天古木之中。

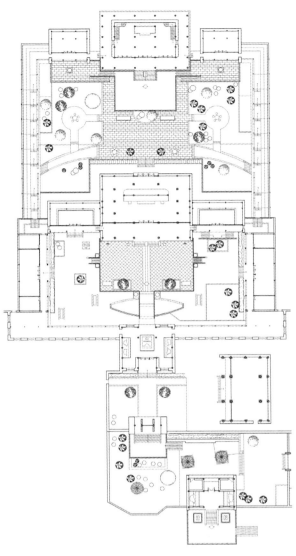

图9-2-6（a） 正续寺总平面图

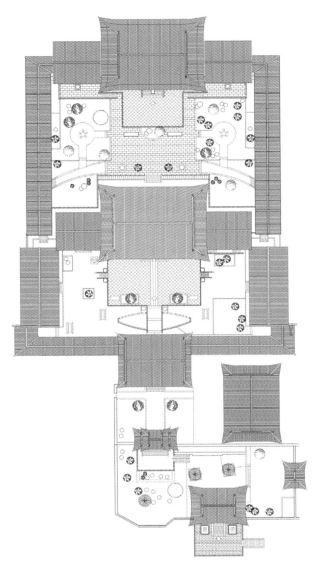

图9-2-6（b） 正续寺总平面屋顶图

正续禅寺由蜀僧朝宗和尚始建于元武宗至大四年（1311年），后由印度高僧迦叶百传弟子指空禅师在朝宗所建净土庵、文殊阁和维摩阁的基础上续建，历时六年，其金碧交映，丹绚青焕，耀人眼目。为鼓励后人继承前人业绩，指空禅师将狮子山寺院建筑群命名为"正续禅寺"。

正续禅寺包括石坊、山门、牌楼、天王殿、大雄宝殿、南北配殿、南北庑厢、翠柏亭、方丈室、藏经楼（含明惠帝祠阁）、从亡祠、神仙栏、礼斗阁、观音阁等建筑群（图9-2-6），占地约3700平方米，泥塑彩像92尊。

石坊是进入寺院的引景点，建于清康熙四十六年（1707年），四柱三门，中间两根石柱顶端各有面东眺望的石狮一尊。石坊通高5.8米，宽6.1米。山门为三间硬山顶，门内左右两边分塑两金刚。穿过山门，迎面有一块高5.3米，宽11.1米的照壁，其上绘有"建文殉国图"，由此向左拾级而上便到第二山门的牌楼，牌楼通高6.5米，斗栱飞檐，琉璃瓦面，门楣上方正面书"西南第一山"5个楷体金字。第二山门与天王殿同在一轴线上互为对景，

图9-2-7 正续寺天王殿门上的八仙图

闪,朱柱森森,雄伟壮观。前檐下有简易的斗栱铺作,厦前有重叠木雕排列,土木之功穷极技巧,梁柱之规,精于天成。大雄宝殿左右两侧分设"明王殿"和"地藏殿",宽敞的回廊与南北厢房和前面的天王殿相连接,殿前回廊下是宽大的月台。殿内佛龛上塑有横三世佛坐像,而佛像背后的佛龛则塑着观音和若干尊罗汉。

天王殿为三间歇山式屋顶,殿前有副对联曰:"识风景,至尊遁迹,游人凝步;悟禅机,君王皈依,浪子回头。"天王殿里,除按照常规设置塑像外,最明显的是在门额上方悬挂一巨幅的道教八仙图,也可说是佛道融合的一种具体表现(图9-2-7)。除此之外,还有释氏轶事、儒学伦理、二十四孝等故事,表现了儒、释、道三教共集一堂的特征。据说每年做法会时,佛家在大雄宝殿,儒家在惠帝祠阁,道家在天王殿内,各敬各的神,各得其所。

过天王殿,有石拱小桥连接着大雄宝殿前宽阔的院落,桥下是菱形的放生池,跨过水池拱桥,穿过植有两株孔雀杉(又称"乾坤双树")的院落,即到始建于元武宗派至大四年(1311年)的大雄宝殿,其为单檐歇山顶,屋脊两端兽吻高大,黄瓦闪

出大雄宝殿石门,过一院子,拾级而上即为"藏经楼"和"惠帝祠阁",该楼阁建于清康熙七年(1688年),重檐歇山顶,通高14.85米,在须弥座台基上挺立着36根大红木柱,构成上下四周相通的回廊,其建筑形式、雕塑彩绘、石雕木刻等,堪称正续禅寺之精华所在。其上层为藏经楼,下层是明惠帝祠阁,内塑建文帝泥像和2个从亡大臣(图9-2-8)。

在"藏经楼"和"惠帝祠阁"两旁,各设有一长约45米的连续跌落的爬山长廊,东接大雄宝殿,西连从亡祠。廊子靠外墙的一半,设高4米的神仙栏,共28间,单檐歇山顶,栏内共塑有56尊略比真人稍大的五十三参塑像(图9-2-9)。这五十三参泥彩塑像不但服饰花色式样繁多,喜怒哀乐神情各异,并且形态惟妙惟肖、栩栩如生,既有浓郁的佛教意味,又有强烈的生活气息。五十三参是正续禅寺的一大特点。

特别要强调的是,在正续禅寺大雄宝殿后两层重檐歇山顶的藏经楼(又称为惠帝祠阁),楼上供

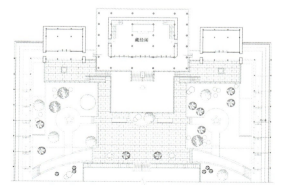

图9-2-8(a) 正续寺藏经阁平面图

图9-2-8(c) 正续寺藏经阁

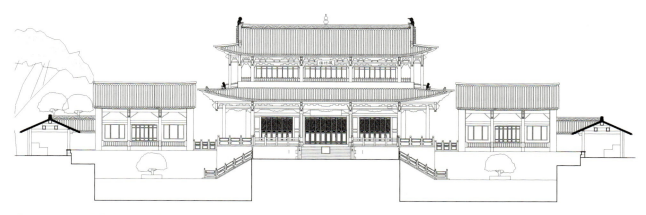

图9-2-8（b） 正续寺藏经阁立面图

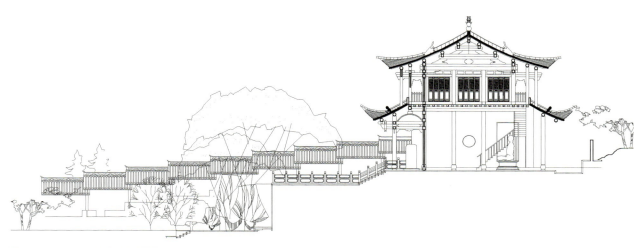

图9-2-9（a） 正续寺藏经阁剖面图及爬山廊

奉释迦牟尼佛祖，楼下供奉明惠帝建文的塑像，这在全国寺院建筑中也是罕见的。而这栋楼阁完全是按照皇宫规格建造的宫殿式建筑，主体就坐落在一个高8米的石砌平台上，平台正面无阶梯，由左右两侧仅容一人通过的石阶"九龙口"，登上围有花板石栏的丹墀，台下有9个高低不一的平台，就是按官职品级大小跪拜的"品级阶"。在阁内，有两条五爪金龙盘柱欲飞，中间一座悬有"明惠帝"匾额的佛龛内，又有两条金龙护卫着建文皇帝的塑像（一位身披袈裟慈眉善目的老和尚）。将佛教人物和政治人物同时放在一起供奉，也算是宗教信仰对世俗社会的另外一种兼容。

图9-2-9（b） 正续寺五十三参爬山廊

图9-2-10（a） 邛竹寺五百罗汉中的耶稣塑像

图9-2-10（b） 正续寺藏经阁明惠帝塑像

事实上，在明清后的寺院中，很难找到仅属于某一宗教所独有的，大多数是二教并祀或三教合一的寺院。

当然，这里所谓的"合一"决不仅仅指儒、释、道三教或者再加上原始宗教的合一，而是中国各种宗教的合一。只有这样理解，我们才能对昆明筇竹寺五百罗汉中出现的耶稣造像作出合理的解释（图9-2-10）。

（二）不同教派之间的兼容

同一种宗教，尽管所崇奉的佛祖、神祇相同，但因教派不同、教义不同，具体举行崇拜活动时的仪式也不尽相同，因而就需要有不同的建筑空间和场所环境与之相适应。比如佛教之汉传、藏传和南传，汉传佛教忌荤腥，而藏传佛教不忌；汉传、藏传佛教一日三餐，而南传佛教却过午不食，南传佛教僧侣在寺为佛爷，在家做父亲。这些教派信仰从日常的生活习惯到具体的教义教轨，都有很大的不同，有时是很难归并在一起的。但在云南，不同教派之间在共同面向世俗方面，却呈现出彼此兼容，并和谐友好地组合在一起的面貌。

如始建于唐代的昆明圆通寺，在大雄宝殿后面高台上，是1985年新建的铜佛殿，为十字形平面格局的小乘佛教建筑风格，殿内供奉着泰国佛教界赠送的释迦佛铜像。特别是近年，又在大雄宝殿的东侧增建了一座藏传佛教殿宇，尽管建筑外形仍然为汉式重檐歇山屋顶，内部却供奉的是释迦佛祖及藏传佛教宁玛派祖师莲花生、格鲁派始祖宗喀巴，两壁为浓墨重彩的藏式壁画。此殿与秉承南传佛教建筑风格的铜佛殿相呼应。至此，在一寺之中，汇集了中国佛教三大教派（汉传佛教、藏传佛教和南传佛教）之建筑，形成了圆通寺的独到之处（图9-2-11）。

位于大理古城北17公里处苍山脚下庆洞村的佛都圣源寺，主要由三部分组成，居中是殿宇巍峨、庭院宽敞的汉传佛教寺院圣源寺，仅一墙之隔的北边则是地方"本主"崇拜的神都"本主"庙，南边又是独立成院的密教观音阁（图9-2-12）。据寺碑记载，圣源寺创自隋末，鼎盛时期殿阁庵堂达数十所。唐贞观年间，观音大士西来开化大理于此。蒙氏从而随建之，宋真宗年间段氏重修……

圣源寺平面格局为一典型的四合院，除大雄宝殿为汉式的单檐歇山顶外，其余三面建筑都是按照当地白族传统民居的做法，均为带廊厦的2层房屋。前面合二为一的山门殿与天王殿，其外形更像是一所民居大院，居中的入口门洞是地道的立贴式一字形单孔大门，在白族民居中十分常见，除了悬挂的匾额，一点也没有佛教寺院的应有规制。圣源寺中最有特色的是大殿的屏门，由14扇雕花格子门组成，每扇格子门上都刻有《白国因由》的故事，保存完好的是大殿前廊上的每一块天花板，其上都绘有佛教故事彩画，色彩至今仍然很鲜艳，线条清晰。

圣源寺南边的观音阁，是由圣源寺原来的钟楼改建而成的。阁内除塑有国内较为少见的男身黑须黑眉观音大士金身塑像之外，重檐歇山顶的观音阁建筑主体梁架结构，十分独特（图9-2-13）。而北边的神都，则是现今大理坝区内诸多寺院中香火最旺盛之处，其院内布局和崇拜偶像设置，明显地反映了本地区典型的白族本主庙建筑特色。

对于不同教派相互兼容的例子，还有很多像藏传佛教的宁玛派、噶举派、格鲁派和萨迦派，南传佛教的摆坝派、摆顺派、润派和左底派等，更是不胜枚举，不惟建筑布局上的相互借鉴，有些信仰活动也彼此相容。

图9-2-11（a） 圆通寺汉传大雄宝殿

图9-2-11（b） 圆通寺南传铜佛殿

图9-2-11（c） 圆通寺新建藏传佛殿

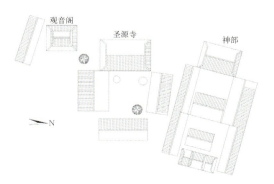

图9-2-12（a） 神都、圣元寺、观音阁总平面示意图

图9-2-12（b） 神都本主庙

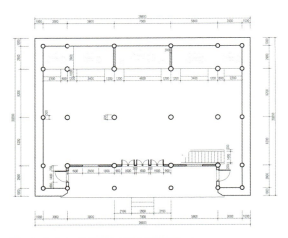

图9-2-13（a） 神都圣元寺观音阁平面图

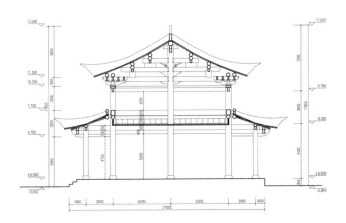

图9-2-13（b） 神都圣元寺观音阁剖面图

图9-2-13（c） 神都圣元寺观音阁梁架

（三）不同建筑文化的兼容

云南藏区的格鲁派寺院，因受汉族、白族和纳西族的影响较大，其建筑风格体现出多种建筑文化交融的特色。从总体上看，较大的寺院一般按藏传佛寺传统的布局形式，主殿居中，经堂佛殿和僧侣住宅等附属建筑环绕四周，顺山势地形而建，形成以主殿为中心并相互联系的建筑群体。而规模较小的寺院主殿不再居于寺院中心，僧舍与主殿相对分离，或在附近另成一体。

从建筑形式上看，寺院中的大殿等主体建筑，基本统一采用传统的藏式"碉房"形式，外形是厚重、封闭的立方体轮廓，厚重高大的"干打垒"土墙收分明显，外墙上窗洞开设既少又小。内部则立柱排列整齐划一，通风采光主要靠由碉房内部回形顶部形成的天窗，天窗上再覆以架空屋顶，雕楼顶部平掌土顶作为阳台及鼓楼等小巧精美的设施所在。其余僧舍一般都按照当地的"土库房"民居形式来建造，外形简洁、封闭。

从建筑局部构造与装饰上看，因建筑工匠大多来自白族和纳西族，寺院中的建筑普遍吸收了汉族、白族和纳西族的建筑艺术风格。如松赞林寺和东竹林寺大殿的屋顶及飞檐走兽，室内回廊上的屏花门窗，寿国寺大殿上层外围的镂花装饰立柱等。而且在白族和纳西族建筑风格的影响下，几乎每个寺院均大面积地采用精工细雕的屏花门窗，使其独具特色。

从明朝末到清初，藏传佛教噶举派在丽江木氏土司的扶持下，在丽江、维西等纳西族聚居地区得到较大发展，兴建了一批噶玛噶举派寺院。在影响较大的滇西"十三林"中，丽江五大喇嘛寺名列榜首。这五大寺的久负盛名，不仅因为它们是参禅礼佛的精舍，而且也是可游可居的园林建筑，可以说五大喇嘛寺不是园林，胜似园林。其建筑风格，像丽江白沙琉璃殿的壁画那样，融合杂糅了白族、纳西、藏族、汉族等民族多种不同建筑风格形式。具体的建筑特征如下。

1. 丽江福国寺

五大喇嘛寺之首的福国寺位于丽江县城以北10

公里处的芝山腹地，原为汉传佛教禅寺。该寺建于明万历二十九年（1601年），据说原是木土司的别墅及家庙，称为"解脱林"。丽江土司木懿从青藏地区请来都知等喇嘛，将福国寺改扩建为藏传佛教噶举派寺院，后由明熹宗赐名"福国寺"，成为一所有经堂殿宇五大院、僧房十八院的建筑群，住有僧侣90多人，是丽江的第一座喇嘛寺。寺中遍植山茶，"福国山茶"曾为丽江12景之一，木土司在此会见徐霞客。徐霞客游记中这样写道："解脱林倚白沙坞西界之山。其山乃雪山之南，十和（现称'束河'）后山之北，连拥与东界翠屏、象眠诸山，夹白沙为黄峰后坞者也。寺当山半、东向，以翠屏为案，乃丽江之首刹，即玉龙寺之在雪山者，不及也。寺门庑阶皆极整，而中殿不宏，佛像亦不高巨，然崇饰庄严，壁宇清洁，皆他处所无。正殿之后，层台高拱，上建法云阁，八角层甍，极其宏丽，内置万历时所赐藏经阁。阁前有两庑，余寓南庑中。两庑之外，南有园殿，以茅草顶，而中施砖盘。佛像乃白石刻成者，甚石而精致。中止一象，而无旁列，甚得洁净之意。其前即斋堂香积也。北亦有园阁一座，而上启层窗，阁前楼三楹，雕窗文，俱饰以金碧，乃木公燕憩之处，局而不开。其前即设宴之所也。其净室在寺右上坡，门亦东向，有堂三重，皆不甚宏敞，四面环垣仅及肩，然乔松连幄，颇饶烟霞之气。闻由此而上，有拱寿台、狮子崖、以迫于校雠，俱不及登"。

寺院中最有名的建筑当属原解脱林的大殿"五凤楼"，又名法云阁，其楼由32棵圆柱成"十"字形平面布局，其中有4棵12米高的通柱，直通高层。整个建筑平面布置紧凑，结构合理，雕刻精巧，彩画华丽，楼基方正，室内屋顶中为一高起的方形藻井。20米高的楼宇，构成外观为三层八角飞檐楼阁，上、中、下共24个啄天飞檐，无论从哪个方向看，均像5只展翅欲飞的凤凰，故名（图9-2-14）。福国寺建成以后，曾经两度被毁，现在只有五凤楼和解脱林门楼保留下来。

2. 丽江文峰寺

文峰寺坐落于丽江县城西南部的文笔山麓，清雍正十年（1733年），番僧噶立布在此结茅聚会讲经。6年后，藏传佛教噶举派四宝法王来到丽江，就此地倡建文峰寺，历时5年落成，取藏名"桑纳迦卓林"，意为秘密宗教圣地及乐天福地的寺院。其后又增修大殿，全盛时期拥有五大院殿宇、二十四小院僧房，僧众多至百数人，成为当时丽江最大的藏传佛教寺院（图9-2-15）。在五大喇嘛寺中，其宗教地位最高，对信徒的吸引力也最大。凡到鸡足山朝拜的，均是来自西藏、青海一带的信徒们，只要经过丽江，都要到文峰寺去瞻仰一下。后期全寺颓毁，现仅存大殿、配殿和护法堂（图9-2-16）。20世纪80年代后进行修葺，寺院主要建筑及二进院落已恢复，殿堂宏博宽敞，内供释迦、韦陀、弥勒三佛塑像。柱、梁、板等处均绘有八卦、藏传佛教八宝及金刚亥母等图案。

另外，在该寺右侧的后山山崖间，还有一个灵文洞，洞前建有灵文阁，也称"安乐吉祥林"，这是喇嘛僧侣面壁静坐的地方，也是滇西北藏传佛教噶

图9-2-14（a） 福国寺解脱林

图9-2-14（b） 福国寺五凤楼正面

图9-2-14（c） 福国寺五凤楼

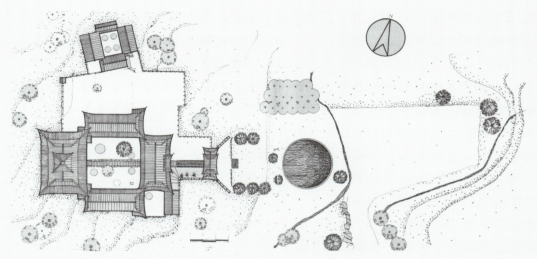

图9-2-15（a） 文峰寺总平面图

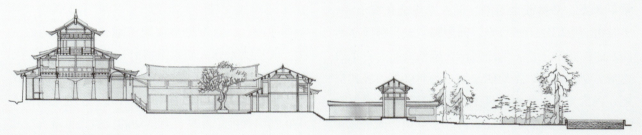

图9-2-15（b） 文峰寺剖面图

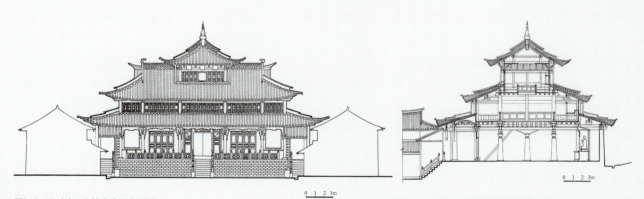

图9-2-15（c） 文峰寺大殿立面图　　　　　　　　　　　图9-2-15（d） 文峰寺大殿剖面图

图9-2-16（a） 文峰寺大殿　　图9-2-16（b） 文峰寺大殿内院右厢房　　　　图9-2-16（c） 文峰寺大殿内院左厢房

举派十三大寺取得"格隆"学位的僧侣静修场所，具有滇西北噶举派最高学府的称号。喇嘛在此念经3年3月3天3时之后，可获得一个"杜爸"的喇嘛职称，取得主持日常念经和一切祭奠仪式的权力。

3. 丽江指云寺

藏语又叫"额敦品措林"，意为了义圆满园，知识完备的喇嘛寺。在五大寺中离县城最远，坐落在西部拉什坝的秩度山麓，距城18公里。寺院始建于清朝雍正五年（1727年），系法号为立相的喇嘛募化而建。

相传立相喇嘛为选寺址，四处游历，在拉什坝巧遇噶举派的四大法王，法王手指云气缭绕的秩度山麓，于是决定了寺址，并由此得名"指云寺"。指云寺大殿的建筑造型，几与文峰寺大殿相同（图9-2-17）。寺院建成后曾遭兵燹，清光绪五年（1879年）修复。寺宇规模较大，大殿为二进院落，周围簇拥13座禅院，僧侣数量多达60多人。

于1997年重新修复的指云寺，虽殿堂禅房数量远逊从前，但二进院的大殿，仍然显得堂宇宏敞幽深，气势不凡（图9-2-18）。指云寺有着十分久远的佛教渊源，近年来，在寺院周围，还时有历史文物被发现。

4. 丽江玉峰寺

玉峰寺坐落在离县城以北15公里的玉龙雪山南麓，藏语名称为"扎西曲批林"，含吉祥弘法寺之意。玉峰寺的创建与福国寺的改建，同在清康熙十八至十九年（1679~1680年）间，同是都知等喇嘛所为。清乾隆二十一年（1756年）在丽江知府的支持下，由明具喇嘛再行扩建，形成三大殿院、僧房六院的规模，有僧侣16人。现仅存一个大殿院落及上下两个僧院。

玉峰寺以万朵茶花闻名，由三个院落组成，即

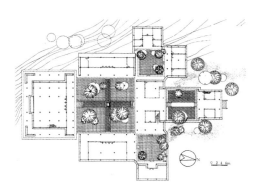

图9-2-17（a）指云寺总平面图

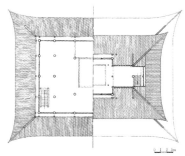

图9-2-17（b）指云寺大殿平面图

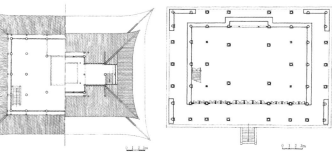

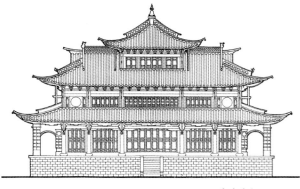

图9-2-17（c）指云寺大殿立面图

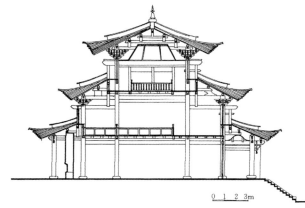

图9-2-17（d）指云寺大殿剖面图

图9-2-18（a） 指云寺大殿鸟瞰

图9-2-18（b） 指云寺大殿

图9-2-18（c） 指云寺大殿上檐斗栱

大殿院、上僧院和下僧院。三组建筑院落均小巧玲珑，善于利用地形进行布置。大殿院坐西向东，大殿高12米，为重檐歇山顶抬梁结构，正脊饰宝顶，殿内4柱作至金盘龙浮雕，顶部八角形藻井绘八卦和密宗佛祖坐宫图案，神龛供有释迦、弥勒等佛神塑像，横梁裙板再绘佛像20尊（图9-2-19）。上僧院为方丈院（即万朵茶花院），院内有一树1757年隆品喇嘛所栽的山茶花树④，年年花开万朵繁盛至今；下僧院（即含笑院）内种植的云南含笑也有200多年的树龄，花开时节，香飘十里（图9-2-20）。

5．丽江普济寺

普济寺在距县城西6公里的普济山中，藏语名"塔白列争林"，意为解脱修行院，其以铜瓦殿著称。寺院始建于清乾隆三十六年（1771年），后曾两次增修。普济寺现以铜瓦殿、配殿、护法堂、山门组成一个三进院，并以此为主体毗连右侧的3个小院，是为喇嘛居住、做饭的地方（图9-2-21）。

居于全寺中心的主体建筑，铜瓦殿⑤立于一高台之上，为重檐歇山顶抬梁式建筑，通高12米。殿堂宽敞，雕梁画栋，八卦、藏八宝、金刚亥母等彩绘典雅庄重。该大殿最引人注目的地方，除了建筑屋顶覆盖的铜瓦之外，还有加在大殿前廊外侧的那道通高通长的木格子栏板，这在一般宗教建筑中，实属少见。

普济寺的空间和环境布置手法，在丽江五大喇嘛寺中具有典型的代表性，整个建筑融合了藏族、纳西族和汉族的艺术风格（图9-2-22）。主要体现为：

（1）寺院基址或在山腰，或在山脚，无一不以山为依托，均选择在绿树成林，伴有溪流或小泉、自然景色佳绝之处。建筑因地势之高低，布局借参差之深树，使寺庙建筑群、跌宕起伏，得景随形，收春无尽。

（2）主体建筑依中轴线作三进式规整布局（个别为两进式），以体现佛国净土的尊严。庙前有非常自然化的大片草地，经幡飘动，标示出庙宇的性质。

第一进是大门与前导性空间。该空间由两侧向内收缩，不布置房屋，仅用墙垣围合成甬道形式，

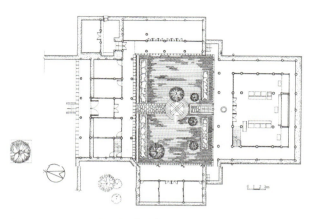

图9-2-19（a） 玉峰寺大殿院平面图

图9-2-19（c） 玉峰寺大殿立面图

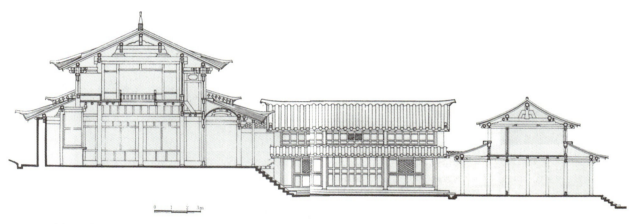

图9-2-19（b） 玉峰寺大殿院剖面图

图9-2-19（d） 玉峰寺大殿正面

图9-2-19（e） 玉峰寺大殿鸟瞰

形成强烈的导向性。由此经二门或过厅进入中心院落，尺度豁然开朗，对比之下，中心院落倍觉宽敞。大殿高高在上，达到了全局的高潮。这样有节奏的纵向空间序列，流线简洁而清晰。

（3）次要建筑，环围在主体建筑周围，或集中（如普济寺），或分散（如玉峰寺）随机布置，以得体为宜，从而展现出各寺庙在统一中的变化。

次要建筑主要是为喇嘛起居生活服务的喇嘛院。普济寺布置在主院右侧的跨院中，形成一条与主轴线垂直的次要轴线。主院和跨院之间由过厅过

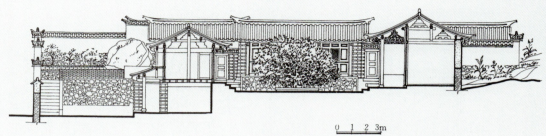

图9-2-20（a） 玉峰寺上僧院剖面图

图9-2-20（b） 玉峰寺上僧院鸟瞰

图9-2-20（c） 玉峰寺上僧院入口

图9-2-20（d） 玉峰寺上僧院内院

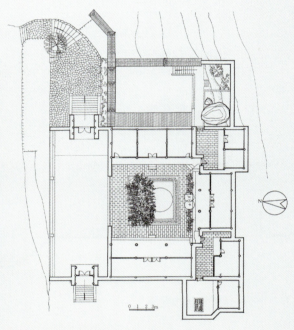

图9-2-20（e） 玉峰寺上僧院平面图

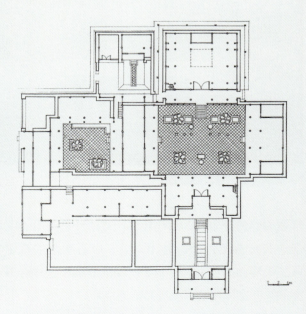

图9-2-21（a） 普济寺总平面图

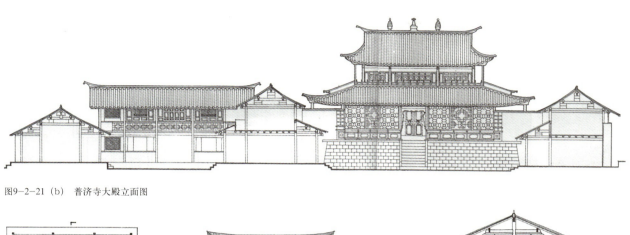

图9-2-21(b) 普济寺大殿立面图

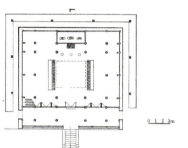

图9-2-21(c) 普济寺大殿平面图

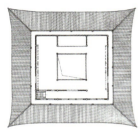

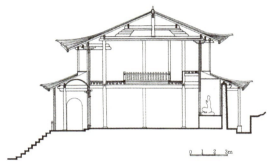

图9-2-21(d) 普济寺大殿剖面图

图9-2-22(a) 普济寺大门

图9-2-22(b) 普济寺大殿山面

图9-2-22(c) 普济寺内庭院

渡，分隔联系方便，显得自然和谐。

在喇嘛院的过厅对面为花厅，外部围廊上设有美人靠，游人可在此小憩，观赏外围景色，这是传统造园手法的借鉴运用。在喇嘛院上下，还有两个小院，上为厨房，下为杂用，有通道互相联系，不与主要交通线交叉。

（4）作为全寺中心的大殿建筑，均取有楼层的重檐歇山建筑形式（或两层，或三层），并在楼板层中部开口，形成由底层地坪直达顶层天花连通的方形竖井。这种室内空间形式的处理，与升天成佛的宗教心理相呼应，似乎是受西藏等地喇嘛寺的影响，把"回"字形平面室内的空间手法，引用到多层汉式殿堂式的建筑中来。有的还与"回"字形平面相对应，在重檐屋顶上突出一个方形的攒尖顶。

（5）大殿、配殿屋顶，都喜用歇山式，或仿歇山式。仿歇山式屋顶，是丽江工匠的创造，即将山面两端的排山沟滴，做成与屋面坡向一致的屋顶，屋脊端部起翘与民居做法相同。

（6）主要建筑上常用斗栱，但斗栱的具体做法已完全地方化。

（7）装饰手法、色彩选择，明显表现出对藏族风格的仿效。

（8）供喇嘛生活起居使用的喇嘛院落，沿袭了典型的纳西民居合院形式。

（9）寺院环境的园林化，宗教情感的世俗化，少有追求彼岸的迷狂，多有享乐今生的热情。相对喇嘛寺固有的传统而言，这是开创了一种新的寺庙空间格局和场所精神。

由上分析可以看出，丽江的五大喇嘛寺，每个寺院的大殿建筑，不论是三重檐的还是重檐，也不论明间有无亭阁式攒尖顶高出大殿屋面，其室内二层或三层中间都是上下连通的"回字形"平面格局，这是藏传佛教室内空间的特点。而在建筑外观造型处理与建筑的木架梁柱结构应用方面，则明显地反映出汉族、白族、纳西族传统建筑特点，形成彼此的相互融合。

另外，不同建筑文化之间相互兼容的例子，还有位于娜允古镇的"中城佛寺"，傣语称"洼岗"。这是介于版纳型和临沧型南传佛寺之间，共同体现出汉、傣不同建筑形态的一种融合过渡形式，即中城佛寺的屋顶为三重檐歇山式缅瓦屋面，但屋面坡度比较平缓，没有像版纳型佛寺的屋顶那样陡峻，相比更接近汉式形态。而室内抬梁式结构及细部做法，基本与汉式梁架相同。另外，还有娜允古镇孟连宣抚司署议事厅，其三重檐的立面正面与两山面（图9-2-23）。据《孟连傣族土司的历史》载，傣历843年（1481年），佛教由缅甸传入孟连时，即在城内建立中心佛寺洼岗，后屡经兵燹。现存的"中城佛寺"，佛殿纵向布局，面阔18米，进深23米，抬梁式三重檐歇山顶结构，周匝回廊，无护墙，内柱6排24棵，满布金粉贴印花卉图案。外柱亦24棵，柱头镶饰彩色仰莲，而柱础全是做工粗犷的俯卧状石狮形，造像有点类似成都青城山石狮洞大殿的柱础做法（图9-2-24）。殿堂隔板贴印佛塔、佛像、孔雀、乐舞、花卉图案。檐枋有木雕，墙面有傣式风俗壁画。佛台上供奉三尊傣式镀金佛，有尖顶状王冠。

四、独创性特征

或许我们经常会问，何以汉传佛寺的建筑组群，自古至今并没有一以贯之的空间布局定则。由史料所知，汉魏时期是以佛塔为中心的佛寺、隋唐时期采用回廊围院式格局、宋元时是以禅堂为中心的禅院，明清以来渐趋于定型的"伽蓝七堂制"寺院等。事实上，明清的汉传佛寺多以大雄宝殿为寺院的中心。尽管各个时期的寺院建制彼此不同，却有各具时代特色的寺院组群，从中能为其可能存在的原因找到一个答案。原因之一，恐怕恰恰就在于，在一个普适的大乘佛教"曼荼罗"的空间观念之下，每一个时代、每一个民族，都以各自独特的空间语言，表述着一个大略相似的"聚集"或"道场"式的佛国世界的空间组群。

所谓"伽蓝七堂制"的汉传佛寺平面形式，与这一时期的宫殿、衙署及住宅建筑的空间格局大致

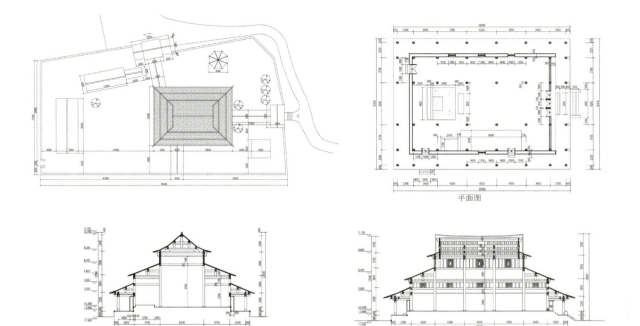

图9-2-23（a） 娜允古镇中城佛寺平面图、剖面图

图9-2-23（b） 娜允古镇中城佛寺大殿山面

图9-2-23（c） 娜允古镇孟连宣抚司署议事厅

图9-2-23（d） 娜允古镇娜允中城佛寺室内

相近。这反映出中原汉人，已在一定程度上将佛寺理解为诸佛菩萨的住宅与府邸。因而，使之尽可能与当时的住宅和衙署的空间格局相吻合。而且，"中国汉族地区的佛寺，在近两千年来的发展过程中，基本上是继承了中国传统的院落形式作为佛寺的布局"。

正因为这种对佛寺空间的理解和处理，与大乘佛教"曼荼罗"思想的"聚集"与"道场"的空间观念并不相悖，因此为历代佛教僧徒所认可。然而，在空间的本义上，这种聚集型的汉传佛寺空

图9-2-24 娜允古镇娜允中城佛寺柱廊

间，与基于"天人合一"、"阴阳和谐"的传统观念，以及主张礼、乐并重的"大壮"与"适形"对立统一的中国儒教建筑空间组群思想，仍然有着很大的区别。前者所追求的是藏聚与环绕中心的并重，后者则强调阴阳和谐与等级秩序的表现；前者能以独立的建筑组群形式存在，或加入更大的聚集型建筑组群中去；后者则必须将自己的建筑组群，放在一个恰当的宇宙和社会的秩序等级定位之中，不敢有丝毫的潜越。

（一）空间格局的独创性

前面谈到，对一般的汉传佛寺格局来说，沿南北轴线依次为山门、天王殿、大雄宝殿、法堂，之后还有藏经阁等建筑。山门亦称三门，象征三解脱门，必须开设三道门，为殿堂式做法，或至少中门如此。门内左右分别塑两个金刚力士守护佛法；山门之后的天王殿，居中前供弥勒佛，后立韦陀像，左右分列四大天王，东西南北各护一天；再北的大雄宝殿，供奉佛教本尊——释迦牟尼或其他诸佛（有的还在大雄宝殿两侧分设祖师殿与伽蓝殿）；法堂是演说佛法、皈戒集会之所。以上四殿是佛教寺院必须具备的主要建筑，除了山门可以和天王殿合并建造外，一般都不能省略。

但在云南，也许是因地处西南边地，或者是因为文化在传播过程中的"耗散"或逐渐弱化的作用，促使云南本土的汉传佛寺，尽管也不同程度地受到中原汉文化的影响，遵从一般的汉传佛寺常用的布局方式，但在继承中原汉传佛寺布局和形制的基础上，敢于突破中原固有形制的倾向却非常明显，更多体现出自己在吸收与融合外来文化时的很多独创性，这可从下面的一些汉传佛寺布局中找到相应的例证。

首先，从山门的设置、法堂的有无以及敢于对中原形制的背离三个方面来看，如始建于宋代的昆明筇竹寺和始建于元代的昆明西山华亭寺（清以后均曾重修），其山门的设置都双双处理成独门形式。华亭寺依山而建，殿宇雄伟，规模为昆明佛寺之最，而且名人遗迹颇多，珍藏有缅甸和泰国佛教徒赠送的玉雕和镀金佛像。华亭寺的山门，虽经清后均曾重修，其特点是设置处理成独门形式。华亭寺坐西向东，山门外南北两侧，原建有三重檐钟鼓楼，20世纪50年代初，鼓楼倾圮仅遗存钟楼。1978年钟楼翻修时，将钟楼底层作为华亭寺的东面入口。

而昆明西山太华寺和昆明昙华寺的山门处理则更为独特，均以一座三叠式牌坊来代替殿宇式山门，这在中原汉传佛教寺院的布局中是极为少见的。

此外，在华亭寺、太华寺、筇竹寺以及安宁的曹溪寺的整体布局上，去之不恭的讲经说法之"法堂"均已被省去。特别是安宁曹溪寺，韦陀神像没有按常规设在天王殿正中弥勒佛的背后，而是在天王殿之后的石台上，另设一个六角亭来单独供奉。与此做法相同的还有姚安的龙华寺，即在天王殿后先设置一潭水池，水池两侧各设一个花台，正中为一佛龛，龛内塑一像，称为"菩提女"⑥，沿水池两侧再上台阶即为正殿院落，院落四角的4个花台内植金桂、翠柏、玉兰等植物，院落居中靠近水池处有一碑亭，与塑"菩提女"的佛龛借助地形高差合二为一，融为一体，亭内面对大殿一面塑韦驮像。

不仅如此，还有的汉传佛寺布局几乎完全背离了中原传统形制，比如位于昆明市区内螺峰山下始建于唐代的圆通寺，主体建筑分别由位于中轴线上山门、牌坊（圆通胜境坊）、观音殿、八角亭、大雄宝殿、藏经楼等构成，既无法堂，又无天王殿，并且在藏经楼之后复建"接引殿"，明显地背离了中原汉传佛寺的规制。此外，在大雄宝殿之前，开挖巨池，池中建一座供奉观音的重檐八角亭阁，通过南北石桥与其前后的观音殿、大雄宝殿相连接。池畔采用回廊连接二殿，构成水榭式大殿与池院相结合的独特布局，这在全国汉传佛寺布局中极为罕见。

始建于明代的昆明昙华寺，其主体建筑分别由山门、关圣殿、观音殿、藏经楼、方丈室等组成。将关羽作为护法伽蓝列入佛寺虽然不是云南的独创，但以观音殿代替大雄宝殿，似乎已经到了难以容忍、离经叛道的地步。而天王殿、法堂等汉传佛

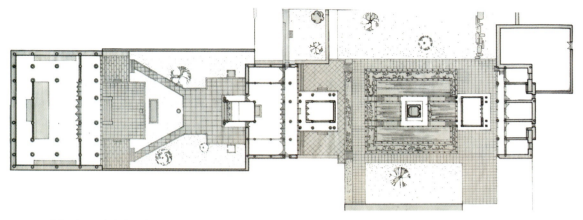

图9-2-25（a） 大理观音堂总平面图

寺必备的建筑也被统统加以省略，这在中原地区的汉传佛寺中没有先例，甚至连设想也需要极大的勇气。从这些特殊做法，足可窥见云南汉传佛寺独创性之一斑。

另外，还可从其他几个实例，再来看一下云南汉传佛寺的独创性表现。如大理观音塘，现存的建筑有山门、观音阁、石亭、罗汉殿、韦驮殿、大雄宝殿以及戏台、两祠、禅房回廊和水榭等，但特别强调对观音的崇奉，进入山门后就有一座供观音的小庙堂；其后面水池中建在大石块上的大理石观音阁也供观音大士；石亭之后的"十字形"连体建筑，即韦驮殿、观音殿、罗汉殿三殿的组合连体，仍然将观音殿布置在中心位置，塑像是年岁显大的观音老母，整个寺院全都"慈航普渡"之类，境界超然。作为核心建筑的大雄宝殿，在此只能当作其空间序列的尾声，足见其观音地位已然胜过佛祖（图9-2-25）。

与此类似的还有腾冲的华严寺，在经过寺前的一段引廊之后，进入山门与天王殿合二为一的殿堂，格局仍是两侧各塑四大天王像，但居中的弥勒佛却变为站立姿势；紧接此殿后是一座面宽三开间的"皆大欢喜"过厅，平面为"凸"字形，凸出的歇山顶小殿面向大雄宝殿，居中背靠背供奉的前也观音，后也观音，只是后面的是千手观音，与大雄宝殿里供奉的"三身佛"相对面。而大雄宝殿里的塑像布置更是不守规矩，在"三身佛"前面除了有

图9-2-25（b） 大理观音堂石亭

阿难、迦叶两个配侍之外，又在佛台基座两边各供5个立姿罗汉。而在大雄宝殿两端沿山墙脚，本应布置常规的十八罗汉，尽管数量不错，但十八个塑像则是三教九流杂合在一起，有帝王、有关公、有财神、有判官，男男女女并排而坐，甚至有塑成少数民族服饰的，已完全的世俗化，让到此求神拜佛的各色人物，各表所需（图9-2-26）。

（二）方位选择的独创性

如果从汉传佛寺布置的方位朝向来看，传统的格局基本上是沿中轴线坐北向南，或在此基础上结合实际地形略有偏差。而云南的汉传佛寺布局却比较灵活自由，除多数仍然遵循坐北向南格局外，其余各种方位的布置都有。如坐西向东的昆明西山华亭寺、太华寺，安宁曹溪寺，姚安龙华寺，大理感通寺、圣元寺、观音塘，保山梨花坞，腾冲华严

寺、妙光寺等；如坐东向西的昆明昙华寺，保山光尊寺；坐南向北的会泽寿佛寺、江西庙，腾冲水映寺、和顺元龙阁、中天寺等。并且在这四种正方位布局基础上，已完全根据各地的实际地形，再调整相应的方位角度来布置的则更是不计其数。

凡此种种，不胜枚举，可见，云南地区的很多汉传佛寺，虽然仍是基本承袭了中原的传统形制，但敢于突破中原传统的精神却是十分明显的。也正是这些所谓的不守规矩、离经叛道的特殊布局，使云南地区诸多的汉传佛寺各有其空间特色。暂且不论寺院建筑的建构技艺及其内部的雕塑、绘画等的美学价值如何，单就以整个寺院的空间布局和其周围环境融为一体的景观环境而言，就已充满了浓厚的自然与宗教相互融合的审美价值，达到了"清晨入古寺，初日照高林。曲径通幽处，禅房花木深。山光悦鸟性，潭影空人心。万籁此俱寂，惟闻钟磬音"这种寺院"诗意栖居"的审美境界。

除上述讨论的两教并祀、"三教合一"甚至多教融合的特点，以及在寺院总体布局上不因循守旧，敢于突破中原固有形制，创建出不同一般的寺院格局之外，云南汉传佛寺所展现出的其他建筑空间形态、木构技术和装饰艺术及其内部的雕塑、绘画等等诸多的地方性建筑特色，均表明了云南地方的建筑匠师们在吸收、借鉴与融合中原汉化思想与先进技术的同时，不失自我，敢于突破原有传统规制的创举和智慧。而这些留存至今的建筑文化遗产，给我们提供了弥足珍贵的研究史料。

（三）建筑形态技艺的独创性

不论任何类型的建筑，其外观形态总是能或多或少客观地反映其所在地域的一些独特性，比如云南的汉传佛塔，明显地与中原的佛塔有很大的不同，以大理千寻塔和西安小雁塔相比来看，具有以下几点区别：

（1）从外形上看，大理千寻塔并非像小雁塔之层层收分，而是在九层以上才开始采用卷杀，使塔的整体外形显得更加颀长优美。相比较而言，小雁塔乃至内地的许多塔显得庄重，云南塔则显得轻灵。

（2）塔身各层的塔檐向两端起翘，成为"弧身"，这也是云南密檐式砖塔独有的特点，而内地的塔檐角一律向下。

（3）大理千寻塔以及几乎云南所有的密檐塔，塔顶都置有"迦楼罗"，皆因洱海、滇池地区古代水患频繁，塔顶置此神鸟是为了监视、镇压恶龙。

（4）塔砖上多模印梵文、古藏文经咒。云南"阿吒力"密教崇奉真言，以真言（咒）镇塔，能增强塔的威力。

（5）将塔做成偶数级，这是云南塔独有的特征。据云南学者王海涛先生的研究认为：南诏时"阿吒力"密教、巫教、道教相互影响，注重阴性崇拜。而在中国凡阴性、女性属偶数，如易卦中的

图9-2-26（a） 腾冲华严寺"皆大欢喜"过厅正面

图9-2-26（b） 腾冲华严寺"皆大欢喜"过厅背面

爻象，单为阳，双为阴。塔层作偶数级处理，突出阴性崇拜。

（6）南诏塔不设地宫，塔存文物全部储于塔顶或塔基内，这与中原佛塔构造迥然有别。

仅就云南独有的偶数级塔的做法，自唐至清甚至到民国时期都一直营造不断，反映了地方民族信仰中顽强的历史延续性。尽管大多毁于历代兵燹，据不完全统计，目前仍然遗存有20多座，分布于云南各地（表9-2-1）。

在云南，还有以偶数级或双开间布置的佛寺殿堂实例，如丽江白沙明清建筑群，在大宝积宫之前的琉璃殿，其平面为方形，殿身正面一间，背面与山面则以中柱分为二间，皆施薄壁。殿身之外，再绕以走廊。从琉璃殿的背面来看，就是居中划分的四开间偶数设置，这种特殊处理，与中国传统建筑常见的单数开间做法不同，或许是保持了一种更古

云南明、清时期遗存的偶数层佛塔一览表　　　　表9-2-1

佛塔名称	所在地点	修建时间	备注
崇圣寺千寻塔	大理古城	唐开成元年（公元836年）	十六层、方形密檐空心砖塔
弘圣寺塔	大理古城	大理国	十六层、方形密檐空心砖塔
梅城大石塔	大理洱源县	不详	六层、塔就浮雕在山壁岩石上
崇圣寺南、北塔	大理古城	不详	十层、八边形密檐空心砖塔
妙高寺塔	昆明西山区	不详	八层、方形密檐砖塔
南塔	楚雄牟定县	不详	八层、方形密檐砖塔
文笔塔	楚雄大姚县	明万历年间	八层、六边形密檐砖塔
回龙塔	大理弥渡县	明天启年间	十层、六边形密檐砖塔
宝相寺塔	大理剑川县	明嘉靖年间	四层、方形密檐石塔
金华山石塔	大理剑川县	明末	六层、方形密檐石塔
海东镇龙塔	大理宾川县	明末	六层、方形密檐石塔
禄丰文笔塔	楚雄禄丰县	清康熙四十四年（1705年）	十四层、方形密檐砖塔
多宝和尚塔	文山丘北县	清道光三十年（1853年）	四层、方形密檐石塔
保甸石塔	思茅景东县	清道光十一年（1831年）	八层、方形密檐石塔
五台山文笔塔	思茅镇沅县	清光绪年间	六层、方形密檐砖塔
蟒歇林塔	大理剑川县	清康熙年间	四层、方形塔
象鼻塔	大理洱源县	清光绪十三年（1887年）	八层、方形密檐砖塔
制风塔	大理洱源县	清光绪十一年（1885年）	十二层、方形密檐砖塔
大果树塔	大理洱源县	清末	六层、方形塔
镇水塔	大理洱源县	清末	四层、方形塔
聚龙宝塔	大理七里桥	清嘉庆十九年（1814年）	十层、方形密檐砖塔
乐秋塔	大理南涧县	清末	六层、方形塔
大龙塔	怒江兰坪县	清光绪二十二年（1896年）	六层、空心方形密檐砖塔
文笔塔	临沧云县	清乾隆四十七年（1782年）	八层、方形密檐砖塔
金旦塔	大理祥云县	民国25年（1936年）	十二层、方形密檐空心砖塔

老的形制。昆明的东、西寺双塔除了具备千寻塔所有的典型特征外，还突出了两处特殊的构造：一是塔的最宽处不在第一层，而在第八层，从第九层起急速收分，塔身略呈飘逸的流线型，近似雪茄状，日本学者称之为"凸肚型"；二是各层出檐的断面檐面皆呈弧线形，与中原的直线形结构不大相同。这种塔身构造使云南的塔看上去的视觉印象更柔和、更富有人情味，与此相类的塔在云南各地还有许多。

在寺院单体建筑形态独创性方面，尤以云南通海秀山涌金寺的"古柏阁"最为独特。在进入涌金寺山门之后，因山地地形高差较大，又分左右拾级而上，达一平台，按照汉传佛寺的规常布局，山门后是天王殿。也许是地形限制，或坡度太大的缘故，无法直接将台阶引入室内，而"古柏阁"又处于承上启下、联系前后的中间环节，为了兼顾前后的建筑空间关系与视觉效果，故将其巧妙地结合前低后高的地形，沿竖向处理为半架空的形式，即把前半部分架空距地面1米左右高度，后檐直接与地面平齐。从前看，仿佛架空低矮的干阑建筑；从后院看，则与地面环境自然结合。

"古柏阁"的平面格局为面宽五开间（实际上只能算作三开间带回廊），居中明间开设一个圆窗，既突出其中心视觉焦点，也便于从阁楼室内观景远眺。由于有大的高差，加上阁楼前面的平台又不够宽敞，所以游人不能从明间直接进入阁内。于是在阁楼的两山之外，又各设阶梯踏步，分左右把人往上引向后院，然后再从后面进入阁楼室内（图9-2-27）。

"古柏阁"楼层的室内布置，刚好沿前、后金柱将两次间用栏杆围合起来，其中布置四大天王塑像，而金柱与前后檐柱、两山面之间自然就形成回

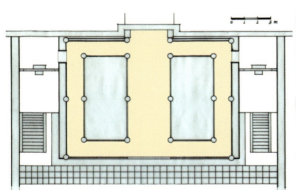

图9-2-27（a）涌金寺古柏阁平面图

图9-2-27（c）涌金寺古柏阁正面

图9-2-27（b）涌金寺古柏阁山面

廊。并且在两次间开间方向的梁枋上，即四大天王塑像头顶，还大大小小的悬塑了一些形态各异的小罗汉像。在明间正梁下方的大梁上，罕见地布置了释迦佛祖和文殊、普贤一主二仆的三尊立姿塑像，尺度比真人略大（图9-2-28）。

对于"古柏阁"底层的架空处理，具体做法是将正面的檐柱，通过方形倒角的石柱础直接落于平台上。而在对应的前金柱、山柱和中柱的下面，则用粗壮的短柱作支撑，短柱的柱径约为金柱的2倍，并在短柱的柱头双向出挑两跳足才丁头栱，栱头置近似平盘形的斗（斗口较浅）支撑上面的梁枋，在每层梁枋中间还做出交首隐栱栱纹，梁枋上再铺设木地板。在楼层两次间四大天王坐像下面，直接以落地的砖石砌台来承托（图9-2-29）。

从这些粗略的分析可以看出，不惟其巧妙结合地形的部分架空处理，尤其在室内，这种佛教寺院天王殿空前绝后的创意布置，恐怕在国内再也找不到第二个例子。

本章主要选取部分年代较早和有代表性的古建筑，分别从其主体建筑大殿的平面布置、大木构架的梁柱构架、斗栱构造和设置在殿堂室内的人物雕塑与装饰绘画，来分析比较其相互之间的异同特点，进而针对云南地方古建筑的综合表现，总结它们所具有的地域性、民族性、兼容性和独创性等几方面的特征，以作为全书的收尾，表明云南现存古建筑的总体状况。

注释

① 所谓"减柱造"，一般系指适当减去一些内柱，在剩余的内柱上置横向的大内额以支撑各缝梁架，来满足功能上的需要。但有时难免因内额跨度过大而出现安全隐患，以致后来不得不在内额下添加支柱，如文殊殿、广胜寺庙下寺正殿。而指林寺大殿则完全未用内柱，就算它是"减柱造"做法，但两者的内额支承方式完全不同，也不存在因内额跨度过大带来的安全隐患。详蒋高宸.建水古城的历史记忆[M].北京：北京科学出版社，2001：112.

② 关于曹溪寺大殿的兴建年代，王海涛在《曹溪寺新证》一文中认为："是清代按照原样重建的仿古建筑"。但不管怎样，曹溪寺大殿具有明显的宋代建筑特点则是不容置疑的。

③ 替木为宋式建筑中所有，常用于斗栱与枋、桁之间的过渡，为明、清所没有。宋《营造法式》中还专门对替木的做法作了规定。

④ 玉峰寺上僧院的山茶树，植于清乾隆二十一年（1757年）。其花每到立春初放，到立夏花尽，七个节令一百多天中，先后开放二十几批，每批千余朵。花朵有牡丹花那么大，而且，多是并蒂花，9丛花蕊，18瓣花瓣，人们

图9-2-28（a）涌金寺古柏阁室内梁枋上的立像

图9-2-28（b）涌金寺古柏阁室内天王与梁枋上的罗汉塑像

图9-2-29（a） 涌金寺古柏阁底层架空

图9-2-29（b） 涌金寺古柏阁底层架空柱头斗栱

称之为9心18瓣，又叫照殿红。花叶油光碧绿苍翠欲滴，托着一枝枝、一对对红花，像一簇簇绚烂的红霞，美艳极了。

⑤ 1937年，由寺主圣露活佛募化再次修缮，为大殿覆盖铜瓦面积近500平方米，至今保持完好，"铜瓦殿"就此得名。

⑥ 菩提女，乃是大理相国高泰祥之女。龛两侧有题联曰："灭国痛流离视元断段兴亡帝业侯封成泡影；出家全孝义参法王得度名山佛子铸金身"，横额为"果正菩提"。

云南古建筑地点及年代索引

名称	地点	年代	变化情况及特点	文保等级
建水朝阳楼	建水古城东门	洪武二十二年（1389年）	三重檐歇山顶，面阔五开间，进深三间，四面环廊，建于城郭上	国家级
巍山拱辰楼	巍山古城北门	洪武二十三年（1390年）	重檐歇山顶，面阔五间，进深三间，建于城郭上，四面环廊，建筑古朴浑厚，2015年烧毁	省级
大理南城门	大理古城南门		重檐歇山顶，面阔五间，进深三间，建于城郭上，四面环廊，1982年重修	
鹤庆云鹤楼	鹤庆县云鹤镇中心	明（清）	通体三层，底层设南北通道，上为木构重檐歇山顶楼阁，外观宏伟端正	省级
祥云钟鼓楼	祥云县城中心	明洪武十六年（1383年）	通体四层，底层设四面拱门通道，二层为四方形，三、四层为八角形重檐攒尖顶	省级
通海聚奎阁	通海古城中心	明（清光绪）	正方形平面、三重檐四角攒尖顶，抬梁穿斗结构建筑，底层四周砌石栏须弥座	省级
巍山星拱楼	巍山古城中心	洪武二十三年（1390年）	通体三层，底层设四面拱门通道，上为木构重檐歇山顶楼阁，外观端正秀雅	州级
宾川钟鼓楼	宾川县州城镇中心	民国十三年（1924年）	通体四层，底层设四面拱门通道，二层为方形，三、四层为八角形，重檐攒尖顶	县级
江川文星阁	江川县江城村	清道光十九年（1839年）	正方形平面，底层设四面拱门通道，三重檐四角攒尖顶，上两层逐层收分	县级
化城穿心阁	呈贡县马金铺乡化城村	清	底层设四面通道，三重檐四角攒尖顶，四角圆柱直通顶，顶层回廊，可供观瞻	县级
昆明大观楼	昆明市大观楼公园	康熙二十一年（1682年）	方形平面，三重檐，四角攒尖顶，楼前门柱有180字长联	国家级
剑川景风阁	剑川县城西景风公园	清康熙十二年（1682年）	八角形平面，三重檐八角攒尖顶	国家级
石屏企鹤楼	石屏县一中	1923年	四层重檐楼阁，一、二层为七开间带通廊的砖墙歇山顶，三层为三开间三叠式砖墙歇山顶，四层为木构八角形攒尖顶，中西合璧式风格	国家级
景真八角亭	勐海县景真寺	傣历1603年（1701年）	由基座、亭身和八角十层的亭阁组成，亚字形须弥座，亭为八角形重檐悬山式双坡人字顶，逐层向上收缩为十层，后经多次修葺	国家级
石屏来鹤亭	石屏县	明崇祯六年（1633年）	不等边六角形，重檐六角攒尖顶亭阁，高8米	国家级
南湖瀛洲亭	蒙自市南湖公园	清光绪十五年（1889年）	六角形平面，坐北向南，三重檐六角攒尖顶楼阁，上铺黄、绿两色琉璃瓦	省级
丽江五凤楼	丽江县城北黑龙潭公园	光绪八年（1882年）	十字形平面，三重檐，一、二层歇山顶，三层四角攒尖顶，多翼角飞檐	省级
丽江得月楼	丽江县城玉泉公园内	清光绪二年（1876年）	方形平面，三重檐四角攒尖顶，抬梁式木结构，基台八边形，1963年重建	市级
一碧万顷楼	昆明西山太华寺	康熙二十七年（1688年）		市级
太华寺大悲阁	昆明西山太华寺	清光绪九年（1883年）	五开间，重檐歇山顶	市级
巍宝山培鹤楼	巍山县巍宝山顶	乾隆二十五年（1760年）	方形平面，三开间带回廊，重檐歇山顶，外有础石栏杆，一转三方	县级
秀山古柏阁	通海秀山公园	明（清）	为倒座，穿斗式结构	国家级

续表

名称	地点	年代	变化情况及特点	文保等级
弥阳建国楼	弥勒县人民政府大院内	清	砖木结构，中间主楼为四重檐，东西两侧楼为三重檐歇山顶，穿斗式梁架	省级
圆通寺观音阁	昆明市圆通寺	清		省级
广南都天阁	广南县莲湖公园			省级
广南昊天阁	广南县东北角	清	方形平面，坐北向南，三重檐歇山顶	省级
灵源箐观音阁	永胜县城东壶山北麓	清光绪二年（1876年）	方形平面，坐北向南，重檐歇山顶	省级
小普陀观音阁	大理洱海挖色乡海印村	清咸丰十年（1860年）	正方形平面，面阔三间，重檐歇山顶，带有前柱廊，小巧玲珑，简洁朴实	市级
宣威观音阁	宣威市多乐村	1930年	方形平面，坐东向西，五重檐四角攒尖顶	市级
平坝观音阁	文山市平坝乡	清嘉庆二年（1797年）	方形平面，重檐歇山顶，18棵外檐柱柱础上均为2.1米高石柱	市级
小西门观音阁	文山市	清光绪元年（1875年）	方形平面，重檐歇山顶，过街楼	市级
建水观音阁	建水县普雄村	清	方形平面，坐北向南，依山就势，重檐歇山顶	县级
豆沙关观音阁	盐津县豆沙关	乾隆三十二年（1767年）	方形平面，三重檐歇山顶，主体由10棵通柱组成井字形，檐下施如意斗栱	县级
弥渡观音阁	弥渡县观音山	清		县级
谷女寺观音阁	弥渡县古城村	清光绪五年（1879年）	方形平面，坐北向南，重檐歇山顶	县级
秀山凌云阁	石屏县秀山寺	1923年	方形平面，坐西向东，三重檐歇山顶，抬梁式砖木结构建筑	省级
官渡凌云阁	昆明市官渡镇	明	重檐歇山顶，建筑古朴，结构精巧，具明代建筑风格	区级
个旧凌云阁	个旧市五一路	民国	长方形平面，坐南向北，三重檐歇山顶，屋檐斗栱雕刻精巧	市级
正续寺藏经楼	武定县狮山	清康熙七年（1688年）	矩形平面，二层重檐歇山顶，通高14.85米，三开间三进深，副阶周匝	市级
石屏尊经阁	石屏县异龙镇	明	方形平面，坐北向南，重檐歇山顶	县级
巍山尊经阁	巍山县城文庙	清咸丰、同治年间	方形平面，坐北向南，重檐歇山顶	县级
宜良尊经阁	宜良县一中	乾隆五十年（1785年）	方形平面，坐北向南，三重檐歇山顶	县级
保山玉皇阁	保山市太保山	明（清）	长方形平面，坐西向东，三重檐歇山顶围廊式楼阁，有藻井，结构精美	国家级
永增玉皇阁	弥渡县新街乡永增大横阱口	清		省级
巍山玉皇阁	巍山古城东南			省级
蒙自玉皇阁	蒙自县城	明	三重檐歇山顶，梁架斗栱用材粗大	省级
诺邓玉皇阁	云龙县诺邓村	明（清）	方形平面，坐北向南，三重檐歇山顶	州级
打渔村玉皇阁	保山市打渔村	明（清）	三重檐歇山顶围廊式，举架较高，斗栱不施彩。造型雄伟古朴	市级
祥云玉皇阁	祥云县城北	明隆庆五年（1571年）	正方形平面，三重檐四角攒尖顶楼阁，略呈盝顶形，造型朴实稳重	县级
月山玉皇阁	晋宁县昆阳镇	明（清）	重檐歇山顶，抬梁木构架，琉璃瓦顶，斗栱造型精巧，两厢为重檐硬山顶	县级

续表

名称	地点	年代	变化情况及特点	文保等级
马关玉皇阁	马关县城内	清嘉庆五年（1800年）	共四层，通高21米，三重檐四角攒尖顶楼阁，可凭栏远眺，俯览全城景色	县级
九气台真武阁	洱源九气台村	清	方形平面，坐南向北，重檐歇山顶	州级
石屏文昌阁	石屏小瑞城村	清	坐西向东，重檐歇山顶	县级
富乐斗阁	罗平县富乐村	清	坐西南向东北，三层，重檐歇山顶	县级
灵通寺松花阁	安宁市虎丘山	元（清）	"系用木叠架而成，无钉楔之迹"	市级
八街庆云楼	安宁市八街镇	清	方形平面，三重檐四角攒尖顶，二、三层楼绘壁画，安宁唯一保存完整的楼阁	市级
呈贡庆云楼	呈贡大古城村	清	方形平面，坐西向东，底层东西向开门，三重檐六角攒尖顶楼阁	市级
昭通恩波楼	昭通市凤凰镇	清	方形平面，三重檐四角攒尖顶	市级
昭通清官亭	昭通市清官亭公园	清	建于水池中，东西建桥相连，前、后两亭相连，前亭长方形平面，四坡瓦顶，后亭正方形平面，盔顶	市级
开远九天阁	开远市人民南路	清	正方形平面，坐北向南，三重檐歇山顶	市级
澄江悬天阁	澄江向旧城村	清	方形平面，坐东向西，单檐硬山顶，建于地势高险之处	县级
桃笑山玄天阁	泸西县城西桃笑村	清康熙	方形平面，歇山顶，三开间，三进间	县级
丽江玄天阁	丽江古城北门街	清	合院平面，坐北向南，单檐山顶	县级
官渡万寿楼	昆明市官渡区小板桥镇	清	重檐歇山顶，抬梁式木结构，高大雄伟，庄严凝重	区级
广南万寿亭	广南县莲城镇	嘉庆二十四年（1819年）	六角形平面，重檐六角攒尖顶楼阁	县级
广南莲湖亭	广南县莲城镇	清至民国	方形平面，重檐歇山顶，抬梁式木结构	县级
德苴清风阁	弥渡县德苴村	清至民国	重檐八角攒尖顶楼阁	县级
江川金甲阁	江川县早街村	清	方形平面，坐东向西，二、三层为八角形，三重檐八角攒尖顶	县级
建水白衣楼	建水县城北正街91号	明（清）	方形平面，三重檐歇山顶、梁柱粗大、视野开阔，登楼可观全城景色	县级
建水百岁楼	建水县城东菱瓜塘街	民国	坐西向东，三重檐歇山顶楼阁，别具一格，远观似轿，近看似亭，小巧玲珑	县级
建水柯里楼	建水县临安镇灶君寺街	明	方形平面，坐北向南，南北相通的过街楼，重檐歇山顶	县级
建水界阁	建水县桥头村	清	正方形平面，坐南向北，上层六角形，三重檐六角攒尖顶	县级
石屏长春阁	石屏宝秀镇	民国	依山而建，三重檐歇山顶	县级
石屏宝山阁	石屏县宝秀镇东宝山顶	清同治	三重檐六角攒尖顶，等边六角形砖木结构	县级
石屏准提阁	石屏县城珠泉街	清光绪	重檐歇山顶，抬梁与穿斗相结合梁架	县级
迤萨西山阁	红河县	清	重檐六角飞檐卷棚顶，四壁有洞圆窗，东西圆门通道，回廊曲折，造型美观	县级
保山翠微楼	保山市	清	阁依山而建，为三重檐歇山顶围廊式楼阁，结构精美，装饰华丽	市级

续表

名称	地点	年代	变化情况及特点	文保等级
黎花坞慈云阁	保山市黎花坞	清	重檐歇山顶，前檐出抱厦，置于高台陡崖之间，屋檐前伸后促，别具一格	市级
和顺元龙阁	腾冲县和顺镇	清	重檐六角攒尖顶，檐枋彩绘，阁依山傍水，环境清幽	县级
石林万仙阁	石林县大屯村	民国	方形平面，坐北向南，三重檐四角攒尖琉璃瓦顶	县级
凤庆魁星阁	凤庆县文庙内		底层方形平面，二、三层六角形平面，三重檐六角攒尖顶	省级
富源魁星阁	富源县文庙内		八角形平面，三重檐八角攒尖顶琉璃瓦屋面，略呈盔顶	省级
个旧魁星阁	个旧市大屯镇	明（清）	正方形平面，坐北向南，重檐八角攒尖顶，翼角起翘，斗栱密集	市级
龙所魁星阁	砚山县龙所村	清道光五年（1825年）	一层方形平面，坐西向东，二、三层六角形平面，三重檐六角攒尖顶，高13米	州级
阿猛魁星阁	砚山县阿猛村	清光绪年间	方形平面，坐西向东，重檐四角攒尖顶	州级
甲寅文星阁	红河县	民国	重檐攒尖顶砖木结构，造型美观，气宇轩昂	州级
嵩明魁星阁	嵩明县一中	清	方形平面，坐北向南，三重檐四角攒尖顶，一、二层均设凭栏	县级
竹元魁星阁	弥勒县竹元镇	清	三重檐六角攒尖顶砖木结构	县级
石屏魁星阁	石屏县宝秀镇	清	六角形平面，三重檐六角攒尖琉璃顶	县级
黄松魁星阁	兰坪县黄松村	清	方形平面，坐西向东，三重檐歇山顶	县级
大古城魁阁	呈贡县大古城村	清嘉庆	三重檐四角攒尖顶，砖木结构，高大雄伟	县级
白龙桥魁阁	嵩明县四营乡白龙桥村	清	正方形平面，三重檐四角攒尖顶亭阁	县级
圆通寺魁阁	嵩明县小街乡	宋（清）	方形平面，重檐四角攒尖顶楼阁	县级
苴力下村魁阁	弥渡县苴力下村		六角形平面，坐北向南，重檐六角攒尖顶	县级
虹溪魁阁	弥勒县虹溪镇	清	底层方形平面，坐北向南，二、三层为六角形，三重檐六角攒尖顶	县级
玉龙魁阁	宜良县狗街镇玉龙村	清	正方形平面，坐北向南，重檐四角攒尖顶，顶上置葫芦宝瓶，结构独特	县级
草甸魁阁	宜良县草甸乡	清	正方形平面，重檐四角攒尖顶，坐北向南，门窗雕刻精细	县级
富民魁阁	富民县款庄乡	清	方形平面，三重檐四角攒尖顶	县级
碧城魁阁	禄丰县碧城村	清	正方形平面，坐北向南，三重檐四角攒尖顶	县级
琅井魁阁	禄丰县琅井村	清	方形平面，三重檐四角攒尖顶	县级
威信文阁	威信县扎西镇	清	方形平面，坐西向东，三重檐四角攒尖顶	县级
迤萨文星阁	红河县	民国	重檐攒尖顶楼阁	县级
建水文星阁	建水县曲江镇闫家坡村	清	六角形平面，坐北向南，重檐六角攒尖顶	县级
元江文星阁	元江县它克村	清	方形平面，三重檐四角攒尖顶	县级
腾冲文星楼	腾冲县	清		
虹溪书院藏书楼	弥勒县虹溪镇	清	重檐歇山顶，抬梁式木结构	县级

续表

名称	地点	年代	变化情况及特点	文保等级
文华书院藏书楼	巍山古城		面阔五间，重檐歇山顶抬梁式木构架，前后设围廊，无斗栱，翼角出檐深远	县级
大庄清真寺宣礼楼	开远市大庄乡	明（清）	三重檐攒尖顶楼阁，气势雄伟壮观	省级
建水双龙桥楼阁	建水县城西5公里	清	桥中央建三重檐方形楼阁，桥南端有重檐八角攒尖顶桥亭一座	国家级
石屏回澜阁	石屏县异龙湖东出水口处	清光绪	方形平面，坐北向南，亭阁建于桥上，别具一格，居中三重檐八角形攒尖顶，两端对称布置三重檐歇山顶	县级
潞江安抚司憩娱楼	保山市坝湾乡	民国	干阑式竹木结构楼房，四角攒尖顶，周设回廊，基长方形	县级
崇圣寺千寻塔	大理古城	唐开成元年（公元836年）	十六层，方形密檐空心砖塔	国家级
佛图寺塔	大理北郊阳平村	唐代	十三层，方形密檐塔	国家级
大姚白塔	楚雄大姚县	唐天宝五年（746年）	单层，八边形须弥座异形塔	国家级
东、西寺塔	昆明五华区	唐宣中八年（854年）	十三层，方形密檐塔	国家级
弘圣寺塔	大理古城	宋代	十六层，方形密檐空心砖塔	国家级
崇圣寺南、北塔	大理古城	大理国时期	十层，八边形密檐空心砖塔	国家级
水目山塔	大理祥云县	大理国天开十年（1214年）	十五层，方形密檐砖塔	省级
旧州东塔	大理洱源县	大理国时期	十一层，方形密檐砖塔	省级
梅城大石塔	大理洱源县		六层，塔就浮雕在山壁岩石之上	省级
镇蝗塔	大理洱源县	元	方形椎体状石塔	省级
雄辩法师大寂塔	昆明邛竹寺	元至大三年（1310年）	单层，覆钵式塔	省级
妙湛寺东塔	昆明官渡古镇	元泰定四年（1327年）	十三层，方形密檐砖塔	国家级
大觉寺千佛塔	曲靖陆良县	始建于元，明万历年间重修	七层，六边形密檐砖塔	国家级
大德寺双塔	昆明五华区	成化五年（1469年）	十三级，方形密檐式砖塔	国家级
金马寺塔	昆明官渡区	明正统初	十三级，方形密檐式砖塔	
定风塔	昆明盘龙区		七级，八角形密檐式砖塔	
妙高寺塔	昆明西山区		八级，方形密檐式砖塔	
妙湛寺金刚塔	昆明官渡区	天顺二年（1458年）	单层，金刚宝座式塔	国家级
法明寺塔	宜良县	天启二年（1622年）	十三级，方形密檐式砖塔	
天乙庵石塔	宜良县	清初	二级，六角形重檐攒尖顶阁楼式石塔	
启文塔	宜良县	光绪年间	六级，六边形密檐式砖塔	
石林文笔塔	石林县	清	圆锥形石塔，原高30米	
雁塔	楚雄市	康熙十九年（1680年）	七级，方形密檐式砖塔	
石羊北塔	大姚县	康熙五十一年（1712年）	七级、方形密檐式空心砖塔	

续表

名称	地点	年代	变化情况及特点	文保等级
石羊南塔	大姚县	康熙五十一年（1712年）	七级，方形密檐式空心砖塔	
大姚文笔塔	大姚县	万历年间	七级，六边形密檐式砖塔	
锁水塔	大姚县	清	十四级，六边形密檐式空心砖塔	
文峰塔	姚安县	隆庆三年（1569年）	九级，六边形密檐式空心砖塔	
元永井文笔塔	禄丰县	光绪年间	九级，方形密檐式砖塔	
广通文笔塔	禄丰县	乾隆四十八年（1783年）	九级，方形密檐式砖塔	
黑井文笔塔	禄丰县	清末	九级，方形密檐式石塔	
摆衣汉文笔塔	禄丰县	道光年间	九级，方形密檐式砖塔	
禄丰文笔塔	禄丰县	康熙四十四年（1705年）	十四级，方形密檐式砖塔	
静德寺墓塔	永仁县	清	单层，六边形须弥座磬锤塔	
白塔	武定县	明初	七级，方形密檐式空心砖塔	
白塔	牟定县	天顺元年（1457年）	九级，方形密檐式砖塔	
南塔	牟定县		八级，方形密檐式砖塔	
阳和塔	大理市	清末	九级，方形密檐式空心石塔	
聚龙宝塔	大理七里桥	嘉庆十九年（1814年）	十级，方形密檐式砖塔	
巍山白塔	巍山县	乾隆五十二年（1787年）	九级，方形密檐式空心砖塔	
封川塔	巍山县	咸丰四年（1854年）	七级，方形截角密檐空心砖塔	
等觉寺双塔	巍山县	成化十二年（1476年）	九级，方形密檐式砖塔	
宝相寺塔	剑川县	嘉靖年间	四级，方形密檐式石塔	
彩云岗塔	剑川县	崇祯年间	九级，方形密檐式石塔	
金华山石塔	剑川县	明末	六级，方形密檐式石塔	
灵宝塔	剑川县	乾隆四十七年（1782年）	九级，方形密檐式石塔	
满贤林石塔	剑川县	康熙年间	四级，方形塔	
饮光双塔	宾川县	明末	三级，方形密檐式石塔	
海东镇龙塔	宾川县	明末	六级，方形密檐式石塔	
九鼎山双塔	祥云县	洪武年间	南塔七级，方形密檐式砖塔 北塔七级，六边形密檐式砖塔	
米甸金旦塔	祥云县	1936年	十二级，方形密檐式空心砖塔	
文笔塔	鹤庆县	隆庆年间	九级，方形密檐式空心砖塔	
象鼻塔	洱源县	光绪十三年（1887年）	八级，方形密檐式砖塔	
制风塔	洱源县	光绪十一年（1885年）	十二级，方形密檐式砖塔	
大果树塔	洱源县	清末	六级，方形塔	
镇水塔	洱源县	清末	四级，方形密檐式砖塔	
巡检塔	洱源县	清末	九级，方形密檐式砖塔	
凤仪北山塔	凤仪县	清末	七级，方形密檐式砖塔	
红山北川塔	凤仪县	雍正五年（1727年）	七级，方形密檐式石塔	
回龙塔	弥渡县	天启年间	十一级，六边形密檐式砖塔	
秀峰塔	云龙县	清	七级，方形塔基圆形石塔	

续表

名称	地点	年代	变化情况及特点	文保等级
红塔	玉溪市	道光十九年（1839年）	七级，八边形密檐式石塔	
锁水塔	华宁县	清	七级，方形密檐式砖塔	
元江白塔	元江县	康熙年间	七级，方形密檐式砖塔	
开远文笔塔	开远市	清	八级，方形楼阁式石塔	
老马寨文笔塔	开远市	清末	七级，方形密檐式石塔	市级
虹溪文笔塔	弥勒市	乾隆十三年（1748年）	圆锥状顶异形空心砖塔	
麟马文笔塔	弥勒市	清	圆锥状风水石塔	
建水文笔塔	建水县	道光八年（1828年）	四方八棱异形实心石塔	
崇文塔	建水县	道光十一年（1831年）	十四级，方形密檐式砖塔	省级
焕文塔	石屏县	乾隆四十一年（1776年）	七级，六边形楼阁式空心砖塔	
白塔	文山市	乾隆十七年（1752年）	五级，方形密檐式砖塔	
锦屏文笔塔	丘北县	咸丰三年（1853年）	七级，方形密檐式空心石塔	
多宝和尚塔	丘北县	道光三十年（1850年）	四级，方形密檐式石塔	
雁塔	广南县	嘉庆十八年（1813年）	九级，六边形密檐式空心砖塔	
来宾石塔	宣威市	1912年	六级，六边形密檐式石塔	
石门关古塔	大关县	清初	五级，六边形密檐式石塔	
翠华寺佛塔	大关县	民国	七级，六边形楼阁式石塔	
三官楼石塔	盐津县	清	五级，六边形楼阁式石塔	
观音塔	绥江县	清	三级，方形楼阁式石塔	
东文笔塔	临沧市	光绪二十九年（1903年）	七级，方形密檐式空心砖塔	
红龟山塔	凤庆县	光绪十四年（1888年）	十六级，方形密檐式空心砖塔	
玉砚塔	凤庆县	民国	十三级，方形楼阁式空心砖塔	
文笔塔	云县	乾隆四十七年（1782年）	八级，方形密檐式砖塔	
孔雀山凌云塔	景东县	乾隆四十五年（1780年）	七级，六边形密檐式空心砖塔	
保甸振文塔	景东县	道光十一年（1831年）	八级，方形密檐式石塔	
南鲸山文笔塔	景东县	康熙年间	九级，方形密檐式砖塔	
营盘文笔塔	景谷县	1945年	七级，六边形密檐式砖塔	
五台山文笔塔	镇沅县	光绪年间	六级，方形密檐式砖塔	
乐秋塔	南涧县	清末	六级，方形塔密檐式砖塔	
大龙塔	兰坪县	光绪二十二年（1896年）	六级，方形密檐式空心砖塔	
景恩塔	勐海县	始建于唐代，1983年重建	塔基方形，9座群塔（1主8小）	
大勐笼白塔	勐海县	1171年	9座群塔	
曼飞龙塔	景洪市	1204年	塔基圆形，9座群塔（1主8小），塔身洁白	
景真中心塔	勐海县	始建于1205年，1986年重建	塔基方形，覆钟式砖塔，圆锥塔刹	
庄莫塔	景洪市	1568年	塔基方形，覆钟式砖塔	
曼崩铜塔	勐腊县	1758年	三级，八角形砖塔，塔身包铜皮	

续表

名称	地点	年代	变化情况及特点	文保等级
岗纳木塔	勐海县	明代		
邦友塔	景洪市	明初	已毁，史传建于隋	
曼垒双塔	勐海县	清代	一大一小	
曼苏满寺塔	橄榄坝	清代		
庄董塔	景洪市	清代		
蚌囡塔	景洪市	清代	八角形塔	
庄尖塔	景洪市	清代	八角形塔	
曼迈塔	景洪市	清代	八角形塔	
英帕塔	景洪市	清末	多角多边	
庄荒塔	景洪市	清代	亭阁式塔	
景栋塔	景洪市	民国	亭阁式塔	
光考塔	勐海县	民国		
宰龙塔	勐海县	民国		
洞上允塔	潞西市	清代	塔基方形，5座群塔（1主4小）	
铁城佛塔	潞西市	始建于清初，1985年重建	塔基八边形，5座群塔（1主4小），主塔被树包裹	
风平双塔	潞西市	始建于1741年，1986年重建		
广母塔	潞西市	1740年		
丰平大塔	潞西市	1746年		
尖山塔	潞西市	1774年		
寡妇塔	潞西市	1774年		
广母景罕	陇川县	始建于1623年，1980年重建	塔基方形，9座群塔（1主8小）	
允燕塔	盈江县	始建于民国，1983年修复	41座群塔	
勐底塔	梁河县	民国	德宏唯一的亭阁式空心佛塔	
姐勒金塔	瑞丽市	始建年代不详，1981年重建	塔基圆形，17座群塔（1主8中8小）	
广母弄安	瑞丽市	清代	5座群塔（1主塔4小塔）	
勐旺白塔	临沧县	明代	九级单塔	
临沧西塔	临沧县	1621年	七级，八角形砖塔	
洼佛寺塔	耿马县	1778年	又称大白象	
等洪塔	耿马县	清代		
那棉塔	耿马县	清代		
允楞绿潭塔	耿马县	清代		
允棒乞丐塔	耿马县	民国		
勐卧双塔	景谷县	明、清代	即树包塔、塔包树，塔基方形，双塔造型相同	

续表

名称	地点	年代	变化情况及特点	文保等级
芒中寺塔	孟连县	清代		
芒洪塔	澜沧县	清代	单层，八角形空心砖塔，布朗族南传佛塔	
整董贺井塔	江城县	始建于清代，民国17年重修	塔基方形，哈尼族地区南传佛塔	
芒蚌佛塔	普洱市	清初		
梁河南甸宣抚司署	梁河县遮岛镇	清咸丰元年（1851年）	占地面积2万余平方米，建筑面积3762平方米，一进四院，宫殿形制，汉、傣合璧风格；保存较为完整，现为县博物馆	国家级，1996年
建水纳楼茶甸长官司署	建水坡头乡回新村	清光绪三十三年（1907年）	建筑面积2951平方米，坐北向南，门前照壁高大，院场宽阔，四角有石砌碉楼，汉、彝合璧风格；保存较好	国家级，1996年
孟连宣抚司署	孟连县娜允镇	清光绪五年（1879年）重修	占地面积12484平方米，议事厅为干阑式三重檐歇山顶，合院布局，斗栱飞檐，汉、傣、白合璧风格；现为孟连县民族历史博物馆	国家级，2006年
广南侬氏宣抚司署	广南县城北街	不详	占地面积1.1万平方米，坐北向南，设大门、中门、三门；现存小衙门殿堂，保存尚完好	国家级，2013年
陇川邦角山官衙署	陇川县王子树乡	1935年	占地面积1148平方米，抬梁式木结构。汉族、景颇族合璧风格；现状不详	省级，1993年
兰坪兔峨土司衙署	兰坪县兔峨镇	1912年	占地面积990平方米，一进二堂三院，四合五天井格局，汉、白合璧风格；现门窗走样，但建筑主体完好	省级，1998年
维西叶枝土司署	维西叶枝村	清康熙年间	占地面积8.3万平方米，建筑面积5000平方米，南北两大院，北为衙署，南府邸，三坊一照壁格局，融汉、藏、白、纳西族多种风格；现北院已开发成王府饭庄，其余建筑空置	省级，1998年
姚安高氏土府	姚安县官禄镇	元	法式建筑风格；主体保存完好	省级，2012年
泸水段氏土司衙署	泸水县六库镇	清乾隆十二年（1747年）	占地面积2000平方米，原司署由二衙、三衙、五衙、六衙组成，现仅存三衙，白族三坊一照壁格局；现在六库小学校园内，作为教师办公室	省级，2012年
永宁中实土司衙署	宁蒗县永宁中实村	明	仅存大门、二门和最后一院，走马转角四面回廊，四坡顶；近期重新彩绘过	省级，2012年
元阳勐弄司署	元阳县攀枝花乡	民国28年	占地面积约2公顷，背倚鼻山，下临藤条江险要地势布置，正厅中西式，右侧花厅砖石木结构；现正厅为在原址重建	州级
潞江安抚司憩娱楼	保山市坝湾乡	民国初年	为潞江安抚司署残留建筑，干阑式竹木结构四角攒尖顶，带回廊；现状不详	市级
沾益土州衙署	宣威市河东营村	不详	两层，单檐硬山顶，抬梁式结构；现为民用，保存完整	市级
宣威倘可巡检衙署	宣威市倘塘村	清雍正十一年（1733年）	前后两院，三坊一照壁，大堂面阔五间；现为民用，保存完整	市级
陇川宣抚司署	陇川县城子镇团结路	清	占地面积1993平方米，由正殿、厢房、厅堂等组成，抬梁式木结构，单檐歇山顶；现状不详	县级
泸水老窝土司衙署	泸水县老窝乡	清乾隆十二年（1747年）	建筑面积500平方米，坐东向西，白族传统三坊一照壁格局；现空置	县级
丽江木氏家院	丽江大研古城	清咸丰年间大部分毁于兵燹	占地面积536平方米，坐西向东，一进三院，单檐悬山屋顶，为木氏府邸；震后与重建木府融为一体	—

续表

名称	地点	年代	变化情况及特点	文保等级
永宁拖支土司衙署	宁蒗县永宁拖支村	—	仅存两厢和北房，走马转角三面回廊，四坡顶，西厢3层，设经堂；现木结构多处糟朽，西厢部分残缺	县级
永宁达坡土司衙署	宁蒗县达坡村	—	纳西族；现完全无存，现在遗址建有民房	县级
蒗蕖土司衙署	宁蒗县新营盘乡	嘉庆年间	正堂重檐悬山，有斗栱装饰；现仅存一正堂及南北两厢房	县级
鹤庆土知府	鹤庆县太平村	—	原高土官署；现已无存	县级
峨山禄土司衙署	峨山县双江镇	明初	占地面积350平方米，现存南院公堂和北院耳房，公堂单檐硬山顶	县级
新平县土丞杨氏衙署	新平县大西门	清康熙二十年（1681年）	占地面积600平方米，现存大门和后院正房重檐歇山，穿斗式结构	县级
阿用土官衙署	广南县杨柳井乡	清	原有大、中、小三个衙门，现存小衙门二进两院正堂，壮族干栏式建筑，明间开敞，前置板梯	县级
安南长官司署故址	蒙自市老寨村	不详	毁于清乾隆之前；现存覆盆式柱础六个和残砖碎瓦	县级
右营都司署故址	蒙自市水田乡	清光绪十一年（1885年）	石砌城堡，居高临下占地1万平方米，城外有壕沟，城内有营房；已毁，现存残墙200多米，厚2米	县级
阿迷土司衙署	开远市武庙街145号	清康熙二十年（1666年）	占地面积1.4公顷，建筑面积819平方米，原有大门、前厅、大堂、左右厢房和耳房等建筑，曾是滇南江内仅存的两个土司署之一；2004年被拆除	
勐海曼赛曼峦回土府	版纳州	不详	傣族；已毁	
景洪车里宣慰土司府	景洪	不详	底层有柱约120根，两端各设一把楼梯；已毁	
武定慕连娜氏土府	楚雄州武定县	不详	彝族；已毁	
左能土司署	红河州	清道光年间	占地面积3960平方米，坐西向东，三进三重院，各个建筑由东向西依山而建，与地形紧密结合；现前半部分用作办公楼，后半部分由土司儿子居住	
绿春孙中孔司署	绿春县	不详	哈尼族；现已毁	
彝良牛街乌撒土司衙署	彝良县牛街镇花园村		占地面积约4469平方米，坐北向南；原建筑已毁，现仅存围墙	
天生桥	弥渡	不详	天然石桥，长21米，宽17米，高30米，孔高7米	
天生桥	中甸	不详	天然石桥，长50米，宽10米，高70米	
天生桥	宣威	不详	天然石桥	
天生桥	勐腊	不详	天然石桥	
开基桥	宁蒗	建于元初，1980年重修	石桥	
兴隆桥	绥江	清嘉庆二年（1797年）	石板桥，长约7米，宽2.5米，厚0.5米	
七星桥	永仁	不详	石拱桥	
安流桥	昆明	始建年代不详，同治七年（1868年）重修	单孔石拱桥，长25米，宽6米，高9.6米，拱径约10米	

续表

名称	地点	年代	变化情况及特点	文保等级
金索桥	宜良	清光绪三十年(1904年)	单孔石拱桥，长8米，宽4.5米，孔径5米	
聚凤桥	宜良	乾隆三十三年(1768年)	单孔石拱桥，长6米，拱跨4.5米	
虎跳桥	东川	清光绪年间	单孔石拱桥，长8米，宽4米，孔径5米	
高桥	盐津	清同治年间	单孔石拱桥，长14米，宽4米，孔径约10米，高约30米	
沙河桥	永善	乾隆二十二年(1757年)	单孔石拱桥，长13.3米，宽4米，高20米	
泰宁桥	镇雄	清乾隆年间	单孔石拱桥	
两河衢飞桥	彝良	清道光六年(1880年)	单孔石拱桥，长13.5米，宽2.9米，高10米，拱跨10米	
普济桥	曲靖	明崇祯十三年(1640年)	单孔石拱桥，长10米，宽5米	
白塔桥	马龙	明洪武年间	单孔石拱桥，长11米，宽3.5米，孔径7米	
四里座石桥	宣威	始建于清光绪年间，1921年重修	单孔石拱桥，长22.6米，宽4.6米，高28米	
三书桥	会泽	清光绪十五年(1889年)	单孔石拱桥，长32.7米，宽4.7米，高13.5米	
蟒蛇桥	寻甸	始建年代不详，1939年重修	单孔石拱桥，长37米，宽5米，高20米	
丹凤邑桥	南华	明万历二十五年(1597年)	单孔石拱桥，长14米，宽6.5米，高5米，拱跨10米	
镇川桥	南华	清康熙三十九年(1700年)	单孔石拱桥，长29米，宽5.7米，高7.2米，拱跨11米	
西龙潭桥	澄江	始建于清代，1930年重修	单孔石拱桥，长12米，宽3米，孔径3.5米	
永济桥	通海	始建于明弘治年间，康熙年间重修	单孔石拱桥，长36米，宽5.5米，高7.5米	
金琐桥	华宁	始建于清乾隆十年(1745年)	单孔石拱桥，长37米，宽9米，高14米，孔径18米，半径11.5米，矢高2.1米	
三板桥	元江	始建于清康熙十九年(1680年)	单孔石拱桥，长15米，宽5米，高8米	
长虹桥	开远	1962年	单孔石拱桥，长127米，跨径112.5米	
惠远桥	石屏	始建于清乾隆四十四年(1779年)	单孔石拱桥，长46米，宽8米，高10米，孔径14米，矢高8米	
飞龙桥	元阳	1924年	单孔石拱桥，长24米，宽5米，高20米，拱跨13米	
乐善桥	金平	始建于清康熙、雍正年间，道光年间重修	单孔石拱桥，长16.6米，宽5.35米，孔径7.94米	
玻烈河桥	镇沅	始建于清道光十七年(1837年)	单孔石拱桥，长14米，宽4米，高10米，孔径10米	
难搭桥	镇沅	始建于清光绪六年(1880年)	单孔石拱桥，长10米，宽3.3米，高约30米，孔径10米	
古生凤鸣桥	大理	始建于清嘉庆九年(1804年)	单孔石拱桥，长10米，宽3米	
双鹤桥	大理	始建于明洪武十五年(1382年)	单孔石拱桥，跨度约10米，宽8.7米，拱高4.9米	
平坡石圈桥	漾濞	始建于不详	单孔石拱桥，长20米，宽7.21米，桥身宽约4米，孔高约7.2米	

续表

名称	地点	年代	变化情况及特点	文保等级
南薰桥	宾川	始建于明嘉靖二十三年（1544年），清光绪年间重修	单孔石拱桥，长15.6米，宽5.16米，高6米，孔径7米	
天马关桥	弥渡	不晚于明中期	单孔石拱桥，长11米，宽3.米，高6.3米，孔径9米	
迎贵桥	鹤庆	明代	单孔石拱桥，长9.5米，宽5.56米，拱跨2.6米	
永安桥	南涧	不详	单孔石拱桥，长15米，宽2.5米，高3米	
万子桥	丽江	建于明代，清雍正八年（1730年）重修	单孔石拱桥，长9米，宽4.2米，拱跨4米	
梓里桥	丽江	清光绪五年（1879年）	单孔木拱桥，长22.4米，宽3.4米，拱跨11.5米	
观澜桥	永胜	清嘉庆十一年（1806年）	单孔石拱桥，长21米，宽5.3米，拱跨11米	
碧溪桥	永胜	1941年	单孔石拱桥，长17米，宽4.9米，净跨8米	
云川桥	华坪	清乾隆年间	单孔石拱桥，长10米，宽2米，拱跨2米	
锁龙桥	华坪	清光绪八年（1882年）	单孔石拱桥，长30米，宽6米，高11米，拱跨15米	
茂兰长安桥	云县	始建年代不详，清光绪十五年（1889年）重修	单孔石拱桥，长46米，宽3.3米，拱跨9米，中部距河面约10米	
块择河大桥	富源	清乾隆四十九年（1784年）	双孔石拱桥，长30米，宽6米，高26.8米	
龙川桥	牟定	清嘉庆二十五年（1820年）	双孔石拱桥，长22米，宽3.4米，高5米	
南桥	广南	清嘉庆二十四年（1819年）	双孔石拱桥，长8.7米，宽4.6米，单孔跨径4.3米，拱矢高3.1米	
大石桥	丽江	明代	双孔石拱桥，长10.6米，宽3.84米，单孔净跨4.32米	
太极桥	腾冲	1912年	双孔石板桥，长13.5米，宽2.2米	
连厂桥	姚安	建于明万历五年（1577年），清光绪末年重修	双孔砖石桥，长30米，宽4.1米，单孔跨径8.6米	
龙川桥	昆明	建于元至元年间	三孔石拱桥，长45米，宽10.5米，中孔高5米，左右孔各高3.2米	
安澜桥	安宁	建于清康熙三十五年（1696年）	三孔石拱桥，长34米，宽5.5米，单孔跨径8米	
大砂石桥	石林	建于明嘉靖三十一年（1552年），清乾隆二十年（1755年）重修	三孔石拱桥，长24.5米，宽10米，高7米，中孔径7米，边孔径5米	
潇湘桥	曲靖	始建于清雍正三年（1725年）	三孔石拱桥，长40米，宽8米，中孔跨径8米，边孔径6.8米	
大平桥	沾益	始建于明洪武年间，明万历、清乾隆年间重修	三孔石拱桥长35米，宽6米，中孔跨径8.1米，边孔径6.7米	
黑桥	沾益	始建于唐武德二年（619年）清咸丰二年（1852年）重修	三孔石拱桥，长44米，宽6米，单孔跨径2米	

续表

名称	地点	年代	变化情况及特点	文保等级
盘龙石桥	宣威	始建于清光绪二十五年（1899年），1938年重修	三孔石拱桥，长20米，宽6米，3孔等跨，跨径5米	
可渡石桥	宣威	1917年	三孔石拱桥，长60米，宽5.5米，中孔顶距水面11.7米，跨度10.5米，东西边孔顶距水面9.8米，跨度9米	
抹阁桥	富源	始建于清嘉庆四年（1799年），清光绪八年（1882年）重修	三孔石拱桥，长28米，宽6米，中孔跨度约12米，左右两孔为2米圆洞	
胡马桥	富源	始建于清康熙初年	三孔石拱桥，长27.2米，宽6米，中孔跨径9.1米，边孔跨径5.4米	
永康桥	罗平	始建于1917年	三孔石拱桥，长60米，宽6.3米	
福海桥	会泽	始建于清初，民国重修	三孔石拱桥，长40米，快6.45米，孔跨度10.85米	
灵官桥	南华	始建于明万历二十九年（1601年）	三孔石拱桥，长24米，宽6.6米，高4.5米	
启明桥	禄丰	始建于明崇祯十四年（1641年），清乾隆五十一年（1786年）重修	三孔石拱桥，长46米，宽9.6米，中孔跨径9.5米，边孔各7.5米	
海门桥	江川	始建于明天顺四年（1460年），1925年重修	三孔石拱桥，长15米，宽6米	
南桥	开远	清顺治十一年（1654年）	三孔石拱桥，长61米	
大新桥	建水	明万历三十二年（1604年）	三孔石拱桥，长82.5米，宽12.2米，高20余米	
天缘桥	建水	清雍正四年（1726年）	三孔石拱桥，长121米，宽7.2米，拱高7.8米	
保兴桥	西畴	清光绪年间	三孔石拱桥，长30米，宽4米，高8米，跨径6米	
八宝双桥	广南	清乾隆五十三年（1788年）	三孔石拱桥，长22.1米，宽2.5米，跨径18米，拱矢高2.9米	
济川桥	宾川	清乾隆四十九年（1784年）	三孔石拱桥，长40米，宽5米，高7米	
天衢桥	洱源	始建于明成化二十三年（1487年），清乾隆四十七年（1782年）重修	三孔石拱桥，长30米，宽5米，高8米	
德源桥	洱源	始建年代不详，清乾隆二十三年（1758年）重修	三孔石拱桥，长27米，宽5.2米，高8米	
写字桥	绥江	清乾隆三十八年（1773年）	三孔石板桥，长18米，宽1.6米，高约3.5米	
池中桥	绥江	明代	四孔石拱桥，每孔跨径4米	
三溪口石桥	盐津	始建于清乾隆三十二年（1767年），清嘉庆至光绪年间重修	五孔石拱桥，长约20米，宽1米	

续表

名称	地点	年代	变化情况及特点	文保等级
潦浒桥	曲靖	始建于清同治年间	五孔石拱桥，长64米，宽6米，5孔不等跨，中孔13.6米	
马过河桥	马龙	始建于民国年间	五孔石拱桥，长58米，宽7米，5孔等跨，每孔跨径7米	
丰裕桥	禄丰	始建于明代，明至清代5次重修	五孔石拱桥，长91米，宽8.1米，高9.5米	
五马桥	禄丰	始建于元大德五年（1301年），明、清代多次重修	五孔石拱桥，长60米，宽6.5米	
普济桥	宜良	始建于清乾隆三十九年（1774年），光绪三十四年（1908年）重修	七孔石拱桥，长79.4米，宽5.5米	
小江桥	沾益	清乾隆四十年（1775年）	七孔石拱桥，长82米，宽8.2米，七孔等跨，每孔跨径10米	
星宿桥	禄丰	始建于明万历四十年（1612年），雍正五年、清道光年间重修	七孔石拱桥，长96.5米，宽9.8米	
七孔桥	开远	始建于1910年	七孔石拱桥，长98.8米，宽4.4米，高21.1米	
云津桥	弥渡	始建于明万历年间	八孔石拱桥，长61.6米	
九孔桥	沾益	始建于清乾隆二十年（1755年）	九孔石拱桥，长82.5米，宽3.7米，高4米，单孔跨径6米	
中寨围箩桥	广南	始建于清代	10孔木石桥	
双龙桥	建水	始建于清乾隆年间	17孔石拱桥，长147.8米，宽3~5米，高9米	
卧虹桥	昭通	始建于1943年	25孔石拱桥，长198米，宽2米，高3.5米，孔距2.15米	
永定桥	富民	始建于明万历十三年（1584年），清嘉庆二年（公元1797年）重修	五孔石梁平廊桥，长约20米，宽4.3米，高8米	
乡会桥	建水	始建于清代	三孔石拱廊桥，长102米，高7.2米	
知政桥	宾川	始建于明万历年间	五孔石拱风雨桥，长105.7米，宽8米，高约9米	
涟漪桥	墨江	始建于清康熙初年，清同治九年（1870年）重修	单孔木梁平廊桥，长5.5米，宽5.8米，高10.65米	
永济桥	巍山	始建于明万历元年（1573年），历代多次维修	木梁平廊桥，长15.6米，宽3.25米，高6.5米	
云盘村木桥	麻栗坡	清光绪年间	木梁平廊桥，长13.4米，宽3.2米，高4.5米	
高泉风雨桥	维西	1934年	木梁平廊桥，长16.8米，宽2.3米	
永宁桥	宾川	清嘉庆十五年	三孔木梁平廊桥，长38.4米，宽4.4米，高7米	
龙街瓦桥	景东	始建年代不详，1918重修	双孔木梁平廊桥，长42米，宽3米，桥面距河面高4.75米	

续表

名称	地点	年代	变化情况及特点	文保等级
普济桥	广南	始建于清嘉庆十二年（1807年），清光绪十九年（1893年）重修	五孔木梁平廊桥，长15.4米，宽3米，桥面距河面高2.4米	
妥乐江桥	沾益	始建于清乾隆五十六年（1791年），清嘉庆至同治间4次重修	木梁平廊桥长47米	
直苴花桥	永仁	始建于1913年	单孔木拱廊桥，长18.2米，宽2.4米，高6.8米	
通京桥	云龙	始建于清乾隆四十一年（1776年），清道光十五年（1889年）重修	单孔木拱廊桥，长40米，宽4米，高12.5米，净跨径29米	
彩凤桥	云龙	始建于明崇祯年间，明崇祯至清光绪历代均维修	单孔木拱廊桥，长33.3米，宽4.7米，高11.33米，跨径27米，	
南约藤桥	西盟	明万历年间	竹木藤桥，长55米，宽1.4米，桥身高2米，踏板宽0.3米，离水面高9米	
永安桥	永胜	始建年代不详，清光绪二十七年（1901年）重修	铁索风雨桥，长25米，宽3.3米，净跨15.5米，7根铁索	
水城藤桥	云龙	不详	藤桥长25米	
普渡河桥	禄劝	1928年	铁索桥，长36米，宽2米，西岸有10米长引桥，8根铁索	
安顺桥	东川	清光绪十九年（1893年）	铁索桥，长24.3米，宽1.75米，9根铁索	
江底铁索桥	鲁甸	清道光二十九年（1849年）	铁索桥，长40米，宽2米，5根直径约15厘米粗铁索	
黄葛铁索桥	大关	始建于清道光十三年（1833年），清光绪年间重修	铁索桥，长40米，宽2.5米，距水面高8米，铁索10股	
海丹铁索桥	富源	1930年	铁索桥，长33.5米，宽3米	
江底铁索桥	会泽	清光绪年间	铁索桥，长49米，铁索12根	
胡寨铁索桥	石屏	1912年	铁索桥，长38.7米，宽3米，11根铁链	
太平顺濞桥	漾濞	始建年代不详，清光绪二年（1876年）重修	铁索桥，长44米，宽3米，8根铁链	
云龙桥	漾濞	清康熙三十一年（1692年）	铁索桥，长40米，宽3.3米，距水面13米，8根铁链	
双鹤桥	永平	1920年	铁索桥，长41余米，宽3米，8根铁链	
霁虹桥	永平	始建于明成化年间，清康熙二十年、光绪年间重修	铁索桥，长106米，宽3.7米，18根铁链	
飞龙桥	云龙	始建于清同治二年（1863年），1965年桥身冲毁	铁索桥	
青云桥	云龙	始建于清道光四年（1878年）	铁索桥，长36米，宽2.18米，5根铁链	
双虹桥	保山	始建于清乾隆五十四年（1789年），1923年重修	铁索桥，东段跨距67米，西段跨距38米，长162.5米，宽2.8米，分别由15、12根铁链	

续表

名称	地点	年代	变化情况及特点	文保等级
龙川江桥	腾冲	始建年代不详，明、清两代曾多次重修	铁索桥，长52米，宽2.3米，3根铁链	
遂通桥	施甸	清光绪三十四年（1908年）	铁索桥，长30.8米，宽2.5米，10根铁链	
惠通桥	施甸	清道光年间	钢索吊桥，长123米，宽5.6米，高30米，距水面15米	
安澜桥	昌宁	1905年，1927年重修	铁索桥，长65米，宽3.5米，17根铁链	
梓里桥	永胜	清光绪二年（1876年），1936年重修	铁索桥，长131.6米，净跨92米，宽3.5米，距水面50米，18根铁链	
青龙桥	凤庆	清乾隆二十年（1755年），清道光二十四年（1844年）重修	铁索桥，长93.52米，宽3米，距水面高15.64米，16根铁链	
惠民桥	云龙	始建年代不详，光绪十二年（1886年）重修	双孔铁链吊桥，长50米，桥身长39米，宽2.5米，高约8米，最大孔径21.3米，8根铁链	
五家寨人字桥	屏边	1907年	钢架桥，跨距67米，距谷底100米，滇越铁路	
铁桥	中甸	唐代	铁索桥，仅存遗址	
惠人桥	保山	清道光十年（1830年）	铁索桥，仅存遗址	
石钟山石窟	剑川县沙溪乡	唐宋	分石钟山、狮子关和沙登箐三区，共16窟，139躯造像，具有唐代雕刻艺术风格和浓郁地方民族特色	国家级，1962年
法华寺石窟	安宁市小桃花村	宋	供4窟，多为一龛一佛，造像风格古朴，雕刻技法娴熟	省级，1965年
金华山摩崖造像	剑川县城西	宋	高浮雕造像3尊，雕刻技法粗犷	省级，1987年
三台山摩崖造像	禄劝县密达拉村	宋	高浮雕天王造像2尊	省级，1987年
莲花洞石刻造像	屏边县白云村	清	佛道同处，造像8尊，洞高3米，宽10米，深32米	省级，1987年
观斗山石雕群像	威信县高田乡	明清－民国	—	省级，1993年
西山龙门石窟	昆明西山风景区	明－清	依绝壁凿岩穿穴，镂石开窟，长66.5米，具有险、奇之特点	省级，1993年
缘狮洞石窟	蒙自县鸣鹫村	清	造像22躯，依岩而雕，就地构造，洞高12.5米，宽10米，深17.3米	省级，1993年
女龙王石雕	禄丰县黑井镇	元	雕于一自然岩石上，高1.14米，当地称为"女龙王"	—
北方天王摩崖像	晋宁县上蒜乡	清	造像高4.3米、宽2.4米，有学者认为是宋、元时代作品	市级，1983年
挖色石窟	大理市挖色乡	宋－元	分凤鸣台和龙绕石两区，共23窟，有16罗汉与7菩萨造像	—
麻栗坪石窟	东川区碧谷镇麻栗坪村	明	窟高3.5米、宽20米，原有造像9尊，现存3尊，为观音、弥勒等佛像造像，高0.7～0.8米	—
云崖卧佛寺	保山市隆阳区板桥乡	唐	洞中原有唐代石雕卧佛，后毁，现存汉白玉雕卧佛，长6米，为现代雕刻	市级，1987年
翠云观音洞造像	思茅市翠云乡	清	洞长125米，高20米，宽16米，内有观音石雕坐像一躯	市级，1987年

续表

名称	地点	年代	变化情况及特点	文保等级
古佛洞造像	大理市喜洲云弄峰神摩山	明	洞高5米，宽3米，进深10余米，依洞内钟乳石雕或堆塑佛神像40余尊，大小不等	市级，1985年
银厂坡石刻造像	东川区碧谷镇银厂坡村	明	洞内有石雕造像7尊，排列两行，高0.4~0.7米，中者较大，称为"九子太婆"，女性，其余为男性	—
龙门洞石窟	蒙自县老寨乡	明	石窟高10米，宽15米，有道教题材造像4躯，雕刻技艺娴熟，形象逼真	县级，1983年
良姜观音阁石刻造像	绥江县田坝乡良姜村	明	半圆形石窟，高0.65米，宽1米，就石雕刻观音及金童玉女，上方有"普陀岩"题刻	—
石室寺造像	巧家县复兴乡	清	寺依绝壁，石室三间，宽15米，深18米，高5米，造像已毁	县级，1988年
石龙殿摩崖造像	绥江县新滩镇建设坝	清	刻于金沙江边悬崖上，菩萨像3尊，高2.5~3.3米，崖顶有题刻4处	—
飞来寺菩萨像	师宗县龙庆乡豆温村	清	寺依悬崖而建，就岩石内雕佛、菩萨像	县级，1984年
徐井村石刻造像	玉溪市红塔区李棋镇徐井村	清	道教石造像10躯，高1~2.5米	—
观音洞造像	屏边县新现镇达子咪观音山	清	洞高8米，宽6米，深30米，依岩凿佛龛，内雕观音坐像，现存10尊，残高0.35~0.4米	—
仙人洞造像	普洱县西门岩子顶峰	清	洞口高3米，宽4米，深10米，依钟乳石雕大乘佛教造像3尊	—
石洞寺石雕像	景东县大街乡石岩村	清	洞宽10米，深10米，洞中建寺，内有石雕佛像	—
苍山凤眼洞造像	大理苍山龙泉峰悬崖上	—	洞临百丈悬崖，内有石床，洞口上方雕八仙造像	—
天子洞造像	鹤庆县辛屯乡逢蜜村	民国	造像雕于天子洞，中为观音立像，高1.5米，两旁为罗汉	县级，1987年
华藏洞造像	鹤庆县黄坪乡石洞村	—	又名天华洞，长455米，宽15米，为七进六殿，集儒释道于一洞，分别泥塑不同佛、神像，现存为1953年重塑	县级，1987年
生生洞石刻造像	维西县叶枝乡梓里村	清	造像刻于洞南侧15米处，雕弥勒佛像一躯，高1.85米	县级，1985年
金鸡寺石窟	兰坪县金顶镇石登村	清	石窟宽10.5米，高3.7米，深5.75米，雕弥勒像一躯，高3.1米	县级，1986年
龙洞造像	宣威市来宾乡	—	天然石洞，洞中泥塑龙王、龙母像	—
土坑墓	宾川白羊村墓	大理州宾川县白羊村宾居河东岸	新石器时代	—	国家级，2003年
	元谋大墩子墓	楚雄州元谋县城西张二村河北岸	新石器时代	—	国家级，2013年
	南华孙家屯古墓群	楚雄南华县城西孙家屯村北杨关坡	新石器时代晚期	—	市级，1986年
	楚雄万家坝古墓群	楚雄州楚雄市城南万家坝村东青龙河	春秋—战国	—	国家级，2013年
	德钦石底墓土坑墓	迪庆州德钦县城南燕门乡石底村象头山澜沧江东岸	战国—西汉	—	—
	德钦永芝墓	迪庆州德钦县永芝村	西汉早期	—	—

续表

名称	地点	年代	变化情况及特点	文保等级
剑川鳌凤山古墓群	大理州剑川县沙溪街西南鳌凤山	战国—东汉	—	—
祥云大波那墓	大理州祥云县城东南大波那村后山	青铜时代	—	县级，1983年
宁蒗大兴镇古墓群	丽江市宁蒗县大兴镇东北角山麓	青铜时代	—	县级，1987年
鹤庆黄坪古墓群	大理州鹤庆县黄坪乡都邑村旁坡地	春秋—西汉	—	—
江川李家山古墓群	玉溪市江川县城西北龙街乡李家山	战国—东汉	—	国家级，2001年；省级，1993年
江川团山古墓群	玉溪市江川县江城乡红云村团山	战国—西汉	—	—
晋宁石寨山古墓群	昆明市晋宁县晋城镇西石寨村南	战国—西汉	—	国家级，2001年；省级，1965年
安宁太极山古墓群	安宁市东南太极山	战国—西汉	—	县级，1985年
呈贡石碑村古墓群	昆明市呈贡城南龙街石碑村坡地	战国—西汉	—	县级，1986年
呈贡天子庙古墓群	昆明市呈贡县城南天子庙	战国—西汉	—	市级，1983年
呈贡小松山古墓群	昆明市呈贡县龙街乡小王家营村东小松山	西汉—东汉	—	县级，1986年
官渡羊甫头古墓群	昆明市官渡区小板桥镇羊甫头村后山	战国—东汉	—	—
昆明上马村古墓群	昆明市北郊上马村五台山东麓	春秋—战国	—	—
昆明大团山古墓群	昆明市西郊黑林铺东大团山南段	春秋—战国	—	—
宜良纱帽山古墓群	昆明市宜良县汤池镇纱帽山	战国—西汉	—	县级，1987年
嵩明凤凰窝古墓群	昆明市嵩明县嵩阳镇凤凰窝北山口	青铜时代、明清时期	—	—
嵩明梨花村古墓	昆明市嵩明县城南梨花村	东汉早期	—	—
东川普车河古墓群	昆明市东川区西北普车河村后山坡	战国—西汉	—	—
曲靖八塔台古墓群	曲靖市东珠街董家村东山脚	春秋—东汉	—	国家级，2013年；省级，1987年
曲靖横大路古墓群	曲靖市南越州镇横大路德庆堡村西	春秋—西汉	—	—
曲靖罗汉山古墓群	曲靖市麒麟区三宝镇	东汉—唐初	—	国家级，2013年；省级，2003年

(土坑墓)

续表

	名称	地点	年代	变化情况及特点	文保等级
土坑墓	会泽水城古墓群	曲靖市会泽县城西北水城村	汉代—明代	—	省级，2003年
	元江打篙陡古墓群	玉溪市元江县城东洼垤村北打篙陡山坡	春秋—战国	—	县级，1986年
	个旧石榴坝古墓群	红河州个旧市倘甸区石榴坝村西北老云山	战国时期	—	—
	个旧黑马井古墓群	红河州个旧市卡房镇黑马井村西老硐坡	东汉时期	—	—
	个旧小满坡古墓群	红河州个旧市大屯镇王林寨村西南小满坡	明代	—	—
	昌宁坟岭岗古墓群	保山市昌宁县大田坝村坟岭岗	战国—西汉	—	—
	昭通营盘村古墓群	昭通市西北营盘村	战国—西汉	—	国家级，2003年
	昭通鸡窝院子古墓	昭通市东郊守望乡鸡窝院子村	东汉初期	—	—
瓮棺葬	宾川白羊村瓮棺葬	大理州宾川县白羊村宾居河东岸	新石器时代	—	—
	元谋大墩子瓮棺葬	楚雄州元谋县城西张二村河北岸	新石器时代	—	—
	剑川鳌凤山瓮棺葬	大理州剑川县沙溪街西南鳌凤山	东汉时期	—	—
石棺葬	元谋大墩子墓	楚雄州元谋县城西张二村河北岸	新石器时代	—	—
	永仁磨盘地墓	楚雄州永仁县城东南菜园子村南永定河东岸	新石器时代	—	—
	永仁维的墓	楚雄州永仁县维的区	新石器时代	—	县级，1987年
	姚安黄牛山墓	楚雄州姚安县城西西教场黄牛山	青铜时代	—	—
	武定田心墓	楚雄州武定县田心乡	新石器时代	—	县级，1986年
	中甸克乡、奔东墓	迪庆州中甸县尼西乡	西周时期	—	—
	德钦纳古墓	迪庆州德钦纳古镇南澜沧江东岸	西周—春秋	—	县级，1992年
	祥云检村墓	大理州祥云县禾甸乡检村	战国—西汉	—	县级，1983年
	弥渡苴力墓	大理州弥渡县苴力乡、寅街乡	战国时期	—	县级，1983年

续表

	名称	地点	年代	变化情况及特点	文保等级
石棺葬	宾川古底墓	大理州宾川县古底乡水盘磨村北	战国—西汉	—	县级，1989年
	宾川孟获洞墓	大理州宾川县平川乡孟获洞、新发村等地	战国—西汉	—	县级，1989年
	大理塔村墓	大理州大理市洱海东岸海东乡塔村南	东汉时期	—	—
砖室墓	昭通桂家院子墓	昭通市东桂家院子村外	东汉时期	—	—
	彝良创业山墓	昭通市彝良县角奎镇西南创业山	东汉晚期	—	—
	呈贡归化墓	昆明市呈贡县城南归化山	东汉时期	—	—
	呈贡七步场墓	昆明市呈贡县城东南七步场村北山	东汉时期	—	—
	晋宁左卫山墓	昆明市晋宁县新街乡左卫山南坡	东汉时期	—	—
	禄丰张通墓	楚雄州禄丰县碧城镇张通街道南面	东汉时期	—	县级，1977年
	大理大展屯墓	大理州大理市大展屯村西	东汉时期	—	—
	大理中和峰墓	大理州大理市苍山中和峰	明代	—	—
	大理白王家墓	大理州大理市五里桥村西	明代	—	—
	保山小汉庄墓	保山市城南小汉庄村西	蜀汉时期	—	—
	昆明虹山墓	昆明市黄土坡虹山山顶	明代	—	—
	昆明莲花池墓	昆明市莲花池畔	明代	—	—
石室墓	玉溪梅园墓	玉溪市北城梅园村西北	东汉末期	—	—
	姚安寨子山墓	楚雄州姚安县城东寨子山	东汉时期	—	—
	大理荷花寺墓	大理州大理市郊荷花寺村东南	西晋时期	—	—
	大理玉局峰墓	大理州大理市苍山玉局峰下	明代	—	—
	宜良姜家山墓	昆明市宜良县汤池镇姜家山	晋代早期	—	—

续表

	名称	地点	年代	变化情况及特点	文保等级
砖石混合墓	姚安西普村墓	楚雄州姚安县龙凤乡西普村后阳派水库山坡	东汉末期	—	—
	大理中秋村墓	大理州大理市城西三月街中秋村	明代	—	—
火葬墓	剑川鳌凤山墓	大理州剑川县沙溪街西南鳌凤山	东汉时期	—	—
	曲靖八塔台墓	曲靖市东珠街董家村东山脚	宋代—明代	—	—
	澄江小关庄墓	玉溪市澄江县城西老虎山	宋代—明代	—	—
	大理大丰乐墓	大理州大理古城大丰乐村东	晚唐—明代	—	—
	大理苗圃山墓	大理州大理市下关西苗圃山	元明时期	—	—
	云龙大慈寺墓	大理州云龙县白石乡顺荡村大慈寺东侧	元明时期	—	国家级，2013年；省级，2003年
	禄丰黑井墓	楚雄州禄丰县黑井镇石龙村	元代	—	—
	宜良孙家山墓	昆明市宜良县城南孙家山	元明时期	—	—
	腾冲来凤山墓	保山市腾冲县城南来凤山	元明时期	—	县级1988年
	建水苏家坡墓	红河州建水县城北苏家坡	元明时期	—	—
	泸西和尚塔墓	红河州泸西县城东北和尚塔	宋代—明代	—	—
崖墓	昭通象鼻岭墓	昭通市太平乡象鼻岭东坡	东汉时期	—	市级，1985
	昭通小湾子墓	昭通市小湾子村石崖	东汉时期	—	—
	大关岔河墓	昭通市大关县黄田元现村	东汉时期	—	县级，1985年
	大关鱼堡墓	昭通市大关县税乐乡沙坪村	东汉时期	—	县级，1985年
	盐津漆树湾墓	昭通市盐津县城北漆树湾	西汉—东汉	—	—
	盐津燕儿湾墓	昭通市盐津县城南燕儿湾	东汉时期	—	—
	水富楼坝墓	昭通市水富县楼坝乡水河村	东汉时期	—	—

续表

名称		地点	年代	变化情况及特点	文保等级
悬棺葬	盐津石门悬棺	昭通市盐津县豆沙关石门村关口关河南岸悬崖半腰	唐代—明代	—	—
	盐津底坪悬棺	昭通市盐津县兴隆乡底坪村观音崖峭壁上	唐代—明代	—	—
	盐津棂棺崖悬棺	昭通市盐津县兴隆村和南岸棂棺崖峭壁上	唐代—明代	—	县级，1988年
	威信棺木崖悬棺	昭通市威信县长安乡瓦石村河边棺木崖峭壁上	唐代—明代	—	省级，2003年
	威信白虎岩悬棺	昭通市威信县长安乡瓦石村白虎岩峭壁上	唐代—明代	—	省级，2003年
	永善顺江悬棺	昭通市永善县东佛滩乡顺江的金沙江边佛滩峭壁上	唐代—明代	—	—
	永善黄华悬棺	昭通市永善县黄华乡黄华村金沙江附近的峭壁上	唐代—明代	—	—
聂耳墓		昆明习俗森林公园内	1936年	坐北向南呈月琴状，占地1200平方米	国家级，1988年；省级，1965年
王德三、吴澄、马登云墓		昆明市茨坝镇黑龙潭公园内	1950年	王德三墓居中，圆形围石封土堆墓，墓径3米、高1.8米，另二人的墓稍小	省级，1965年
"一二·一"四烈士墓		昆明市一二一大街云南师范大学校园内	1945年	坐北向南，有墓道、火炬柱、自由女神浮雕等	省级，1965年
赛典赤·瞻思丁墓		昆明市北郊松花坝马家庵村旁	元代	长方形石砌墓，上部有封土，长2.6米、宽1.8米、高1.4米	省级，1983年
霍承嗣墓		昭通市后海子中寨	东晋太元年间	墓内绘有壁画，地面有封土，高5.2米	省级，1983年
兰茂墓		嵩明县杨林镇南街兰公祠后院	明成化十二年（1476年）	围石封土墓	省级，1983年
马哈只墓（郑和之父）		晋宁县昆阳镇月山	明永乐三年（1405年）	长方形石砌纪念冢，长4.5米、宽2米、高2.83米	省级，1983年
孙髯翁墓		弥勒市弥阳镇髯翁公园内	清代	圆形围石封土堆墓，墓径6米、高1.7米	省级，1983年
杜文秀墓		大理市七里桥乡下兑村	—	方形石砌墓，长1.5米、宽0.7米、高0.7米	省级，1983年
唐继尧墓		昆明市圆通山公园内	民国21年（1932年）	圆形围石封土堆墓，墓径22米、高6米，墓前石柱廊碑阁宽17.68米	省级，1987年
杨振鸿墓		保山市太保山公园内	民国	长方形砖石墓，长3.7米、宽1.9米、高2.5米	省级，1987年
张文光墓		腾冲县董库村卧牛岗	民国	宽2.17米、高0.7米	省级，1987年
刀安仁墓		盈江县新城镇	民国	长方形砖石墓，长2米、宽1.5米	省级，1993年
赵祚传墓		大姚县七街乡仓西村	民国	长方形墓，长6米、宽4.9米、高4米	省级，1998年

续表

名称	地点	年代	变化情况及特点	文保等级
钱沣墓	昆明市龙泉镇清水河村北	清乾隆六十年（1795年）	圆形围石封土堆墓，墓径5米、高2.4米	省级，2003年
何辅龙墓	师宗县葵山乡马场村	清代		省级，2003年
赵藩墓	剑川县金华山	民国	长方形封土堆墓，长2米、宽1.5米、高1米	省级，2003年
雄辩法师墓	昆明市西郊邛筑寺	元大德年间	砖砌喇嘛塔形式	—
薛尔望墓	昆明市北郊黑龙潭内	清代	围石封土墓，墓径4.9米、高1.95米	—
倪蜕墓	昆明市西山区马街镇中村宝珠山麓	清代	长方形封土墓，长4米、宽2.2米、高0.8米	区级，1986年
戴雄墓	昆明市西山区团结乡东山峰顶	清代	矩形平面，占地541平方米	—
李公朴墓	昆明市一二一大街云南师范大学校园内	1946年	长方形洗石子墓，长3.2米、宽1.5米	—
闻一多墓	昆明市一二一大街云南师范大学校园内	1946年	长方形洗石子墓，长3.2米、宽1.7米	—
杨杰墓	昆明市西山区高峣山	1950年	长方形垒石墓，长3米、宽0.8米	—
王仁求墓	安宁市鸣矣河乡小石庄村	唐代	正方形平面，南北长4.6米、东西宽4.36米	县级，1985年
王善堡墓	安宁市鸣矣河乡小石庄村	清乾隆五十三年（1788年）	圆丘形土墓	县级，1985年
唐锜墓	晋宁县化乐乡耿家营村西北	明代	地表已毁	县级，1989年
木高墓	嵩明县杨桥乡毕家村	明代	竖穴土坑墓	—
刘文征墓	嵩明县阿子营牧羊村	明代	地表已毁	—
孔继尹墓	嵩明县白邑乡甸尾村	清代	围石封土堆墓，墓径5米、高2米	—
普鲁海牙墓	昆明市石林县城紫玉山顶	明洪武年间	圆形封土堆墓，墓周长11米、高2米	县级，1986年
沐详墓	呈贡县王家营龙山东	明弘治九年（1496年）	封土砖石墓	县级，1986年
沐崧墓	呈贡县王家营龙山东	明代	封土砖石墓	—
沐绍勤墓	呈贡县王家营龙山东	明代	封土砖石墓	—
郭弘巍墓	呈贡县王家营龙山东	清代	封土石室墓	—
耿兴墓	宣威市榕城镇小耿屯村	明嘉靖二十二年（1543年）	方形围石封土墓，边长7米、高17米	县级，1986年
缪文龙墓	宣威市榕城镇榕城南螃蟹坡	明代	椭圆形封土墓，南北径3米、高15米	—
刘君辅墓	会泽县五星乡甘松林村南	清代	圆形围石封土堆墓	—
窦欲峻墓	师宗县竹基乡淑基狮子山麓村	清代	围石封土墓，墓径3米、高3米	县级，1988年
池春生墓	楚雄州鹿城镇陈家槽子村东	清代	封土堆墓	—

续表

名称	地点	年代	变化情况及特点	文保等级
王锡衮墓	禄丰县金山镇下板桥村东公鸡山	明代	围石封土墓，长3.2米、宽3米、高1.8米	—
陶珽墓	姚安县龙岗乡骆湾村	明代	围石封土墓，墓径3米、高3米	—
段功墓	大理市中和镇三文笔塔村崇圣寺后	元代	圆形封土堆墓，墓径4米	市级，1985年
李元阳墓	大理市城邑乡三文笔塔村西	明代	圆形围石封土堆墓，墓径2米、高1米	市级，1985年
担当和尚墓	大理市感通寺内	清代	石砌墓	
雷应龙墓	巍山县巍宝乡鸡鸣山	明代	围石封土墓	县级，1987年
陈佐才墓	巍山县庙街乡山塔村	清代	石墓室，于巨石凿坑为棺，石板覆盖，长11米、宽8米、高2.8米	县级，1987年
阿这墓	洱源县邓川镇旧州村大佛宝山阿氏墓地内	明正德三年（1508年）	墓毁碑存	—
王菘墓	洱源县玉湖镇后山	清代	围石封土墓，长3.1米、宽4.5米、高2.2米	县级，1980年
董友弟墓	祥云县前所乡小康村	清光绪二年（1876年）	砖石墓，长6.8米、宽5.5米、高3.2米	县级，1988年
师范墓	弥渡县寅街乡菠萝湾村北	清代	仅存土冢	县级，1983年
胡志墓	保山市王官屯西侧	明代	砖砌圆形封土堆墓，墓径5.7米、残高2.9米	—
左孝臣墓	腾冲县明光乡茶山河	清光绪二十六年（1900年）	梯形围石墓，面宽2.25米、高3.35米	县级，1984年
秦鼎彝墓	盈江县新城镇西山麓	民国	长方形墓，长3.1米、宽1.1米、高1.4米	州级，1994年
召尚弄·芒艾墓	瑞丽市弄岛乡芒艾寨	民国4年（1915年）	八边形砖石结构佛塔形式，边长1.92米、高1.3米，其上墓塔高7.7米	市级，1984年
张文寿墓	兰坪县金顶镇璋坪村文笔峰北坡	清代	长方形封土堆墓，长5.3米、宽2.13米、高2.1米	州级，1985年
罗佩金墓	澄江县凤麓镇凤山南麓	—	圆形围石封土堆，墓径2.9米、高1.7米	县级，1992年
纳永阶墓	通海县纳古乡纳古村	清乾隆四十三年（1778年）	围石封土墓，长2米、宽1.6米、高1.8米	县级，1986年
马汝为墓	元江县澧江镇四角田村东	清代	圆形围石封土堆，墓径3米、高0.3米	—
杨纯武墓	弥勒市弥东乡黑桥哨村西	明代	圆形围石封土墓，墓径3米、高1.6米	—
曹士桂墓	蒙自市鸣鹫乡鸣鹫村	清代	圆形围石封土墓，墓径3米、高1.8米	州级，1983年
马维骐墓	开远市羊街镇长林寨	清代	封土堆石室墓，墓室长2.5米、宽1.6米	—
廖大亨墓	建水县临安镇城西	明崇祯十三年（1640年）	圆形围石封土墓，墓径9米、高3米	—
卢梅贝墓	元阳县多沙村东	1976年	圆形围石封土堆，墓径2米、高1米	县级，1990年
沈明通墓	富宁县那腊乡那腊村	明代	围石封土堆墓，墓径4米、高3米	—
李世联墓	广南县莲城镇西太平寨后山	清代	椭圆形封土堆墓，长3.15米、高0.9米	—

续表

名称	地点	年代	变化情况及特点	文保等级
李应珍墓	砚山县三台坡村西北	清代	马蹄形围石封土堆墓	州级，1985年
项崇周墓	麻栗坡县猛洞乡草棚村北端	民国	围石封土堆墓，周长4.72米、高1.43米	—
黎天才墓	丘北县八道哨乡黎家庄北面	民国	椭圆形围石封土堆墓	州级，1985年
腾冲国殇墓园	腾冲县城西南叠水河畔小团坡	1945年	以山为陵的公墓，占地5.33万平方米，建筑1000平方米	国家级，1996年
威信扎西烈士陵园	威信县扎西城北小山	1984～1987年	坐北向南，依山就势，占地面积2.67万平方米	国家级，1996年
大唐天宝战士冢	大理市下关天宝街	1930年重修	圆形围石墓，墓径10米、高1.8米	省级，1993年
保山鸭子塘沙灰墓	保山市鸭子塘东坡	元明	一为沙灰墓，一为石棺墓	—
虎头山烈士陵园	宣威市来宾镇来宾铺虎头山北端	1979年	坐西向东，占地3000平方米，建筑1万平方米	县级，1984年

注：佛塔部分根据《云南省志》、《云南佛教史》及相关资料整理补充；古桥部分根据《云南桥梁》、《云南古桥建筑》的有关资料整理；陵墓部分根据中华人民共和国地方志丛书《云南省志》卷六十二《文物志》资料整理。

参考文献

[1] （宋）李诫著．梁思成注释．营造法式注释［M］．北京：中国建筑工业出版社，1983：28．

[2] 何宁．淮南子集释［M］．北京：中华书局，1998．

[3] 何清谷．三辅黄图校释［M］．北京：中华书局，2005：59．

[4] 辞海编辑委员会．辞海［M］．上海：上海辞书出版社，1979：2016．

[5] 柳诒徵．中国文化史［M］．北京：东方出版社，1998：156．

[6] 陈明达．营造法式大木作研究［M］．北京：文物出版社，1981：144．

[7] 张增祺．晋宁石寨山［M］．昆明：云南美术出版社，1998：43．

[8] 云南省文物工作队．云南昭通后海子东晋壁画墓清理简报［J］．文物．1963（12）．

[9] 云南工学院建筑系，大理白族自治州城建局．云南大理白族建筑［M］．昆明：云南大学出版社，1994．

[10] 崔景．文化人类学视域下滇中集镇型聚落形态的演化［D］．昆明理工大学，2007：76．

[11] 宋史．陈兢传［M］．北京：中华书局，1985：13391．

[12] 胡荣孙．江南书院建筑［J］．东南文化．1991(5)．

[13] 杨惠铭．沙溪寺登街［M］．昆明：云南民族出版社，2003：63．

[14] 杨大禹．云南地区寺庙宗教寺庙建筑特征研究．［J］昆明理工大学学报（理工版）．2004（4）：147-152．

[15] 西双版纳傣族佛教调查．载西双版纳傣族社会综合调查（三）［M］．昆明：云南民族出版社，1983．

[16] 杜德威，李维斗．重修崇圣寺记．//大理揽胜［M］．昆明：云南人民出版社，1998：13．

[17] 李昆生．云南文物古迹［M］．昆明：云南教育出版社，1992：278．

[18] 段玉明．西南寺庙文化［M］．昆明：云南教育出版社，1992．

[19] 昆明市官渡区地方志编纂委员会．官渡区志［M］．昆明：云南人民出版社，1999．

[20] 王海涛．昆明文物古迹［M］．昆明：云南人民出版社，1983．

[21] 梁从诫．林徽因文集·建筑卷［M］．天津：百花文艺出版社，1999．

[22] 邱宣充．云南小乘佛教的建筑与造像［J］．云南文物．1985．

[23] 杨昌鸣．东南亚与中国西南少数民族建筑文化探析［M］．天津：天津大学出版社，2004．

[24] 林仁风，玉腊．泰国民族传统艺术［M］．昆明：云南美术出版社，1997：25．

[25] 王振复．建筑美学［M］．昆明：云南人民出版社，1987．

[26] （德）Lama Anagarika Govinda：Psycho-Cosmic Symbolism of the Buddhism Stupa, 20, Emeryville, 1976．

[27] 王贵祥．东西方的建筑空间［M］．北京：中国建筑工业出版社，1998．

[28] 萧默．敦煌建筑研究［J］．北京：文物出版社，1989：152．

[29] （苏）叶莫梅列金斯基．神话的诗学［M］．魏庆征译．北京：商务印书馆，1990：242．

[30] 杨鸿勋．中国古代居住图典［M］．昆明：云南人民出版社，2007：136-138．

[31] 蒋高宸．云南民族住屋文化［M］．昆明：中国云南大学出版社，1997．

[32] 方国瑜．云南史料目录概说(第1册)［M］．北京：中华书局，1984．

[33] 龚荫．中国土司制度［M］．昆明：云南民族出版社，1992：461．

[34] 陆泓，王筱春等．云南孟连土司研究［J］．云南示范大学学报，2005（1）．

[35] 胡光明．明清会馆初探［J］．寻根，2007，(6)．

[36] 王日根．乡土之链［M］．天津：天津人民出版社，

1996：29．

[37] 刘云明．试析清代云南商人的群体整合[J]．思想战线．1996，(2)．

[38] 顾建中．保山的会馆[N]．云南日报．2004，11，(29)．

[39] 王雪梅．四川会馆[M]．成都：四川出版集团巴蜀书社，2009：16．

[40] 陶正明，梅世斌．会泽县文物志[M]．昆明：云南美术出版社，2001：55．

[41] (日)伊藤学．桥梁造型[M]．刘健新等译．北京：人民交通出版社，1998：18．

[42] 刘志平．中国建筑类型及结构(第三版)[M]．北京：中国建筑工业出版社，2000．

[43] 蒋高宸．建水古城的历史记忆[M]．北京：科学出版社，2001．

[44] 昆明市地方志编撰委员会．昆明市志第二分册[M]．北京：人民出版社．2002：547．

[45] 石玉顺，吴琳．昆明园林名胜[M]．昆明：云南科技出版社．1987：18．

[46] 昆明市园林绿化局．昆明园林志[M]．昆明：云南人民出版社．2002．

[47] 清镌《斗母阁常住碑记》．斯心直．西南民族建筑研究[M]．昆明：云南教育出版社．1992：77．

[48] 舒乙谈文化名人故居保护[N]．中国文化报，2004：3-5．

[49] 李耀申．略论名人故居[J]．中国博物馆．1999(1)：3．

[50] 仆保怡．昆明名人旧居[M]．云南人民出版社．2005：序言1．

[51] 潘谷西．中国建筑史(第四版)[M]．北京：中国建筑工业出版社．2006：1．

[52] 蒋高宸．中国近代建筑总览·昆明篇[M]．北京：中国建筑工业出版社．1993．

[53] 罗文海．云南大理白族本主文化建筑的形式与理念[D]．昆明：昆明理工大学建筑工程学院：硕士学位论文，2004．

[54] 王胜华．云南古戏台的分类与价值[J]．云南艺术学院学报，2008 (4)：5-13．

[55] 任佩．孤独一隅固守流年——云南古牌坊[J]．云南档案，2013 (11)：31-34．

[56] 黄光平．一品商人王炽[J]．今日民族，2001 (5)：38-39．

[57] 魏文亨．"钱王"王炽[J]．三联竞争力，2007，67 (10)：75-77．

[58] 阳福清，胡兴义等编著．文山风物[M]．昆明：云南美术出版社，1997：127．

[59] 开远市文物管理所编．开远风物志[M]．昆明：云南美术出版社，2007：72．

[60] 杨国才．白族千年古村"诺邓"的保护与发展研究[J]．云南民族学院学报(哲学社会科学版)，2002，19 (2)：68-69．

[61] 任佩．滇云古道寻踪[J]．云南档案，2011 (11)：31-34．

[62] 周文华，徐桦．豆沙关：川滇"五尺道"上的关隘古镇[J]．寻根，2014 (5)：64-67．

[63] 中华人民共和国地方志丛书：云南省志·卷二十六·文物志[M]．昆明：云南人民出版社，2004．

[64] 法雨．云南安宁法华寺石窟[J]．敦煌研究，2003 (5)：34-35．

[65] 云南省剑川县文化体育局．南天瑰宝——剑川石钟山石窟[M]．昆明：云南美术出版社，1988．

[66] 刘长久．云南石窟与摩崖造像艺术[J]．思想战线，2001，27(1)．

[67] 冯贤亮，林涓．南诏王国历史的真实再现——云南剑川石钟山石窟[J]．文物世界，2002 (6)：32-33．

[68] 杨大禹．井边的历史情感[M]//石克辉，胡雪松．云南乡土建筑文化．南京：东南大学出版社，2003：216-224．

[69] 柯治国，汪致敏，王保明．古井·古塔·古桥——古临安的历史标志[M]．昆明：云南美术出版社，2004．

[70] 王洪波，何真．百年绝唱——一部早年云南山里人的"出国必读"[J]．山茶·人文地理杂志，1999

(6)：46.

[71] 杨大禹，李正．人居和顺[M]．昆明：云南大学出版社，2006：141．

[72] 梁思成．中国建筑史[M]．天津：百花文艺出版社，1998：11．

[73] 梁思成．梁思成文集（三）[M]．北京：中国建筑业出版社，1998．

[74] 刘敦桢．中国古代建筑史[M]．第二版．北京：中国建筑业出版社，1984．

[75] 宾慧中．云南元明时期的殿堂建筑实例研究[D]．昆明：昆明理工大学，2000．

[76] 刘敦桢．刘敦桢文集（三）[M]．北京：中国建筑业出版社，1987．

[77] 庞德．建筑学的意义．

[78] （日）石毛直道．住居空间の人类学．鹿岛出版社．转引自杨大禹．云南少数民族住屋形式与文化研究[M]．天津：天津大学出版社，1997：8．

[79] 沈福煦．人与建筑[M]．上海：学林出版社，1989：136

[80] 刘岩．南传佛教与傣族文化[M]．昆明：云南民族出版社，1993：70．

[81] 段玉明．中国寺庙文化[M]．上海：上海人民出版社，1994：947．

[82] 朱慧荣．徐霞客游记校注[M]．昆明：云南大学出版社，1987：245．

[83] 蒋高宸．丽江——美丽的纳西家园[M]．北京：中国建筑工业出版社，1997：235．

[84] 高振农．中国佛教[M]．上海：上海社会科学院出版社，1986：79．

[85] 全唐诗（卷144）[M]．北京：中华书局，1960．

[86] 王海涛．云南佛教史[M]．昆明：云南美术出版社，2001：167-168．

后记

又到写后记的时候了，写后记总是令人心情愉快的。

自从2011年底接手由中国建筑工业出版社组织的《中国古建筑丛书——云南古建筑》一书的编撰任务以来，一直是压力与动力并存。这部历经了4年时间编著的《云南古建筑》，终于在多方的鼓励与不断的催促下，得以交稿，总算是对自己多年来一直关注的和所做的相关研究工作，有一个较为系统全面的梳理和总结，成为在《中国民居建筑丛书——云南民居》出版之后，对云南历史建筑遗存的又一综合介绍。

说实在的，当初之所以敢接下这个编著任务，主要原因有三。

一是有鞭策。自工作以来，作为高校教师，笔者本人不论是在校内教学工作岗位，还是在校外调研收资或是学习提高，一路走来，都深受蒋高宸教授、朱良文教授、彭一刚教授、吴庆洲教授他们在学术研究上的引领指导和言传身教，使自己能结合所承担的教学任务，利用课余时间做一些学术研究，在丰富教学内容的基础上，也逐渐提高了自身的学术视野。对于如何搞科研，这里借蒋高宸教授在2014年教师节给我们学院一些老师的"师教一则"[①]作为鞭策鼓励，牢记之，笃行之。

早在20世纪80年代，蒋高宸教授他们就认为，云南地方情况特殊，建筑资源丰富，且有相当高的成就，建筑史很值得"搞"。要"搞"就要扎扎实实的"搞"，有深度地"搞"；从实际情况出发去"搞"，不要急于求成，结论要有充分的依据才有说服力；要尽快充分收集资料，实地调查，研读文献，难度很大，但不这样做不行，资料一定要自己"搞"，并争取得到相关部门的支撑帮助。对于研究如何求深，一要追根溯源，上引下连，左右对比求证；二要从个体深入到群体、总体。从建筑到环境，包括自然环境与人文环境；三要把文化的脉络理清楚，因文化是个重要因素，云南又是多种文化的交汇处，把每一种文化的分布地区、影响范围、边缘地界的混杂情况加以分析说明，将是一个很有意义的工作。

在研究步骤上，可先从宏观着手，然后再有选择有步骤地逐个进行深入探索，一个一个地提出成果，最后把前后成果集中起来，就是一个完整的东西。同时要注意边缘学科与学科交叉的问题，不要只就建筑谈建筑。看得见的要谈，看不见的更要谈。把看不见的说清楚了，看得见的就能谈得更深。看发展要理出一条纵向发展的线索，从云南的情况看，在同一个时间横断面上，会出现多种情况，因此得分块、分片去发展说明。虽然这种纵横交叉、点线面结合的工作量很大、难度也很大，但意义重大。

二是有基础。编撰本书之前，在做国家自然科学基金资助项目"云南地区宗教建筑研究"课题时，与昆明理工大学建筑与城市规划学院的师生，就先后对云南各地一些具有代表性的宗教古建筑进行过调研及测绘，并先后指导了几届建筑历史与理论专业方向的研究生完成了相应的硕士学位论文，具体如2000级研究生胡炜的《云南明清文庙建筑实例探析》、罗文海的《云南大理本主庙建筑研究》；2001级马云霞的《云南寺观园林环境特征及其保护与发展》、谭蔚的《地域性特征的形成与演替——汉化影响下的云南历史文化城镇空间形态比较研究》；2005级余穆谛的《云南清真寺建筑及文化研究》、孙菲的《云南土司府建筑研究》、张亚军的《云南古桥建筑特征探析》；2006级张炯的《云南基督教堂及其建筑文化》、巩文斌的《云南古代传统楼阁建筑特色研究》、2007级何鑫的《云南道教建筑特色及其文化研究》、侯黎春的《西双版纳傣族小乘佛教建筑装饰艺术分析》、2009级曹帆的《云南名人故居建筑特色解读》、张婕的《云南汉传佛教罗汉造像艺术及其文化研究》；2010级陈鹏的《云南会馆建筑地域特征及其文化与研究》，2011级施润的《历史文化村落的地域文化及营建规律比较研究》；2012级孙鹏涛的《云南历史文化村镇街道网络空间形态与文化生态研究》。当然，也包括我本人在2008年底完成的博士学位论文《云南佛教寺院建筑特征研究》（东南大学出版社2011年出版），毋庸置疑，以上这些研究探讨为本书的编撰汇总打下了良好的基础。

三是有拓展。后期在承担国家自然科学基金资助项目"以村镇建设为主的建筑文化多样性保护与发展对策研究"（项目编号：50868008）、"历史文化村镇遗产及其文化生态保护的研究与示范"（项目编号：51268019）。研究期间，以及在撰写《中国民居建筑丛书——云南民居》的过程中，每当踏入不同的城镇乡村去收资调研时，总会在有限的时间内，尽可能多地去获取一些新的发现，并在原有的基础上不断地补充，使有关云南地方历史文化城镇与古旧建筑方面的资料更加丰富、完善。

正是有了这些前期的研究基础和相应的资料收集，才能保证在书中展现出众多形态各异、多姿多彩的古建筑实例给读者。尽管如此，在具体的编写过程中，仍感头绪很多，难度较大，剪不断，理还乱。一方面云南古建筑所涉及的内容和建筑类型与云南传统民居一样丰富多彩，甚至比传统民居涵盖的还要广博，从整体的聚落城镇，到表现不同信仰的寺观祠庙，从形态各异的楼阁桥塔到府署馆驿等建筑单体、群体，从建筑空间结构到装饰技艺特征，都要分别进行梳理总结，想要在区区一本书里完全反映出来或表述清楚，难度实在不小。客观而言，具体就某一个城镇、村落，或是某一种建筑类型的完整描述，都可以单独成册。比如"文庙书院"在《云南古建筑》书中只为其中的一章，主要以国家级和省级文物保护单位的10余座文庙建筑群为重点实例来论述，总感觉不足以完整地反映出云南文庙书院所具有的多样性特点，特别是儒家思想文化对云南地方民族文化发展产生的影响和促进作用。于是就在此之间，单独把"文庙书院"这章列出，然后对这类文庙建筑再进行补充，同时增加了部分武庙、书院建筑以及儒家体现的人生境界等内容，使之形成"一文一武，以文为主"的《儒教圣殿——云南文庙建筑研究》书册（云南大学出版社2015年出版），比较系统完整地展示出云南不同地方的文庙、武庙建筑特征及其所反映的"忠孝、仁义"核心思想。

当然通过系统梳理，自己也发现，其实在编写过程中仍然还有许多的不足和遗漏。包括书中对一些古建筑的分析论述，也只能以点代面作概括性的和不完整的论述，而且前后涉及的同一座建筑难免会出现重复之处，整体上会有失之偏颇的地方。而之前关注较少的戏台、门坊、石窟、陵墓以及雕塑、绘画之类的内容，则更多参考了其他学者的研究成果。在第六章府驿馆桥的编写中，作为云南多条古驿道上的交通建筑"驿站"，如今很难再找到保持完整的，多数是遗址，即便还有极少数曾经做过驿站的，也都改作他用，面目全非了。

当然，从研究者的认识角度来看，对云南古建筑的关注和研究，本身也是处在一个不断提高认识和不断深入发掘的探讨过程之中。本书的梳理编写，实际上是在借鉴前辈们所取得的诸多研究成果的基础上，做的一点较为系统的总结和补充。从书的内容和章节构成的整体性来看，主要是基于云南古建筑所反映的不同类型以及它们共有的特性来系统论述，书中的内容与观点，除了表述笔者现阶段对云南古建筑粗浅的体验认知外，以期通过各种图片资料，提供更多相关的信息内容，力求把一个客观真实的、多元交融并存的面貌展现在读者面前，希望使读者对云南多民族、多元化、多层次的古建筑能有一个总的印象。

对云南地方历史文化城镇、宗教古建、传统民居和人居环境的关注和研究，多年来一直得到国家自然科学基金和云南省自然科学基金的资助，笔者作为基金资助的受益者，结合自己所学的专业知识，与学院有关师生一道，共同在持续地关注和不断地研究积累着。特别是近期获得的国家自然科学基金资助项目"历史文化村镇遗产及其文化生态保护的研究与示范"（项目编号：51268019）、"以村镇建设为主的建筑文化多样性保护与发展对策研究"（项目编号：50868008）、云南省财政厅专项研究为项目研究项目"古旧建筑保护开发利用前期研究工作"（项目编号：2050205-高等教育）等，除完成预期的研究内容之外，对本书中收集测绘的大量图片资料，提供了多方面的支持。

本书中所选用的插图，拍摄于不同的年代，有的是在古建维修之前就拍的，可能与现在的实际情况有所差别。有少部分图片引用于《云南民居》、《云南民居·续篇》、《云南大理白族建筑》、《云南民族住屋文化》、《丽江——美丽的纳西家园》、《丽江古城与纳西族民居》、《建水古城的历史记忆》、《云南乡土建筑文化》、《云南少数民族图库》、《云岭之华——云南少数民族写真集》、《云南宗教与旅游》、《云南名城建筑特色集锦》、《云南艺术特色建筑物集锦》、《春城昆明历史许多未来》等相关文献著作，极少数的几张来源于百度百科网和好搜网络，因图面整体效果需要，以及个别师生所提供的图，未能在文中一一对应地标注出所引用的图片，在此特别表示歉意与谢意。

看当下，一座座古老的历史文化城镇聚落、一组组不同宗教信仰的寺观祠庙，一栋栋形态各异的楼阁桥馆，它们静静地躺在云南各地城镇乡村，任凭历史浪潮的起伏搏击，依然安宁肃然，伴随着社会与时代的进展。每当我们面对或置身于这些墙红高壁、琉璃屋檐下，或是穿梭行走于古镇街巷、深宅大院时，恍如与世隔绝，回到了某个历史场景。从古建筑这些既相同构而又各有讲究的门坊楼阁、殿堂厅堂、庭院连廊之间，其既开放又封闭，既高尚又世俗的空间表现，已经充分透出了中国古建筑及其文化的复杂性和矛盾性，同样需要人们穿越一道又一道的坊，跨过一重又一重的门，走进一个又一个的院落，才能品鉴与探寻到历史的真谛。

历史是前人用生命和智慧凝聚成的经验和教训，而文化又是历史的积淀，存留在建筑之间，融汇于日常生活。从地方古建筑的历史遗存中，无疑可以"鉴前世之兴衰，考当今之得失"。古建筑专家罗哲文先生在题《中国古建筑艺术》一书的序言中说："中国古代建筑具有高度的历史、艺术与科学价值，是中华民族悠久历史文化遗产重要的组成部分，其中已有不少列入了世界人类共同文化财产的项目，如何更好地保护它、悠久它、宣传它、弘扬它是我们炎黄子孙共同之责"。

最后，仍然免不了要表达一下感激之情，这并非俗套，而确确实实是内心的真情表述。在本书的梳理编写过程中，先后得到了有关前辈、专家教授和学院广大师生的关心支持，包括在这些年调研收资过程中相伴前往的师生、涉及的相关部门和具体人员、国家自然科学基金委的资助、中国民族建筑研究会民居建筑专业委员会同仁、中国建筑工业出版社有关编审人员的关心和支持，当然更关键的是得到了家人的极大理解和支持，在此一并表示诚挚的谢意，谢谢你们。

杨大禹
2015年12月于昆明理工大学

作者简介

杨大禹，汉族，生于1966年，现任昆明理工大学建筑与城市规划学院教授、博士生导师。为"云南省中青年学术和技术带头人"，"云南省高等学校教学、科研带头人"，兼任"建设部历史文化名城专家委员会委员"、"中国民族建筑研究会民居建筑专业委员会副主任委员"、"中国建筑学学会建筑史学分会学术委员"、"云南民族博物馆特约研究员"。

自1988年参加工作以来，在完成本科专业和研究生教学工作之余，长期致力于云南地方民族建筑与人居环境、云南历史文化城镇与建筑遗产保护与更新、云南地方宗教古建的相关研究工作。先后主持承担国家自然科学基金项目3项、云南省自然科学基金项目3项，并参与完成国家级、省级各类基金项目研究10项。发表学术论文40余篇，出版《云南少数民族住屋形式与文化研究》、《历史和顺》、《环境和顺》、《人居和顺》、《中国民居建筑丛书——云南民居》、《云南佛教寺院建筑研究》、《儒教圣殿——云南文庙建筑研究》、《云南记忆——民族建筑钢笔画集》等学术专著多部，参与编写《云南民族住屋文化》、《云南乡土建筑文化》、《中国传统民居类型全集》等专著6部；并结合有关课题研究，主持完成工程设计项目20余项，为云南的地方建设与发展作出积极贡献。